REVISTA DE FINANÇAS PÚBLICAS E DIREITO FISCAL

Ano 3 • Número 3 • OUTONO

ARTIGOS
COMENTÁRIOS DE JURISPRUDÊNCIA
RECENSÕES
NA WEB
CRÓNICA DA ACTUALIDADE

ÍNDICE

JURISPRUDÊNCIA

RECENSÕES

NA WEB

CRÓNICA DE ACTUALIDADE

EDITORIAL

Eduardo Paz Ferreira

1. Este número da Revista sai a público num momento em que, deixadas para trás as férias e o período de alguma tranquilidade que as rodeou, somos confrontados com um novo ano de trabalho, estudo e intervenção política e social que se advinha particularmente difícil.

Por um lado, as medidas de austeridades tomadas antes do Verão vão, agora, fazer-se sentir de uma forma mais visível e tornar o quotidiano dos portugueses mais difícil, enquanto que os acordos políticos anteriormente gerados, poderão não sobreviver à difícil preparação do Orçamento para 2011. O consenso sobre a necessidade de austeridade que, entretanto se gerou, parece, de facto, estar longe de reflectir idêntico consenso quanto à forma de a pôr em prática, bem como quanto à distribuição dos encargos.

O debate sobre a eventual revisão constitucional veio, por outro lado, abrir de uma forma mais clara do que tem sido usual, a discussão entre dois modelos de sociedade: aquele que, com todas as debilidades e contradições, corresponde ao que inspirou as últimas décadas em Portugal e um outro de matriz acentuadamente liberal.

Independentemente de se poder pensar que a revisão constitucional surge num momento inoportuno e que os verdadeiros problemas com que nos defrontamos pouco têm a ver com o texto fundamental, não se pode deixar de assinalar que algumas propostas avançadas têm o mérito de convocar os eleitores para escolhas mais claras e diversificadas, o que é seguramente positivo de um ponto de vista democrático.

Nesse contexto surge, também, a proposta, de resto agitada não só em Portugal, de inserção no texto constitucional de regras fixas que impeçam o défice orçamental ou criem limites à carga fiscal.

Trata-se de uma opção que encontra as suas raízes no movimento conservador norte-americano e na profunda desconfiança quanto à virtualidade da decisão financeira. Com normas desse tipo visar-se-ia seguir o avisado conselho de Ulisses, quando pede para ser amarrado para resistir ao canto das sereias.

Para além de não partilhar dos pressupostos de base quanto à acção pública e de ser, por isso, imune às sereias das regras financeiras fixas, afigura-se-me que a crise económica veio mostrar, claramente, a impossibilidade prática de adoptar soluções fortemente pró-ciclicas, apesar de todos os desenvolvimentos inesperados e contraditórios a que temos assistido neste domínio.

Um dos problemas com que a economia portuguesa se irá, de resto, confrontar é com o impacto das medidas de austeridade, designadamente a nível da procura, sendo de temer o agravamento de uma situação já tão difícil que faz com que as boas notícias sejam apenas as que nos dizem que a evolução não foi tão negativa quanto se poderia esperar.

É, por outro lado, preciso reconhecer que os limites psicológicos da carga fiscal estão a ser rapidamente atingidos e que, se o sentido geral de agravamento da carga fiscal nos escalões mais elevados de rendimento é de aplaudir, a sua concretização prática constitui apenas mais um factor de injustiça dada a enorme evasão fiscal, que faz com que apenas um ínfimo número de contribuintes atinja o escalão mais elevado do IRS, apesar da obscena manifestação de riqueza a que assistimos quotidianamente.

Se Portugal é um dos países com uma das mais desiguais repartições de rendimento, é patente que não será por essa via que se alcançará uma sociedade mais justa. A evasão e elisão fiscal são uma vergonha nacional a que é preciso pôr cobro.

O sucesso dos bancos portugueses nos testes anti-stress constituiu um aspecto positivo dos últimos meses, mas que não permite ignorar as dificuldades com que o sistema financeiro se continua a confrontar, bem como as dificuldades de crédito com que se debate a actividade empresarial.

O contexto internacional e a perpetuação das incertezas económicas, com a multiplicação de indicadores contraditórios que por vezes se sucedem com grande rapidez, estão longe de facilitar a evolução da economia portuguesa. A crescente demonstração de incapacidade de concertação internacional e o esboroar das esperanças em torno do G-20 são outros factores negativos.

2. Com o presente número concretizamos um passo, de há muito ambicionado, de estreitamento das relações científicas com o Brasil. Orgulhamo-nos de apresentar artigos de enorme qualidade e importância de quatro dos maiores vultos das áreas fiscal e financeira do Brasil – os Professores Heleno Torres, Maurício Conti, Mary Elbe Queiroz e Ana Cláudia Utumi -, que nos dão também a honra de passar a integrar o Conselho Científicos da Revista.

Estou certo de que esta colaboração se irá estreitar nos próximos tempos e que este é um terreno fértil no caminho da internacionalização que traçámos.

O Professor Alberto Xavier, que é o convidado deste número da Revista, é de resto, o Português que mais contribuiu para a aproximação dos universos fiscais português e brasileiro, na medida em que, após uma brilhante carreira universitária em Portugal, se fixou no Brasil onde se notabilizou na docência e na advocacia.

Autor de uma vasta obra, em que se destaca, desde logo, a modelar dissertação de doutoramento – **Conceito e Natureza do Acto Tributário** – Alberto Xavier conseguiu atrair para a órbita do fiscal inúmeros alunos seduzidos pelo brilho da sua exposição e profundidade do seu ensino. O seu **Manual de Direito Fiscal**, publicado em 1974, é ainda hoje um texto de referência obrigatória, tal como o são as suas obras mais recentes com relevo para o **Direito Tributário Internacional**.

Em Alberto Xavier homenageamos o fiscalista insigne, verdadeiro pai do moderno Direito Fiscal Português e o homem de cultura que encantou os seus leitores, quando se atreveu a ir para além do Direito.

Também o Professor Diogo Leite de Campos, outro fiscalista português de grande projecção do Brasil, nos honra com mais uma colaboração na Revista, que conta com artigos de outros prestigiados autores portugueses.

3. Vivemos tempos de desânimo, que perpassam neste editorial, mas tanto não significa que nos resignemos. Mais do que nunca há que combater por uma sociedade justa e progressiva, assente numa fiscalidade equilibrada e em finanças públicas sólidas. Este foi sempre o nosso projecto e continua a sê-lo.

CONVIDADO DE OUTONO

A TRIBUTAÇÃO DOS LUCROS DE CONTROLADAS E COLIGADAS DE EMPRESAS BRASILEIRAS NO EXTERIOR E OS TRATADOS CONTRA A DUPLA TRIBUTAÇÃO

ALBERTO XAVIER

I – O regime de transparência fiscal internacional

A) Do princípio da territorialidade ao princípio da universalidade

Em 27 de julho de 2001, foi editada a Medida Provisória n.º 2.158--34[1], cujo art. 74 dispõe o seguinte:

> "Para fins de determinação da base de cálculo do imposto de renda pessoa jurídica e da CSLL, nos termos do art. 25 da Lei n.º 9.249, de 26 de dezembro de 1995, e do art. 21 desta Medida Provisória, os lucros auferidos por controlada ou coligada no exterior serão considerados disponibilizados para a controladora ou coligada no Brasil na data do balanço no qual tiverem sido apurados, na forma do regulamento.
>
> "Parágrafo único. Os lucros apurados por controlada ou coligada no exterior até 31 de dezembro de 2001 serão considerados disponibilizados em 31 de dezembro de 2002, salvo se ocorrida, antes dessa data, qualquer das hipóteses de disponibilização previstas na legislação em vigor."

A lei n.º 9.249, de 26 de dezembro de 1995, para cujo art. 254 remete a disposição citada, introduziu profunda alteração no sistema brasileiro de tributação da renda externa das pessoas jurídicas, que se

---

[1] Referido preceito foi introduzido na 34ª edição da Medida Provisória n.º 2.158 e reproduzido na sua última versão (35ª) de 24 de agosto de 2001 (atualmente vigente nos termos do art. 2.º da EC n.º 32, de 11 de setembro de 2001) à qual respeita a ADI 2588-1/DF, pelo que, doravante, iremos nos referir apenas a esta última reedição.

traduziu essencialmente pela abolição do até então tradicional princípio da territorialidade[2].

De harmonia com o *princípio da territorialidade*[3], anteriormente vigente no Brasil, nenhuma renda cuja fonte de produção se localize no exterior recai no âmbito de incidência do imposto de renda das pessoas jurídicas: nem a renda obtida diretamente através de uma atividade funcional (o exercício do próprio objeto social) ou de uma atividade jurídica (o exercício de direitos a rendimentos, tais como juros, *royalties* e dividendos), nem a renda obtida indiretamente através de uma organização de pessoas e bens localizada no exterior, quer se trate de filiais ou sucursais, sem personalidade jurídica, quer se trate de sociedades controladas ou coligadas, com individualidade jurídica própria.

No polo oposto ao princípio da territorialidade situa-se o princípio da universalidade (ou do *world-wide-income*), segundo o qual toda a renda da pessoa jurídica deve ser tributada no país de domicílio, incluindo a renda externa, seja esta decorrente de atividade funcional ou jurídica, seja esta obtida através de filiais ou de subsidiárias. No que respeita às subsidiárias, com personalidade jurídica própria, a lógica do princípio da universalidade conduz à tributação dos dividendos por esta distribuídos, que são renda efetiva da sociedade controladora, mas não dos lucros acumulados ou retidos na subsidiária, que são renda própria desta, não tornada disponível para a controladora. Este é o sistema adotado, via de regra, pela generalidade dos países mais desenvolvidos.

Como se disse, inovando radicalmente na matéria e rompendo uma antiga tradição, a Lei n.º 9.249/95 aboliu o princípio de territorialidade no que toca ao imposto de renda das pessoas jurídicas, consagrando em

[2] O Art. 74 da Medida Provisória n.º 2.158-34/01, hoje em vigor, restabeleceu a sistemática da lei n.º 9.249/96, após numerosas e intrincadas vicissitudes, cuja descrição não é relevante para o presente texto. Também nele não se examinarão os problemas constitucionais suscitados pela tributação de rendimento indisponível para o sócio e que são objeto da Ação Declaratória de Inconstitucionalidade (ADIN 2588-1/DF) presentemente em curso no Supremo Tribunal Federal. Cfr. Alberto Xavier, *Direito Tributário Internacional do Brasil*, 6ª Edição, Rio de Janeiro, 2004, 443 e 461 ss.

[3] Na sua acepção mais restrita, relacionada com a conexão ao país da fonte, no sentido em que Klaus Vogel fala num *ursprüngliche Bedeutung des Territorialprinzips*: cfr. *Der räumliche Anwendungsbereich der Verwaltungsrechtsnorm*, Frankfurt/Berlim 1965, 121.

sua substituição o princípio da universalidade, ao dispor no *caput* do art. 25 que "os lucros, rendimentos e ganhos de capital auferidos no exterior serão computados na determinação do lucro real das pessoas jurídicas correspondente ao balanço levantado em 31 de dezembro de cada ano". Neste dispositivo, enquanto a expressão "rendimentos e ganhos de capital" se aplica à *atividade direta* no exterior, o conceito de "lucros" reporta-se à *atividade indireta* exercida através de filiais, sucursais, controladas ou coligadas no exterior (cfr. Instrução Normativa n.º 213, de 7 de outubro de 2002, art. 1.º, §§ 1.º e 2.º)[4].

Ao contrário do que sucedia ao abrigo do princípio de territorialidade, passaram a ser tributáveis os rendimentos e ganhos de capital imputáveis a atividades exercidas diretamente no exterior no âmbito de uma *atividade funcional* (exploração do próprio objeto social) ou de uma *atividade jurídica* (com a consequente tributação de juros, *royalties*, lucros, dividendos pagos por sociedades não controladas ou coligadas, imputáveis a fontes localizadas no exterior). É o que resulta do *caput* do art. 25, atrás citado.

Os lucros das filiais e sucursais estrangeiras (destituídas de personalidade jurídica) são adicionados integralmente ao lucro líquido, para determinação do lucro real correspondente ao balanço levantado no dia 31 de dezembro de cada ano (art. 25 da Lei n.º 9.249/95). Esta regra viria a ser modificada pela Instrução Normativa n.º 38/96 (art. 2.º, § 1.º e § 2.º), no sentido de que a adição apenas deveria ocorrer no ano-calendário em que tivessem sido disponibilizados para a pessoa jurídica domiciliada no Brasil, ou seja, em que tivessem sido creditados ou pagos à matriz.

Certo é, porém, que a Lei n.º 9.532/97 (art. 1.º, § 1.º, *a*) considerou tais lucros disponibilizados na data do balanço no qual tiverem sido apurados, fazendo coincidir necessariamente o momento da "disponibilização" com o momento da apuração, já que, não tendo as filiais personalidade jurídica para efeitos de Direito privado, elas não praticam um ato comparável ao da distribuição de dividendos praticado pelas sociedades coligadas ou controladas.

---

[4] Este alargamento do âmbito de incidência do imposto de renda das pessoas jurídicas não atingiu inicialmente a contribuição social sobre o lucro líquido (CSLL) criada pela Lei n.º 7.689/88, que se manteve exclusivamente territorial. O certo, porém, é que a partir da Medida Provisória n.º 1.838-7, de 29 de julho de 1999, também esta contribuição passou a reger-se pelo princípio da universalidade.

A verdade é que os rendimentos auferidos e as despesas incorridas pelas filiais estrangeiras não são registrados direta e imediatamente na escrituração da matriz brasileira, antes são considerados sinteticamente para efeitos de apuração de um resultado líquido no seu próprio balanço, resultado esse que será adicionado ao da matriz brasileira (art. 1.º, §§ 1.º e 4.º, da Instrução Normativa n.º 213/02), não ocorrendo, porém, o fenômeno da "distribuição" de lucros, dada a inexistência de personalidade jurídica.

B) A tributação das controladas e coligadas no exterior.

Em matéria de sociedades controladas e coligadas no exterior, o art. 25 da Lei n.º 9.249/95 veio dispor nos seus §§ 2.º e 3.º que os lucros auferidos por controladas e coligadas no exterior, de pessoas jurídicas domiciliadas no Brasil, serão computados na apuração do lucro real mediante *adição* ao respectivo lucro líquido, na proporção da participação da pessoa jurídica no capital da controlada ou da coligada.

É importante salientar que este sistema de tributação vai mais longe que o princípio da universalidade, na pureza dos seus contornos, pois manda adicionar ao lucro da sociedade domiciliada no Brasil a totalidade do lucro obtido pelas controladas ou coligadas no exterior, na proporção da participação no capital social destas, ainda que tais lucros tenham sido integralmente retidos e não distribuídos. Assim sendo, o imposto brasileiro atingiria renda que não é da própria sociedade brasileira, mas renda de titularidade jurídica de sociedades estrangeiras independentes. Trata-se, portanto, de um sistema de "universalidade ampliada" de *tributação extraterritorial* ou *ultraterriorial de ultraterriorialidade ofensiva*, no dizer de ROSEMBUJ[5].

O sistema de transparência fiscal internacional consagrado na Lei n.º 9.249/95 (e estabelecido no artigo 74 da MP n.º 2158-35) era, porém, aplicável a todas e quaisquer sociedades estrangeiras controladas ou coligadas, sem as ressalvas e limitações restritivas das leis estrangeiras

---

[5] TULIO ROSEMBUJ, Transparencia fiscal internacional. Aspectos críticos (separata da *Revista de la Economia Social y de la Empresa* 27/28); ID., *Derecho Fiscal Internacional*, Barcelona 2001, 174 ss.

"antiabuso", notadamente as de tais sociedades se localizarem em países de baixa tributação e de a sua renda ser essencialmente "passiva", ou seja, não produtiva ou não operacional, pelo que não revestia a natureza de um "regime CFC" propriamente dito, de aplicação excepcional, mas de uma modalidade técnica de tributação de alcance geral.

E daí que João Francisco Bianco e Luís Eduardo Schoueri afirmem que ela ofende o *princípio da proporcionalidade*, dada a inadequação e a desnecessidade dos meios adequados (legislação contendo regra genérica e não restrita a certos territórios e rendimentos) para atingir os fins antielisivos em vista[6].

A adição direta ao lucro de sociedade brasileira do lucro das controladas e coligadas no exterior, independentemente de este ter sido distribuído ou não (designada na lei inglesa sobre as *Controlled Foreign Corporations* como *apportionment of foreign accumulated income*) representa, pois, a concepção das sociedades estrangeiras como "sociedades fiscalmente transparentes", cuja personalidade jurídica é desconsiderada *ex lege* para efeitos fiscais, de tal modo que os seus lucros se consideram automaticamente distribuídos para as sociedades brasileiras, que passarão a ser tributadas numa *arising basis* e não numa *distribution basis*[7].

---

[6] Cfr. J. F. Bianco, *Transparência fiscal internacional, cit.*, 80 ss.; L. E. Schoueri, Transparência fiscal, proporcionalidade e disponibilidade, *RDDT*, n.º 142, 2007, 39 ss.

[7] Além das três monografias dedicadas ao tema (Taísa Oliveira Maciel, *Tributação dos lucros das controladas e coligadas estrangeiras*, Rio de Janeiro, 2007; João Francisco Bianco, *Transparência fiscal internacional*, São Paulo, 2007; André Martins de Andrade, *A tributação universal da renda empresarial*, Belo Horizonte, 2008) veja-se ainda: Antonio Carlos Rodrigues do Amaral/Douglas Yamashita, Norma antielisão: tributação de lucros no exterior. Disponibilidade de renda e tratados internacionais, in Luís Eduardo Schoueri (org.), *Direito Tributário, homenagem a Alcides Jorge Costa*, vol. II, São Paulo 2003, 893; Pedro Anan Junior, Inconstitucionalidade da tributação dos lucros auferidos no exterior – Medida Provisória n.º 2.158-35/01 e Instrução Normativa SRF n.º 213/02, *RDDT* 93 (2003), 69; Eliana Karsten Anceles, Transparência fiscal internacional (Controlled Foreing Corporations – CFC): uma visão analítica à luz da sistemática jurídico-tributária brasileira, *RFDT* 8 (mar./abr. 2004), 77; André Martins de Andrade, Consequências possíveis da ADI n.º 2.588, *RFDT* 32 (mar.-abr./2008), 89; Id., Os limites de tributação universal da renda e a ADI n.º 2.588, *RFDT*, n.º 29, 2007, 9 ss.; Humberto Ávila, O imposto de renda, a contribuição social sobre o lucro e os lucros

auferidos no exterior, in Valdir de Oliveira Rocha (org.), *Grandes questões atuais do Direito Tributário,* vol. 7, São Paulo 2003, 215; Márcio Ávila, A ADIn 2.588/DF e a tributação dos lucros oriundos do exterior, *RTFP* 64 (set.-out./2005), 11; Marco Antônio Behrndt, Análise de norma inaugural da tributação em base universal no Brasil e as decisões do Conselho de Contribuintes, *RDTI* 7 (dez.-/2007), 223; Elidie Palma Bifano, Investimentos em sociedades coligadas e controladas, ágio e o imposto sobre a renda, in Eurico Marcos Diniz de Santi/Fernando Aurelio Zilveti (org.), *Direito Tributário: tributação empresarial*, São Paulo 2009, 203; Fernando Netto Boiteux, As sociedades coligadas, controladoras, controladas, e a tributação dos lucros obtidos no exterior, *RDDT* 105 (2004), 20; Sacha Calmon Navarro Coêlho, Misabel Derzi, Tributação pelo IRPJ e pela CSLL de lucros auferidos por empresas controladas ou coligadas no exterior – inconstitucionalidade do art. 74 da Medida Provisória n.º 2.158-35/01, *RDDT* 130 (2006), 135; Paulo Faleiro Ferreira, O instituto das Controlled Foreing Corporations – CFC e o ordenamento jurídico brasileiro, *RIDT* 3 (jan.-jun./2005), 233; Jayr Viégas Gavaldão Jr., Considerações acerca da transparência fiscal internacional e do descompasso da legislação brasileira, in Marcelo Magalhães Peixoto (org.), *Planejamento tributário*, São Paulo 2004, 295; Marciano Seabra de Godoi, O imposto de renda e os lucros auferidos no exterior, in Valdir de Oliveira Rocha (org.), *Grandes questões atuais do Direito Tributário*, vol. 6, São Paulo 2002, 275; José Henrique Longo, O lucro de subsidiária no exterior e o tratado internacional, in *Tributação e processo* – IV Congresso Nacional de Estudos Tributários, São Paulo 2007, 291; Ciro Cesar Oliveira, Extensão do princípio da universalidade para fins de tributação pelo imposto de renda das pessoas jurídicas (IRPJ), *RDTI* 5 (2007), 9; Ricardo Mariz de Oliveira, Lucros de coligadas e controladas no exterior e aspectos de elisão e evasão fiscal no Direito brasileiro e no internacional, *RDDT* 102 (2004), 95; Clóvis Panzarini Filho, Raffaele Russo, A compatibilidade entre as regras de CFC e os tratados internacionais, *RDTI* 3 (jun.-/2006), 9; Helenilson Cunha Pontes, A tributação dos lucros do exterior e os tratados para evitar a dupla tributação da renda, in Adilson Rodrigues Pires/Heleno Taveiro Tôrres (org.), *Princípios de Direito Financeiro e Tributário – Estudos em homenagem ao Professor Ricardo Lobo Torres*, Rio de Janeiro 2006, 863; João Dácio Rolim, Gilberto Ayres Moreira, Tributação de lucros auferidos no exterior e limites relativos de normas antielisivas, *RDTI* 3 (jun.-/2006), 103; Raphael Palmieri Salomão, Os lucros das empresas nos tratados internacionais destinados a evitar a dupla tributação da renda e do capital, *RDTI* 8 (abr.-/2008), 97; Luís Eduardo Schoueri, Transparência fiscal internacional, proporcionalidade e disponibilidade: considerações acerca do art. 74 da Medida Provisória n.º 2.158-35, *RDDT* 142 (2007), 39; Heleno Taveira Tôrres, Lucros auferidos por meio de controladas e coligadas no exterior, in Heleno Taveira Tôrres (org.), *Direito Tributário Internacional Aplicado*, vol. III, São Paulo 2005, 105; Ericson Amaral, Da cone-

II – Natureza e fundamentos da transparência fiscal Internacional

As medidas adotadas traduzem-se essencialmente em, por ficção legal, "desconsiderar" a personalidade jurídica das sociedades cuja constituição ou funcionamento tenha sido ou seja inspirada predominantemente por razões de ordem fiscal, consideradas "transparentes" *(pass-through entity)* em termos de permitir a tributação dos respectivos sócios, como se tivessem auferido diretamente os lucros, sem aguardar pelo momento da distribuição dos lucros entretanto acumulados.

Foi a reforma Kennedy de 1962 que levou mais longe, em matéria tributária, a doutrina do *piercing the veil of the corporate entity*. As disposições (designadas *Subpart F* do *Internal Revenue Code)* visaram, na verdade, a combater a forma de elisão fiscal decorrente da utilização de dois tipos de sociedades: as *foreign personal holding companies*, ou seja, sociedades constituídas no exterior cuja renda seja integrada, ao menos em 90%, por "renda passiva" – juros, aluguéis, *royalties* – e em que mais de 50% das ações sejam possuídas, direta ou indiretamente, por cinco pessoas físicas sujeitas ao imposto de renda norte-americano; e as *controlled foreign corporations* (CFC), sociedades cujas receitas sejam constituídas por lucros de comercialização ou de serviços e em que mais de 50% das ações pertençam a cidadãos norte-americanos, possuindo cada um pelo menos 10% do direito de voto[8].

Em ambos os casos a lei determinou o afastamento da regra do diferimento do imposto *(tax deferral)* incidente sobre as rendas obtidas no exterior por subsidiárias de sociedades norte-americanas, corolário da separação das suas personalidades jurídicas, segundo o qual tais rendas só serão tributadas, junto dos acionistas, quando os lucros lhes forem efetivamente distribuídos sob a forma de dividendos. Ora, nos casos acima referidos, os acionistas serão tributados independentemente da distribuição do lucro, isto é, por lucros que juridicamente ainda se inserem na

---

xão entre a tributação de lucros de controladas e coligadas no exterior, o CPC 02 e a desconsideração dos planejamentos tributários internacionais, in Sergio André Rocha (coord.), *Direito Tributário, Societário e a Reforma da Lei das S/A*, vol. II, São Paulo 2010. 205 ss.

[8] E daí as legislações que nela se inspiraram passarem a ser denominadas de "Subpart F" ou do tipo "CFC".

titularidade da sociedade, cuja personalidade é assim "desconsiderada" para efeitos fiscais[9].

O movimento tem-se alastrado de tal modo que grande parte dos Estados-membros da OCDE adotaram legislações do tipo CFC como instrumento de preservação de receitas fiscais ameaçadas pela migração de "atividades geograficamente móveis"[10].

O exame do Direito Comparado revela que enquanto umas legislações atribuem maior relevância ao fato de a sociedade intermediária estar localizada em território de baixa tributação, independentemente da natureza do rendimento por ela auferido (o chamado *jurisdictional approach,* na terminologia da OCDE), outras (Canadá, Estados Unidos) atribuem preponderância à natueza do rendimento, pretendendo alcançar imediatamente certas classes de renda, especialmente os "rendimentos passivos", independentemente do local de domicílio da sociedade intermediária *(transactional approach)*[11].

O primeiro modelo pressupõe a caracterização dos "territórios-alvo" *(target territories),* via de regra os paraísos fiscais, seja pelo método das listas *(black, white e white/gray lists),* seja pela exigência de uma alíquota mínima de tributação efetiva comparável ao do país de domicílio da sociedade controladora.

---

[9] *U.S. International TaxationBase Company TaxationInternational Business Taxation*111; PHILIP A. STOFFREGEN/STEWART R. LIPELES, United States Antiavoidance Measures affecting Multinational Corporations, in DENNIS CAMPBELL (org.), *International Tax Planning,* 1995, 251; ALEXANDER, *Foreign Personal Holding Companies and Foreign Corporations that are Personal Holding Companies,* Yale Law Journal 1958, 1173; A. RADO, *United States Taxation of Foreign Investment: the New Approach,* Amsterdam 1963, 32; BÜHLER, *Principios,* 186; SCHAUMBURG, *Internationales Steuerrecht,* 288; E. SANZ GADEA, *Transparencia fiscal internacional,* Madrid 1996; TULIO ROSEMBUJ, *Derecho Fiscal Internacional,* Barcelona 2001, 174 ss.

[10] Cfr. OCDE, *Controlled Foreign Company Legislation,* Paris 1996. Entre eles Estados Unidos, Espanha e Suécia. Não têm legislação do tipo CFC a Áustria, a Bélgica, a Holanda, o Luxemburgo e a Suíça. Muito embora de natureza diferente, a reavaliação obrigatória a valores de mercado previsto na lei holandesa tem consequências similares às de um regime CFC. Veja-se o exame destas legislações em TAÍSA MACIEL, *Tributação de lucros das controladas e coligadas estrangeiras,* Rio de Janeiro 2007, 38 ss.; JOÃO FRANCISCO BIANCO, *Transparência fiscal internacional,* São Paulo 2007, 28 ss.

[11] Cfr. OCDE, Controlled, Foreign Company Legislation, Paris 1996, passim.

O segundo modelo, por sua vez, pressupõe a determinação dos rendimentos em relação aos quais ocorrerá a imputação automática (os "rendimentos contaminados" ou *tainted income*), os quais são via de regra considerados *rendimentos passivos* (juros, *royalties* etc.), por oposição aos *rendimentos ativos* ou *empresariais*.

A verdade, porém, é que tanto as legislações que se inspiraram num modelo quanto no outro acabaram por se influenciar reciprocamente com vistas a aperfeiçoar os seus mecanismos, de tal modo que hoje é praticamente impossível descortinar um caso que obedeça, na sua pureza, a um tipo único. Assim, a tendência predominante é de as legislações "CFC" atingirem os rendimentos passivos auferidos por sociedades controladas instaladas em território de baixa tributação[12].

A lei brasileira, em matéria de sociedades controladas e coligadas no exterior, adotou um sistema que se afasta do tipo CFC, de caráter excepcional e finalidade antielisiva, pois pretende atingir a totalidade do lucro das sociedades controladas ou coligadas no exterior, independente da natureza dos rendimentos que o integram e do nível de tributação do país ou território de seu domicílio. Falta-lhe, pois, o elemento antielisivo e o caráter de providência excepcional, em relação ao regime geral de tributação de controladas e coligadas, que supõe a distribuição de resultados. A total inexistência de um elemento "abusivo" relacionado ou com o território de domicílio ou com a natureza do rendimento leva mesmo a afirmar que não se trata de uma lei "CFC".

Nesta sistemática o instituto perde as suas características antielisivas para se tornar num instrumento antidiferimento, destinado a assegurar a neutralidade da exportação de capitais até às suas últimas consequências[13].

Os regimes de tributação em causa têm sido explicados na doutrina de diversos modos: (i) ou como desconsideração da personalidade jurídica das controladas ou coligadas estrangeiras, que permitiria ao Fisco nacional "levantar o véu" da personalidade jurídica destas sociedades para atingir diretamente os seus lucros *(piercing the veil approach,* teoria da desconsideração ou do *Durchgriff)*; (ii) ou como uma presunção

---

[12] Cfr. J. F. Bianco, *op. cit.*, 25 ss.

[13] J. M. Almudí Cid, El régimen juridico de transparencia fiscal internacional..., cit., 117.

legal de distribuição da totalidade do lucro auferido por aquelas sociedades *(fictive* ou *deemed dividend approach* ou teoria do dividendo ficto*)*; (iii) ou como uma desconsideração do seu próprio domicílio estrangeiro, presumindo-as domiciliadas no país da sociedade controladora ou coligada; (iv) ou ainda – como nos parece cientificamente mais correto – recorrendo à ideia de "transparência fiscal internacional" *(pass-through entity)* das sociedades controladas e coligadas estrangeiras, segundo a qual o lucro destas não lhes é imputado para efeitos fiscais, devendo apenas tributar-se os sócios na proporção em que estes participam naquele lucro[14].

Tanto a teoria de desconsideração da personalidade jurídica quanto a da transparência fiscal internacional têm de comum permitir à lei ignorar o intermediário formal representado pela pessoa jurídica estrangeira "aparente" *(disregarding, piercing the veil* ou *lifting the veil of the corporate entity* – na terminologia anglo-saxônica – ou penetrando – *Durchgriff* – na personalidade jurídica da sociedade – na expressão alemã), para atingir diretamente os seus sócios. Na verdade, sendo a personalidade jurídica uma criação do direito, um simples instrumento de prossecução coletiva dos interesses dos sócios, como agudamente o revelou Ascarelli, tal criação só deve ser consagrada e respeitada na medida em que ela não se revelar, em si mesma, antijurídica. E sendo a personalidade jurídica realidade meramente instrumental não repugna que ela seja considerada para certos fins e desconsiderada para outro ou outros.

A nuança entre uma e outra concepção está em que, enquanto o regime de transparência fiscal é obra da lei, a técnica da desconsideração atua casuisticamente por decisão do juiz[15]. Certo, porém, é que o superamento da personalidade jurídica (e a consequente "transparência fiscal internacional") como técnica de combate à elisão fiscal internacional só é possível nos ordenamentos que contenham disposições que especifi-

[14] Cfr. Falcon y Tella, *Analisis de la transparencia tributaria,* Madrid, 1984, 186 ss.; Tulio Rosembuj, Transparencia fiscal internacional. Aspectos críticos (separata da *Revista de la Economia Social y de la Empresa*, 27/28); Id., *Derecho Fiscal Internacional,* Barcelona, 2001, 174 ss.

[15] Cfr. neste sentido Falcon y Tella, *Analisis de la transparencia tributaria,* Madrid, 1984, 186 ss.; J. M. Almudí Cid, *El régimen juridico de transparencia fiscal internacional, cit.,* 145; J. F. Bianco, *Transparência fiscal internacional, cit.*, 23.

camente o autorizem. Nos demais, a questão deverá ser resolvida à luz das regras do direito interno que eventualmente delimitem a liberdade de utilização dos instrumentos facultados pelo direito com o fim de minorar o ônus fiscal.

Ao contrário do que frequentemente se afirma, estes regimes não são corolário do *princípio da universalidade,* que, exigindo a tributação do rendimento mundial das pessoas físicas ou jurídicas *(world-wide-income),* apenas conduz à tributação dos lucros efetivamente distribuídos pelas sociedades participadas estrangeiras, mas não à tributação dos lucros acumulados destas últimas, que são rendimentos próprios delas e não rendimentos das suas investidoras.

Os regimes em causa consagram, ao contrário, uma verdadeira *tributação extraterritorial,* pois atingem rendimentos de pessoa jurídica estrangeira, tratando-a como se fosse mero estabelecimento permanente destituído de personalidade jurídica, alargando os poderes tributários do Estado de domicílio de sociedade controladora em termos dificilmente conciliáveis com as regras básicas dos tratados contra a dupla tributação[16].

III – A incompatibilidade com os tratados contra a dupla tributação

A) *A incompatibilidade genérica do regime da Lei brasileira com o Art. 7.º dos Tratados.*

O regime de transparência fiscal internacional, criado pela Lei n.º 9.249/95, é, como se verá de seguida, incompatível com os tratados contra a dupla tributação celebrados pelo Brasil, com base em considerações igualmente aplicáveis ao art. 74 da Medida Provisória n.º 2.158-35/01.

O art. 7.º dos referidos tratados (que seguem a redação do art. 7.º da Convenção Modelo da OCDE) dispõe, no seu § 1.º, que "os lucros de uma empresa de um Estado Contratante *só podem* ser tributados nesse Estado, a não ser que a empresa exerça sua atividade no outro Estado Contratante por meio de um estabelecimento permanente aí situado. Se a empresa exercer sua atividade deste modo, os seus lucros podem ser

[16] Cfr. Tulio Rosembuj, *Derecho Fiscal Internacional,* Barcelona 2001, 203; Id., *Transparência fiscal,* 21 refere-se a uma *ultraterritorialidade ofensiva.*

tributados no outro Estado, mas unicamente na medida em que forem imputáveis a esse estabelecimento permanente".

Estabelecimento permanente é, nos termos do art. 5.º, § 1.º, dos tratados (seguindo também o art. 5.º da Convenção Modelo da OCDE) "uma instalação fixa onde a empresa exerça toda ou parte da sua atividade", compreendendo notadamente um local de direção, uma sucursal, um escritório, uma fábrica, uma oficina, uma mina ou uma pedreira.

São, pois, "estabelecimentos permanentes", para efeito dos tratados, as sucursais ou filiais destituídas de personalidade jurídica própria.

Aplicando este preceito ao caso de uma empresa brasileira (EB) que tenha, por exemplo, em Portugal, uma filial (FP) ou controlada (CP), podem extrair-se as seguintes conclusões:

a) O Brasil *pode* tributar os lucros da FP, por esta constituir um estabelecimento permanente no exterior (1ª frase, 2ª parte, do § 1.º);

b) Portugal *pode* tributar os lucros da FP unicamente na medida em que forem imputáveis a esse estabelecimento (2ª frase do § 1.º);

c) Só Portugal ("competência exclusiva") *pode* tributar os lucros auferidos em Portugal pela CP, pois CP é empresa portuguesa (1ª frase, 1ª parte, do § 1.º);

d) O Brasil *não pode* tributar os lucros auferidos em Portugal pela CP, pois só pode tributar estabelecimentos permanentes no exterior e não entidades com personalidade jurídica própria existentes no outro Estado.

A confirmar esta última afirmação está o § 6.º do art. 5.º dos tratados, segundo o qual "o fato de uma sociedade residente de um Estado Contratante controlar ou ser controlada por uma sociedade residente do outro Estado Contratante ou que exerce a sua atividade nesse outro Estado, quer seja através de um estabelecimento estável, quer de outro modo, não é, por si, bastante para fazer de qualquer dessas sociedades estabelecimento permanente da outra".

Os conceitos de "empresa de um Estado Contratante" e "empresa do outro Estado Contratante" usados no art. 7.º significam, nos termos do art. 3.º, § 1.º, alínea *f*, "respectivamente, uma empresa explorada por um residente de um Estado Contratante e uma empresa explorada por um residente do outro Estado Contratante". Quando as empresas adotam a forma jurídica de sociedade ou qualquer outra que as permita qualificar como "pessoas" e, por consequência, como "pessoa residente", para efeitos do art. 4.º, ela é automaticamente considerada "empresa do Estado de residência"[17]. Assim, por exemplo, a sociedade domiciliada em Portugal, controlada por empresa brasileira, é considerada "empresa portuguesa", só podendo ser tributada por Portugal.

É isto o que resulta também dos Comentários da OCDE (art. 5.º, parágrafo 7.º, item 40):

> *"It is generally accepted that the existence of a subsidiary company does not, or itself, constitute that subsidiary company a permanent establishement of its parent company. This follows from the principle that, for the purpose of taxation, such a subsidiary company constitutes an independent legal entity".*

O art. 7.º § 1.º contém, na sua primeira parte, uma *norma de reconhecimento de competência exclusiva* do país em que se encontra domiciliada a sociedade controlada, como resulta claramente da expressão literal "só podem ser tributados"[18], ao invés da segunda parte do mesmo parágrafo que contém uma norma de *competência cumulativa* se se tratar, não de pessoa jurídica independente, mas de estabelecimento permanente.

Como recorda Ottmar Bühler[19], referida cláusula teve a sua origem em impedir a aplicação, no âmbito das relações internacionais, da chamada "teoria do órgão" *(Organtheorie)*, consagrada em vários países europeus nas primeiras décadas do século XX por influência da jurisprudência e da lei alemã de 1934, que concebiam os grupos de sociedades, baseados numa relação de controle ou domínio, como uma unidade, operando-se na controladora uma consolidação dos ganhos e perdas do grupo. E daí as sociedades controladas serem consideradas meros "órgãos" do conjunto, sendo desconsiderada ou mesmo recusada a sua personalidade jurídica.

---

[17] Cfr. Klaus Vogel, *On Double Taxation Conventions*, 1997, 184.

[18] Cfr. sobre as normas de reconhecimento de competência exclusiva Alberto Xaveir, *Direito Tributário Internacional do Brasil,* cit., 673

[19] Cfr. Bühler, *Princípios de Derecho Internacinal Tributário*, trad. esp., Madrid, 1968, 133 ss.;

Como é natural, a tentativa de aplicação desta doutrina à esfera internacional conduziria a uma deslocalização dos poderes tributários dos Estados onde se situam as empresas controladas para o Estado de sociedade controladora, conduzindo a uma plúrima tributação dos mesmos lucros.

Assim, sobretudo por influência dos países anglo-saxônicos, que sustentavam a individualidade jurídica e a tributação autônoma das subsidiárias, surgiu a regra de reconhecimento de competência exclusiva ao Estado de localização destas, constante já do Modelo Bilateral de Convenção Tributária da Liga das Nações (Modelo de Londres de 1946) como uma verdadeira "cláusula antiórgão"[20].

O objetivo da cláusula de competência exclusiva está, pois, em afirmar a supremacia do princípio da separação *(Trennungsprinzip)* sobre a teoria do órgão, em matéria de controladas e subsidiárias em geral, e impedir que os Estados de domicílio das controladoras tomem em consideração, por qualquer forma ou técnica legislativa, os lucros das controladas ou coligadas estrangeiras como base de cálculo dos seus próprios tributos incidentes sobre as sociedades-mãe.

Não é demais insistir em que a cláusula de competência exclusiva do art. 7.º dos tratados constitui o "coração" dos tratados contra a dupla tributação. Sem ela, qualquer tratado fica privado de sentido, pois abre as portas a uma guerra fiscal entre Estados, permitindo que a riqueza tributável em uma delas seja objeto de pretensões fiscais cumulativas de outras, invasivas de soberania estrangeira. É o que ocorreria se os Estados Unidos pudessem tributar naquele país os lucros das subsidiárias brasileiras, o Brasil pudesse tributar os lucros das suas controladas na Dinamarca, e até *ad infinitum* em todos os elos de uma cadeia vertical de controle.

A incompatibilidade com os tratados contra a dupla tributação decorre ainda de a sistemática por eles adotada apenas prever um mecanismo de eliminação da dupla tributação dos lucros distribuídos quando a tributação ocorre no momento da distribuição, tendo esta como fato gerador, como

---

[20] Dispunha o artigo VIII que os lucros não distribuídos por uma companhia que tem o seu domicílio fiscal em um Estado Contratante não estarão sujeitos a nenhum imposto no outro Estado Contratante em razão do fato de os lucros não distribuídos representarem, no todo ou em parte, rendimento derivado do território do outro Estado.

sucede com o art. 10 combinado com o art. 23. Essa sistemática não prevê, porém, que a tributação ocorra em momento anterior ao da distribuição efetiva, quando ainda são lucros não distribuídos pela pessoa jurídica estrangeira, pelo que a dupla tributação neste caso não tem no tratado sistema de eliminação, que fica exclusivamente ao sabor da vontade das leis internas dos Estados em causa.

Por outro lado ainda a desaplicação da regra de competência tributária exclusiva, atribuindo às subsidiárias o mesmo tratamento fiscal dos estabelecimentos permanentes (filiais ou sucursais) traduz-se na desconsideração da sua personalidade jurídica e, com isso, na violação do art. 3.º que define o conceito de "pessoa", não permitindo que um Estado desconsidere a personalidade jurídica outorgada pelo ordenamento jurídico do Estado estrangeiro do território da constituição da subsidiária, desde que conforme com aquela definição[21].

Infringiria, por isso, frontalmente, os tratados qualquer tentativa de aplicação de preceito legal que determinasse a adição à base de cálculo do imposto (lucro líquido da sociedade brasileira, contribuinte de um Estado) dos lucros próprios da sociedade controlada domiciliada em outro Estado contratante, pois tal significaria o Brasil arrogar-se uma competência tributária *cumulativa*, quando o tratado é expresso em atribuir ao Estado de domicílio da controlada ou coligada no exterior uma competência tributária *exclusiva*[22].

Note-se, porém, que os tratados contra a dupla tributação não proíbem que no Brasil sejam tributados dividendos distribuídos por empresas estrangeiras a sócios domiciliados no Brasil.

Com efeito, nos termos da repartição dos poderes tributários dos diversos Estados operada pelas convenções contra a dupla tributação que seguem o modelo da OCDE, procedeu-se a uma nítida distinção entre os *lucros das empresas* e os *dividendos* por elas distribuídos. Enquanto os *lucros das empresas* estão sujeitos à regra da atribuição de competên-

[21] Cfr. Luís Eduardo Schoueri, *Transparência fiscal internacional, proporcionalidade e disponibilidade, cit.*, 45; Heleno Taveira Tôrres, Lucros auferidos por meio de controladas e coligadas no exterior, *Direito Tributário Internacional Aplicado*, III, 2005, 137 ss.

[22] Cfr. Luís Eduardo Schoueri, Acordos de bitributação e lei interna – investimentos na Ilha da Madeira – efeitos da Lei n.º 9.249/95, *RDDT* 17 (1997), 110 ss.

cia tributária *exclusiva* ao país de domicílio da empresa que os obteve (art. VII da Convenção Modelo), com a consequente exclusão de competência do país de domicílio da sociedade que participa no seu capital, os *dividendos* estão sujeitos à regra de atribuição de competência tributária *cumulativa* do país de domicílio da empresa que os distribui (país de fonte) e do país de domicílio da empresa que os aufere (país de residência).

E isto porque o lucro da empresa estrangeira, dotada de personalidade jurídica própria, é renda dessa mesma empresa e não da sua controladora, enquanto o dividendo distribuído, tendo embora a sua fonte na empresa estrangeira, é renda do sócio.

Daí que as convenções contra a dupla tributação permitem que tanto o Estado de fonte quanto o Estado de residência exerçam os seus poderes tributários no que concerne aos dividendos, embora com limitações para ambos: o Estado de fonte não poderá tributar a uma alíquota que exceda o limite convencionado e o Estado da residência deverá eliminar a dupla tributação ou pelo método da isenção ou pelo método da imputação, conforme dispuser o tratado.

Por isso não pode haver dúvidas de que os tratados contra a dupla tributação autorizam a tributação dos dividendos distribuídos por sociedades controladas ou coligadas, determinando apenas a obrigação para o Brasil de reconhecer em relação a esses dividendos um crédito de imposto ou a sua isenção[23].

B) A questão do dividendo ficto.

A única especificidade que a questão da compatibilidade dos tratados com o art. 74 da Medida Provisória n.º 2.158-35 fez surgir é quanto à questão de saber qual o objeto da tributação em face do novo diploma legal e sua consequente qualificação à luz das disposições dos tratados.

A doutrina, na sua esmagadora maioria, continuou a manifestar-se no sentido de que o objeto da tributação do art. 74 era precisamente o

---

[23] Cfr. a este respeito o Ato Declaratório n.º 6 da SRF, de 30 de janeiro de 1997, relativo ao anterior tratado com Portugal (1971), bem como nossos comentários na edição anterior deste livro, na pp. 364 e ss.

mesmo do art. 25 da Lei n.º 9.249/95, ou seja, os *lucros* das sociedades controladas e coligadas estrangeiras que, através da adição ao lucro líquido da sociedade brasileira, passaram a constituir base de cálculo do tributo sobre ela incidente.

Todavia, a teoria concebida em face de certas legislações estrangeiras de que a tributação teria por objeto um *dividendo ficto (deemed dividend)* acabou tendo ressonância no Brasil baseada na própria expressão do legislador segundo a qual os lucros das sociedades estrangeiras "serão considerados disponibilizados" para a sociedade brasileira por ocasião da sua apuração no balanço.

Os defensores desta tese argumentam que, se tratando de um lucro ficticiamente disponibilizado, a sua qualificação perante os tratados internacionais seria a de dividendo, submetido ao art. 10 da Convenção Modelo, e não a de lucro, submetido ao art. 7.º[24].

Tal qualificação arrastaria como consequência a plena competência tributária do Brasil, pois enquanto o art. 7.º contém uma cláusula de reconhecimento de competência tributária excluviva do Estado de origem do lucro o art. 10 consagra uma norma de reconhecimento de competência tributária cumulativa, tanto do país da fonte quanto do país de residência[25].

---

[24] Esta interpretação foi adotada no Acórdão n.º 108-08-765, do Conselho de Contribuintes de 23.03.2006 por influência do voto do Conselheiro José Henrique Longo, e tem sido posteriormente manifestada em votos minoritários. Em artigo científico publicado posteriormente, o mesmo Conselheiro reiterou o seu ponto de vista, sustentando que o art. 74 da Medida Provisória n.º 2.158-35/01 tem por objeto o lucro propriamente dito da controlada ou coligada no exterior, mas logo acrescenta "que, para efeito da incidência do IRPJ e da CSL, e mediante alteração do conteúdo do conceito, devem ser considerados como dividendos". Cfr. José Henrique Longo, O lucro de subsidiária no exterior e o tratado internacional, in *Tributação e processo* – IV Congresso Nacional de Estudos Tributários, São Paulo, 2007, 291. A tese já tinha sido suscitada, no curso do julgamento, ainda que de forma não conclusiva, no Acórdão n.º 101-95.802, de 19.10.2006.

[25] Cfr. O Acórdão n.º 107-07.532, de 18.02.2004, do então Primeiro Conselho de Contribuintes, apreciando a questão da compatibilidade da lei interna com o Tratado Brasil-Portugal, concluiu precisamente no sentido de ser incompatível o regime do art. 25 da Lei n.º 9.249/95 em face da regra de competência exclusiva do art. 7.º do Tratado e compatível o regime do art. 1.º da Lei n.º 9.532/97, em face da regra de competência cumulativa do art. 10 do mesmo diploma.

Esta construção não merece, porém, acolhimento por várias ordens de razões.

A principal crítica que deve ser dirigida a este entendimento está em que a lei interna que fundamenta a tributação (o art. 25 da Lei 9.249/95, para o qual remete o art. 74 da Medida Provisória n.º 2158-35/01) não permite a referida construção, eis que alude à adição ao lucro da pessoa jurídica brasileira dos próprios lucros auferidos por controladas e coligadas no exterior, independentemente de serem pagos ou creditados. A ficção de disponibilização mais não significa do que a determinação do momento temporal que esse cômputo se deve verificar, não tendo o condão de alterar a natureza do objeto da tributação.

Que a lei interna trata de uma tributação de *lucro* e não de *dividendos* é confirmado pelo fato de os lucros serem computados pelos seus valores integrais, sem dedução do imposto pago do país de origem. Ora, não se distribuem dividendos em valor superior ao lucro disponível após a tributação[26].

Ainda, porém, que a lei interna consagrasse a tributação de um "dividendo ficto", não poderia ela prevalecer em face do conceito de dividendo consagrado nos tratados contra a dupla tributação (art. 10, § 1.º). A letra destes (em conformidade, aliás, com a Convenção Modelo da OCDE) se refere a dividendos "pagos", expressão que revela inequivocamente a vontade de o regime de competência cumulativa nela consagrado apenas se aplicar a rendimentos efetivamente destacados do patrimônio das sociedades e transferidos para o de seus sócios, não permitindo uma interpretação ampla que abrangesse lucros não distribuídos imputados por mera ficção legal[27].

Acresce que a teoria geral do direito ensina ser ilegítimo o emprego, por uma fonte de direito, do mecanismo das ficções ou presunções legais (como o dividendo ficto) para invadir a esfera de competência de outra fonte, delimitada em razão da hierarquia ou da especialidade (como

---

[26] Cfr. art. 1.º, § 7.º, da Instrução Normativa n.º 213/02. O art. 201 da Lei das S/A afirma que a companhia pode pagar dividendos à conta de lucro líquido e o art. 191 dispõe que este é o resultado do exercício que remanescer depois de deduzidas as participações do art. 190 e, antes destas, os prejuízos acumulados e a provisão para o imposto de renda (art. 189).

[27] Cfr. neste sentido J. F. Bianco, *Transparência fiscal internacional, cit.*, 152, 157.

sucede com os tratados), com vista a evitar, de modo indireto ou oblíquo, a prevalência da sua aplicação. Nada mais fácil para burlar as disposições dos tratados do que criar, por lei interna, ficções legais que estabeleçam exatamente o contrário do disposto nos preceitos convencionais. E é precisamente a este resultado que conduz a doutrina do dividendo ficto.

Não é demais recordar que a cláusula de competência tributária exclusiva do país estrangeiro de domicílio da controlada ou coligada (e simetricamente de exclusão de competência do país de sociedade investidora), constante do art. 7.º da Convenção Modelo da OCDE, é o "coração dos tratados". Sem ela estaria permitida toda a sorte de guerra fiscal unilateral pelo qual os Estados se arrogassem o poder de taxar empresas estrangeiras, invadindo espaços de soberania alheios.

C) A questão das controladas indiretas

Coloca-se ainda a questão de saber qual o alcance da proteção conferida pelo art. 7.º dos tratados nos casos em que a sociedade controlada no exterior detém participações em outras controladas ou coligadas em terceiros Estados.

Certos setores da jurisprudência administrativa já sustentaram que, "para fins de aplicação do art. 74 da Medida Provisória n.º 2.158-35, os lucros de controladas indiretas consideram-se auferidos diretamente pela investidora brasileira, e sua tributação no Brasil não se submete às regras do tratado internacional firmado com o país de residência da controlada direta"[28].

De acordo com referido entendimento, a proteção conferida pelo art. 7.º dos tratados contra a dupla tributação limita-se aos lucros diretamente apurados pela sociedade residente naquele País, não alcançando os lucros das suas próprias controladas e/ou coligadas que, muito embora não distribuídos, eventualmente tenham sido reconhecidos no balanço em razão da aplicação do método da equivalência patrimonial.

O entendimento em questão assenta nas seguintes premissas:

---

[28] Cfr. Acórdão do Conselho de Contribuintes n.º 101-97.070, de 17 de dezembro de 2008.

(i) o art. 25 da Lei n.º 9.249/95 instituiu a tributação sobre o lucro das controladas no exterior;

(ii) o conceito de *sociedade controlada* da legislação societária (art. 243, § 2.º, da Lei n.º 6.404/76) abrange qualquer sociedade na qual a controladora, diretamente ou através de outras controladas, exerça o poder de controle;

(iii) o art. 16 da Lei n.º 9.430/96 determina que "os lucros auferidos por filiais, sucursais, controladas e coligadas no exterior, serão: I – considerados de *forma individualizada,* por filial, sucursal, controlada ou coligada";

(iv) o art. 7.º dos tratados contra a dupla tributação (no caso concreto o Tratado com a Espanha) proíbe a tributação pelo Estado de residência (no caso o Brasil) dos lucros de sociedades residentes no Estado da fonte (no caso a Espanha);

(v) como a adição ao lucro real da sociedade controladora no Brasil faz-se diretamente sobre os lucros de todas as controladas, ainda que indiretas, referida proteção dar-se-á apenas sobre os lucros obtidos diretamente pela sociedade residente no país que tenha celebrado tratado contra a dupla tributação com o Brasil (no caso a Espanha), não alcançando eventuais lucros das controladas indiretas, cuja suscetibilidade de tributação dependerá da existência ou não de tratado com o respectivo país de domicílio.

As premissas em que este entendimento assenta são, porém, equivocadas.

A afirmação segundo a qual o conceito de sociedade controlada, adotado pela Lei n.º 6.404/76, abrange não só as controladas diretas mas também as indiretas é indiscutivelmente exata, mas daí a permitir a conclusão de que o art. 74 da Medida Provisória n.º 2.158-35 impõe a adição dos lucros das controladas indiretas ao lucro líquido da controladora brasileira, para efeitos do art. 25 da Lei n.º 9.249/95 (para o qual remete o art. 74), vai uma grande distância, constituindo um salto lógico, simplista e sedutor pela sua aparente literalidade, mas que o sistema jurídico não admite.

Antes de mais, a expressão "controlada", utilizada no art. 74, não pode ser interpretada de modo desgarrado, pois ela se encontra sistematicamente relacionada na mesma proposição normativa com o conceito de "lucro disponibilizado".

Ora está bem de ver que lucro disponível é, por definição, aquele que a lei permite à controlada disponibilizar à controladora brasileira, caso esta, no exercício do seu poder de controle, delibere pela sua disponibilização. Com efeito, só em relação a estes lucros se aplica a lógica do regime de transparência fiscal internacional, que tributa imediatamente junto dos sócios os lucros que estes poderiam ter determinado a distribuição, mas por ato de sua exclusiva vontade não o fizeram. Mas já não poderão ser tributados nas mãos dos sócios lucros que, devido às circunstâncias do caso concreto, poderão ser insuscetíveis de disponibilização, como sucede com os lucros de controladas indiretas, notadamente na hipótese de serem absorvidos por perdas de sociedades intermédias situadas em degraus ascendentes da cadeia de controle e outras circunstâncias, como adiante se verá.

A questão de saber que lucros são disponibilizáveis para uma sociedade controladora brasileira – se apenas os lucros da controlada indireta estrangeira ou se também, *per saltum*, os lucros das controladas indiretas, por esta controladas – deve ser resolvida em face do direito brasileiro. É o que determina o § 2.º, inciso I, do art. 25 da Lei n.º 9.249/95 (para o qual remete o art. 74): "As filiais, sucursais e controladas deverão demonstrar a apuração dos lucros que auferirem em cada um de seus exercícios fiscais, *segundo as normas da legislação brasileira*".

Ora, a lei brasileira apenas permite a distribuição de lucros de uma sociedade a quem for *sócio* (Código Civil, art. 997, VII, e art. 1007), sendo nula qualquer deliberação que tenha como destinatários terceiros, inclusive os sócios de sócios[29].

A regra segundo a qual os lucros auferidos por filiais controladas e coligadas no exterior serão considerados de *forma individualizada* (art. 16 da Lei n.º 9.430/96) significa apenas que os prejuízos apurados por uma controlada ou coligada, no exterior, somente poderão ser compensados com lucros dessa mesma controlada ou coligada (Instrução Normativa

[29] Veja-se o art. 205 da Lei das S/A: "A companhia pagará o dividendo de ações nominativas à pessoa que, na data do ato de declaração do dividendo, estiver inscrita como proprietária ou usufrutuária da ação".

n.º 213/02, art. 4.º, § 2.º), não podendo consequentemente ser compensados com lucros de outras controladas e coligadas no exterior, nem com lucros da sociedade investidora domiciliada no Brasil (art. 25, § 5.º, da Lei n.º 9.249/95).

É o que também esclarece o § 5.º do art. 1.º da Instrução Normativa n.º 213/02, segundo o qual, "para efeito de tributação no Brasil, os lucros serão computados na determinação do lucro real e da base de cálculo da CSLL, *de forma individualizada*, por filial, sucursal, controlada ou coligada, vedada a consolidação dos valores, ainda que todas as entidades estejam localizadas em um mesmo país, sendo admitida a compensação de lucros e prejuízos conforme disposto no § 5.º do art. 4.º desta Instrução Normativa".

Vedou-se, pois, a *consolidação horizontal*.

No que concerne à *consolidação vertical,* os princípios do direito societário brasileiro foram corretamente interpretados pelo § 6.º do art. 1.º da referida Instrução Normativa n.º 213, que dispõe que "os resultados auferidos por intermédio de outra pessoa jurídica, na qual a filial, sucursal, controlada ou coligada no exterior, mantenha qualquer tipo de participação societária, ainda que indiretamente, serão consolidados no balanço da filial, sucursal, controlada ou coligada para efeito de determinação do lucro real e da base de cálculo da CSLL da beneficiária no Brasil".

Significa isto que os lucros das controladas indiretas não podem ser adicionados *per saltum* ao lucro da sociedade brasileira; antes devem ser consolidados gradativamente, por níveis ou degraus da cadeia vertical, em cada um dos quais serão considerados como componentes do lucro de cada controladora intermédia, a ser apurado de "forma individualizada". E assim sucessivamente na cadeia ascendente, até que a consolidação opere no nível da primeira controlada direta estrangeira, quando então o lucro (ou prejuízo) próprio desta será adicionado ao da controladora brasileira, como determina o art. 74 da Medida Provisória n.º 2.158-35.

Tal *consolidação vertical* se faz em reconhecimento, no plano fiscal, de que no direito societário brasileiro não há uma participação direta da controladora no Brasil nos resultados de controlada ou coligada indireta, mas apenas através da necessária intermediação da pessoa jurídica interposta, pelo que os resultados individuais desta têm de ser necessariamente considerados para efeitos de determinar a matéria tributável no Brasil[30].

Este é o sistema de reconhecimento do lucro numa cadeia vertical de participações consagrado pela lei brasileira e que deve ser obedecido no regime de transparência fiscal internacional.

Neste sistema, os lucros das controladas indiretas não podem ser considerados disponibilizados *per saltum* para a controladora brasileira e junto a ela tributados, pois tal tributação poderá estar incidindo sobre um resultado que jamais chegará às mãos daquela controladora.

Tal ocorrerá na hipótese de existência de prejuízos ou perdas em sociedades estrangeiras situadas em degraus mais elevados do elo societário, que absorverão referidos lucros, e ainda na hipótese de o controlador brasileiro alienar a participação na primeira controlada estrangeira, quando deixa *ipso iure* de ter qualquer vínculo jurídico com as controladas indiretas legitimador de uma disponibilização, eis que sua relação societária passa necessariamente pela primeira controlada.

Note-se que a lei poderia ter determinado que a consolidação dos lucros das controladas e coligadas estrangeiras operasse diretamente no balanço da controladora no Brasil, mas ao invés disso optou por consolidar os resultados ao nível da primeira controlada estrangeira, afastando assim qualquer influência que os resultados individuais da controladora brasileira pudessem ter sobre os resultados consolidados da cadeia de participações no exterior.

Ao determinar, porém, a consolidação *ao nível da controlada direta* estrangeira e não da *controladora brasileira*, a lei reconheceu que apenas os resultados dessa primeira controlada (no qual se inserem os resultados das demais) é que são passíveis de tributação no Brasil, pois só estes podem ser efetivamente disponibilizados sob a forma de dividendos. Ora, como se disse, é apenas em relação aos lucros disponibilizáveis que se aplica o sistema de tributação automática do art. 74 da Medida Provisória n.º 2.158-35.

Logo, a tributação no Brasil de lucros de uma controlada *indireta* no exterior *per saltum* da primeira controlada direta representa verdadeira ofensa ao art. 43 do Código Tributário Nacional, na medida em que se

[30] O § 6.º da Instrução Normativa n.º 213 não é, pois, mera "norma técnica de arrecadação", mas disposição que contém a única interpretação possível da lei.

está tributando o patrimônio da controladora, tomando-se por base renda alheia, que no máximo constitui expectativa de renda para a controlada direta, mas jamais para a controladora no Brasil.

A incongruência lógica da interpretação para a qual deve ser feita a adição *per saltum* dos lucros das controladas indiretas fica bem evidenciada pela circunstância de que tais lucros seriam protegidos pelo tratado que protege a primeira controlada direta, caso lhes tivessem sido efetivamente distribuídos, compondo então o lucro próprio desta.

Assim, de harmonia com a referida interpretação, os mesmos lucros das controladas indiretas ficarão sujeitos a regimes de tributação distintos consoante tenham sido distribuídos ou não para a sua controladora direta. Caso tivessem sido distribuídos, passarão a ser considerados pelo Brasil como lucros da própria controlada direta e, em virtude do art. 7.º dos tratados, impedidos de serem tributados pelo Brasil enquanto, por outro lado, se forem retidos na controlada indireta domiciliada num terceiro Estado sem tratado com o Brasil (*v.g.* Estados Unidos), poderão (sempre na mesma interpretação) ser integral e imediatamente tributados pelo Brasil, independentemente da sua efetiva distribuição.

Imagine-se agora que a controlada direta domiciliada num país com tratado com o Brasil (*v.g.* Espanha) tenha registrado prejuízos ao longo do exercício e que os lucros da sociedade norte-americana sua controlada são distribuídos para neutralizar as perdas, fazendo com que se registre um resultado nulo.

Nesse caso, o Brasil terá tributado integral e antecipadamente um lucro que nunca lhe pertenceu e que jamais lhe pertencerá. O absurdo fala por si só.

É certo que algumas legislações CFC propriamente ditas permitem que o país da sociedade controladora inclua na sua base tributável rendimentos auferidos por controladas indiretas. Deve, porém, ter-se presente que tais legislações têm por objeto apenas certas classes de rendimentos, os "rendimentos passivos", e não, como a lei brasileira, "lucros" em sentido técnico, os quais pela sua própria natureza só podem ascender até à sociedade controladora por meio de distribuições às controladas intermédias.

Pode, pois, concluir-se que o objeto exclusivo da tributação pelo art. 74 da Medida Provisória n.º 2.158-35 é o lucro da primeira controlada direta estrangeira, após a consolidação vertical, de tal modo que, se esta estiver domiciliada em país signatário de tratado, o art. 7.º abrange a totalidade desse lucro sem qualquer distinção quanto à sua origem.

D) A incompatibilidade com cláusulas especiais de certos tratados

Além da incompatibilidade genérica do regime de tributação automática do art. 25 da Lei n.º 2.949/95 (e do art. 74 da Medida Provisória n.º 2158-35/01) com o art. 7.º dos tratados, existem ainda incompatibilidades específicas com outras cláusulas convencionais consagradas apenas em tratados celebrados com certos países.

É o que se passa com a cláusula de intributabilidade de lucros não distribuídos, prevista especificamente nos Tratados com a Dinamarca e com as Repúblicas Tcheca e Eslovaca (art. 23, § 5.º), segundo a qual "os lucros não distribuídos de uma sociedade anônima de um Estado Contratante cujo capital pertencer ou for controlado, total ou parcialmente, direta ou indiretamente, por um ou mais residentes de outro Estado Contratante não são tributáveis no último Estado"[31].

Trata-se de simples corolário implícito do § 1.º do art. 7.º, pois os lucros não distribuídos de uma sociedade controlada domiciliada num Estado são lucros próprios desta e não renda da sua controlada domiciliada no outro Estado. A reafirmação solene deste princípio na cláusula relativa aos métodos para a eliminação da dupla tributação veio dissipar dúvidas que pudessem existir sobre se a competência tributária exclusiva do país de domicílio de uma sociedade podia ser abalada pela existência de uma relação de controle com sociedade de Estado estrangeiro.

Outro tipo de cláusula com a qual o regime brasileiro de transparência fiscal internacional é incompatível é a cláusula de isenção de dividendos distribuídos a sociedades brasileiras por sociedades estrangeiras.

Esta cláusula encontra-se prevista nos Tratados com a Áustria (art. 23, § 2.º), a Argentina (art. XXIII, § 2.º), o Equador (art. XXIII, § 2.º), a Espanha (art. 23, § 4.º) e a Índia (art. 23, § 3.º). O Tratado com a Áustria exige que a sociedade brasileira possua no mínimo 25% do capital

[31] A disposição do tratado com a então Tchecoslováquia não alude à exigência de tratar-se de "sociedade anônima", a qual nos parece apenas basear-se numa interpretação restritiva da versão em língua portuguesa.

da distribuidora; os Tratados com a Argentina e o Equador fixam esse percentual em 10%; os Tratados com a Espanha e a Índia exigem apenas como condição que os dividendos sejam tributáveis no país da fonte.

Trata-se, na verdade, de incompatibilidade lógica entre a lei interna e o tratado, pois a isenção do dividendo não pode coexistir com a tributação dos lucros que lhe deram origem. Esta incompatibilidade se evidencia pelo fato de que os dividendos, cuja isenção é assegurada pelo tratado, já terão sido tributados quando distribuídos, a título de lucros automaticamente adicionados, e o imposto de renda na fonte eventualmente cobrado pelo país de origem sobre os dividendos não será suscetível de neutralização por crédito de imposto, conduzindo assim à dupla tributação que o tratado tem precisamente por fim evitar.

A incompatibilidade atrás referida é reforçada pelas disposições da Convenção de Viena sobre o Direito dos Tratados, segundo as quais uma parte não pode invocar as disposições do seu direito interno para justificar o inadimplemento de um tratado (art. 27) e um tratado deve ser interpretado de boa-fé à luz do seu objetivo e finalidade (art. 31)[32].

E) Cláusulas excepcionais de compatibilização

Tendo em vista a incompatibilidade de princípio do regime de transparência fiscal internacional com os tratados contra a dupla tributação, certas convenções introduzem, por vezes, cláusulas de derrogação a esse princípio, afirmando que nas relações recíprocas entre os dois Estados o referido regime pode ser aplicado legitimamente.

No que concerne às convenções brasileiras, o único caso é constituído pela Convenção com o México, cujo art. 28, § 3.º, dispõe:

"As disposições da presente Convenção não impedirão que um Estado Contratante aplique as disposições de sua legislação nacional relativa a capitalização insuficiente ou para combater o diferimento, incluída a legislação de sociedades controladas estrangeiras (legislação CFC) ou outra legislação similar."

---

[32] Em casos análogos os Comentários da OCDE consideram que disposições deste tipo constituem "obstrução do tratado". Comentários, art. 10, §§ 5.º e 3.º.

Tendo em vista a afirmação, por vezes feita, de que o princípio de não discriminação vedaria a aplicação dos regimes de transparência fiscal internacional, outras convenções celebradas pelo Brasil, como as da África do Sul (art. 24, Protocolo, item 6, alínea *f)*, e do Peru (art. 24, Protocolo, item 5, alínea *d*), esclarecem que as disposições do art. 24, relativo à não discriminação, não impedem um Estado Contratante de aplicar as disposições da sua legislação interna a respeito das sociedades controladas no exterior, do tipo CFC ou similar.

Na verdade, em face dos precisos termos do art. 24 dos tratados que seguem o Modelo OCDE, tanto no § 1.º quanto no § 2.º, não pode afirmar-se que a legislação brasileira em causa preveja uma tributação diferente ou mais onerosa das sociedades brasileiras controladoras de empresas estrangeiras em função da nacionalidade ou da residência dos titulares do capital da investidora brasileira.

Trata-se, pois, de preceitos meramente declaratórios ou interpretativos que vedam às partes invocar este argumento nas suas relações recíprocas, embora não impeçam de alegar uma eventual incompatibilidade baseada em outros princípios não ressalvados nos protocolos, como a regra da competência exclusiva do art. 7.º.

IV – A incompatibilidade com os tratados na doutrina e na jurisprudência internacional

A questão da compatibilidade dos regimes de transparência fiscal internacional com os tratados contra a dupla tributação só muito recentemente chamou a atenção da doutrina e da jurisprudência estrangeira precisamente porque as legislações que os consagram, quase sempre de caráter excepcional e antiabusivo, tinham apenas como alvo controladas domiciliadas em países ou territórios de baixa tributação, que em geral não celebram tratados daquela natureza. Apenas em anos mais próximos passaram a abranger regimes fiscais preferenciais ou privilegiados adotados em países de tributação normal e signatários de ampla rede de tratados.

Tenha-se presente que esta discussão teve por objeto legislações do tipo CFC puro, de natureza antielisiva, e não regimes de tributação automático de caráter geral, como o da lei brasileira, que abstrai tanto da natureza do território de domicílio da controlada quanto do rendimento auferido.

No sentido de incompatibilidade da legislação do tipo CFC com os tratados contra a dupla tributação, pronunciaram-se diversos juristas e tribunais.

No Reino Unido Philip Baker[33] afirma:

> *"The issue also arises with respect to controlled foreign company ("CFC") legislation which attributes the income of a subsidiary to its parent and taxes the parent on that income. Where the subsidiary is a resident of a treaty state, prima facie this violates Article 7."*

Este é também o ponto de vista suíço, expresso a respeito da legislação australiana sobre *controlled foreign entities*[34].

Na França, o *Conseil d'Etat* confirmou o julgado da Corte de Apelação de Paris, que havia decidido ser o art. 209.º-B do *Code Général des Impôts,* incompatível com a convenção franco-suíça contra a dupla tributação *(caso Schneider),* sendo tal entendimento aplicável a todos os tratados contra a dupla tributação assinados pela França que seguem a Convenção Modelo da OCDE[35].

A questão foi debatida, de modo amplo, na Espanha, em face do regime de "transparência fiscal internacional" adotado pela Lei n.º 43/1995, de 27 de dezembro, sobre o imposto de sociedades, tendo a generalidade dos doutrinadores opinado pela sua incompatibilidade com os tratados contra a dupla tributação[36].

---

[33] Cfr. *Double Taxation* (2ª ed.), *cit.,* 82.

[34] Cfr. T. Dwyer, T*he CFC Tax Versus Double Tax Agreements*, 1991, Butterworths Weekly Tax Bulletin (Austrália), par. 813.

[35] *Conseil d'Etat* 28 de Junho, SA Schneider Electric.

[36] Cfr. Estanislao Rodríguez-Ponga Salamanca, *Transparencia fiscal internacional*; Joaquim de Arespacochaga, *Planificación Fiscal Internacional,* Madrid, 1996, 89; Luis Alberto Malvárez Pascuali, *La nueva regulacion del impuesto sobre sociedades – Regimenes speciales*, vol. II, Madrid 1996, 255. No mesmo sentido Velasco Plazas, *Tributacion internacional en el projecto de ley del impuesto sobre sociedades* (comunicação ao V Congresso Nacional de Economia); Tulio Rosembuj, *Transparência...,* 11 ss. e *Derecho Fiscal Internacional, cit.,* 203 ss.; J. M. Almudí Cid, *El régimen jurídico de transparencia fiscal internacional, cit.,* 322 ss.

No mesmo sentido se pronunciou a esmagadora maioria dos relatores nacionais da obra coletiva *CFC Legislation, Tax treaties and EC Law*, coordenada por LANG, EIGNER, SCHEUERLE e STEFANER (2004)[37].

Um argumento em favor da compatibilidade das legislações do tipo CFC com os tratados internacionais, invocado nos Comentários da OCDE (art. 7.º, § 13), alega que não se estaria tributando as sociedades estrangeiras, mas as investidoras nacionais, embora com referência aos lucros das primeiras. E acrescenta-se: "O imposto cobrado por um Estado sobre os seus próprios residentes não reduz os lucros das empresas do outro Estado e não se pode, por conseguinte, dizer que foi lançado sobre esses lucros".

Tal argumento colide, porém, com a letra e o espírito dos tratados, que têm por fim impedir a dupla tributação do mesmo lucro, ainda que

---

[37] Tem sido também discutida a compatibilidade das regras CFC com os princípios de Direito Comunitário que regem a União Europeia. Está em causa principalmente a questão de saber se o tratamento diferenciado entre residentes e não residentes afeta os princípios da liberdade de estabelecimento, da livre circulação de capitais, do abuso de direito, da não discriminação e da proporcionalidade, tais como formulados na jurisprudência do Tribunal de Justiça das Comunidades. No tocante à eventual incompatibilidade das disposições CFC do Reino Unido com as regras e os princípios comunitários, sobretudo com o disposto nos arts. 43.º e 49.º do Tratado, tenha-se presente a decisão do TJCE no Caso *Cadbury Schweppes*. Neste caso, o TJCE concordou com grande parte das conclusões do Advogado-Geral, concluindo que as legislações nacionais, como a do Reino Unido, relativa às sociedades estrangeiras controladas, estão genericamente em conformidade com o Tratado, na medida em que prossigam o objetivo legítimo de combater a fraude ou a evasão fiscal. Todavia, estas regras serão contrárias aos arts. 43.º e 48.º do TCE, quando se apliquem a expedientes que não constituam "expedientes puramente artificiais". Tal como o TJCE salientou, são fatos determinantes para aferir da existência de tais expedientes saber se o contribuinte tem uma intenção subjetiva de obter uma vantagem fiscal estabelecendo-se noutro Estado-membro, se existe um estabelecimento no Estado-membro que prossiga atividades econômicas e se esse estabelecimento dispõe de uma existência física em termos de instalações, pessoal e equipamento. Contudo, conforme salienta, a questão de determinar se algum expediente em particular é "puramente artificial" deve ser resolvida nos tribunais domésticos caso a caso. Relativamente à legislação CFC do Reino Unido, são ainda relevantes os seguintes casos: Processo C-201/05, Caso *The Test Claimants in the CFC and Dividend Group Litigation* e Processo C-203/05, Caso *Vodafone 2*. Cfr. SALDANHA SANCHES, *Os limites do planeamento,* 439 ss. Para maiores esclarecimentos cfr. ALBERTO XAVIER, *Direito Tributário Internacional* (2ª ed.), Coimbra 2007, 427 ss.

nas mãos de dois sujeitos passivos distintos, reservando a competência tributária exclusiva ao Estado de domicílio das participadas. Acresce que a tributação dos lucros das participadas estrangeiras, consideradas "transparentes", equivale à desconsideração da personalidade jurídica destas últimas, desconsideração esta que os tratados não consentem, tanto mais que eles próprios definem o conceito de *pessoa* como "uma pessoa física, uma sociedade ou qualquer outro agrupamento de pessoas", não sendo possível a um Estado recusar unilateralmente a personalidade jurídica de uma sociedade regularmente constituída no outro Estado. Enfim, a argumentação em causa conduziria a que o alcance efetivo da primeira parte do § 1.º e art. 7.º (aliás, o "coração" dos tratados tributários) ficasse esvaziado de conteúdo, pois não se concebe num mundo moderno e civilizado que um Estado se possa arrogar a tributação dos lucros de sociedade estrangeira, que não seja pela adição de seu valor à base de cálculo do imposto incidente sobre a sociedade nele domiciliada, pois de contrário isso significaria o exercício extraterritorial de poderes públicos, como o lançamento e a arrecadação, ofensivos da soberania do Estado estrangeiro. Em que casos se poderá verificar a absurda hipótese, invocada pelos Comentários da OCDE, de o imposto de um Estado reduzir os lucros do outro?

Outra linha de argumentação no sentido de que os tratados seriam compatíveis com as legislações CFC consiste em sustentar que essas legislações, na sua essência, consagram uma presunção ou ficção de distribuição de dividendos, dividendos esses cuja tributação é permitida pelo Modelo OCDE, em termos cumulativos, ao Estado de residência do titular.

Daqui decorreria a pretensa legitimidade da tributação de um "dividendo fictício", tal como construído pelos regimes CFC.

E isto porque, como já se disse, enquanto o lucro da empresa estrangeira, dotada de personalidade jurídica própria, é rendimento dessa mesma empresa e não da sua participante *(Trennungsprinzip)*, o dividendo, tendo embora a sua fonte na empresa estrangeira, é rendimento próprio da sociedade que participa no seu capital.

O referido argumento parte do princípio – em si mesmo exato – de que nos termos da repartição dos poderes tributários dos Estados operada pelas convenções contra a dupla tributação, que seguem o modelo da OCDE, procedeu-se a uma nítida distinção entre os *lucros das empresas* e os *dividendos* por elas distribuídos. Enquanto os *lucros das empresas* estão sujeitos à regra da atribuição de competência tributária *exclusiva* ao país de domicílio da empresa que os obteve (art. 7.º da Convenção Modelo), com a consequente exclusão de competência do país de domicílio da sociedade que participa no seu capital, os *dividendos* estão sujeitos à regra de atribuição de competência tributária *cumulativa* do país de domicílio da empresa que os distribui (país de fonte) e do país de domicílio da empresa que os aufere (país de residência) (art. 10 da Convenção Modelo).

A premissa não autoriza, porém, as conclusões, em razão de dois obstáculos decisivos.

O primeiro é de que a letra dos tratados (em conformidade, aliás, com o Modelo OCDE) se refere a dividendos "pagos", expressão esta que revela a vontade de o regime de competência cumulativa nele consagrado apenas se aplicar a rendimentos efetivamente destacados do patrimônio das sociedades e transferidos para o de seus sócios, não permitindo uma interpretação ampla, sem suporte em nenhum elemento hermenêutico, segundo a qual o conceito convencional de dividendo seria de tal sorte largo que abrangeria lucros imputados abstratamente por presunção ou ficção legal operada pela lei interna.

O segundo reside em que é ilegítimo o emprego, por uma fonte de direito como a lei interna, do mecanismo das ficções legais (como aconteceria no caso presente, em que se alega a existência de um "dividendo ficto") para invadir a esfera de competência de outra fonte, o tratado, delimitada em razão da hierarquia ou da especialidade, com vista a evitar de modo indireto ou oblíquo a prevalência da sua aplicação.

Tem-se ainda alegado que o § 5.º do art. 10 do Modelo OCDE seria incompatível com as legislações CFC: "Quando uma sociedade residente de um Estado Contratante obtiver lucros ou rendimentos provenientes de outro Estado Contratante, esse outro Estado não poderá exigir nenhum imposto sobre os dividendos pagos pela sociedade, exceto na medida em que esses dividendos forem pagos a um residente desse outro Estado ou na medida em que a participação geradora dos dividendos estiver efetivamente ligada a um estabelecimento permanente situado nesse outro Estado, nem sujeitar os lucros não distribuídos da sociedade a um imposto sobre os lucros não distribuídos, mesmo que os dividendos pagos ou os lucros não distribuídos consistam, total ou parcialmente, em lucros ou rendimentos provenientes desse outro Estado".

Quanto a este argumento concordamos com os Comentários da OCDE (art. 10, § 37), segundo os quais o § 5.º do art. 10 trata apenas de tributação na fonte, não tendo qualquer implicação no país de residência, além de que trata apenas de tributação da companhia e não do acionista.

Os Comentários da OCDE ao art. 1.º da Convenção Modelo (art. 1.º, §§ 22 e ss., com remissão ao art. 7.º, § 13, e art. 10, § 7.º) concluem, desde a versão de 1993, pela compatibilidade dos regimes CFC com o Modelo OCDE, e afirmam que, em consequência, não se torna necessário clarificar a referida compatibilidade por via de disposição convencional expressa.

E acrescentam – com considerações extrajurídicas de política legislativa – que os referidos regimes visam a manter a equidade e a neutralidade dessas leis num ambiente internacional caracterizado por muito diversos níveis de tributação. Assim, tais regimes deveriam ser adotados para atingir o referido objetivo, não devendo ser aplicados quando o rendimento por eles tributável estiver sujeito à tributação comparável à do país de residência do contribuinte. Acolhe assim a chamada *jurisdictional approach*.

Seja, porém, como for, o certo é que os Comentários da OCDE, não obstante a sua respeitabilidade, mais não são do que um documento que exprime o entendimento preponderante das Administrações fiscais dos Estados-membros, não sendo vinculante nem para os cidadãos nem para os tribunais.

Acresce que, do ponto de vista jurídico, a argumentação neles expendida, além de sumária[38], reflete ostensivamente o unilateralismo do ponto de vista "pró-governamental", sendo notória a sua fragilidade científica, como atrás se apontou.

Isto levou vários países a exprimirem reservas formais ao referido entendimento, como a Bélgica, afirmando categoricamente a existência do conflito. A Irlanda e a Holanda sustentam não ser possível defender a conformidade *in abstracto*, de tal modo que só em face das circunstâncias do caso concreto se poderia configurar um abuso. Ideia similar foi expressa pela Suíça. Para além do plano puramente jurídico da interpre-

---

[38] "*Actually the Commentary expressed the different views of the administrations of the OECD countries* without providing many arguments" (destaque nosso). Cfr. Lang e outros, *CFC Legislations..., cit.*, 29.

tação dos tratados existentes, pode até admitir-se que, mediante cláusula expressa de um tratado, ambos os Estados reconheçam uma derrogação à regra de competência exclusiva do art. 7.º em casos excepcionais e por concretas razões antielisivas, como é o caso das legislações CFC propriamente ditas, que apenas abrangem certos territórios e certos tipos de rendimentos. E talvez seja até neste sentido político que a OCDE tem afirmado, em termos mais ou menos felizes, se não uma verdadeira compatibilidade, pelo menos a possibilidade de coexistência a título de regime excepcional. Esta compatibilidade é, porém, ininvocável em face de uma legislação, como a brasileira, que contém a disciplina regra de tributação automática de sociedades controladas estrangeiras, sendo destituída de caráter excepcional ou finalidade antielisiva. E, em termos gerais, não pode ser pretendida na ausência de cláusula convencional expressa, dada a inexistência de um princípio geral antiabuso implícito nos tratados contra a dupla tributação.

ARTIGOS

Heleno Taveira Tôrres

Interpretação das normas tributárias

Heleno Taveira Tôrres

Professor e Livre Docente de Direito Tributário
da Faculdade de Direito da Universidade de São Paulo – USP.
Doutor em Direito Tributário (PUC-SP). Advogado.

RESUMO

A interpretação das normas tributárias sofreu profundas mudanças nos últimos anos, quanto às funções, princípios aplicáveis e metodologia. Na comunidade dos intérpretes tributários, os contribuintes assumiram papel de preponderância e, nesse sentido, a conformação de condutas à legalidade deve ser norteada por uma renovada concepção hermenêutica que não se confine à doutrina da "única resposta correta". A interpretação do sistema tributário no constitucionalismo do Estado Democrático de Direito deve ser baseado na proteção da dignidade da pessoa e no exercício permanente do princípio-garantia da segurança jurídica. Nesse propósito de realização de uma tributação justa, a compreensão da interpretação das leis tributárias deve assumir a argumentação segundo princípios – com destaque para a boa fé – como método de notável dimensão prática, como um instrumento seguro para a aplicação dos tributos. A escolha da melhor decisão deve ser uma opção pela mais adequada aos padrões de conformidade com os valores constitucionais, tudo com a finalidade de afastar o arbítrio da relação tributária e instaurar uma tributação pautada pela proteção da cidadania, da igualdade e da segurança jurídica.

Palavras-chave:
Direito Tributário, Hermenêutica jurídica, Interpretação das leis tributárias
Argumentação, Segurança jurídica, Boa fé, legalidade tributária

ABSTRACT

The interpretation of tax rules has undergone profound changes over the past years in respect to its functions, applicable principles and methodology. Specifically in relation to the tax law interpretation community, taxpayers have adopted a predominant role and, in this regard, conduct conformity to legal standards is to be guided by a renewed hermeneutical concept that is not limited to the doctrine of "a single correct answer". The interpretation of the tax system within the constitutionalism of a Democratic State is to be based on the protection of one's dignity and on the permanent exercise of the legal certainty principle. In order to achieve an equitable taxation, tax law interpretation is to be conducted in accordance with principles – in particular, the principle of good faith – as a method of remarkable practical magnitude, and as a safe tool for the application of taxes. The choice for the best decision is to be made by opting for the most adequate one in relation to its conformity to constitutional principles, all of which aiming to rule out arbitrariness in tax matters and set up a tax regime grounded on the protection of citizenship, equality and legal certainty.

Keywords:
Tax Law, Legal hermeneutics, Interpretation of tax rules
Debate, Legal certainty, Good faith, Tax lawfulness

1. Interpretação do direito tributário como hermenêutica da segurança jurídica

A interpretação das normas tributárias tem particularidades que não são destacadas em nenhum outro ramo do direito, sem que isso signifique qualquer distinção de tratamento sobre os destinatários de suas normas-resultado. A presença do Estado na cobrança dos tributos e o exercício permanente dos direitos fundamentais dos indivíduos, por si só, já exige uma interpretação constitucional, o que se há de somar à interpretação do direito privado ou do direito público de regência dos fatos tributáveis para que, numa composição unitária, possa-se realizar uma interpretação das normas tributárias com coesão sistêmica e concordância prática entre meios e fins.

A segurança jurídica é um princípio expresso em nossa Constituição, no seu preâmbulo, no artigo. 5.º *caput* e em várias disposições autônomas. Trata-se de uma garantia *lato sensu* que, juntamente com suas garantias específicas, como as proteções ao devido processo legal, à coisa julgada e outras, permite a efetividade do Estado Democrático de Direito e a concretização dos direitos e liberdades fundamentais. Dentre estes, a dignidade da pessoa humana ganha espaço preponderante, pois o mínimo de dignidade consiste justamente na preservação da confiança e da boa fé na atuação dos poderes e, em especial, nos que exercem a interpretação da legalidade. Se a segurança jurídica na *função certeza* tem a legalidade como fundamento, a segurança jurídica na *função igualdade*[1] tem a confiança e a dignidade da pessoa humana como bases fundamentais para determinação das suas conseqüências.

E, ao mesmo tempo que a garantia de segurança jurídica deve proteger o direito fundamental da *dignidade da pessoa humana*, o exercício ou efetividade deste pressupõe a segurança jurídica como conteúdo. Por isso, de nada adiantaria o ordenamento constitucional proteger a dignidade da pessoa humana como princípio fundamental (art. 1.º, da CF) se, a um só tempo, não contemplasse a segurança jurídica como seu conteúdo mínimo (i) e adotasse garantias de segurança jurídica à efetividade daquele princípio preambular (ii).

---

[1] Sobre a *igualdade* como *garantia* e como direito fundamental protegido pela *segurança jurídica*, veja-se: Cerri, Augusto. *L'eguaglianza*. Itália: Laterza, 2005. 155p.

Diogo Leite de Campos e Mônica Leite de Campos, com muita propriedade, observam que a aplicação das normas tributárias pela Administração tende permanentemente à "insegurança" jurídica, o que exige controles, porquanto a ausência de univocidade e de determinabilidade dos textos normativos impõe que a intermediação de qualquer intérprete seja controlada, mormente aquela da Administração, de quem se exige imparcialidade, impessoalidade e objetividade.[2] Essa percepção é fundamental para entender o papel da interpretação como instrumento de concretização dos princípios de certeza e de segurança jurídica no direito tributário.

Logicamente, a prática cada vez mais numerosa de procedimentos administrativos transferidos ao contribuinte, para que este interprete a lei e a cumpra do melhor modo possível, estabelece uma condição deste como "intérprete" permanente e necessário das leis tributárias, de tal forma que já não cabe falar de "intérprete autêntico" ou de privilégios da Administração na ação de interpretar e aplicar a lei tributária. Todos – Fisco e contribuintes – são intérpretes qualificados da comunidade hermenêutica do Direito Tributário, que se constitui em torno do regime jurídico dos tributos exigidos de determinados sujeitos passivos.

Nessa *comunidade interpretativa*,[3] afastada a limitação dos "intérpretes" (quem pode interpretar), a ação criativa de significados, que é a

---

[2] Campos, Diogo Leite de; Campos, Mônica Horta Neves Leite de. *Direito tributário*. 2ª ed. Belo Horizonte: Del Rey, 2001. p. 227-228; ver ainda: Trivellin, Mauro. *Il principio di buona fede nel rapporto tributario*. Milano: Giuffrè, 2009, 405p. Para uma reflexão crítica: Ainis, Michele. *La legge oscura* – come e perché non funziona. Bari: Laterza, 2000, 223p.; Cf. Melis, Giuseppe. *L'Interpretazione nel diritto tributario*. Padova: CEDAM, 2003. 784p.; Pires, Manuel; Dourado, Ana Paula. *O princípio da legalidade fiscal*: tipicidade, conceitos jurídicos indeterminados e margem de livre apreciação. Coimbra: Almedina, 2007. p. 425 e ss.; Pires, Rita Calçada. *Direito fiscal*. 4ª ed., Lisboa: Almedina, 2010, p. 119. Morse, Geoffrey; Palma, Clotilde Celorico. *Introdução ao imposto sobre o valor acrescentado*. 3. ed. Coimbra: Almedina, 2008. p. 32. Williams, David. *Davies: principles of tax law*. 5. ed. London: Sweet & Maxwell, 2004. p. 42. Lupi, Raffaello. La normativa e le sue interpretazioni. In: *Diritto tributario: oggetto economico e metodo giuridico nella teoria della tassazione analitico-aziendale*. Milano: Giuffré, 2009. p. 139 e ss.

[3] "Ciò dimostra la presenza di una *comunità interpretativa*, in cui l'interdipendenza dei partecipanti non è fondata soltanto sull'esigenza fattuale di cooperare, ma anche e soprattutto sulla condivisione di valori comuni. Questa comunanza si esercita,

interpretação, pode ser entendida como "atividade" (método) que recai sobre textos e fatos (os objetos da interpretação), e como "resultado", na forma de decisão, nas suas distintas possibilidades de elaborações normativas, defesa a contradição com o sistema de princípios e valores constitucionais, os quais servem de critérios de controle sistêmico.

É bem verdade que o próprio ordenamento pode limitar ou delimitar essa comunidade interpretativa quanto à eficácia vinculante das decisões, mas nunca no que concerne à capacidade de "interpretar". Porém, é incontestável que ao tempo que a lei atribui ao contribuinte deveres de aplicação da legislação tributária, integra-os à comunidade dos intérpretes habilitados e, com isso, à aplicação que estes façam da legislação deve-se atribuir caráter vinculante aos atos praticados (liquidações, compensações etc), desde que a interpretação esteja *conforme à legalidade*, ou coerente com o ordenamento.

Não temos o objetivo de esgotar o tema da interpretação das normas jurídicas nesse curto texto, mas, sim apresentar os pressupostos que nos deve guiar quando falarmos em *interpretação de normas tributárias*, [4] i.e., no procedimento que os sujeitos devem adotar na criação de sentidos normativos, a partir dos textos e enunciados lingüísticos expedidos pelos órgãos competentes que tenham como objeto matéria tributária ou de direito privado, no âmbito do círculo hermenêutico da comunidade de intérpretes do Direito Tributário, sob a égide do constitucionalismo de valores do Estado Democrático de Direito.

Nesse paradigma da comunidade de intérpretes das leis tributárias,[5] novos valores assumem preponderância com fundamental importância.

---

poi, secondo attività interpretative, perché si tratta d'inscrivere i casi concreti all'interno di questo orizzonte di senso e, al contempo, di rafforzare e sviluppare quest'ultimo attraverso le applicazioni concrete." VIOLA, F. ZACCARIA, G. *Diritto e interpretazione*: lineamenti di teoria emerneutica del diritto. Bari: Laterza, 2004. P. 72.

[4] Cf. AGRON, Laure. *Histoire du vocabulaire fiscal*. Paris: LGDJ, 2000. p. 381 e ss.; GENY, François. *Méthode d'interpétation et sources en droit privé positif*, Paris: LGDJ, 1919, T. 1, 446 p.; LARENZ, Karl. *Metodologia da ciência do direito*, 2.ª ed., Lisboa: C. Gulbenkian, 1989, 620 p.; ZACCARIA, Giuseppe. *Ermeneutica e giurisprudenza: saggio sulla metodologia di Josef Esser*. Milano: Giuffrè, 1984, 227 p.

[5] Nas suas variadas formas. Cf. PELLETIER, Marc. *Les normes du droit fiscal*. Paris: Dalloz, 2008. 593p.

Falo do exame necessário da boa fé do contribuinte,[6] da proteção da confiança legítima, da transparência das informações e da proibição de excesso nos controles da Administração.[7] A liberdade de interpretar convive com as dúvidas, com as imprecisões e a ambiguidade própria dos

[6] Como faz notar Diogo Leite de Campos: "A boa fé não é um 'mais' a juntar ao procedimento administrativo, mas de algo que está no seu cerne: o procedimento administrativo não é legal se não estiver impregnado de boa fé." Campos, Diogo Leite de; Campos, Mônica Horta Neves Leite de. *Direito tributário*. 2ª ed. Belo Horizonte: Del Rey, 2001. p. 236; Cf. Raimbault, Philippe. *Recherche sur la sécurité juridique en droit administratif français*. Paris: LGDJ, 2009, p. 364 e ss; Arcos Ramírez, Federico. *La seguridad jurídica*. Una teoría formal. Madrid: Dykinson, 2000. p. 217; Raitio, Juha. *The principle of legal certainty in EC law*. Netherlands: Kluwer, 2003. 398p.; Xavier, Alberto. *Do lançamento no direito tributário brasileiro*. 3. ed. Rio de Janeiro: Forense, 2005. p. 430-432; Gomes, Nuno Sá. *Estudos sobre a segurança jurídica na tributação e as garantias dos contribuintes*. Lisboa: Centro de Estudos Fiscais, 1993. Koressawa, Wilson. *O princípio da segurança jurídica*. Porto Alegre: Sergio Antonio Fabris Editor, 2010. 232p.; Gometz, Gianmarco. *La certezza giuridica come prevedibilità*. Torino: G. Giappichelli, 2005. 310p.; Calmes, Sylvia. *Du principe de protection de la confiance légitime en droits allemand, communautaire et français*. Paris: Dalloz, 2001; Piazzon, Thomas. *La sécurité juridique*. Paris: LGDJ – Defrénois, 2009; Valembois, Anne-Laure. *La constitutionnalisation de l'exigence de sécurité juridique en droit français*. Paris: LGDJ, 2005; Arcos Ramírez, Federico. *La seguridad jurídica*. Una teoría formal. Madrid: Dykinson, 2000; Lavilla Alsina, Landelino. *Seguridad jurídica y función del derecho*. Madrid: Real Academia de Jurisprudencia y Legislación, 1999; García Novoa, César. *El principio de seguridad jurídica en materia tributaria*. Madrid: Marcial Pons, 2000; Pérez Luño, Antonio-Enrique. *La seguridad jurídica*. 2. ed. Barcelona: Ariel, 1994; Mezquita Del Cacho, José Luis. *Seguridad jurídica y sistema cautelar.* Teoría de la seguridad jurídica en su doble proyección pública y privada. Madrid: Bosch, 1989; Idem, *Seguridad jurídica y sistema cautelar.* Sistema español de derecho cautelar. Madrid: Bosch, 1989, v. 2; Bermejo Vera, José. *El declive de la seguridad jurídica en el ordenamiento plural*. Madrid: Thomson, 2005; Boy, Laurence; Racine, Jean-Baptiste; Siiriainen, Fabrice (Org.). *Sécurité juridique et droit économique*. Bruxelles: Larcier, 2008; Schønberg, Søren. *Legitimate expectations in administrative law*. Oxford: Oxford University Press, 2000.

7 São oportunas as observações de Diogo Leite de Campos sobre os novos rumos da tributação no Estado Democrático de Direito: "Há que definir um novo sentido e uma nova actuação dos princípios, sobretudo do princípio de auto tributação. Se quisermos um conteúdo do princípio da auto tributação que respeite os direitos dos cidadãos e da sociedade." E prossegue: "Os cidadãos não devem ser destinatários/sujeitos dos impostos (ainda há muito meros 'sujeitos passivos') mas participantes da sua criação e da sua aplicação. Autores ou pelo menos co-autores dos impostos, da aplicação dos impostos

signos linguísticos. Por isso mesmo, do exame das condutas dos contribuintes não se pode abstrair o cuidado com esses diversos instrumentos protetivos da segurança jurídica na interpretação.

1.1. *A interpretação das normas tributárias pela comunidade de intérpretes e controle das incertezas jurídicas na superação da "única resposta"*

A legalidade tributária classificadora e tipificante parece impor ao jurista uma espécie de interpretação por paráfrases, numa proposta restritiva que postula, de modo vicioso, o anátema da "única resposta correta".[8] A interpretação (aplicação) do Direito Tributário convive com a indeterminação e a incerteza[9] (a *dúvida interpretativa*) e sua função é aquela de construção de sentidos e significados para os textos normativos. Nessa função, o intérprete deve criar, a partir de princípios e garantias constitucionais interpretados e argumentos interpretativos, o conteúdo das decisões que introduzem normas jurídicas mediante a aplicação tributária, numa verdadeira seleção de hipóteses decisórias antes às interpretações possíveis.

Quando se examina a produção incessante de normas tributárias, a opacidade dos seus conteúdos e a complexidade dos tributos existentes não há como deixar de reconhecer, com Zygmunt Bauman, que, na

---

às suas pessoas e da resolução dos conflitos que tenham com o Estado". Campos, Diogo Leite de. *O sistema tributário no estado dos cidadãos*. Coimbra: Almedina, 2006. p. 124.

[8] Deveras, pois, como observa Giuseppe Melis, o emprego de métodos ou argumentos interpretativos não tem qualquer função de correção ou exatidão da decisão. Melis, Giuseppe. *L'Interpretazione nel diritto tributario*. Padova: CEDAM, 2003, p. 445.

[9] Como assinala Paulo Otero: "Se existem zonas interpretativas de certeza positiva e zonas de certeza negativa, a verdade é que a normatividade comporta, em número cada vez maior, zonas intermédias ou cinzentas, sendo controvertido extrair da legalidade um sentido único ou mesmo um sentido não contraditório e, por isso mesmo, a existência de um padrão indiscutível de conduta administrativa: a ideia do que seja a conformidade normativa do agir da Administração Pública toma-se uma realidade nem sempre fácil de determinar, propiciando aos tribunais um acréscimo de protagonismo definidor do sentido último da lei." Otero, Paulo. *Legalidade e administração pública*: o sentido da vinculação administrativa à juridicidade. Coimbra: Almedina, 2003. p. 961.

sociedade atual, "l'unico esito assicurato, sembra essere la percezione di una sensazione sempre più universale e condivisa di insecurezza e incertezza".[10] Ainda que essa constatação possa ser válida, e o é, o jurista tem em suas mãos os instrumentos da hermenêutica como meios para surpreender os conteúdos normativos e, a partir dos textos e contextos jurídicos, criar normas no processo de aplicação do direito, condicionado pelo desvelamento de significados – até então ocultos no texto – na dinâmica entre a pré-compreensão e a pós-compreensão.[11]

Afaste-se, pois, a recorrente *doutrina do único significado correto*, sempre a postos, a perseguir seu espaço na constelação dos meios de afirmação da certeza jurídica. Ocorre que não se deve confundir a necessidade de uma "resposta definitiva" ou imutável (com eficácia de coisa julgada), que é meio de realização da segurança jurídica, com a "única resposta correta", de todo inadequada à metodologia jurídica – algo que a Administração Tributária geralmente confunde com a vinculação à legalidade, para justificar suas decisões como a única interpretação "correta".

Como observa Aulis Aarnio, quanto à resposta terminativa do ordenamento, tem-se o exercício do princípio do Estado de Direito na solução dos conflitos; contudo, ela pode não ser a única resposta correta ou mesmo a mais justa[12] que se possa adotar no exame de casos semelhantes.[13] A questão, entretanto, não é simples.

---

[10] Bauman, Zygmunt. *La società dell' incertezza*. Marchisio, Roberto; Neirotti, Savina. (Trad). Bologna: Il Mulino, 1999, p. 19.

[11] Como completa Souto Borges: "O preceito encerra em si mesmo e antes da sua interpretação, um significado normativo interpretável. (...) toda interpretação do direito corresponde a uma desolcutação do significado oculto dos preceitos interpretados." Borges, José Souto Maior. *Curso de direito comunitário*. 2. ed. São Paulo: Saraiva, 2009. p. 18. Ver ainda: Hruschka, Joachim. *La costituzione del caso giuridico*: Il rapporto tra accertamento fattuale e applicazione giuridica. Carlizzi, Gaetano (Trad). Bologna: Il Mulino, 2009. 117p.

[12] Como Alude Michele Taruffo sobre os critérios que permitem aproximação a uma decisão "melhor" ou mais "justa", a saber: "a) correción de la escogencia y de la interpretación de la regla jurídica aplicable al caso; b) comprobación confiable de los hechos importantes del caso; c) empleo de un procedimiento válido y justo para llegar a la decisión." Taruffo, Michele. *Sobre las fronteras:* escritos sobre la justicia civil. Bogotá: Temis, 2006. p. 203.

[13] Nesse sentido: Aarnio, Aulis. ¿Una única respuesta correcta? In: Aarnio, Aulis; Atienza, Manuel; Laporta, Francisco J. *Bases teóricas de la interpretación jurídica*. Madrid: Fundación Coloquio Jurídico Eropeo, 2010. p. 10 e ss.

Em determinado sentido, pode-se falar numa *corrente absoluta* da unicidade de respostas pelo ordenamento, na sua clausura de normas e princípios, segundo a qual só haveria uma resposta para a solução de cada caso, cabendo ao intérprete a tarefa de buscá-la nos textos expressos ou nas dobras do ordenamento, implicitamente. Tem-se, também, uma *corrente relativa*, pela qual a resposta persiste no ordenamento, ainda que não possa ser encontrada com facilidade, a exemplo da proposta de Dworkin e seu "Juiz Hércules". Para Aulis Aarnio, porém, ambas são insuficientes, e o meio mais adequado, segundo ele, seria buscar atingir "a melhor resposta possível", na linha do que fazem Perelman e Olbrechts-Tyteca,[14] a partir da teoria da argumentação.

Como observa Klaus Tipke, legalidade tributária, segurança jurídica, especialmente na forma da certeza e da uniformidade da tributação "somente serão plenamente desenvolvidas quando o aplicador do Direito se servir de métodos disciplinados, que tornem sua decisão jurídica *inteligente* e *racionalmente compreensível*, que não transmita a impressão de que a lei foi aplicada *liberalmente* segundo o *sentimento jurídico subjetivo*."[15] Nesse sentido, a decisão valorativa do legislador, na construção das normas tributárias, para atingir seus objetivos, encontra na interpretação a condição de etapa intermediária para sua concreta aplicação.

Partamos do entendimento segundo o qual as normas jurídicas são mensagens prescritivas (enunciados), geralmente vertidas em texto, que um determinado sujeito qualificado juridicamente como "fonte" (enunciador),[16] i.e., órgão de produção de normas reconhecido, envia a

---

14 Perelman, Chaïm; Olbrechts-Tyteca, Lucie. *Tratado da Argumentação*. A Nova Retórica. Tradução: Maria Ermantina Galvão G. Pereira. SP: Martins Fontes, 1996, p. 119 e ss.

15 Tipke, Klaus; Lang, Joachim. *Direito tributário*. Tradução de Luiz Dória Furquim. Porto Alegre: Fabris, 2008. p. 304. Cf. Carrazza, Roque Antonio. *Curso de direito constitucional tributário*. 25. ed. São Paulo: Malheiros, 2009. p. 475 e ss.

16 "(...) ali onde houver texto, haverá, necessariamente, um contexto. Não há texto sem contexto. E o conteúdo semântico da norma jurídica será construído depois de uma séria e profunda investigação contextual, capaz de apreender os valores que nela intervêm, postulando a orientação adequada para as condutas intersubjetivas que disciplina". Carvalho, Paulo de Barros. Lançamento por homologação – decadência e pedido de restituição. *Repertório de Jurisprudência-IOB,* São Paulo: IOB, 1996, ago-set, p. 1.705.

outrem, destinatário da mensagem deôntica (enunciatário)[17] recorrendo normalmente ao uso de uma linguagem natural, e usando de código comunicacional comum. Compete ao enunciatário, pois, interpretar esse ato lingüístico, para construir a norma jurídica à qual se deve adequar, com sentido completo. E como o sentido da norma *depende do contexto lingüístico* no qual a mensagem é emitida, porque expressões da linguagem natural nem sempre são precisas quanto às suas referências objetivas, a *função pragmática* presta-se à redução ou eliminação da vaguidade e ambigüidade latentes.

A ação de interpretar tem como finalidade *expressar um sentido recorrendo a signos diferentes dos usados para formulá-lo originalmente*. Muitas vezes, o que necessitamos interpretar é um conjunto de signos articulados, cujo sentido depende não só do conhecimento de cada signo, mas do *conhecimento das relações existentes entre os signos*.[18] Como a interpretação processa-se para criação de nova norma,[19] enquanto enunciado da significação produzida a partir do conceito de

---

[17] Cf. Fiorin, José Luiz. *As astúcias da enunciação: as categorias de pessoa, espaço e tempo*, SP: Ática, 1996, 318 p.; Jakobson, Roman. *Lingüística e comunicação*. SP: Cultrix, 1995, 162 p.; Para Raffaello Lupi: "Le valutazioni che ricorrono nell'interpretazione non hanno a che fare con le preferenze etico-politiche dell'interprete, ma con il testo normativo di riferimento e con la logicità della soluzione raggiunta e cioè: 1) l'interpretazione deve conciliarsi col testo normativo, poichè altrimenti l'interprete invaderebbe il campo delle scelte politiche riservate al legislatore; 2) l'interpretazione deve essere priva di illogicità e contradizioni, sia in assoluto sia col resto delle scelte legislative desumibili dal sistema'. LUPI, Raffaello. *Lezione di diritto tributario – parte generale*, 5.ª ed., Milano: Giuffrè, 1998, p. 39-40.

[18] Segundo Paulo de Barros Carvalho: "Mantenho presente a concepção pela qual *interpretar* é atribuir valores aos símbolos, isto é, adjudicar-lhes significações e, por meio dessas, referências a objetos". Carvalho, Paulo de Barros. *Direito tributário: fundamentos jurídicos da incidência*. 2.ª ed., SP: Saraiva, 1999, p. 57; ver ainda: Amatucci, Andrea. L'interpretazione della legge tributaria. Amatucci, Andrea (coord.). *Trattato di Diritto Tributario*. Padova: CEDAM, 1994, v. III, P. III, cap. XXXV, p. 207-23.

[19] Grau, Eros. *O direito posto e o direito pressuposto*. SP: Malheiros, 2009, p. 17; Grau, Eros Roberto. *Direito, Ensaio e discurso sobre a interpretação/aplicação do Direito*, SP: Malheiros, 2008, 226 p.; Guastini. Riccardo. *Le fonti del diritto e l'interpretazione*. Milano: Giuffré, 1993; Iturralde Sesma, Victoria. *Lenguage legal y sistema jurídico: cuestiones relativas a la aplicación de la ley,* Madrid: Tecnos, 1989, 218 p.; Zagrebelsky, Gustav. *El derecho dúctil*. Valladolid: Trotta,1999, p. 102; ____. *Il diritto mite*. Torino: Einaudi, 1943, 215 p.

conduta que o intérprete recria em sua mente, tem-se que verificar se o ato praticado foi acertado, o que se avalia não só segundo sua correção ou incorreção formal, mas principalmente quanto à sua própria dimensão valorativa e correspondência com outros atos normativos que lhe sejam superiores, nos termos da hierarquia das fontes de produção.[20]

Essa construção de sentido tem um fim, que é a garantia de prover certeza jurídica nos atos de aplicação do Direito. Ocupar-se da interpretação do Direito Tributário é um modo de concretizar a segurança jurídica por meio da controlabilidade dos critérios de aplicação dos textos normativos, pela criação de normas jurídicas certas e justas. Daí não ser um tema de simples projeção teórica, mas que guarda inequívoco peso metodológico de concretização do ordenamento na sua integralidade.

O dever de interpretar e a abertura do Direito Tributário à comunidade de intérpretes é, sem dúvidas, a resposta funcional do princípio de prevalência do "império da legalidade" em matéria tributária, da vinculação dos atos Administrativos e da efetividade do princípio de separação dos poderes em matéria tributária. Onde não há interpretação prospera o arbítrio e nega-se o princípio do Estado de Direito.

A interpretação administrativa sujeita-se à interpretação judicial e à interpretação da comunidade dos intérpretes que se faça das leis e da Constituição como decorrência necessária do princípio de separação de poderes. Como alude Francisco J. Laporta: "A la ley le está reservado dibujar el círculo de la libertad en torno a los individuos; ninguna obligación y ninguna carga puede hacerse gravitar sobre ellos sin la existencia previa de una ley que las defina."[21] A substituição da interpretação privilegiada da Administração (como ato de soberania) pela interpretação aberta a todos, em matéria tributária, exige rigores ainda maiores no trato com a doutrina da hermenêutica exatamente porque em um Estado Democrático de Direito o exercício das liberdades deve efetivar-se continuamente ante todos os atos de Estado.

---

[20] Cf. VERNENGO, Roberto J. *Curso de teoría general del derecho*, 4.ª ed., Buenos Aires: Depalma, 1995, p. 404; FERRAZ JÚNIOR, Tércio Sampaio. *Introdução ao Estudo do Direito: técnica, decisão, dominação*. 2.ª ed., SP: Atlas, 1996, p. 255-308.

[21] LAPORTA, Francisco J. Imperio de la ley y seguridad jurídica. In: DÍAZ, Elías; COLOMER, José Luis. *Estado, justicia, derechos*. Madrid: Alianza, 2002, p. 106.

Destarte, a *garantia* de prevalência do império da legalidade,[22] a partir do seu círculo hermenêutico, como valor constitucional do Estado Democrático de Direito, na aplicação e exigibilidade dos tributos, impõe que a interpretação jurídica tenha como finalidade concretizar os princípios de certeza e de segurança jurídica, sem contradições e observados os princípios de boa fé, confiança legítima e adequação.

A obscuridade ou imprecisão da legislação tributária e sua complexidade ou inacessibilidade cognitiva são elementos de resistência à interpretação com segurança jurídica nos atos de aplicação tanto para garantir o contribuinte contra eventuais conflitos com a Administração, pela correção das suas condutas, quanto pela solução adequada dos conflitos já instaurados. Consta-se, porém, que a insensibilidade da Administração para a boa fé ou a confiança legítima do contribuinte, ao interpretar legislações excessivas, cambiantes, repleta de conceitos indeterminados ou vagas nas suas formulações, em grande medida, enseja conflitos desnecessários e custosos para os contribuintes, com o acréscimo de pesadas sanções pecuniárias que não se prestam a mais do que alimentar, socialmente, um sentimento de revolta e de resistência ao sistema tributário, dado o elevado custo de transação dessas incertezas. Vive-se, assim, o estado de insegurança jurídica permanente em matéria tributária.

1.2. *A interpretação e seus métodos e os argumentos interpretativos – modelo para a hermenêutica da decisão tributária*

Tradicionalmente, visando a oferecer uma fórmula lógica ao procedimento de interpretação das leis, a Teoria Geral do Direito esforçou-se para isolar os métodos hermenêuticos destinados a uma "correta"

---

[22] O ordenamento jurídico deve ser um instrumento de realizaçaõ dos seus valores e princípios com máxima efetividade, daí a preeminência das *garantias*: "Il diritto come garanzia non è, quindi, soltanto un insieme di tecniche di protezione di valori fondamentali, ma anche necessariamente una ridefinizione pubblica di questi beni essenziali, che, in ragione del loro carattere vitale, non possono essere lasciati all'interpretazione privata. A quest'impegno diretto nei confronti dei valori il diritto e chiamato in virtù della sua funzione originaria, che è quella della protezione, della custodia e della tutela dei beni umani nella vita sociale." Viola, F. Zaccaria, G. *Diritto e interpretazione*: lineamenti di teoria emerneutica del diritto. Bari: Laterza, 2004. P. 59.

forma de interpretar "normas", pelos quais o intérprete *lograria obter um conhecimento adequado do direito objetivo existente*. O direito seria "dado", não construído; e o papel do intérprete, aquele de identificar o conteúdo e o alcance das normas. Com isso, os métodos de interpretação eram vistos como técnicas para esclarecer uma mensagem normativa obscura, vaga ou ambígua, até porque *in claris cessat interpretatio*, segundo afirmação corrente.

Esse era o ideário que movia os que acreditavam ser possível isolar demiurgicamente o que a lei diz, a *voluntas legis*, o significado textual da lei, em face de todo o ordenamento. A partir dessa concepção, surgiram as técnicas de interpretação, para os fins de determinar o sentido expresso nas "normas" (textos): i) a interpretação literal, ii) a interpretação histórica e iii) aquela de orientação sistemática.

No passado, e ainda para alguns de hoje, o *método literal* sempre foi elemento primordial da interpretação,[23] como meio de acesso ao sentido dos enunciados. De fato, supor que a interpretação literal limitava-se a buscar em algum dicionário o que o vocábulo queria dizer, seria algo da mais ingênua suposição. Esperava-se mais da interpretação literal, mas a determinação do sentido de um termo ou enunciado não é tarefa fácil. O sentido é *contextual*; requer, pelo menos, a substitutibilidade do termo que se interpreta pelo equivalente ou sinônimo que se proponha, em todos os contextos, sem alterar o valor de verdade. Vê-se, a interpretação literal é limitada, restando basicamente como um procedimento destinado a determinar o sentido socialmente admitido de certas palavras.

---

[23] Como pondera Ricardo Lobo Torres que: "o problema da interpretação literal sempre esteve muito ligado ao das fontes do Direito e ao dos valores jurídicos. O apego à literalidade era forma de prestigiar o legislador em detrimento do juiz. As proibições de interpretar, desde Justiniano, não tinham outro alcance que o de obrigar o intérprete a se manter vinculado à letra do texto legal, com o que se evitavam as interpretações extensivas, com as suas conotações políticas, bem como as interpretações objetivas ou evolutivas, com esquecimento da vontade do legislador. A defesa exagerada da interpretação literal implica também na recusa das valorações jurídicas, com a preponderância da forma sobre o conteúdo e da segurança sobre a Justiça". TORRES, Ricardo Lobo. *Normas de interpretação e integração do Direito Tributário*. 3.ª ed. Rio de Janeiro: Forense, 2000. p. 90 e ss.

No plano dos chamados *argumentos de interpretação*, que são meios para compor o acesso cognitivo ao conteúdo dos textos normativos,[24] tem-se o *argumento do significado literal*, quando o intérprete confere preferência por evidenciar palavras ou termos dos enunciados no seu sentido de base; deste, decorrem ainda: o *argumento da constância terminológica*, quando se busca atribuir o mesmo sentido a determinado enunciado que aparece no mesmo ou em distintos textos normativos (da mesma ou de diferente área do Direito); o *argumento topográfico* ou da *sedes materiae*, baseado na colocação dos termos ou de uma dada classificação de direito positivo, no âmbito de uma mesma lei ou de vários documentos normativos; o *argumento de autoridade*, fundado no sentido atribuído ao significado de determinado termo segundo a interpretação adotada em decisão anterior. São, estes argumentos, passíveis de serem alegados em atenção ao método dito "literal" de interpretação das leis tributárias, todos encontráveis em diversas passagens da doutrina ou da jurisprudência.

Além da literalidade, a historicidade sempre esteve dentre as preocupações do jurista. Para melhor assimilar esse sentido, alguns insistem que o intérprete deveria esforçar-se para buscar a *mens legislatoris*, visando a recompor a suposta vontade histórica do legislador real, como se deu na escola da *exegesis*. Para os adeptos dessa corrente, o direito seria um modo de querer, expresso na vontade do legislador e caberia ao intérprete buscar o sentido originário das normas que o tempo tenha obscurecido e confundido, numa recomposição historicista. Foi no bojo dessas preocupações que surgiu o *método histórico*, reforçando a idéia de que toda norma é resultado de forças e circunstâncias históricas e que a interpretação correta seria a que coincidisse com o sentido que se lhe houvesse atribuído no momento histórico da promulgação.

Sobre a sucessão temporal, os *argumentos de interpretação* que podem ser adotados são o *argumento histórico "stricto sensu"*, que se funda no exame da evolução histórica dos textos ou dos sentidos atribuídos aos termos. Nesse caso, tem-se como meios colaterais o *argumento psicológico*, quando o intérprete baseia-se em fundamento vinculado à intenção do legislador ou em conformidade com o sentido empregado

---

[24] *Passim*, Diciotti, Enrico. *Interpretazione della legge e discorso razionale*. Torino: Giappichelli, 1999, p. 309 e ss.

pelo legislador (*mens legislatoris*); e o *argumento teleológico-psicológico*, quando a fundamentação ampara-se nos fins previstos pelo legislador, de tal modo que se opera uma seleção do melhor significado segundo a coerência com esses fins, numa espécie de atualização de sentido (*mens legis*).[25]

Com o progresso técnico das ciências jurídicas, principalmente a partir da segunda metade do séc. XIX, e a diferenciação cada vez mais evidente das disciplinas jurídicas, a dogmática jurídica passou a admitir o *método sistemático* ou lógico como sendo o método mais importante da hermenêutica jurídica. Supunha, com isso, uma sistemática implícita, cujo sentido deveria ser dado não somente pelos termos que a expressam e sua articulação sintática, mas por sua relação com outras normas (entre ramos do direito ou entre instituições). Seus procedimentos são basicamente analíticos: a definição e esclarecimento de conceitos; a determinação de suas relações lógicas; o estabelecimento de uma linguagem técnica especial. E quase que concomitante a este, surgia outra corrente segundo a qual o mérito de uma interpretação deveria medir-se pelo alcance das finalidades do direito na sociedade, pelo grau de boas conseqüências sociais que pudesse produzir, como propugnava a jurisprudência dos interesses. Eclodia a *interpretação finalística, teleológica ou axiológica*.

No âmbito do método sistemático é que os *argumentos de interpretação* ganham em amplitude de possibilidades. O *argumento sistemático-conceitual*, ou dogmático, tem em mira a fundamentação de sentido dos termos em conformidade com uma dada teoria dos regimes jurídicos ou conceitos típicos. Como argumentos secundários, temos o *argumento da coerência*, com o qual o sentido ou conteúdo semântico de um termo deve ser semelhante na cadeia de significações dos vários textos; o *argumento da conformidade aos princípios do direito*, sem dúvidas, é o argumento sistemático por excelência do constitucionalismo do Estado Democrático de Direito, que determina o sentido em plena adequação material aos princípios, com ou sem ponderação; o *argumento apagógico*, ou da proibição da *reductio ad impossibile* ou *ad absurdum*, segundo o qual nenhuma interpretação pode ser impossível ou reduzida

[25] *Passim*, DICIOTTI, Enrico. *Verità e certezza nell'interpretazione della legge*. Torino: Giappichelli, 1999, p. 63-65.

a um absurdo, por incoerência com o ordenamento jurídico; e, ainda, os *argumentos "a contrario"* e *"ad simile"*, com forte conotação integrativa, mas que visam a tratar situações equivalentes de modo semelhante e as diversas, segundo suas diferenças específicas.

O *argumento teleológico*, por sua vez, visa a atribuir significado segundo a adequação entre sentido normativo e fins do ordenamento. O *argumento equitativo*, que objetiva garantir a isonomia como cânone hermenêutico, determina o sentido dos termos sempre no limite da garantia da igualdade, ou seja, desde que o resultado não a prejudique.[26] No campo estritamente tributário, o *argumento econômico*, frequentemente alegado pela Fazenda Pública, tem como base a unidade sistêmica com prevalência da "finalidade" ou do destino da arrecadação.

Os métodos interpretativos constituem, como visto, um repertório de recursos sem maior objetividade científica, adensados mais por uma índole retórica que propriamente por precisão técnica ou científica. Após muitas propostas, como aquelas oriundas da "escola do direito livre", a "escola da livre investigação científica", ou do "realismo jurídico", propõe-se a combinação destes com a *teoria da linguagem aplicada ao direito* e a teoria da argumentação como meios para aprimorar a hermenêutica tributária e criar condições para justificar a decisão, em coerência com o constitucionalismo do Estado Democrático de Direito, por ser o Direito, essencialmente, linguagem especializada orientada à decidibilidade.[27]

2. Hermenêutica do Direito Tributário – a crise da especialidade interpretativa

As leis interpretativas são fruto da pretensão de dirigismo hermenêutico promovido pelos detentores do poder de tributar, o que variou segundo as épocas.

---

[26] *Passim*, Diciotti, Enrico. *Verità e certezza nell'interpretazione della legge*. Torino: Giappichelli, 1999, p. 63-65.

[27] Para um excelente estudo a respeito, veja-se: Carvalho, Paulo de Barros. *Curso de direito tributário*, 22ª ed. SP: Saraiva, 2009, p. 108 e ss.

A idéia de atribuir à interpretação uma postura favorável *a priori* ao contribuinte (*in dubio contra fiscum*), em certo modo, decorre do adágio de Modestino, inscrito no Digesto: *non puto delinquere eum qui in dubiis quaestionibus contra fiscum facile responderit* (Lei 10, D. 49, 14). Porém, a interpretação dada a esta afirmação não é pacífica, como não é tranqüila a compreensão que assim faziam no Império Romano (*ut fisco faveat*). Trata-se de reflexão que só pode prosperar guardando vistas ao próprio papel que os tributos exerciam naquela época, compreendendo ademais toda a evolução do sistema tributário romano, nas suas várias fases.

Neste percurso, a regra *non puto delinquere* quedava-se sensível às vicissitudes governamentais e ao modo como os cidadãos romanos recebiam as cobranças de tributos. Por tudo isso, em amor à precisão, não se pode afirmar que no Império Romano o brocardo *in dubio contra fiscum* era uma síntese da noção que os romanos tinham sobre os tributos. É possível admiti-lo para sua fase áurea ou mesmo para as cobranças dos chamados "impostos de guerra", numa espécie de paralelo com o brocardo *in dubio pro reo*. E não mais que isso.

Com a revolução francesa, toda a concepção que se tinha sobre os tributos foi repensada, segundo os valores que informavam esse movimento libertário. [28] O tributo deixava de ser visto, então, como mero exercício de soberania e passava a ser entendido como um dos mais altos deveres do cidadão, informado pela igualdade e pela finalidade de atingir o bem comum. Fortalecia-se o sentido contratualista da relação tributária, vendo-se o contribuinte como um devedor que participa de uma relação jurídica, aplicando-se idênticos critérios de interpretação de contratos, de tal maneira que qualquer dispositivo ambíguo ou de pouca clareza deveria ser interpretado contra quem o estipulou, no caso o Estado-credor. Os valores do individualismo nascente: segurança, liberdade, igualdade; bem como os conceitos de propriedade, negócio jurídico e liberdades

---

[28] Ardant, Gabriel. *Historie de l'impôt: du XVIII au XXI siècle*, Paris: Fayard, 1972, 870p; Pérez De Ayala, José Luis. *Montesquieu y el derecho tributario moderno*. Dykinson, 2001, 155 p.; Grapperhaus, Ferdinand H. M. *Tax tales from the second millennium*. Amsterdam: 1998, p. 51. Cf. Pires, Manuel; Pires, Rita Calçada. *Direito fiscal*. 4ª ed., Lisboa: Almedina, 2010, p. 162.

contratuais, de acordo com a jurisprudência dos conceitos, fundavam a orientação do "*in dubio contra fiscum*".

Quanto à forma intermediária, acima referida, porque uma aplicação favorável ao Fisco ou ao contribuinte, *a priori*, resultaria incompatível com a legalidade, para alguns, esta seria a mais condizente, afirmando-se o direito tributário como um ramo autônomo de normas específicas e, com isso, afastando-se os textos tributários dos métodos comuns de interpretação. Trata-se da chamada "teoria da interpretação rígida", cujos entusiastas acreditavam que fossem as normas tributárias exclusivamente restritivas e limitativas de direitos, porquanto o Estado, pela cobrança de impostos, limita os direitos patrimoniais dos cidadãos; e pela aplicação das regras de fiscalização e controle, impõe restrições às atividades e à liberdade dos cidadãos. Em vista dessas características, nenhuma integração normativa seria admissível. É certo que esta concepção tinha muito do legalismo que no final do século XIX imperava.

A tendência do brocardo *in dubio pro fiscum*, ao longo dessa evolução, sempre esteve considerada, especialmente no patrimonialismo. Os detentores do poder, justificando-se com princípios de prevalência do interesse público sobre o privado, repartição dos encargos públicos e similares, nunca a esqueceram. Na atualidade, uma opinião favorável a esta ideologia seria de plano afastada, como diz Vanoni: "a nenhum cidadão pode ser exigido que pague mais do que deve segundo as leis vigentes".[29]

Como se pôde avaliar, os brocardos apresentados são tópicos retóricos, relativamente formalizados, que os juristas utilizam tradicionalmente como espécie de juízo *a priori*. [30] Ezio Vanoni bem demonstrou que a norma tributária em nada se distingue das normas de outros ramos jurídicos, apesar de aceitar que se poderiam aplicar critérios de interpre-

---

[29] VANONI, Ezio. *Natureza e interpretação das leis tributárias*. Tradução de Rubens Gomes de Sousa. RJ: Edições Financeiras, s/d, p. 45.

[30] Dino Jarach, analisando-os, assim se pronuncia: "Dichos aforismos no tienen la eficacia de las normas superiores ni absolutas; a menudo son contradictorios o chocan com principios jurídicos de indudable validez. Por lo tanto, no pueden ser utilizados sino *a posteriori*; después de haber analizado los hechos y circunstancias que los rodean o los caracterizan, a la luz de los conceptos normativos de la ley, en los que han de enmarcarse los hechos reales". JARACH, Dino. *Estudios de Derecho Tributario*. Buenos Aires, 1999, CIMA, p. 26.

tação específicos, como ocorreria em todos os ramos do direito. [31] Combatia o entendimento que negava à interpretação das leis tributárias a utilização dos meios que comumente se aplicariam a outros ramos, pelas particularidades que possuíam. [32]

Não obstante, esta evolução está longe de terminar, como lembra Diogo Leite de Campos, tanto na prática, como nas representações dos juristas; e há constantes retrocessos, [33] como o que prosperou na Alemanha, por todo o século XX, pela consagração da chamada "interpretação econômica". E Klaus Tipke[34] não destoa do tom crítico a qualquer das opções do dirigismo da interpretação, ao considerar, em plena conformidade com o que pensamos, como iníqua ao desenvolvimento do Direito Tributário qualquer indagação se a decisão resultante da interpretação favorece mais ou menos o Fisco ou o contribuinte, como condição para sua permanência.

2.1. *Normas sobre interpretação no CTN e o dirigismo hermenêutico*

Em todos os códigos mais atuais, consta sempre do capítulo da "interpretação" uma regra básica, segundo a qual a norma tributária deverá ser interpretada com o emprego de todos os critérios admitidos no Direito. Não há qualquer razão na proposta que vê as leis tributárias com diferença específica suficiente para justificar metodologia própria

---

[31] Numa ampla demonstração dessa premissa, vide: GONZALÉZ, Eusebio. Interpretación de las normas tributarias. *Revista de Direito Tributário*. SP: Malheiros, 1999, n.º 76, p. 15-30.

[32] Contrariamente ao dirigismo da interpretação, diz Vanoni: "Desde que as características jurídicas das normas tributárias não se distinguem das demais normas de direito, a opinião que pretende negar aplicabilidade, às leis tributárias, dos mesmos métodos de interpretação que se aplicam às leis em geral parece destituída de qualquer fundamento. (...) qualquer orientação apriorística do trabalho interpretativo, a favor do Fisco ou a favor do contribuinte, constitui uma inadmissível limitação do processo lógico representado pela interpretação da lei". VANONI (s/d, p. 181).

[33] CAMPOS, Diogo Leite de. Interpretação das normas fiscais. In: *Problemas fundamentais do direito tributário*. Lisboa: 1999, p. 20.

[34] TIPKE, Klaus; LANG, Joachim. *Direito tributário*. Tradução de Luiz Dória Furquim. Porto Alegre: Fabris, 2008. p. 315.

ou especialidade.[35] Supera-se, assim, a pretensão de dirigismo hermenêutico em matéria tributária, como se vê ainda no Código Tributário Nacional – CTN, a Lei Geral Tributária brasileira, cujo artigo 107 assim dispõe: "a legislação tributária será interpretada conforme o disposto neste Capítulo".

Nas legislações contemporâneas de diversos países, afastados os rigores de tais espécies de interpretações autênticas, em códigos de distintas matérias, comparecem regras com essa feição dirigista da atitude do intérprete. [36] Poderíamos citar tantas e distintas experiências, mas seria despiciendo, quando o que queremos é só demonstrar a persistência deste tipo de regra jurídica no direito tributário, com a função de estabelecer critérios de interpretação.[37] E na base de todas, a influência teórica da concepção de existir qualidades inerentes às normas tributárias, o suficiente para justificar uma interpretação com critérios e métodos diversos daqueles aplicados a outros domínios jurídicos.

Exemplos dessas regras dirigistas podem ser vistos ainda nos artigo. 106, I, 108 a 112, e artigo. 118, postas com a finalidade de restringir a capacidade hermenêutica dos intérpretes. Como é de todo evidente, na atualidade, nada justifica essa pretensão, em particular, porque o direito tributário não dispõe de especificidade que autorize alguma espécie de privilégio hermenêutico[38] em relação aos outros ramos do direito. Supe-

[35] Nabais, José Casalta. *Direito fiscal*. 4. ed. Coimbra: Almedina, 2007. p. 216.

[36] Para maiores considerações: Maximiliano, Carlos. *Hermenêutica e aplicação do direito*, 16.ª ed., Forense, 1996, 426 p.; Miranda, Custódio da Piedade Ubaldino. *Interpretação e integração dos negócios jurídicos*, SP: Ed. RT, 1989, 234 p.; Santos, J. M. de Carvalho. *Código civil brasileiro interpretado: principalmente do ponto de vista prático: parte geral (arts. 114-179)*. 8.ª ed., SP: Freitas Bastos, 1961, v. III, 440 p.

[37] Torres, Ricardo Lobo. *Normas de Interpretação e Integração do Direito Tributário*. Rio de Janeiro, Ed. Renovar, 2000, 439 p.

[38] Seguindo idêntico raciocínio: Ferreiro Lapatza, José Juan. *Curso de derecho financiero español*. 18.ª ed., Madrid: Marcial Pons, 1996, p. 76; É digna dos maiores encômios a afirmação de Ricardo Lobo Torres: "A interpretação do Direito Tributário se subordina ao *pluralismo metodológico*. Inexiste a prevalência de um único método". Torres, Ricardo Lobo. *Normas de interpretação e integração do Direito Tributário*. Rio de Janeiro, Ed. Renovar, 2000, p. 205; Da mesma forma, Alfredo Augusto Becker, com uma recomendação assaz importante: "Ao enviar o leitor àquelas obras dos especialistas em interpretação jurídica, lembra-se que, para consultá-las com proveito, é *indispensável que, antes de tudo, o estudioso tenha reeducado a sua atitude mental jurídica tributária*".

rada a discutível tese da autonomia do direito tributário, bem como os brocardos *in dubio pro fiscum* ou *in dubio contra fiscum*, confirma-se que a interpretação das normas tributárias há de ser igual à que se adote para qualquer outro ramo, guardadas as diferenças principiológicas e os vetores axiológicos que lhe sejam próprios. [39]

2.2. *Do dirigismo hermenêutico à interpretação "econômica" do Direito Tributário*

Falar de "interpretação econômica do direito tributário", ao fim e ao cabo, é o mesmo que tratar sobre a "causa" dos tributos, i.e., sobre finalidade das normas tributárias, projetadas funcionalmente (Griziotti) para constituir patrimônio público e atendendo a um primado de prevalência dos interesses do Fisco, segundo o brocardo *in dubio pro fiscum*. Assim, firmava-se a concepção de que uma justiça na repartição da carga tributária exigiria o atendimento ao princípio da capacidade econômica, devendo as obrigações tributárias terem como fato jurídico tributário unicamente fatos de caráter econômico, i.e., reveladores de capacidade contributiva objetiva, sendo irrelevantes as formas jurídicas que adotarem, para os fins de interpretação, que se deveria ocupar da substância negocial.[40] A realidade econômica deveria prevalecer sempre.

Vendo-a, hoje, à distância (a interpretação econômica), e observando sua relativa força normativa, concluí-se quão reduzidas foram

---

Becker, A. Augusto. *Teoria geral do Direito Tributário*, 2.ª ed., SP: Lejus, 1999, p. 113; ver ainda: Michelli, G. A. *Corso di diritto tributario*, 8.ª ed., Torino: UTET, 1989, p. 73; Godoy, Norberto J. *Teoria general del derecho tributario: aspectos esenciales*, Buenos Aires: Abeledo Perrot, s/d, p. 131-55; Falcão, Amílcar. *Introdução ao direito tributário*, 6.ª ed., RJ: Forense, 1999, p. 61-94.

[39] Como diz Ricardo Lobo Torres: "os princípios (gerais do direito) não se convertem em normas sobre a interpretação. Servem apenas como orientação para o intérprete, já que a interpretação jurídica é processo de atualização dos valores e dos princípios deles decorrentes." Torres, Ricardo Lobo. *Normas de interpretação e integração do Direito Tributário*. Rio de Janeiro, Renovar, 2000, p. 56.

[40] Nas palavras de Carlos Palao Taboada: "la obligación tributaria surgirá siempre que se halle presente dicho fenómeno económico – el que constituye el substrato de los actos o negocios civiles – aunque revista una forma jurídica distinta de la designada por la ley como presupuesto objetivo del tributo". Palao Taboada, Carlos. El fraude a la ley en Derecho Tributario. *RDFHP*. Madrid: Editoriales de Derecho, 1966, n.º 63, p. 687.

suas contribuições para o desenvolvimento das instituições do direito tributário. A *interpretação econômica do direito tributário* não correspondia a uma simples pretensão teleológica de aplicação das normas tributárias; foi mais além e evidenciou-se como um mecanismo de intervenção estatal na interpretação das leis tributárias, num dirigismo hermenêutico segundo os interesses arrecadatórios do estado.

Numa seara tão ciosa das garantias de segurança jurídica e certeza do direito aplicável, a *interpretação econômica do direito tributário* serviu unicamente para enfraquecer a legalidade material (princípio da tipicidade), e restituir à Administração os típicos instrumentos de uma relação de poder, os quais lhe foram subtraídos quando se instaurou nas sociedades o liberalismo e o conceito de Estado Democrático de Direito, por meio de constituições democráticas e republicanas. Flexibilizava-se a legalidade em direção aos interesses do Estado, tal como propugnado pelos defensores do primado da "causa impositionis"[41].

É verdade que o método de interpretação econômica foi considerado como algo genuíno e somente aplicável ao campo do direito tributário, haja vista o alcance de suas normas sobre fatos de expressão econômica, numa espécie de superposição em relação às normas de direito privado que regulam as opções negociais. Serviu de método eficaz durante certo tempo para o controle dos atos elusivos, mas degenerou-se no correr dos tempos da sua aplicação, pelo desvirtuamento dc idéias.

Sobre isto Alfredo Augusto Becker foi incisivo: "Modernamente, para tranqüilidade de todos, chegou-se à conclusão, tão verdadeira quanto simples, que as leis tributárias são regras jurídicas com estrutura lógica e atuação dinâmica idêntica às das demais regras jurídicas, e, portanto, interpretam-se como qualquer outra lei, admitem todos os métodos de interpretação jurídica e não existe qualquer peculiar princípio de interpretação das leis tributárias".[42] Hoje, consolidado este entendimento, vemos que, quando muitos autores referem-se ao conceito de

---

[41] Cf. BALEEIRO, Aliomar. *Direito Tributário Brasileiro*. RJ: Forense, 11ª ed., 1999, p. 711-41; BECKER, Alfredo Augusto. *Teoria geral do Direito Tributário*, 3. ed., SP:, 1998, p. 104-9.

[42] *Ibidem*, p. 113. Acompanha essa crítica: BORGES, José Souto Maior. Elisão fiscal (CTN, art. 116, parágrafo único – 104/01). *Fórum de Direito Tributário*. Belo Horizonte: Fórum, 2003, n.º 1, jan.-fev., p. 124-36.

"interpretação econômica" do direito tributário, nos dias que seguem, querem, em efetivo, fazer menção a um dos métodos de interpretação, seja a favorecer a uma interpretação teleológica, a uma aplicação da analogia[43] no direito tributário, a uma busca da verdade material na apuração dos fatos jurídicos tributários, ou mesmo ao emprego de presunções e ficções para os fins de qualificação de fatos jurídicos tributários.

A interpretação econômica, na sua forma original, já foi, de há muito, superada[44]. Na Alemanha, ou fora desta, [45] não lhe cabe qualquer espaço, por todos os pressupostos que lhe garantiam fundamentação teórica. Foi, sem dúvidas, um dos maiores equívocos[46] que prosperaram na história jurídica dos povos ocidentais. De fato, este princípio da interpretação econômica, na forma como se tem disseminado, é merecedor

---

[43] Como afirma Tipke, "el derecho tributario tiene en todo el mundo una específica tradición positivista. En todo caso, siempre que se trata de normas de gravamen (normas de intervención) se ha mantenido persistentemente la regla de una interpretación estrictamente orientada al tenor literal y a una prohibición de la analogía y de la integración jurídica". TIPKE, Klaus. Limites de la integración en el derecho tributario. *Civitas – Revista Española de Derecho Financiero*. Madrid: Civitas, 1982, n.º 34, p. 181-4.

[44] Por isso, sempre que se queira analisar o direito alemão, vale lembrar a advertência percuciente de César Garcia Novoa, em estudo ainda inédito: "una cosa es que se hable de "interpretación económica", cuando en realidad, se está postulando una interpretación teleológica, como ocurre en Alemania hoy en día, y otra muy distinta, que la interpretación teleológica tradicional se utilice como una vía indirecta para conseguir los efectos de una interpretación económica". Tem razão o Catedrático de Santiago de Compostela. GARCÍA NOVOA, Cesar. *El fraude de ley en derecho tributario*. Madrid: Marcial Pons, 2003, p. 56.

[45] Um modelo mitigado de interpretação econômica ainda se encontra na Argentina. Cf. TARSITANO, Alberto. *Interpretación de la ley tributaria*. Buenos Aires: AAEF, 2003, 171 p.; OSVALDO CASÁS, José. Seguridad jurídica, legalidad y legitimidad en la imposición tributaria. In: IBET. *Justiça Tributária*. SP: Max Limonad, 1998. VILLEGAS, Héctor. *Curso de finanzas, derecho financiero y tributario*. 7.ª ed., Buenos Aires: Depalma, 1998.

[46] Outra não é a opinião de Alfredo Augusto Becker: "A doutrina do Direito Tributário, segundo a realidade econômica, é filha do maior equívoco que tem impedido o Direito Tributário evoluir como ciência jurídica. Esta doutrina, inconscientemente, nega a utilidade do direito, porquanto destrói precisamente o que há de jurídico dentro do Direito Tributário". E mais adiante: "Em nome da defesa do Direito Tributário, eles matam o "direito" e ficam apenas com o "tributário". BECKER, Alfredo Augusto. *Teoria geral do direito tributário*, 3.ª ed. São Paulo: Lejus, 1998. p. 130. *Contrario sensu*: FALCÃO, Amílcar. *Fato gerador da obrigação tributária*, 6ª ed., RJ: Forense, 1997, p. 36.

das maiores críticas, pelas distorções que o acompanham, especialmente pelas lesões que causa aos princípios mais caros do ordenamento, como é o da legalidade, da tipicidade e da certeza do direito, sem falar nos prejuízos sobre os princípios e categorias de direito privado que restam afetados.[47] A interpretação econômica instaura o arbítrio hermenêutico; promove a Administração a uma espécie de intérprete privilegiado, de modo a conduzir o ato de aplicação do direito segundo seus interesses, abrindo espaços na tipicidade e desconsiderando as reais demonstrações de capacidade contributiva. Toda a conquista republicana do princípio da tributação consentida[48] esfumaça-se, numa névoa de incertezas quanto ao destino da legalidade tributária, que não admite qualquer espécie de flexibilização de interesses estatais, por ser exatamente meio de limitação ao exercício dos seus poderes.

3. Integração da legislação tributária

Quanto aos métodos de *integração*, prescreve o artigo 108 que, "na ausência de disposição expressa, a autoridade competente para aplicar a legislação tributária utilizará sucessivamente, na ordem indicada: I – a

---

[47] Como conclui Falcón y Tella: "Hoy, según acaba de exponerse, puede considerarse definitivamente superada la tesis de la interpretación económica, al menos entendida en el sentido tradicional de que aquellos supuestos de los que derivan los mismos resultados económicos exigen un idéntico trato desde el prisma fiscal." FALCÓN Y TELLA, Ramón. Interpretación económica y seguridad jurídica. *Crónica tributaria*. Madrid: IEF, 1993, n.º 68, p. 26; Para uma crítica ao uso da interpretação econômica: SAINZ DE BUJANDA, Fernando. *Hacienda y Derecho*. Madrid: Instituto de Estúdios Políticos,1963, t. IV, 635 p.; Como adscreve François Gény: "É verdade que, para justificar 'a autonomia do direito fiscal, na própria ordem de interpretação, costuma-se fazer apelo às teorias mais sutis, mais finas, mais sedutoras, do direito público contemporâneo." GÉNY, François. O Particularismo do direito fiscal. *Revista de Direito Administrativo*. RJ: FGV, 1950, n.º 20, abr.-jun., p. 27.

[48] "Se é exato que o fisco tem direito de exigir os tributos, entretanto ele somente pode exigi-los dentro dos limites legais traçados. A lei tributária, mesmo quando entra em relação com as leis do Direito Privado, não vai ao ponto de dispor ou interferir no direito substantivo privado, nas relações entre particulares, posto que a lei tributária disciplina outro tipo de relação, a relação entre fisco e contribuinte". NOGUEIRA, Ruy Barbosa. *Da interpretação e da aplicação das leis tributárias*. 2.ª ed., SP: RT, 1965, p. 65.

analogia; II – os princípios gerais de direito tributário; III – os princípios gerais de direito público; IV – a eqüidade". Com as seguintes ressalvas:

> "§ 1.º O emprego da *analogia* não poderá resultar na exigência de tributo não previsto em lei.
> § 2.º O emprego da *eqüidade* não poderá resultar na dispensa do pagamento de tributo devido".

Dentre todos os aspectos referidos, merece destaque a vedação à analogia, suficiente para abarcar quase todo o dispositivo, como também entende Ricardo Lobo Torres, sobre o que passamos a nos debruçar.

3.1. *Analogia e eqüidade. A correção do direito tributário. Lacunas jurídicas. Normas sobre a integração no CTN e a crítica da doutrina*

As definições sobre "analogia" são muito cambiantes, [49] pois acompanham os vários sentidos dos termos "analogia" ou "analógico". Mesmo que se faça um corte metodológico para estudá-la nos limites estritos da sua aplicação ao Direito, esta ainda pode significar[50] "conceito", "juízo" ou "argumento": i) *conceito de classe*, que denota um gênero ou uma classe. Assim, o conceito será analógico se não for possível definir seu campo de aplicação de maneira precisa, já que consta de objetos ou entidades de natureza distinta, mesmo que guardem entre si certas semelhanças, por terem algum elemento em comum. Esse sentido está superado por outros mais objetivos, como conceitos "abertos", "indefinidos", "vagos". Quer dizer, aplicam-se, *prima facie*, a um caso central e, de forma derivada (analógica) aos constantes de uma "zona

[49] "La noción de analogía es de difícil o imposible definición, en cuanto que no existe *un* concepto de analogía, sino una pluralidad de conceptos o más exactamente, una "familia de conceptos". E mais adiante complementa: "Pero todos ellos tienen algo en común y este algo no es otra cosa que la Idea de semejanza o similitud. (...) El término 'analogía significo originariamente proporción y, más exactamente, proporción matemática". ATIENZA RODRÍGUEZ, Manuel. *Sobre la analogía en el Derecho*. Madrid: Civitas, 1986, p. 15 e 28.

[50] Cf. *ibidem*, p. 33-34.

cinzenta"; ii) juízos ou proposições que incluem *conceitos de relações*, i.e., de semelhança de relações; [51] e, por fim, iii) *o argumento ou raciocínio analógico*, [52] que é uma inferência, provável, a partir de uma das premissas adotadas segundo as acepções anteriores, i.e., de conceitos de classes ou de relações.

Para os fins de aplicação da analogia aos domínios jurídicos, faz-se necessária a demonstração da presença da "lacuna"[53] alegada. Este é o seu requisito principal, [54] e ainda, que esta seja "provável", dependente de atividade probatória, porquanto o raciocínio da semelhança não se poderá aplicar sem que antes se demonstre que, para um dado fato, não há qualquer regulação.

Mas o termo "lacuna" precisa ser bem compreendido. Lacuna não é indeterminação, mas uma espécie de *conceito negativo*, porque indica um "vazio", uma "falta", uma "insuficiência". [55] Como diz Larenz: "O

[51] Para um estudo profundo da analogia no campo da lógica deôntica, especialmente quanto ao cálculo de relações, cf: KLUG, Ulrich. *Lógica jurídica*, Caracas: Universidad Central, 1961, v. XXV, p. 148-187.

[52] FALCON Y TELLA, Maria José. *El argumento analógico en el Derecho*. Madrid: Civitas, 1991, p. 15 e ss. XAVIER, Cecília. *A proibição da aplicação analógica da lei fiscal no âmbito do estado social de direito*. Coimbra: Almedina, 2006. 293p.

[53] KELSEN, Hans. *Teoria pura do direito*, 6.ª ed., Coimbra: Armênio Amado, 1984, p. 338 e ss.

[54] Para Guastini: "(...) si può definire 'lacuna' nell'uno o nell'altro dei modo seguenti: (a) in un sistema giuridico vi è una lacuna allorché un dato comportamento non è deonticamente qualificato in alcun modo da alcuna norma giuridica di quel sistema; oppure (b) in un sistema giurifico vi è una lacuna allorché per una data fattispecie non è prevista alcuna conseguenza giuridica da alcuna norma appartenente al sistema". GUASTINI. Riccardo. *Dalle fonti alle norme*. Torino: Giappichelli, 1992, p. 136. Cf.: AARNIO, Aulis. *Lo racional como razonable: un tratado sobre la justificación jurídica*. Madrid: Centro de Estudios Constitucionales, 1991, 313 p.; ALCHOURRON, Carlos; BULYGIN, Eugenio. *Normative systems,* New York: Springer-Verlag, 1971, 208 p.; ____. *Analysis logico y derecho*, Madrid: CEC, 1991, 485-98; ESSER, Josef. *Principio y norma en la elaboración jurisprudencial del derecho privado,* Barcelona: Bosch, 1961, 498 p.; CERRI, Augusto. L'analogia nel sistema del diritto positivo. In: CASSESSE, Sabino *et alli* (Coord.). *L'unità del diritto – Massimo Severo Giannini e la teoria giuridica*. Torino: Il Mulino, 1994, p. 273-314; SANTIAGO NIÑO, Carlos. La interpretación de las normas jurídicas. In: *Introducción al análisis del derecho*. Buenos Aires, 1980, p. 245-73.

[55] Cf. LUZZATI, Claudio. *La vaguezza delle norme*. Milano: Giuffrè, 1990, p. 410 e ss.

termo 'lacuna' faz referência a um caráter incompleto. Só se pode falar de 'lacunas' de uma lei quando esta aspira a uma regulação completa em certa medida, para um determinado sector". [56] Eis, portanto, o traço crucial para a correta identificação desse termo: a presença de um "espaço livre de direito", enquanto setor que a ordem jurídica não lhe tenha dado regulação específica.

A analogia, nos domínios da ciência do direito, tem sido estudada sob aquelas duas modalidades já referidas: i) *analogia legis*, na qual a premissa é um conceito normativo, presente numa dada proposição jurídica do tipo, ao que seria mais apropriada, segundo Larenz, a expressão "analogia particular", [57] porque a lei particular é aplicada "analogicamente" a uma situação de fato não regulada por ela; e ii) *analogia iuris* (ou analogia geral), porque se parte de várias disposições jurídicas e, mediante indução, chega-se a um princípio geral aplicável à espécie.

Nas palavras de Karl Larenz: "Aqui, de várias disposições legais que ligam idêntica conseqüência jurídica a hipóteses legais diferentes, infere-se um 'princípio jurídico geral' que se ajusta tanto à hipótese não regulada na lei como às hipóteses reguladas". [58] Assim temos a "analogia legal", por meio da qual o intérprete, tentando atribuir regime jurídico a uma dada situação de fato desprovida de previsão legal, promove uma subsunção entre esta e uma norma jurídica que tenha como hipótese de incidência descrição de fato semelhante; e a "analogia iuris", quando o intérprete tenta construir, por indução, um princípio geral do direito para uma norma aplicável à espécie factual.

Refletindo sobre seus propósitos, vemos que o discurso da analogia traz, na atualidade, um texto desgastado e já não consegue realizar objetivo para o qual foi criado. Inicialmente, porque a analogia sempre foi entendida como forma de integrar "textos" e "leis", no sentido técnico e porque, na origem, a idéia de interpretação não era a de construção de normas, mas de revelação do conteúdo, sentido e alcance das "normas" dadas, na sua função especificadora. O que ficava de fora era *lacuna*,

[56] Larenz, Karl. *Metodologia da ciência do direito,* 2.ª ed., Lisboa: C. Gulbenkian, 1989, p. 448-9; Cf. ainda: Iturralde Sesma, Victoria. *Lenguage legal y sistema jurídico: cuestiones relativas a la aplicación de la ley,* Madrid: Tecnos, 1989, p. 147-218.

[57] *Ibidem*, p. 464.

[58] *Ibidem*.

que se poderia preencher mediante emprego da *analogia*. Desse modo, justificava-se seu emprego na interpretação jurídica como instrumento imprescindível, enquanto como técnica racional de adequar o direito positivo à sua evolução histórica e à realidade material à qual se projetava como modelo de ordenação de condutas humanas na sociedade. Dois argumentos fundamentavam o emprego da analogia no Direito: i) a vontade presumida do legislador; e ii) a racionalidade e coerência do sistema quanto à sua completude, mas ambos são muito relativos e superficiais. O primeiro, porque remonta à modalidade de interpretação *voluntas legislatoris*, de tal sorte que se, à época da regulação, o legislador conhecesse do fato, teria dado idêntico tratamento ao que aplicara a outros que lhe são semelhantes; e o segundo, por não justificar adequadamente os vários casos, segundo a matéria (direito penal, direito tributário, direito civil, etc) e as fontes do direito.

No direito tributário, dentre os mecanismos adotados para o combate à elusão tributária, está o uso dos métodos de integração do direito, em especial, a analogia. Lembra Tipke que nem na Alemanha, nem em muitos outros países, existe uma proibição explícita à analogia, como ocorre no Brasil (artigo 108, § 1.º, do CTN), na Espanha (artigo 23, 3, da *Ley General Tributaria*) e no México (*Código Fiscal de la Federación*). Como diz Ferreiro Lapatza, "la obligación tributaria es una obligación *ex lege*. El tributo no se puede exigir a un sujeto en base a la analogía".[59] Por isso, sequer nos países onde não existe tal limitação, prevista expressamente em texto normativo, pode-se aceitar sua prática como algo regular em matéria tributária.

Na Alemanha, Kruse, apesar de ser voz isolada, sustentou essa tese, entendendo que as normas tributárias que prescrevem deveres típicos

[59] Ferreiro Lapatza, José Juan. *Curso de derecho financiero español*. 18.ª ed., Madrid: Marcial Pons, 1996, p. 80; Para os fins do direito tributário brasileiro, não é outra a opinião da melhor doutrina. Cf. Carvalho, Paulo de Barros. *Curso de direito tributário*, 22.ª ed. SP: Saraiva, 2009, p. 101; Coelho, Sacha Calmon Navarro. *Curso de direito tributário brasileiro*. 9.ª ed., RJ: Forense, 2006, p. 570-1; Torres, Ricardo Lobo. *Curso de direito financeiro e tributário*. 14.ª ed., RJ: Renovar, 2007, p. 141; mesmo que este último autor admita sua aplicação dentro de certas reservas. Carrazza, Roque Antonio. *Curso de direito constitucional tributário*. 25. ed. São Paulo: Malheiros, 2009. p. 546.

de obrigação principal não são suscetíveis de analogia.[60] Tem-se, por conseguinte, que, a título de aplicar uma determinada norma tributária, definidora de regra-matriz de incidência, o intérprete não poderá exercer analogia (*analogia legis*) quando, ao identificar um fato com relevância econômica alheio ao campo de incidência material da norma ou de um regime mais benéfico, resolva transportá-lo para o âmbito de incidência da norma impositiva ou para os limites daquela mais gravosa, alegando eventual *relação de semelhança*. Como é clarividente, o princípio da tipicidade tributária não autoriza qualquer recurso a esta prática criadora de direito, agindo onde o legislador não houve regular. É o Estado-Administração avocando, por usurpação, os poderes que a Constituição reservara exclusivamente ao Parlamento. [61]

Definitivamente, não parece cabível falar na existência de "lacunas" no âmbito de incidência dos tipos tributários impositivos. Ou as normas tributárias alcançam o fato, por seu conceito encontrar-se no campo semântico do conceito da norma (subsunção) – plano de incidência –, ou não o alcançam, quando suas propriedades não permitam adequação ao campo de abrangência semântica da norma tributária, ficando no domínio da não-incidência. A opção pela seleção dos fatos que podem ser tributados é decisão exclusivamente legislativa; da mesma sorte que

[60] Nas suas palavras: "Todos estos métodos clásicos del perfeccionamiento jurídico también están permitidos en el derecho impositivo. Solamente existe una limitación fundamental para la analogía: mediante la analogía no pueden ser creados nuevos hechos imponibles". Em seguida, reforça este entendimento em nota de rodapé: "Esta prohibición de la analogía está fundamentada la mayoría de las veces sobre la puntualización del principio de tipicidad de la imposición, puntualización que no da de lleno en el núcleo del problema. En verdad, el derecho impositivo reposa en la resolución primaria del legislador sobre la valoración impositiva de determinados supuestos de hecho. Esta dependencia del legislador descansa en la carencia de legitimidades materiales relevantes. Precisamente estas legitimidades materiales presuponen la exclusión de la analogía". Kruse, H. W. *Derecho tributario – parte general*. 3.ª ed., Madrid: Editorial de Derecho Financiero, 1978, p. 187; Cf. Kruse, Heinrich Wilhelm. Il risparmio d'imposta, l'elusione fiscale e l'evasione. Amatucci, Andrea (coord.). *Trattato di Diritto Tributario*. Padova: CEDAM, 1994, v. III, P. III, cap. XXXV, p. 214.

[61] Desnatura o próprio conceito de Estado, como afirma Victor Nunes Leal: "O regime de legalidade é uma conquista política e jurídica da consciência universal, traduzida no chamado Estado de Direito". Leal, Victor Nunes. *Problemas de direito público e outros problemas*. Brasília: Imprensa Nacional, 1999, v. I, p. 61.

é decisão tipicamente legislativa deixar de fora os fatos aos quais não pretenda atribuir a incidência de normas tributárias, [62] numa espécie de declaração do não-tributável, por omissão na tipificação – o que alguns denominam de "vazios legais desejados" [63] (Tipke e Lang).

A limitação à analogia compreende apenas as normas impositivas, definidoras da regra-matriz dc incidência de cada tributo. Para os outros âmbitos do direito tributário, nenhuma vedação se poderia alegar ao uso da analogia como recurso hermenêutico, no sentido de *analogia legis* (108, I – analogia) ou *analogia juris* (108, II, III e IV – princípios gerais de direito tributário, princípios gerais de direito público e equidade), nos limites de quanto ainda se possa atribuir a tal distinção.[64]

O primado do consentimento legislativo, como forma de autorização à cobrança de qualquer tributo, é que estabelece a referida limitação, que alcança a norma tributária em todos os critérios da regra-matriz de incidência, desde sua hipótese (critérios material, temporal e espacial) até o conseqüente (sujeito passivo, no critério pessoal, e base de cálculo e alíquota, no critério quantitativo). A reserva absoluta de lei, combinada com o princípio de tipicidade [65] e com o da capacidade contributiva

---

[62] Como diz Eusebio González García, respondendo à pergunta sobre a existência de lacunas no Direito: "Nuestra opinión personal al respecto es que no las hay, dado que – afortunadamente – el Derecho no tiene por qué regularlo todo, sino que regula lo que quiere regular y lo no regulado, no son lagunas, sino ámbitos que el Derecho no ha querido regular". GONZÁLEZ GARCÍA, Eusebio. *La interpretación de las normas tributarias*. Pamplona: Aranzadi, 1997, p. 51; Cf. AMATUCCI, Andrea. *L'interpretazione della norma di Diritto Finanziario*. Napoli: Jovene, 1965, p. 58-59.

[63] VILLAR EZCURRA, Marta. La analogía en la aplicación de las normas tributarias. In: *Boletín del Ilustre Colegio de Abogados de Madrid* – los negocios anómalos ante el derecho tributario español. Madrid: Colegio de Abogados de Madrid, 2000, n.º 16, sept., p. 124.

[64] Para uma ampla descrição dos métodos de integração, mesmo se não compartilhe do entendimento conclusivo desse capítulo, salvo no que tange às críticas, cf.: TORRES, Ricardo Lobo. *Normas de interpretação e integração do Direito Tributário*. 3.ª ed. Rio de Janeiro: Forense, 2000, p. 113-144.

[65] Seguindo o mesmo rigor de Alberto Xavier: "Ora, os próprios conceitos de taxatividade e de 'numerus clausus', inerentes à idéia de tipicidade, são incompatíveis com a existência de lacunas e sua integração analógica, pois foram adotados como regras constitucionais precisamente para vedar a possibilidade da analogia". XAVIER, Alberto. *Tipicidade da tributação, simulação e norma antielisiva*. SP: Dialética, 2001, p. 146.

(objetiva), impede qualquer espaço para a analogia como instrumento integrativo visando à cobrança de tributos, sem disposição expressa de lei. irmes nesse entendimento estão muitos, como Paulo de Barros Carvalho, no Brasil, Sainz de Bujanda e Ferreiro Lapatza, na Espanha, além de A. D. Giannini e Antonio Berliri, [66] na Itália, dentre outros.

Outros autores, influenciados por Tipke,[67] insistem em afirmar a possibilidade de adoção da analogia em matéria tributária. Ocorre que estes se olvidam de algo muito basilar. Tipke justifica seu fundamento na ausência (literalista) de um princípio de tipicidade em matéria tributária, a exemplo daquele previsto para o direito penal (*nullum crimem*

---

[66] Como este afirma: "A noi sembra al contrario, che debba concludersi che, almeno per le norme impositive, l'interpretazione analógica è esclusa e che possa ammettersi solo nel caso in cui il legislatore l'abbia espressamente consentita per una determinata imposta: e ciò in quanto in tal caso non si può parlare di vera e propria analogia intesa come integrazione della legge." BERLIRI, Antonio. *Principi di Diritto Tributario*, Milano: Giuffrè, 1967, p. 155.

[67] Veja-se o caso das defesas que este autor faz sobre o uso da analogia no direito tributário. A esse respeito, vale citar passagem de recente obra de Cesar García Novoa: "Incluso esta rehabilitación de la "analogía" – fundamentalmente en Alemania, de la mano de TIPKE – se propone salvar un último escollo, que viene constituido por el respeto a las reglas de la tipicidad en materia fiscal, a partir de un argumento que no nos parece aceptable, como es el de la diferencia radical entre las normas tributarias y las normas penales. Y no nos parece aceptable en la medida en que esta diferenciación se trae a colación para relativizar o minimizar la aplicación de la tipicidad en el Derecho Tributario. Así, en un primer momento se recuerda por parte de TIPKE, que la Ley Fundamental de Bonn, en su art. 103, II, proclama la regla de tipicidad sólo en el ámbito penal, cuando dispone que "un acto sólo podrá ser penado si su punibilidad estaba establecida por ley anterior a la comisión del acto" (*Eine Tat kann nur bestraft werden, wenn die Strafberkeit gesetzlich bestimmt war, bevor die Tat begangen wurde*). Para añadir que, aunque en materia tributaria debe regir la legalidad, como garantía de la seguridad jurídica existen argumentos que propenden a postular un cierto margen de protagonismo a la analogía; no sólo las exigencias del "principio democrático" que, según TIPKE, permitirían integrar las llamadas "lagunas inconscientes". Sino, sobre todo, la existencia de fenómenos de "fraude" –*Steuerumgehung* (TIPKE, K., *Steuergerechtigkeit in Theorie und Praxis*, Verlag Dr. Otto Schmidt KG, Köln, 1981, pag. 126). Se juega así con una argumentación claramente apodíctica, según la cual la analogía es necesaria, precisamente por la existencia de fenómenos de fraude y elusión fiscal. Esta circunstancia, en principio, no se da en el Derecho Penal, por lo que no valdría el modelo de las normas penales para rechazar en el ámbito tributario, la extensión analógica". GARCÍA NOVOA, Cesar. *El fraude de ley en derecho tributario*. Madrid: Marcial Pons, 2003, p. 194.

nulla poena sine leggem scripta). Sendo assim, o recurso à analogia seria aceitável tendo em vista as exigências de justiça de tratamento e isonomia entre todos os cidadãos pertinentes ao princípio democrático, como modelo de combate às condutas elisivas. Precisamente nessa linha, Carlos Palao Taboada, [68] insiste em considerar que "la admisión excepcional de la analogía se justifica por la necesidad de evitar el fraude de ley", porquanto a insegurança e incertezas geradas pela sua aplicação não representa mais do que "un precio que hay que pagar para impedir que la norma jurídica sea burlada", mesmo que admita limitações, pois "el sacrificio de la seguridad jurídica ha de ser razonable". Este autor utiliza-se da noção de "analogia iuris", como recurso para justificar sua premissa que o sistema dispõe dos princípios gerais necessários à eliminação de qualquer lacuna não desejada pelo sistema. Aplica, portanto, a tese, absolutamente superada, do sistema completo e sem lacunas. [69] Porém, mesmo reconhecendo a elevada autoridade intelectual deste importante catedrático espanhol, com ele não guardamos concordância. Trata-se de idéia circunscrita ao mesmo raciocínio finalista da doutrina alemã, à qual filia-se abertamente, baseada na concepção causalista das normas tributárias, as quais deveriam ser interpretadas sempre de acordo com o fim que tais normas pretendem atingir; e como analogia não é mais do que uma modalidade de interpretação, ao menos no entender de Bobbio, tais lacunas "inconscientes" seriam perfeitamente suprimíveis.

No Brasil, outro deve ser o enfoque. A Constituição prescreve, no seu artigo 150, ser vedado à União, aos Estados, ao Distrito Federal e aos Municípios: I – *exigir ou aumentar tributo sem lei que o estabeleça*. Reforça-o ainda mais ao eleger, previamente, todas as materialidades que definem as competências impositivas das pessoas de direito público interno da federação, concretizando a capacidade contributiva objetiva

---

[68] Palao Taboada, Carlos. ¿Existe el fraude a la ley tributaria? *Revista Crónica Tributaria*. Madrid: IEF, 1998, n.º 182, p. 15. Em uma versão mais atual: ___. Las nuevas medidas frente al fraude de ley tributaria. *Seminário Fernando Sainz de Bujanda*. Madrid: IEF, 2001, 19 p.; ___. Algunos problemas que plante a la aplicación de la norma española sobre el fraude a la ley tributaria. *Revista Crónica Tributaria*. Madrid: IEF, 2001, n.º 98, p. 127-39.

[69] Bobbio, Norberto. *Teoria do ordenamento jurídico*, 5.ª ed., Brasília: UnB, 1994, p. 113-160.

desde o texto constitucional; e, para conferir-lhe efetividade na aplicação, no trato da capacidade contributiva subjetiva[70], atribuiu, mediante o § 1.º do artigo 145, poderes à Administração Tributária para, *respeitados os direitos individuais* e *nos termos da lei,* identificar, o patrimônio, os rendimentos e as atividades econômicas do contribuinte, numa confirmação dos propósitos de garantia ao direito de propriedade, bem como aos valores de segurança e previsibilidade de condutas.

Além disso, agrega o artigo 146, III, "a", da CF que cabe à lei complementar estabelecer normas gerais em matéria de legislação tributária, especialmente sobre a definição de tributos e de suas espécies, em relação aos impostos discriminados na Constituição, a dos respectivos fatos geradores, bases de cálculo e contribuintes. Tudo em favor de certeza na definição dos principais critérios da regra-matriz de incidência dos tributos, mormente o critério material da hipótese. Tendo em vista que não se pode deixar de considerar os efeitos das normas gerais entabuladas pelo Código Tributário Nacional, faz-se mister compreender a função dos artigos 142, 141, 113, § 1.º e 3.º, todos do CTN, a exigirem prévia qualificação do fato jurídico tributário, para os fins de se constituir a obrigação tributária e, com ela, o crédito tributário – formalizado em ato de lançamento próprio.

Por tudo isso, para aperfeiçoar ainda mais essa exigência, o artigo 108, § 1.º, do CTN, prescreve taxativamente: "O emprego da analogia não poderá resultar na exigência de tributo não previsto em lei", que só confirma o que já se disse acima: nesta República, nenhum tributo será cobrado sem lei específica (legalidade), e nos limites dos conceitos classificatórios que adotar (tipicidade), segundo uma efetiva revelação de capacidade contributiva. Esse é o fundamento imponderável da negação plena de qualquer tentativa espúria de se querer cobrar tributo por ato administrativo desprovido de base legal no direito brasileiro. Aqui,

[70] "O princípio da capacidade contributiva fornece ao legislador o quadro geral das situações tipificáveis, ao estabelecer que só as situações da vida reveladoras de capacidade econômica são suscetíveis de tributação. Cumpre, de seguida ao legislador recortar, dentro do quadro assim definido, aquelas manifestações de capacidade contributiva que repute deverem ficar sujeitas a imposto". Xavier, Alberto. *Os princípios da legalidade e da tipicidade da tributação*. RT, 1978, SP, p. 83. Ver ainda: Giardina, Emilio. *Le basi teoriche del principio della capacità contributiva*. Milano: Giuffrè, 1961, 475 p.

a teoria da causa dos impostos, fundada na capacidade contributiva, não tem, como se demonstra, qualquer cabimento. Conclui-se, portanto, que o conceito de legalidade, no âmbito do sistema constitucional, aplicado aos domínios da tipificação dos fatos jurídicos tributários, não admite "flexibilidades", como já quis sustentar certa doutrina episódica.

Por tudo o que foi dito, não encontramos qualquer possibilidade para o emprego de analogia no direito tributário brasileiro (o que vale também para as tentativas de interpretações extensivas e finalísticas) com o objetivo de cobrança de tributos. Fecha-se, assim, o círculo democrático do princípio republicano do consentimento dos tributos, pois, insistir numa permissão para tais métodos equivaleria a transferir para a Administração uma função constitucional que lhe é indisponível: de legislar sobre as matérias de sua competência.

3.2. *Interpretação das normas direito tributário em face de conceitos, institutos e formas de outros ramos do direito, em especial do direito privado*

É mister de qualquer doutrina em matéria tributária que se elabore a atribuição de separar, com demiúrgico corte, a experiência jurídica que se desenvolve no Brasil de quaisquer outras existentes no mundo, em vista do particularismo da nossa Constituição, por tratar amiúde do Sistema Tributário Nacional, analiticamente. Nesse contexto, as construções reinantes em outros continentes a respeito da autonomia do direito tributário ou da relação entre direito civil e direito tributário perdem em conteúdo, tendo em vista o *primado da Constituição*, que há de prevalecer sobre qualquer outro dogma ou pressuposto.

As normas tributárias usam sempre de hipóteses de incidência seletivas de propriedades, [71] reguladas tanto pelo *direito administrativo* –

[71] Nas palavras de Vanoni: "A lei faz depender o nascimento da obrigação tributária da verificação de determinadas circunstâncias da vida social, que por sua vez podem ser representadas por relações reguladas por outros ramos do direito, ou por fatos que já constituam objeto de outras normas jurídicas". Vanoni, Ezio. *Natureza e interpretação das leis tributárias*. Tradução de Rubens Gomes de Sousa. RJ: Edições Financeiras, s/d, p. 158.

como é o caso das taxas e contribuições de melhoria, que têm como pressuposto a prestação de serviços públicos, exercício de poder de polícia ou construção de obras públicas que geram valorizações imobiliárias, respectivamente – como pelo *direito privado*, no caso dos impostos e contribuições, quanto aos contratos de serviços, de venda e compra, de seguros etc. É dizer, espécies contratuais de negócios jurídicos, emanados a partir do exercício de autonomia privada, vão, assim, sendo selecionadas pelas hipóteses normativas de leis tributárias para justificar a formação de obrigações tributárias típicas de impostos ou contribuições (renda, patrimônio, consumo, faturamento, receita, etc).

É lugar-comum dizer-se que o direito tributário é um direito de "segundo grau",[72] ou de superposição, em vista de outros setores dogmáticos, como o direito privado, por exemplo. Fosse assim, todo o ordenamento teria essa qualidade, pois o reenvio a outras matérias é inerente às normas de vários ramos, como Direito Internacional Privado, Direito Penal, Direito Administrativo, Direito Processual Civil etc. Tal contingência não colabora em nada para a diferenciação sistêmica do direito tributário, e muito menos para sua aplicação. O fato é que o legislador volta-se sempre para conceitos já elaborados no direito civil, no comercial ou no administrativo, ao delimitar os critérios das regras-matrizes de incidência dos tributos.

Nesses domínios, as figuras são colhidas no seu modo estático, segundo uma configuração formal, e não no modo dinâmico que lhe seja próprio no campo de origem, quer no âmbito da autonomia negocial, no direito de propriedade ou no direito administrativo. [73] Ou seja, para o direito tributário, os "atos de direito privado" ou os "atos administrativos" não transportam seus efeitos e contingências que ali operam ou possuem; valem como "fatos juridicamente qualificados", por serem objeto da materialidade descrita na hipótese normativa de uma norma tributária. Por isso, quando a lei tributária não dispuser de modo diverso, os institu-

---

[72] Cf. PAPARELLA, Franco. *Possesso di redditi ed interposizione fittizia*. Milano: Giuffrè, 2000, p. 245.

[73] Cf. GIANNINI, Massimo Severo. *L'interpretazione dell'atto amministrativo e la teoria giuridica generale dell'interpretazione*. Milano: Giuffrè, 1939, 381 p.; Cf.: CORREIA, José Manuel Sérvulo. *Legalidade e autonomia contratual nos contratos administrativos*. Coimbra: Almedina, 1987, p. 128 e ss.

tos, conceitos e formas de outros ramos do direito serão preservados nas suas características originais. Isso não impede que o legislador promova alguma mutação no conceito, na forma ou no instituto, mediante indicação de outras propriedades, [74] selecionadas criteriosamente a partir do fato social complexo, e guardados os limites constitucionais.

O *legislador* pode reelaborar conceitos já definidos em enunciados de direito privado, tendo por objeto o mesmo fato material, caso em que seria mais exato falar de elaboração de conceitos de direito tributário, facilitada pela prévia juridicização promovida pelo direito privado. É que mediante tal *transformação*, o instituto perde suas feições originais, de natureza de direito privado, para adquirir funcionalidade no direito tributário. Desse modo, já não se prestaria a tutelar as situações jurídicas entre particulares, mas passaria a servir como "causa" para a constituição de situações tributárias ou se prestaria como elemento de definição dos respectivos efeitos ou qualificações dos elementos da obrigação tributária. É como se o direito tributário criasse um conceito "ex novo".

O legislador pode ainda, por *incorporação*, conservar os valores e as propriedades originárias do conceito, tal como formulado no âmbito privado. Neste caso, o direito tributário "usaria" o instituto, sem que lhe conferisse novo conteúdo ou efeito. Limitar-se-ia, destarte, a tomar em consideração, entre os elementos da relação, aqueles que demonstrassem relevância para efeitos tributários. Como diz Diogo Leite de Campos: "Não há uma definição fiscal. Está errado, em princípio, afirmar que o Direito Fiscal é um direito que pode ter a sua própria definição das instituições civis e comerciais". [75] Por isso é que, praticado um dado negócio jurídico tipificado em lei tributária, mesmo que mais tarde se venha a

---

[74] Sobre este tema: ALCHOURRÓN, Carlos E.; BULYGIN, Eugenio. *Definiciones y normas*. BULYGIN, Eugenio; RICKERT, Heinrich. *Teoría de la definición*. México: UAM, 1960, 85 p.; FARREL, Martin D.; RABOSSI, Eduardo A. (Coord.). *El lenguaje del derecho: homenaje a Genaro Carrió*. Buenos Aires: Abeledo-Perrot, s.d., p. 11-42. BELVEDERE, Andrea. *Il problema delle definizioni nel codice civile*. Milano: Giuffrè, 1977, 191 p.; SCARPELLI, Uberto. La definizione nel diritto. In: *Diritto e analisi del linguaggio*. Milano: Edizioni di Comunità, 1976, 560 p.; SEMANA, Paolo. *Linguaggio e potere*. Milano: Giuffrè, 1974, 369 p.

[75] CAMPOS, Diogo Leite de. Interpretação das normas fiscais. In: *Problemas fundamentais do direito tributário*. Lisboa: 1999, p. 29; Cf. ainda: NAVAS VÁZQUEZ, Rafael. Interpretación y calificación en derecho tributario. In: *Boletín del Ilustre Colegio de Abo-*

alegar sua invalidade ou ineficácia, isso não será suficiente *a priori* para afastar a incidência tributária, na forma como o negócio foi constituído. Como não poderia deixar de ser, *recepcionar* todos os conceitos, institutos ou formas de direito privado aos quais não lhes tenha feito referência, de forma expressa ou tácita, tendo em vista sua funcionalidade no sistema, pois qualquer enunciado vale para todo o sistema[76], salvo derrogação legal. É assim quanto à contagem de prazos, conceitos como personalidade, capacidade dos sujeitos, dentre outros. Por fim, pode o legislativo criar uma categoria jurídica própria, distinta de tudo quanto esteja previsto no direito privado, [77] para informar o conteúdo das normas de direito tributário.

Destarte, pela ausência de qualquer espécie de autonomia do direito tributário em face de outros ramos, no âmbito de direito positivo, hoje está claro, para todos, não existir um problema de coordenação entre direito tributário e direito civil, como que a prevalecer um ou outro, como se fossem "ordens jurídicas" distintas ou alguma espécie de subordinação. O legislador tributário somente se vai limitar por uma espécie de *principio conservativo* dos tipos e formas dos atos e negócios jurídicos de direito privado, quando estes se encontrem relacionados com aqueles adotados pela Constituição Federal para a distribuição de competências tributárias, [78] sem que isto implique reconhecer qualquer prevalência do direito privado sobre o tributário, porquanto a prevalência seja exclusivamente

---

gados de Madrid – los negocios anómalos ante el derecho tributario español. Madrid: Colegio de Abogados de Madrid, 2000, n.º 16, sept., p. 9-24.

[76] Alfredo Augusto Becker fez observação precisa a respeito: "Uma definição, qualquer que seja a lê que a tenha enunciado, deve valer para todo o direito; salvo se o legislador expressamente limitou, estendeu ou alterou aquela definição ou excluiu sua aplicação num determinado setor do direito; mas para que tal alteração ou limitação ou exclusão aconteça é indispensável a existência de regra jurídica que tenha disciplinado tal limitação, extensão, alteração ou exclusão". BECKER, Alfredo Augusto. *Teoria geral do Direito Tributário*, 3.ª ed., SP: Lejus, 1998, p. 123.

[77] Cf. BOSELLO, Furio. La formulazione della norma tributaria e le categorie giuridiche civilistiche. *Diritto e pratica tributaria*.Padova: CEDAM, 1981, v. LII, P. I, p. 507-36; COSTA, Alcides Jorge. Direito tributário e direito privado. MACHADO, Brandão (Coord.), *Direito Tributário – estudos em homenagem ao prof. Ruy Barbosa Nogueira*, SP: Saraiva, 1984, p. 219-37.

[78] *Contrario sensu*, v. CIPOLLINA, Silvia. *La legge civile e la legge fiscale*, Padova: CEDAM, 1992, p. 77.

do direito constitucional. Por conseguinte, este caráter conservativo das competências materiais para os domínios da administração tributária, [79] para os efeitos dos atos de aplicação, pela submissão à legalidade e pela impossibilidade de exercer alguma espécie de função criativa de novos tipos ou conceitos normativos relativamente aos que foram construídos pelo legislador, nos termos constitucionais.

3.3. *Relações entre direito tributário e direito privado*

Eventuais limitações à relação entre direito tributário e direito privado, no Brasil, devem ser buscadas na Constituição. O Código Tributário Nacional contempla duas regras exclusivamente voltadas para dirigir a interpretação das normas tributárias nessa matéria, que são os artigo 109 e o artigo 110.

O artigo 109, do CTN, segundo o qual, *os princípios gerais de direito privado utilizam-se para pesquisa da definição, do conteúdo e do alcance de seus institutos, conceitos e formas, mas não para definição dos respectivos efeitos tributários,* historicamente, foi um modo de afastar qualquer submissão do direito tributário ao primado do direito civil, ou da sujeição das normas tributárias aos princípios gerais de direito privado, com prevalência dos conceitos, formas e institutos que o legislador tributário queira eleger. Sobre o artigo 109, do CTN, Aliomar Baleeiro atesta a pretensão do legislador em garantir o "primado do direito privado", mas limitadamente ao universo das relações entre particulares, naquilo que o direito tributário não dispuser de modo diverso. Ou seja, quando o direito tributário regular uma determinada seara que tenha implicações com institutos, conceitos ou formas do direito privado, prevaleceriam suas características naquilo que a lei tributária não a houvesse excetuado[80]. Nas suas palavras: "o Direito Tributário, reconhecendo tais

---

[79] Cf. De Mita, Enrico. Diritto tributario e diritto civile: profili costituzionali. *Rivista di diritto tributario*, Milano: Giuffrè, 1995, a. 5, v. I, feb., p. 152.

[80] Este artigo 109 encontra sua origem no artigo 76 do Anteprojeto, de autoria de Rubens Gomes de Sousa, que serviu de base aos trabalhos da Comissão Especial do Código Tributário Nacional. E a respeito desse dispositivo, tece os seguintes comentários: "O artigo 76 (...) visa afastar o recurso aos princípios gerais de direito privado como

conceitos e formas, pode atribuir-lhes expressamente efeitos diversos do ponto de vista tributário. (...) O conteúdo genérico do artigo 109 está desdobrado no artigo 110".[81] Estas opiniões são corroboradas por vários autores, com aceitação de uma livre escolha que o ordenamento atribuiria ao legislador tributário para modificar formas, conceitos e institutos de direito privado.

Somente a "lei tributária" (e não a autoridade administrativa) poderá alterar *a definição, o conteúdo e o alcance de institutos, conceitos e formas de direito privado* quando estes não forem tipos constitucionalmente considerados como critérios para repartição de competências em matéria tributária. Isso nada tem que ver com alguma espécie de autorização ao método da interpretação econômica em matéria tributária,[82] posto que se

---

método supletório na interpretação da lei fiscal. (...) Admite o artigo 76 o emprego dos princípios gerais de direito privado apenas em sua esfera própria, que é a interpretação dos institutos, conceitos e formas daquele direito, a que faça referência a legislação tributária. Mas ressalva, no § único, a possibilidade da lei tributária atribuir, àqueles institutos, conceitos e formas, uma definição própria aos efeitos fiscais. Trata-se de uma conseqüência da autonomia do direito tributário em relação ao direito privado, fundada na diversidade dos objetos visados por um e por outro: o direito privado regula a validade jurídica dos atos, o direito tributário investiga o seu conteúdo econômico. A norma encontra acolhida na jurisprudência (*Revista Forense* 145/313, *Revista dos Tribunais* 195/290, *Revista de Direito Administrativo* 23/70), mas tem o seu limite natural na referência ao direito privado na Constituição para definir a competência tributária, como ponderaram as sugestões 147 e 912". MINISTÉRIO DA FAZENDA. *Trabalhos da Comissão Especial do Código Tributário Nacional*. RJ: Imprensa Oficial, 1954, p. 183.

[81] Baleeiro, Aliomar. *Direito Tributário brasileiro* (Anotado por Misabel de Abreu Machado Derzi). RJ: Forense, 11.ª ed., 1999, p. 685; Assim também Paulo de Barros Carvalho, quando afirma: "(...) não havendo tratamento jurídico explicitamente previsto, é evidente que prevalecerão os institutos, categorias e formas do direito privado." Carvalho, Paulo de Barros. *Curso de direito tributário*, 22.ª ed. SP: Saraiva, 2009, p. 103; Falcão, Amílcar. *Fato gerador da obrigação tributária*, 6.ª ed., RJ: Forense, 1997, p. 32. Vanoni, Ezio. *Natura ed interpretazione delle legge tributarie*. Padova: CEDAM, 1932, p. 145-79.

[82] Como afirma Brandão Machado, no seu prefácio à tradução da obra de Wilhelm Hartz: "(...) a doutrina brasileira se tem referido aos dois critérios de interpretação como se tratasse de critérios aplicáveis a todo sistema jurídico, com as mesmas conseqüências que produzem no direito alemão. Na verdade, fala-se abertamente, entre nós, em abuso de forma, como se o direito positivo brasileiro houvesse criado, como fez o direito alemão, a figura da fraude ao imposto, calcada no conceito de *fraude à lei*. Mas ocorre que o direito brasileiro não criou a figura e por isso, admite como válidos e insuscetíveis de

trata de autorização e reconhecimento de qualificação legislativa e não administrativa, em fase de aplicação de tributos.

Corolário do quanto se afirmou acima,[83] o CTN reservou dispositivo exclusivo para esse fim. Trata-se do artigo 110, pelo qual: "A lei tributária não pode alterar a definição, o conteúdo e o alcance de institutos, conceitos e formas de direito privado, utilizados, expressa ou implicitamente, pela Constituição Federal, pelas Constituições dos Estados, ou pelas Leis Orgânicas do Distrito Federal ou dos Municípios, para definir ou limitar competências tributárias".

Comparando o teor desse artigo 110 com o artigo 109, do CTN, temos que "A lei tributária" (não a autoridade administrativa, mediante ato de lançamento) somente poderá alterar *a definição, o conteúdo e o alcance de institutos, conceitos e formas de direito privado* quando estes não forem tipos constitucionalmente previstos para repartição de competências. O artigo 146, I, da CF, impõe na atualidade esta coerência. Pudessem a União, Distrito Federal, Estados ou municípios manipular os conceitos que servem à repartição de competências, mediante leis suas, modificando os tipos prescritos, restaria prejudicada a hierarquia normativa (da Constituição em face das leis) e os princípios garantísticos de certeza e segurança jurídica. Trata-se de reforço ao quanto já se dessome da própria Constituição, mas que é sempre importante. É a mais lídima afirmação das funções de norma geral em matéria de legislação tributária, prescrita pelo art. 146, I, da CF, em favor da eliminação de eventuais conflitos de competência, em matéria tributária.

---

qualquer censura os negócios jurídicos indiretos". HARTZ, Wilhelm. *Interpretação da lei tributária: conteúdo e limites do critério econômico*. SP: Resenha Tributária, 1993, p. 24-25.

[83] JÈZE, Gaston. O fato gerador do imposto (contribuição à teoria do crédito de imposto). *Revista de direito administrativo*. RJ: FGV, 1945, v. II, fasc. 1, jul., p. 50-63; ____. Natureza e regime jurídico do crédito fiscal. *Revista de direito administrativo*. RJ: FGV, 1946, v. III, fasc. 1, jan., p. 59-68.

4. Resultados da interpretação do Direito Tributário – interpretação especificadora, restritiva e extensiva

No grupo de regras de dirigismo hermenêutico também vamos encontrar normas voltadas aos resultados da interpretação. Assim, empregando os métodos disponíveis, o intérprete poderia chegar a um resultado específico, como: i) *interpretação especificadora*, ideal da interpretação literal ou gramatical; ii) *interpretação restritiva*, nos casos em que os resultados da interpretação especificadora pudesse ser desfavorável aos interesses do Estado; ou iii) *interpretação extensiva*, manifestada na intenção do intérprete de ampliar o sentido da norma para além de uma interpretação especificadora, com a finalidade de alcançar situações ou propriedades que aparentemente não estariam contidas no enunciado interpretado.

Mas, em vista do princípio da legalidade em matéria tributária, além de outros tantos, como o da indisponibilidade do patrimônio público, o que se pode esperar de uma "interpretação extensiva" em matéria tributária, para os fins de exigência de tributos? Os que a defendem o fazem em prol dos direitos de liberdade, para privilegiar o espírito constitucional e os valores ali albergados (*favorabilia amplianda, odiosa restringenda*), [84] ao que seria cabível até mesmo a analogia (*ubi eadem ratio ibi eadem dispositio o ídem ius*). Assim, em face da preferibilidade dos valores, os limites para tal interpretação extensiva seriam os limites do quanto fosse imaginado pelo intérprete, conforme as convicções e interesses pessoais.

Para demonstrar o quanto podem ser polêmicas quaisquer formas de dirigismo no processo de interpretação, [85] a respeito de normas constitucionais protetoras de liberdades, diz Carlos Maximiliano, um dos mais argutos hermeneutas brasileiros, comentando a Constituição Federal de

[84] Maximiliano, Carlos. *Hermenêutica e Aplicação do Direito*, Rio de Janeiro: Forense, 1988, p. 200.

[85] Quanto à importância dessas regras no sistema, acolhemos a conclusão de Ricardo Lobo Torres, para quem estas são regras ambíguas, insuficientes e redundantes, o que compromete sua efetividade, i.e., a eficácia social, haja vista o caráter ideológico que possuem e pelo desequilíbrio que introduzem no sistema de valores jurídicos e dos poderes do Estado. Torres, Ricardo Lobo. *Normas de Interpretação e Integração do Direito Tributário*. Rio de Janeiro, Ed. Renovar, 2000, p. 275.

1946:[86] "Interpretam-se estritamente as limitações gerais do direito de tributar, bem como as isenções particulares. Em regra, a prerrogativa governamental de exigir contribuições para as despesas públicas é exercida de modo geral e absoluto, estende-se ao conjunto das pessoas e bens, dentro da jurisdição do poder que decreta o ônus; todas as presunções militam a favor do uso efetivo da faculdade ilimitada de tributar". Sabe-se que esta era a orientação da doutrina alemã da época, e como Carlos Maximiliano a acompanhava (sem qualquer atribuição de vínculos ideológicos), não causa espécie assim entender. Hoje, no entanto, apesar de o Código propugnar por uma interpretação literal também para as isenções, ninguém, nem mesmo o próprio Fisco, admite tal entendimento.

No âmbito dessas considerações, a título de uma *interpretação restritiva*, conforme o artigo 111, do CTN, "interpreta-se *literalmente* a legislação tributária que disponha sobre:

> *I – suspensão ou exclusão do crédito tributário;*
> *II – outorga de isenção;*
> *III – dispensa do cumprimento de obrigações tributárias acessórias.*

O método restritivo[87] é técnica muito empregada em direito tributário. Para muitos, as leis tributárias, ordinariamente, são orientadas a uma interpretação pelo "método *literal*". [88] Como exemplo, nos países *anglo-*

---

[86] MAXIMILIANO, Carlos. *Comentários à constituição brasileira*. 4.ª ed., RJ: Freitas Bastos, 1948, p. 274.

[87] Como lembra Eusebio González: "La Idea proveniente de la Revolución Francesa y debatida en la época del código de Napoleón, postulaba que las normas no se interpretan, sino que se aplican literalmente. Esta posición tiene sentido como reacción a un sistema anterior, donde prevalecían las interpretaciones arbitrarias y alejadas de la letra de la ley. Consiguientemente, donde la interpretación era arbitraria, desconectada del texto de la ley, la reacción fue la pura literalidad". GONZÁLEZ GARCÍA, Eusebio. *La interpretación de las normas tributarias*. Pamplona: Aranzadi, 1997, p. 47.

[88] Para um amplo estudo da interpretação das normas de direito tributário, veja-se: VANONI, Ezio. *Natura ed interpretazione delle legge tributarie*. Padova: CEDAM, 1932, p. 145-79; BERLIRI, Antonio. *Principii di Diritto Tributario*, Milano: Giuffrè, 1967, v. I, p. 109-55;TRIMELONI, Mario. *l'interpretazione nel diritto tributario*, Padova: CEDAM, 1979, p.168; Para uma crítica à "interpretação literal", dizendo: *"(...) óbvio está que impede a ida ao contexto. E, como não há texto sem contexto, o processo de edificação do sentido fica truncado, frustrando-se a interpretação"*. CARVALHO, Paulo de Barros.

-*saxônicos*, de um modo geral, e por incrível que possa parecer, o princípio vigente é o de que a *tributação só pode se basear numa legislação suficientemente precisa e de alcance claramente definido*, devendo-se interpretar literalmente suas disposições. Na *Grã-Bretanha*, os juízes, e, sobretudo, a Administração, têm que usar de uma interpretação exclusivamente restritiva.[89] Quando o recurso ao método *teleológico* é reclamado, numa pretensão de aperfeiçoamento da lei, considera-se tal atitude como uma espécie de "invasão" nos direitos do legislador. O mesmo ocorre com os EUA, Canadá e Nova Zelândia, que procuram restringir ao máximo a chamada *interpretação criativa* no Direito Tributário, mesmo que, em contrapartida, busquem um constante aprimoramento das formulações normativas. Na *Bélgica,* existe a obrigação imperiosa de interpretar *restritivamente* as regras do direito tributário, cabendo, em caso de dúvida, benefício ao contribuinte. No *Japão*, o artigo 84 da respectiva Constituição, no capítulo que trata das limitações ao poder de tributar, afirma a necessidade de uma interpretação a mais restritiva possível das normas impositivas.

Como bem afirmou Rubens Gomes de Sousa:[90] "o artigo 111 é regra apriorística, e daí o seu defeito, que manda aplicar a interpretação literal às hipóteses que descreve. A justificativa ou, se quiserem, apenas explicação do dispositivo, é de que as hipóteses nele enumeradas são exceções às regras gerais de direito tributário. Por esta razão, o Código Tributário Nacional entendeu necessário fixar, aprioristicamente, para elas, a interpretação literal, a fim de que a exceção não pudesse ser estendida por via interpretativa além do alcance que o legislador lhe quis dar, em sua natureza de exceção a uma regra geral".

Sem dúvidas, este "método" constitui o ponto de partida para uma atividade de interpretação das normas tributárias, i.e., em modo restri-

---

Lançamento por homologação – decadência e pedido de restituição. *Repertório de Jurisprudência-IOB,* São Paulo: IOB, 1996, ago-set, p. 1.705.

[89] Interpretação restrita, nas palavras de Dino Jarach, "(...) quiere decir prohibición de una interpretación ampliatoria, extensiva, que no llega a la analogía, pero que extiende los términos más alla de su significado literal, por entender que el legislador ha dicho más de lo que en realidad queria expresar". JARACH, Dino. *Curso superior de derecho tributario*, Buenos Aires: Cima, 1957, p. 254.

[90] SOUSA, Rubens Gomes de. Interpretação das leis tributárias. In: ATALIBA, Geraldo. *Interpretação no Direito Tributário*, São Paulo: Saraiva, 1975, p. 379.

tivo, o mais limitado possível, pela *intratextualidade* à qual se reduz, evitando-se a *contextualidade* e a *intertextualidade*. Mas é deveras ambígua sua proposta, pois, a depender da posição na qual o sujeito se encontre, o que se considera como interpretação restritiva pode passar a ser extensiva, como é o caso das regras de isenção, cuja redução à literalidade pode enquadrar-se não apenas numa interpretação especificadora, mas alargar-se para uma interpretação extensiva do Fisco, quanto às condições ou hipóteses de não cabimento do benefício que poderia conceder a um determinado contribuinte.

Ao lado desta, o artigo 112, do CTN, surge como exemplo de regra típica de interpretação extensiva, prevê que "lei tributária que define infrações, ou lhe comina penalidades, interpreta-se da *maneira mais favorável* ao acusado, em caso de dúvida quanto:

I – à capitulação legal do fato;
II – à natureza ou às circunstâncias materiais do fato, ou à natureza ou extensão dos seus efeitos;
III – à autoria, imputabilidade, ou punibilidade;
IV – à natureza da penalidade aplicável, ou à sua graduação.

Não obstante essas apertadas referências sobre resultados de interpretação, extensiva e restritiva, preferimos enfatizar a debilidade destas propostas, adotadas mais como recursos retóricos do que propriamente com uma finalidade de eficiência hermenêutica. Como bem demonstrou Vanoni,[91] já em 1932, de forma peremptória: *É pura ilusão falar de interpretação extensiva ou restritiva: na realidade a lei, como vontade imanente do Estado, não é nem ampliada nem restringida pelo trabalho da interpretação, mas identificada em sua substância, decorrente da sua expressão exterior, através da qual a determinação legislativa se manifesta para compreensão da vontade efetiva da entidade pública que a afirma.*E complementa adiante: *É, portanto, reduzida a importância do método tradicional de classificação dos resultados de interpretação: e nem teríamos referido o assunto, se não fosse oportuno considerar,*

---

[91] VANONI, Ezio. *Natureza e interpretação das leis tributárias*. Tradução de Rubens Gomes de Sousa. RJ: Edições Financeiras, s/d, p. 320.

ainda uma vez, o preconceito consagrado pelo uso, segundo o qual a interpretação extensiva não seria admissível em direito tributário.

De fato, não encontramos qualquer utilidade em normas desse jaez. A opção interpretativa quanto ao resultado depende dos signos lingüísticos e do contexto em que se põe o enunciado jurídico.

Vê-se, assim, completamente superada, portanto, a fixação legislativa dos limites à escolha do resultado dos atos de interpretação em detrimento de outros, não só porque hoje se vê plenamente reconhecido o direito à utilização livre de métodos, mas também porque, como textos que são, estas mesmas regras carecem de interpretação, deixando margem a incertezas, ambigüidades e insegurança jurídica, como lembra Ricardo Lobo Torres.[92]

5. Considerações finais – a boa fé objetiva na interpretação tributária

Diante do exposto, deve-se concluir que a autoridade administrativa, na aplicação dos tributos ou na solução de conflitos, *i.e.*, quando decide e argumenta, deve atuar com observância da boa fé nos seus atos, mas também tem o dever de avaliar a boa fé na conduta dos contribuintes, em cumprimento a princípios fundamentais, como proporcionalidade, segurança jurídica e eficiência. Negar o exame da boa fé nos atos dos contribuintes, e tanto mais nos casos que a lei atribui a estes o dever de aplicação (interpretação) da legislação tributária, equivaleria a suprimir destes idêntico direito de decidibilidade em padrões semelhantes de seleção de possibilidades na aplicação da legislação tributária, provado o manifesto interesse em dar cumprimento à legalidade.

Como metodologia adequada, a *argumentação interpretativa* comparece com evidente contribuição para o aprimoramento da interpretação das leis tributárias. A teoria da argumentação é uma lógica da decisão, que tem cabimento a partir da refutação da tese da *única resposta correta*, em virtude da inesgotabilidade de sentidos das proposições normativas vertidas em signos lingüísticos. Para Robert Alexy, a teoria da argumentação jurídica requer sejam sempre considerados três aspectos

---

[92] TORRES, Ricardo Lobo. *Normas de interpretação e integração do Direito Tributário*. 3ª ed. Rio de Janeiro: Forense, 2000, p. 137 e ss..

na aplicação do Direito: "onde e em que medida são necessárias valorações", "como atuam essas valorações nos argumentos qualificados como especificamente jurídicos" e "se tais valorações são passíveis de fundamentação racional."[93] Ora, se interpretar consiste numa escolha de sentidos, estes requerem uma atividade valorativa do intérprete.

Por mais vinculada que seja a atividade administrativa, da seleção de sentidos nenhum intérprete escapa. Em vista disso, é perfeitamente aceitável que isso possa levar o contribuinte a incorrer numa desconformidade de conduta em relação àquela projetada ou esperada pela Administração, mas em lídima boa fé, sem qualquer intuito fraudulento ou de ilegalidade (o que deve ser provado). Por isso mesmo, demonstrada a boa fé, cabe às autoridades administrativas a aceitação do contribuinte como intérprete qualificado das normas tributárias e o ajuste de conduta sem quaisquer sanções.[94]

Abandonada a pretensa controlabilidade das interpretações segundo métodos racionais, tem-se que, segundo argumentos sistemáticos, os princípios do ordenamento são os únicos critérios de controle da inter-

[93] Alexy, Robert. *Teoria da Argumentação Jurídica: A Teoria do Discurso Racional como Teria da Justificação Jurídica.* Trad. Zilda Hutchinson Schild Silva. São Paulo: Landy, 2005, p. 38-39. Toulmin, Stephen Edelston. *The uses of Argument.* New York: Cambridge University Press, 2003. Maccormick, Neil. *Argumentação Jurídica e Teoria do Direito.* Trad. Waldéa Barcellos. São Paulo: Martins Fontes, 2006. Atienza, Manuel. *As razões do Direito: teorias da argumentação jurídica.* Trad. Maria Cristina Gumarães Cupertino. 3. ed. São Paulo: Landy, 2006. Perelman, Chaïm; Olbrechts-Tyteca, Lucie. *Tratado da argumentação: A nova retórica.* Trad. Maria Ermantina de Almeida Prado Galvão. 2. ed. São Paulo: Martins Fontes, 2006, p. 211-398.

[94] Como bem assinala Mauro Trivellin: "la buona fede assolve la sua funzione nella dimensione *interpretativa*". Trivellin, Mauro. *Il principio di buona fede nel rapporto tributario.* Milano: Giuffrè, 2009, p. 346; Com isso exige o esforço do argumento segundo o princípio de boa fé, à Administração é defeso deixar de examinar o comportamento do contribuinte em conformidade com esse cânone hermenêutico, ou nas palavras de Robert Alexy: "quem fundamenta algo pretende, ao menos no que se refere a um processo de fundamentação, aceitar o outro como parte na fundamentação, com os mesmos direitos, e não exercer coerção nem se apoiar na coerção exercida por outros. Também pretende assegurar sua asserção não só perante seu interlocutor, mas perante qualquer um. Os jogos de linguagem que não pretendam cumprir pelo menos esta exigência, não podem considerar-se fundamentação". Alexy, Robert. *Teoria da Argumentação Jurídica: A Teoria do Discurso Racional como Teria da Justificação Jurídica.* Trad. Zilda Hutchinson Schild Silva. São Paulo: Landy, 2005, p. 149.

pretação, ou os valores possíveis admitidos pelo sistema, segundo a composição entre estes, pela ponderação ou mesmo pela aplicação *prima facie* do conteúdo. Mediante rigoroso emprego dos princípios (interpretados), é que o intérprete decide e cria normas jurídicas. Neste percurso gerativo de sentido, os cânones hermenêuticos da boa fé e da confiança surgem com força expressiva e oferecem caminhos seguros para a função *corretiva* da atividade administrativa quanto à *conformidade* da atuação do contribuinte.

A boa fé, no direito tributário, é uma pauta hermenêutica que se deve adotar a partir de um prudente exame das interpretações possíveis, tanto na ação administrativa atuação, como estabelece o artigo. 2.º da Lei 9.784, de 29 de janeiro de 1999, "segundo padrões éticos de probidade, decoro e boa-fé"; como do contribuinte que demonstra o intuito de agir *secundum legem* no cumprimento das suas obrigações e deveres formais.

O emprego da boa fé objetiva é a maior evidência de efetividade dos princípios da *moralidade* (Administração Pública) e da *dignidade da pessoa humana* como conteúdo de segurança jurídica (contribuinte) no Direito Tributário, de modo a assegurar práticas responsáveis e legítimas quer no agir administrativo em conformidade com a boa fé, quer no exame da conduta dos sujeitos passivos, na interpretação das leis tributárias, mormente quando constatada a efetiva ignorância da lei tributária[95] aplicável ou naqueles casos não bem de "colaboração", mas de aplicabilidade obrigatória da lei tributária diretamente pelo sujeito passivo (casos de autotributação), nos quais a conformidade à legalidade não passa por prévio controle das autoridades fiscais.

Cumpre lembrar que a *boa fé* objetiva não se confunde com a *confiança* (*lato sensu*), que deflui da confiança que todo cidadão tem na autovinculação do Estado aos seus próprios atos (leis ou decisões judiciais ou administrativas), ou com a *proteção da expectativa de confiança legítima*, que é expressão subjetiva de vinculação administrativa a um estado de aceitação expressa ou implícita sobre determinadas situações que reputa em conformidade com a lei e com a prática que adota, de forma duradoura e contínua. De qualquer modo, são valores que se inte-

[95] Cf. LOGOZZO, Maurizio. *L'Ignoranza della legge tributaria*. Milano: Giuffré, 2002.

gram e promovem notáveis mudanças de conduta na atuação da Administração Tributária.

Muitas das condutas dos contribuintes consideradas como *incorretas* ou *vedadas* são adotadas numa firme pretensão de conformidade com exigências confusas, conflitantes, complexas ou até de práticas reiteradas da própria Administração Tributária que induzem o contribuinte a erros ou incertezas.[96] Nessas situações, quando a Administração conhece da desconformidade, a consequência é sempre a exclusão de benefícios, aplicação de multas e juros ou restrição a opções do contribuinte, em prejuízo da confiança na atuação administrativa. A vinculação administrativa à legalidade, nas hipóteses de dúvidas interpretativas caracterizadas nos procedimentos atribuídos legalmente ao contribuinte, porém, não se impõe como um *padrão de conformidade à legalidade* para a atuação dos contribuintes com controle *a posteriori*, quando este não se tenha antecipado pela própria Administração Tributária.

A conformidade ou a desconformidade de uma conduta em face da legislação tributária, no Estado Democrático de Direito, em atenção aos princípios da segurança jurídica e da confiabilidade, deve ser examinada à luz do princípio hermenêutico da boa fé do contribuinte. Se o ato administrativo vinculado tem a "função de concretizar e de estabilizar as relações jurídicas entre o Estado e o cidadão particular", como bem resume Hartmut Maurer,[97] essa qualidade estabilizadora da relação jurídica entre Administração e contribuinte propicia as bases de confiança na sua per-

---

[96] "Numa sociedade aberta aos intérpretes da normatividade e num mundo composto por uma legalidade 'principialista' e envolta numa densa floresta de normas reguladoras da actividade administrativa, a descoberta de qual seja o exacto padrão regulador da conduta administrativa pode bem tomar-se um milagre. Um milagre, aliás, que tem a particularidade de se encontrar nas mãos da própria Administração Pública. Ou seja, por outras palavras, é aquele que está vinculado que, sem prejuízo de uma possível intervenção judicial *a posteriori*, define o sentido e os termos da própria vinculação: a Administração Pública diz-se vinculada a um complexo normativo do qual ela própria é, em primeira linha, titular de relevantes poderes decisórios na fixação do alcance dessa mesma vinculação." Otero, Paulo. *Legalidade e administração pública*: o sentido da vinculação administrativa à juridicidade. Coimbra: Almedina, 2003. p. 961.

[97] Maurer, Hartmut. *Contributos para o direito do estado*. Heck, Luís Afonso (Trad.). Porto Alegre: Livraria do Advogado, 2007. p. 108. Cf. Melis, Giuseppe. *L'Interpretazione nel diritto tributario*. Padova: CEDAM, 2003. p. 514.

manência quando adotado dentro de condições de legitimidade e certeza jurídica, excetuado o caso do controle hierárquico. Essa certeza na conduta futura das autoridades, quanto à preservação dos seus próprios atos, oferece-se ao cidadão como expectativa *de confiança* no próprio Estado Democrático de Direito.

José Mauricio Conti

Considerações sobre o Federalismo Fiscal Brasileiro em uma perspectiva comparada

José Mauricio Conti

Professor Livre-docente de Direito Financeiro
da Faculdade de Direito da Universidade de São Paulo.

RESUMO

A organização dos Estados na forma federativa, tanto no Brasil como em outros Estados, gera várias questões interessantes acerca do financiamento dos serviços públicos. Os serviços de saúde e educação, em função de suas peculiaridades, apresentam maior dificuldade em estabelecer um sistema organizado de financiamento que envolva uma adequada distribuição de encargos e receitas. No Brasil, existem complexos mecanismos de transferências intergovernamentais e fundos financeiros que procuram organizar adequadamente a prestação desses serviços públicos de extrema relevância e interesse público.

Palavras-chave:

Estado Federal
Federalismo fiscal
Autonomia financeira
Transferências intergovernamentais
Fundos financeiros
Financiamento de saúde e educação

ABSTRACT

The organization of Federal States, both in Brazil and in other States, generates several interesting questions about the financing of public services. The services of health and education, because of its peculiarities, have greater difficulty in establishing an organized system of financing involving an appropriate distribution of charges and income. In Brazil, there are complex intergovernmental fiscal transfer mechanisms and financial funds that seek to organize adequately the provision of these public services of extreme importance and of public interest.

Keywords:

Federal State
Fiscal federalism
Financial autonomy
Intergovernmental fiscal
Transfers – funds
Financing of health and education

1. Introdução

O objetivo deste breve estudo é apresentar noções básicas sobre o funcionamento federalismo brasileiro, no que tange aos seus aspectos financeiros, trazendo elementos que permitam compreendê-lo, identificando algumas das dificuldades enfrentadas e os instrumentos que vêm sendo utilizados para aperfeiçoar o sistema.

Nessa análise, procurar-se-á, sempre que se mostrar útil à exposição do tema, verificar como os problemas de federalismo fiscal são tratados em outros países, quer sejam eles reconhecidamente organizados na forma federativa, quer tenham outro tipo de organização. Ressalte-se desde já que se constatará a dificuldade de identificar com clareza essas categorias.

Mesmo assim, é bom ressaltar, a questão fundamental, que é identificar a melhor forma de distribuição dos recursos públicos em um Estado, tanto se faz presente em Estados Federais quanto naqueles que adotam outras formas de organização.

2. Considerações introdutórias sobre o federalismo

Os Estados, tradicionalmente, têm sido classificados pelos estudiosos do tema em Unitários e Federais. *Unitários* seriam os que "têm o poder central que é a cúpula e o núcleo do poder político" e *federais* os que "conjugam vários centros de poder político autônomo" (Dallari, p. 254). Mas já admitem a existência de situações intermediárias, que justificariam o reconhecimento de outras categorias, como os chamados Estados Regionais, "menos centralizado do que o unitário, mas sem chegar aos extremos de descentralização do federalismo", exemplificando com Itália e Espanha (Dallari, p. 254).

A realidade mostra que a situação é bem mais complexa, na medida em que, além das possíveis categorias acima mencionadas, há que se reconhecer a existência de Confederações, que compreenderiam um conjunto de Estados, ou mesmo de Estados teoricamente soberanos que celebram tratados internacionais com perda de significativa de poder, de modo a deixar dúvidas sobre sua efetiva situação de Estado dotado de soberania. Ou ainda outros que, não obstante considerados unitários, apresentam formas de descentralização com unidades dotadas de significativa autonomia, que pouco diferem daquelas que compõem os Estados federais.

A inexistência de critérios rígidos para diferenciar as várias possibilidades de unidades autônomas de caráter subnacional permite conceber a existência de uma multiplicidade de classificações dos Estados, havendo referência inclusive às figuras do federalismo tetradimensional e pentadimensional (Souza, p. 135-137).

Esta complexidade é levada ao extremo quando se analisam as características de cada um dos Estados modernos existentes, e, ao fazê-lo, o que se constata é não existirem Estados idênticos. Todos apresentam particularidades na sua formação e organização que o tornam único, e as diferenças entre eles são de tal forma diversificadas que dificultam em muito a criação de categorias com critérios suficientemente claros de modo a permitir agrupá-los.

Na Itália, embora não se reconheça formalmente a forma federativa, identificam-se quatro esferas de governo: central, regional (*Regioni*), provincial (*Province*) e municipal (*Comuni*) (Emiliani et. all, 1997, p. 249), além da região metrolplitana (*Città metropolitane*), todos com algum grau de autonomia (Constituição, art. 114). A Espanha, também um Estado não reconhecidamente federal, prevê a existência de municípios, províncias e comunidades autônomas, também dotadas também de autonomia (Constituição, art. 137)

O Brasil, formalmente, prevê em seu Texto Constitucional um modelo de Estado Federal com três esferas de governo: O governo central, representado pela União, o regional, composto pelos Estados-membros e Distrito Federal, e o local, com os Municípios, entes que integram a federação (Constituição, art. 1.º) e são autônomos (Constituição, art. 18).

O denominado Estado Federal tem sua origem na Constituição dos Estados Unidos da América de 1787, que surgiu a partir da união de treze colônias britânicas, até então independentes. O próprio termo federação é oriundo do latim *foedus*, cujo significado é pacto ou aliança.

Pouca uniformidade existe na doutrina no que tange às características que devem ter em comum um Estado que permita considerá-lo como sendo uma Federação, distinguindo-o de um Estado dito unitário.

Reconheço como fundamentais, como já me manifestei em outra oportunidade (CONTI, 2001, p. 10), as seguintes características do Estado Federal:

a) existência de ao menos duas esferas de governo;
b) autonomia das entidades descentralizadas, compreendendo a autonomia política, administrativa e a financeira;
c) organização do Estado expressa em uma Constituição;
d) repartição de competências entre as unidades descentralizadas;
e) participação das entidades descentralizadas na formação da vontade nacional; e
f) indissolubilidade.

A análise da presença desses requisitos permite identificar com maior clareza se um Estado pode ou não integrar a categoria dos Estados Federais. Mesmo assim, tendo em vista a já mencionada falta de uniformidade na doutrina, e considerando nem sempre ser simples a identificação de cada uma dessas características nos casos concretos, mantém-se a dificuldade em reconhecer um Estado como sendo Federal ou Unitário, observadas as ressalvas já feitas com relação a essa classificação.

De qualquer forma, o conceito de Federação, além de estar plenamente consagrado na doutrina jurídica, a despeito das dificuldades em defini-lo com precisão (à semelhança de inúmeros outros conceitos jurídicos), está positivado em ordenamentos jurídicos, como no caso do Brasil (Constituição, art. 1.º). No caso brasileiro, a forma federativa do Estado constitui-se em item inalterável, sendo inadmissível sua modificação ainda que por emenda constitucional, configurando-se a chamada "cláusula pétrea" (Constituição, art. 60, § 4.º, I).

Trata-se, por conseguinte, de conceito jurídico que deve ser interpretado pelos juristas de modo a permitir extrair dele seu conteúdo da forma mais precisa possível.

A compreensão do federalismo envolve a investigação não somente no âmbito jurídico, mas também em outras áreas do conhecimento, especialmente a Economia, até porque é conceito largamente estudado por esta área do conhecimento.

A organização de um Estado na forma federativa decorre de um contexto de fatos econômicos, sociais, culturais, políticos, históricos, geográficos, religiosos e muitos outros que conduzem a esta formação, tornando-a a mais adequada a determinado grupo social. Fatos estes que se coordenam de forma diferente para cada grupo, levando ao surgimento das várias e diferenciadas Federações.

Alguns desses fatos merecem destaque, pois influenciarão a formação dos Estados Federais em aspectos que serão relevantes para a abordagem que se pretende dar nesse texto.

É o caso da limitação espacial da incidência dos benefícios proporcionados pelo fornecimento de bens e serviços pelo Poder Público. "Certos bens e serviços", como já ressaltei, "têm a capacidade de atingir uma ampla extensão territorial, de modo que devem ser prestados por uma estrutura cuja organização abranja referido território", como ocorre com a defesa nacional e as pesquisas científicas; outros, no entanto, estão sujeitos a uma limitação territorial, atingindo por vezes áreas restritas, como é o caso da coleta de lixo e da iluminação pública (Conti, 2001, p. 25).

Nestas hipóteses, fica clara a influência da função alocativa como determinante da eficácia gerada por uma organização do Estado na forma federativa, em que haverá uma unidade governamental mais adequada a atender determinadas necessidades públicas.

Mas não se limitam a estas as vantagens de uma organização na forma federativa. As diversas esferas governamentais presentes em uma Federação permitem melhor captar as preferências dos residentes no respectivo território, além de evitar a ocorrência de diversos tipos de externalidades causadas pelo fornecimento de um bem ou serviço por uma esfera de governo que não reúne as condições adequadas para fazê-lo.

Diversidade sócio-cultural é outra razão que fundamenta a necessidade do Estado Federal. Dificuldades em reunir em um mesmo território grupos sociais com características culturais e sociais diferentes só podem ser superadas com a criação de um Estado que preserve um grau de autonomia a parcelas do respectivo território, o que se pode alcançar com uma organização na forma federativa.

Elucidativas são as palavras de Rogério Leite Lobo ao se referir ao tema:

> "Sob um enfoque estritamente principiológico, o Federalismo vem consagrar o postulado fundamental da 'diversidade na unidade'. Nesse diapasão, ao reconhecimento de que na base territorial do Estado encon-

> tram-se em estreito e diuturno convívio as mais variadas 'personas' locais e regionais resultantes de diferentes influxos socioeconômicos, culturais e históricos, agrega-se a vontade ou a necessidade de aliança, de união ('*foedus*') entre elas – exsurgindo desse amálgama o Federalismo como um instrumento propulsor capaz de viabilizar as composições imprescindíveis ao inter-relacionamento ajustado daquelas 'personas' sem que reste violentada a integridade de cada qual, ao mesmo tempo em que permite uma unívoca e unidirecionada expressão externa" (Lobo, 2006, p. 28)

Inúmeros são os estudos que justificam e demonstram a efetiva necessidade da existência de Estados Federais em decorrência das razões já apontadas, sem prejuízo de muitas outras.

Feitas estas considerações, pode-se passar a analisar as formas e características presentes nos Estados Federais e as dificuldades em encontrar um modelo ideal de Federação.

3. Aspectos relevantes da organização dos Estados na forma federativa

Dentre as características já mencionadas no item anterior acerca dos aspectos fundamentais dos Estados Federais, destacarei algumas que apresentam maior relevância para o escopo do presente trabalho.

Admitindo-se a existência de pelo menos duas esferas de governo, pressuposto da existência de um Estado Federal, há que se estabelecer um sistema de repartição de competências. Havendo governos diversos sobre um mesmo território, imprescindível delinear o âmbito de atuação de cada um.

Esta definição deve ter suas linhas fundamentais expressas na Constituição, uma vez ser esta a lei fundamental do Estado, e que tem por função organizar seus elementos essenciais, estabelecendo "um sistema de normas jurídicas, escritas ou costumeiras, *que regula a forma do Estado*, a forma de seu governo, o modo de aquisição e o exercício do poder, *o estabelecimento de seus órgãos, os limites de sua ação*, os direitos fundamentais do homem e as respectivas garantias" (SILVA, 2007, p. 37-38. Destaquei).

Ainda que não o faça de forma absolutamente precisa, o que se pode vislumbrar desde logo inviável, as linhas gerais de uma delimitação do âmbito de atuação das unidades que compõem a Federação devem estar presentes no texto constitucional, ficando as especificidades para a legislação infraconstitucional.

Outro aspecto de suma importância, verdadeira viga mestra de um Estado Federal, é a garantia de autonomia dos entes federados.

A autonomia dos entes federados engloba aspectos que podem ser sistematizados em três categorias: a autonomia política, a administrativa e a financeira.

A autonomia política, essencialmente, exige que os entes federados tenham competência para legislar, participar das decisões do Poder Central, e competências delimitadas para fornecimento de bens e serviços públicos. E a autonomia financeira, que eles disponham de recursos suficientes para se manter, e que tenham fontes de arrecadação que independam da interferência do poder central (Conti, 2001, p. 13).

Sendo assim, o Estado Federal tem, na repartição das competências, suas principais características identificadoras. Diferenciam-se as várias Federações pelas formas adotadas de atribuição aos entes federados de competências legislativas, competências para fornecimentos de bens e serviços públicos e competências para arrecadar e distribuir os recursos públicos.

Repartição de competências que, convém ressaltar, não existe apenas nos Estados Federais, mas em todos os que apresentam alguma forma de descentralização. É o que se pode verificar na Constituição Italiana, com vários dispositivos, como o art. 117, que delimita a competência legislativa privativa do governo central (*Stato*) e as matérias sujeita a legislação concorrente.

O mesmo ocorre na Espanha, como se pode constatar do artigo 148, que enumera competências legislativas se funcionais das Comunidades Autônomas, e 149, que elenca competências do Estado; no artigo 157 prevêem-se competências arrecadatórias tributárias e não tributárias para as Comunidades Autônomas. Interessante observar que essas competências podem ser ampliadas, conforme previsto no art. 148.2, mediante reforma dos estatutos das referidas Comunidades.

Releva observar também que, no caso brasileiro, a autonomia e as competências dos entes federados têm grande uniformidade, fixando a

Constituição regras que são de aplicação a todos os entes da federação da mesma esfera de governo. As desigualdades tendem a ser superadas por mecanismos essencialmente financeiros, com transferências assimétricas de recursos de forma a beneficiar os entes menos favorecidos. Não é o que ocorre em alguns Estados. Na Itália a própria Constituição prevê condições especiais de autonomia para algumas regiões (Constituição, art. 116).

São aspectos que merecem melhor estudo, e é o que se pretende fazer a seguir.

4. Competência legislativa no federalismo brasileiro

O Brasil adota um sistema federativo com basicamente três esferas de governo: o central, representado pela União, o regional, composto pelos Estados-membros e Distrito Federal, e o local, que abrange os Municípios.

A Federação caracteriza-se pela perda de poder dos entes subnacionais em favor do governo central, mantida a autonomia destes últimos. Entre os desdobramentos da autonomia, está o poder de legislar. Cada um deles é dotado, por conseguinte, de Poder Legislativo e competência legislativa próprios. Sendo assim, cada esfera federativa possui, em certa medida, o poder para editar suas próprias leis, o que faz com que existam diversas categorias delas: leis nacionais, leis federais, leis estaduais, leis municipais. Não é difícil que se antevejam, neste sistema, conflitos e contradições geradas por esta existência concomitante de várias espécies de normas em planos diversos, tanto mais porque a delimitação das competências legislativas que as Constituições fazem não costuma ser exaustiva e imune a ambigüidades.

A delimitação da competência legislativa encontra suas linhas mestras na Constituição Federal, artigos 22 (competência legislativa privativa da União), 24 (competência legislativa concorrente) e 30, I e II (competência legislativa municipal).

Sendo assim, os assuntos elencados no art. 22 são de atribuição exclusiva da União, cabendo ao Poder Legislativo Federal expedir normas para regulá-los, o que torna inconstitucionais normas oriundas de outros entes da Federação acerca dos tópicos enumerados.

Há assuntos, todavia, em que vários entes da Federação podem exercer a competência legislativa, como é o caso daqueles enumerados no art. 24, o que exige criação de mecanismos que permitam delimitar a competência específica de cada ente, evitando o conflito federativo neste aspecto.

A Constituição brasileira, nos parágrafos do citado art. 24, estabelece, em apertada síntese, que, no âmbito da legislação concorrente, a competência da União limitar-se-á a estabelecer normas gerais (§ 1.º). Portanto, em se tratando de assunto cuja competência legislativa se insere naquelas especificadas pelo art. 24, como é o caso do direito financeiro e tributário, a competência legislativa da União restringe-se a estabelecer as chamadas *normas gerais*, ficando os Estados-membros e o Distrito Federal com a competência para legislar sobre o mesmo assunto, no que não conflitar com as normas gerais federais, e os Municípios, quando o assunto for de interesse local. Assemelha-se ao sistema italiano, que, no âmbito da legislação concorrente, atribui o governo central a função de legislar sobre princípios fundamentais (Constituição italiana, art. 117).

Procura-se, assim, fazer com que haja um parâmetro nacional dado pela União aos outros entes, sem que, entretanto, a União possa se imiscuir indesejadamente em sua autonomia para legislar sobre os próprios interesses. Esta competência para a edição de normas gerais não exclui, porém, a competência suplementar dos Estados (art. 24, §2.º) e, caso a União não a exerça, os Estados têm competência legislativa plena (art. 24, §3.º).

O alcance das normas gerais, todavia, é um tema extremamente controvertido, tendo-se em vista seu conteúdo indeterminado. De qualquer forma, não se nega que uma das funções das normas gerais é manter a uniformidade da legislação federal – o que permite dizer o que não são normas gerais. Não se permite reconhecer como sendo normas gerais as que tenham por objeto uma ou outra pessoa de direito público, que visem particularizadamente determinadas situações ou institutos, com exclusão de outros da mesma espécie, ou as que se afastem de aspectos fundamentais básicos.

Essa delimitação de competências legislativas é questão de grande relevância, não somente porque, no caso brasileiro, atinge diretamente o poder de legislar em matéria financeira e tributária, objeto de análise específica nesse estudo, como também e principalmente ser um dos problemas cruciais de Estados que adotam a forma federativa plena, assegurando a efetiva autonomia política dos entes federados, com competência legislativa própria.

A verdadeira Federação somente se pode considerar presente quando estes aspectos de autonomia política se fazem efetivamente presentes, e a constatação de uma efetiva competência legislativa é determinante na caracterização de um Estado Federal.

Mais do que isso, a divisão de competências entre o governo central e os locais é algo que se tornou verdadeira tendência – e os conflitos de legislação não são exclusivos de federações propriamente ditas, mas também de Estados que adotam formas descentralizadas de organização, entre os quais se incluem Itália e Espanha.

5. Distribuição de encargos no federalismo brasileiro

Extremamente complexa é, não somente no Brasil, mas também eu outros Estados Federais, a partilha de competências no que se refere aos encargos.

As características de cada atividade de fornecimento de bens e serviços públicos permitem identificar, com maior ou menor precisão, o ente da Federação que apresenta condições de fazê-lo da maneira mais eficiente e que melhor atenda o interesse público. Mesmo assim, trata-se de tarefa difícil, que não é possível cumprir com perfeição.

Trata-se de questão há muito objeto de discussão entre os estudiosos de finanças públicas, sobre a qual não há consenso, dada a multiplicidade de fatores envolvidos, que impedem concluir com segurança, em cada caso, qual seja a melhor solução.

Há que se ter em mente estarem os serviços públicos sujeitos à alterações nas situações de fato, em decorrência, por exemplo, de modernização tecnológica, variações na demanda, razão pela qual a distribuição dos encargos é e sempre será objeto de constantes aperfeiçoamentos.

A Constituição brasileira prevê algumas definições de competências funcionais, como as que atribuem à União as tarefas relacionadas no art. 21, e aos demais entes da Federação, em regime de competência comum, as tarefas enumeradas no art. 23. Ao longo do texto, outras referências são encontradas acerca da atribuição de competências para a realização de tarefas atribuídas ao Poder Público, como se vê no art. 25, § 2.º (exploração dos serviços de gás canalizado pelos Estados) e 30, V (organização e prestação de serviços de transporte coletivo pelos Municípios).

No entanto, pode-se constatar facilmente existirem lacunas e imprecisões, fazendo com que muitas das atividades de fornecimento de bens e serviços a cargo do Poder Público tenham sua competência definida de forma pouco nítida.

Algumas delas merecem destaque, e serão objeto de análise específica.

6. Competência arrecadatória no federalismo brasileiro

Muitas são as fontes de recursos de que se pode valer o Poder Público.

Os entes da Federação têm como principal fonte de arrecadação a tributação, não obstante lhes sejam asseguradas possibilidades de obtenção de recursos oriundos de inúmeras outras fontes não tributárias.

Cumpre destacar os aspectos mais relevantes do sistema tributário, não somente por configurar em regra a principal fonte de recursos, mas também por ser o sistema que apresenta maior dificuldade na busca de um desenho adequado, capaz de produzir os efeitos esperados de justiça fiscal sob a ótica da relação fisco-contribuinte e, ao mesmo tempo, atender os interesses do Estado como um todo e de cada uma das unidades federadas em particular.

O sistema tributário brasileiro prevê mecanismos de competências privativas, atribuindo a cada ente da Federação fontes de arrecadação tributária com exclusividade. É o que ocorre claramente com os impostos, em que a Constituição confere à União poderes para instituir os impostos elencados nos artigos 153 e 154, aos Estados e Distrito Federal os impostos previstos no art. 155 e aos Municípios os impostos enumerados no art. 156.

Prevê também competências comuns, como os poderes que são conferidos a todos os entes da Federação instituírem e cobrarem taxas e contribuições de melhoria (Constituição, art. 145).

Esta partilha de competências tributárias é outra questão federativa de grande complexidade, pois exige a criação de um sistema que assegure a cada ente federado tributos cujas características favoreçam que seja cobrado de forma eficiente, não permitindo distorções de diversas naturezas, como as que fomentem guerra fiscal e desarmonia entre eles.

7. O federalismo e as relações fiscais intergovernamentais no Brasil

A competência tributária é importante instrumento do federalismo, uma vez que confere ao ente federado uma fonte independente de recursos, indispensável para garantir sua autonomia financeira.

Mas não assegura a suficiência dos recursos, outro pilar no qual se sustenta a autonomia financeira.

Isto porque a partilha de competências tributárias é essencialmente vinculada a critérios de eficiência alocativa, em que ser atribui a competência para tributar ao ente da Federação capaz de fazê-lo com maior eficiência.

Não se leva em consideração, por conseguinte, a quantidade de recursos gerados pelo respectivo exercício da competência tributária, até porque isto nem seria possível, uma vez que um mesmo tributo apresenta variações no montante arrecadado conforme o ente que o arrecada. Um mesmo tributo, como o imposto sobre a propriedade territorial urbana (IPTU), cobrado pela esfera de governo local – Município, no Brasil – gera quantidades de recursos absolutamente díspares, tendo em vista as peculiaridades de cada Município, decorrentes de um sem-número de fatores que afetam economicamente os elementos que integram este imposto. Variável também é o comportamento da arrecadação ao longo do tempo: impostos sobre o consumo de bens, apenas para exemplificar, são diretamente afetados pela oscilação no comportamento da atividade econômica.

A atribuição de competências tributárias, isoladamente, é instrumento incapaz de assegurar a suficiência de recursos aos entes federados.

Complementa-se com o que pode ser considerado o principal instrumento de federalismo fiscal: a repartição do produto da arrecadação e o sistema de transferências intergovernamentais.

Neste ponto fica clara adoção, no Brasil, de um modelo de *federalismo cooperativo*, em que, respeitadas a autonomia dos entes federados, criam-se sistemas de interpenetração entre eles, que se manifesta de forma mais evidente no campo das finanças públicas, por mecanismos de partilhas de receitas e transferências intergovernamentais.

Os artigos 157 a 159 da Constituição brasileira prevêem as principais formas de partilha de receitas tributárias, abrangendo desde o que se pode chamar de participação direta, quando a unidade arrecadadora, seguindo regra pré-estabelecida, transfere parcela do valor do tributo para a unidade beneficiária, bem como mecanismos de participação indireta, em que essa transferência ocorre em duas ou mais etapas, com a intermediação, principalmente, de fundos.

São partilhados, basicamente, os recursos dos impostos federais sobre a renda, propriedade territorial rural, operações financeiras, e impostos estaduais sobre a circulação de mercadorias e serviços e propriedade de veículos automotores.

As partilhas de receitas tributárias permitem promover ajustes na distribuição de recursos entre os entes da federação por meio da criação de regras que aperfeiçoam o sistema de arrecadação, viabilizando que um tributo tenha sua competência atribuída ao ente da federação mais competente para cobrá-lo, sem contudo conferir-lhe direito a todo o produto da arrecadação, que é distribuído aos entes da federação que dele mais necessitam.

Veja-se, no caso brasileiro, o que ocorre com o Fundo de Participação de Estados e Distrito Federal (FPE) e o Fundo de Participação dos Municípios (FPM).

O Fundo de Participação de Estados e Distrito Federal, composto por 21,5% da arrecadação da União com o imposto sobre a renda (IR) e imposto sobre produtos industrializados (IPI) (Constituição, art. 159, I, *a*), tem seus recursos distribuídos entre os Estados e Distrito Federal por critérios que levam em consideração a região a que pertencem, a superfície territorial da entidade participante, a população e a renda *per capita*.

Sistema semelhante ocorre com o Fundo de Participação dos Municípios. Composto por 22,5% da arrecadação do imposto sobre a renda (IR) e sobre produtos industrializados (IPI) (acrescido de mais 1% a ser entregue no mês de dezembro), nos termos do art. 159, I, *b* e *d*, seus recursos são distribuídos por meio de fórmula que leva em consideração, essencialmente, a população e a renda *per capita*.

Dessa forma, vê-se que recursos são alocados nas unidades que integram regiões historicamente mais pobres, com maior extensão territorial, maior população e renda *per capita* inferior.

Trata-se, como se pode notar, de um sistema de *cooperação vertical*, em que as transferências ocorrem da União para os entes federados regionais (FPE) e da União central para os entes federados locais (FPM). A redução das desigualdades regionais dá-se pela assimetria dessas transferências, tendo em vista o critério de rateio, que privilegia aspectos relevantes para atingir esse objetivo, como a região em que se localiza o ente, bem como a renda *per capita* da população.

Outros Estados, federais ou não, adotam instrumentos de equalização fiscal por meio de *cooperação horizontal*, usualmente criando fundos ou programas específicos com essa finalidade, por meio dos quais opera-se a redistribuição de recursos entre entes federados da mesma esfera governamental. É o caso por exemplo da Federação Canadense, onde há o *fiscal equalization program*, que promove uma redistribuição de recursos entre as Províncias, conforme fórmula que aumenta automaticamente as transferências para a Província com declínio relativo em sua capacidade fiscal. Na Alemanha utilizam-se mecanismos de equalização horizontal por meio, dentre outros, de prestações financeiras compensatórias, em que se avaliam as capacidades e necessidades financeiras dos entes para efetivar a redistribuição, conforme estabelecer a legislação. A Espanha tem o *fondo de compensación interterritorial*, que visa corrigir desequilíbrios econômicos entre os entes subnacionais, que, embora não integrantes de uma Federação, têm significativo grau de autonomia financeira. Na Itália também podem ser encontrados vários fundos, entre os quais o *fondo perequativo*, previsto no art. 119 da Constituição, com finalidade redistributiva para os territórios com menor capacidade fiscal por habitante.

Além dos mencionados Fundos de Participação, o Brasil tem um intrincado sistema de transferências intergovernamentais, que abrangem não somente os mecanismos de participação direta e indireta exemplificados anteriormente, mas também outros, muitas vezes vinculados a fornecimento de bens e serviços públicos específicos, como é o caso da saúde e educação, que contam com fundos próprios utilizados para operacionalizar esse sistema de transferências, o que será objeto de referência específica em item posterior.

8. As transferências intergovernamentais

As transferências intergovernamentais são instrumentos essenciais para o sucesso de um Estado Federado que tenha como objetivo atender as necessidades públicas, promovendo o bem de todos e reduzindo as desigualdades sociais e regionais, como expressamente consta da Constituição brasileira (art. 3.º).

Constituem-se em "repasses de recursos financeiros entre entes descentralizados de um Estado, ou entre estes e o Poder Central, com base em determinações constitucionais, legais ou, ainda, em decisões discricionárias do órgão ou entidade concedente, com vistas ao atendimento de determinado objetivo genérico (tais como, a manutenção do entre encargos e rendas ou do equilíbrio inter-regional) ou específico (tais como, a realização de um determinado investimento ou a manutenção de padrões mínimos de qualidade em um determinado serviço público prestado)" (Gomes, 2007, p. 70).

Uma sistematização simples permite identificar algumas categorias de transferências intergovernamentais importantes para compreendê-las.

Levando-se em consideração a discricionariedade na distribuição dos recursos por essa via, as transferências podem ser automáticas (ou obrigatórias), quando a distribuição dos recursos do ente que os detém é encaminhada ao ente beneficiário em decorrência de dispositivo legal que é cumprido sem interferência de decisões submetidas ao crivo discricionário de uma autoridade, como ocorre com os citados Fundos de Participação. São conhecidas entre os estudiosos por *revenue sharing arrangements*. Podem também ser discricionárias (ou voluntárias), usualmente conhecidas por *grants,* hipótese em que essa distribuição fica sujeita a regras não rígidas, operacionalizadas com a intermediação de autoridade que exerce poderes discricionários.

Outra classificação relevante para a compreensão das transferências intergovernamentais é a que considera a vinculação dos recursos destinados à unidade beneficiária. Nessa hipótese, temos transferências não vinculadas (ou incondicionadas), quando o recurso transferido não tem finalidade específica, podendo ser livremente utilizado pelo ente da Federação que o recebe. Ou transferências vinculadas (ou condicionadas), caso em que há um vínculo, exigindo-se a aplicação do recurso transferido em finalidade previamente estabelecida.

A análise das formas e características das transferências intergovernamentais permite identificar como cada Estado tenta solucionar os problemas de distribuição interna dos recursos públicos.

No Brasil, as transferências intergovernamentais são largamente utilizadas, em suas diversas categorias.

Existem transferências automáticas decorrentes da participação direta na arrecadação, como a partilha de recursos do imposto sobre a propriedade de veículos – IPVA, de competência dos Estados-membros, que têm a obrigação de remeter 50% do valor obtido aos Municípios nos quais os respectivos veículos foram licenciados. Há também transferências automáticas na participação indireta na arrecadação, sendo o melhor exemplo o dos já citados Fundos de Participação, que as utilizam em ambas as etapas de distribuição: tanto na remessa de recursos da União para os Fundos quanto destes para as unidades federadas que deles se beneficiam.

Diversamente do que ocorre em outros Estados, essas transferências têm extrema relevância para os entes subnacionais no Brasil, representando, para uma expressiva maioria, especialmente os Municípios pequenos, a principal fonte de recursos. E representam, na Espanha, a segunda mais importante fonte de recursos para as Comunidades Autônomas, como registra Grijalba (2003, p. 513). Já Federações como a Americana utilizam-se predominantemente de transferências voluntárias.

Incontáveis são as possibilidades de transferências voluntárias no sistema do federalismo fiscal brasileiro. Geralmente vinculadas a programas governamentais, seus objetivos relacionam-se ao atendimento das necessidades públicas mais prementes, à linha de atuação do governo que comanda o ente da federação e outros fatores.

As transferências voluntárias assumiram maior relevância no Brasil na última década, com a promulgação da Lei de Responsabilidade Fiscal (Lei Complementar 101, de 2000), que, ao estabelecer regras rígidas para a gestão fiscal dos entes subnacionais, inseriu, como forma de compeli-los ao cumprimento das referidas normas, vedações ao recebimento destas transferências. É o caso do art. 11, que veda as transferências voluntárias aos entes da Federação que não instituírem, preverem e efetivamente arrecadarem todos os impostos que o Texto Constitucional lhes confere, exigindo assim o exercício da competência tributária plena. Veda também as transferências àqueles que não estiverem em dia com prestações de contas e pagamento de tributos, empréstimos e financiamentos devidos ao ente transferidor, bem como aos que não cumprirem os limites constitucionais relativos à educação e saúde (art. 25, § 1.º, *a* e *b*), apenas para citar alguns exemplos.

As transferências intergovernamentais incondicionadas, presentes no Brasil em casos como o dos Fundos de Participação e do IPVA, já mencionados anteriormente, têm grande relevância na medida em que os entes subnacionais no Brasil têm uma competência tributária que não lhes permite obter recursos suficientes sequer para suas despesas correntes básicas, tornando necessário um aporte financeiro extra que possa ser livremente utilizado, a fim de fazer frente a esses encargos.

As transferências condicionadas, por seu turno, permitem um direcionamento dos recursos que evitam a excessiva discricionariedade por parte dos governantes, nem sempre, especialmente na esfera local, habilitados a fazer o melhor uso do dinheiro. Sobretudo, há que se destacar terem as transferências intergovernamentais condicionadas uma capacidade maior de instrumentalizar a condução de políticas públicas nacionalmente definidas, permitindo ao governo central transferir recursos aos entes subnacionais, descentralizando o gerenciamento da atividade cujo resultado o Poder Público pretende alcançar. Alguns dos *fundos de destinação* (Oliveira, 2008, p. 286) brasileiros têm, ainda que apenas na segunda etapa, qual seja, aquela em que há a transferência do recurso do fundo para o beneficiário, exemplos de transferências condicionadas. É o caso dos fundos para a área da educação (FUNDEB – Fundo de Manutenção e Desenvolvimento da Educação Básica e de Valorização dos Profissionais da Educação) e da saúde. Os recursos desses fundos, quando transferidos, somente podem ser aplicados nas finalidades previamente estabelecidas pela legislação, relacionadas às atividades específicas para as quais foram criados.

As transferências intergovernamentais encontram-se nos vários Estados, Federais ou não. São, por conseguinte, como instrumento de partilha de recursos, ainda que entre entes não necessariamente autônomos nos termos que permitam caracterizá-los como entes federados. A

Alemanha, que adota um claro sistema de federalismo fiscal cooperativo, com uma marcante interpenetração de recursos entre os entes, prevê várias formas de compensação e redistribuição de recursos entre os entes da federação, consoante se pode verificar dos artigos 104 e seguintes da Lei Fundamental Alemã. O art. 157.1.c da Constituição Espanhola inclui entre os recursos das Comunidades Autônomas as transferências do *fondo de compensación interterritorial*, havendo possibilidade e participação em outros tributos, conforme prevê a *Ley Orgânica de Financiación de las Comunidades Autônomas*. E na Constituição Italiana o artigo 119, ao assegurar a autonomia financeira dos entes subnacionais, acolhe o princípio da coordenação das finanças públicas, com compartilhamento de tributos, além de prever o *fondo perequativo* e transferências financeiras do governo central em favor dos entes subnacionais. Há ainda outras participações que podem ser encontradas em legislação infraconstitucional que regula o assunto, como o Decreto Legislativo 56, de 18.2.2000.

9. O federalismo fiscal aplicado a políticas públicas específicas: os casos da educação e da saúde

A educação e saúde estão entre as prioridades de qualquer Estado moderno, federal ou não.

Em qualquer deles, mas especialmente nos que se constituem na forma federativa, há grande dificuldade em organizá-los, por diversas razões.

Sob o aspecto das finanças públicas, ambos não se mostram claramente direcionados a um determinado ente da federação. A atribuição de competência legislativa, ou mesmo para gerenciar a prestação desses serviços, não será perfeita quer esteja no âmbito de um ente nacional, regional ou local.

Daí constatar-se, em vários Estados, a multiplicidade de formas de organização na forma de prestação desses serviços, tanto no aspecto legislativo, quanto no organizacional e no financeiro.

A educação, no Brasil, tem suas diretrizes fixadas por lei de competência privativa da União (Constituição, art. 22), sendo porém concorrente a competência para legislar sobre educação (Constituição, art.

24, IX), o que confere à União a atribuição de estabelecer normas gerais nessa questão (Constituição, art. 24, § 1.º).

No que se refere à partilha dos encargos, o art. 211 da Constituição dá as linhas mestras, estabelecendo que os Municípios atuarão prioritariamente no ensino fundamental e na educação infantil, devendo manter programas nesse sentido, com a cooperação técnica e financeira da União (Constituição, art. 30, VI), e os Estados e Distrito Federal no ensino fundamental e médio. A União "organizará o sistema federal de ensino (...), financiará as instituições de ensino públicas federais e exercerá, em matéria educacional, função redistributiva e supletiva, de forma a garantir a equalização de oportunidades educacionais e padrão mínimo de qualidade do ensino mediante assistência técnica e financeira aos Estados, ao Distrito Federal e aos Municípios" (Constituição, art. 211, § 1.º). Registre-se que o *caput* do referido artigo prevê ser comum a todos os entes federados organizar em regime de colaboração seus sistemas de ensino.

Financeiramente, há a exigência constitucional de aplicação mínima de recursos na manutenção e desenvolvimento do ensino. A proporção é de 18% da receita de impostos e transferências no caso da União e de 25% no caso dos Estados, Distrito Federal e Municípios.

Mas a principal forma de financiamento da educação pública no Brasil dá-se por meio do Fundo de Manutenção e Desenvolvimento da Educação Básica e de Valorização dos Profissionais da Educação (FUNDEB), fundo constitucional com destinação de recursos para o setor, de natureza contábil, criado no âmbito de cada Estado e do Distrito Federal, conforme prevê o art. 60 do Ato das Disposições Constitucionais Transitórias (com redação dada pela Emenda Constitucional 53, de 2006). São compostos por parcela da arrecadação dos impostos de competência estadual (ITCMD, ICMS e IPVA), parte das transferências cabentes aos Municípios dos impostos sobre a propriedade territorial rural (ITR), do IPVA e do ICMS e parte das transferências do FPE e do FPM. A distribuição dos recursos é basicamente vinculada ao número de alunos matriculados, mas há regras constitucionais que especificam essa partilha, que são complementadas pela legislação infraconstitucional, criando um complexo mecanismo de transferências intergovernamentais.

A análise dessa noção superficial acerca da forma pela qual o serviço de educação é prestado no Brasil evidencia a complexidade existente, que abrange todos os aspectos a ele relacionados, quais sejam, a fixação da competência legislativa de cada ente da federação (que não é absolutamente nítida), a distribuição dos encargos (que são, em boa medida, possíveis de serem assumidos por todos os entes), bem como a forma de financiamento, vinculada a uma complexa fórmula de transferências intergovernamentais intermediada por um fundo constitucional.

No caso da saúde, a situação não é diferente, constatando-se haver uma interpenetração ainda maior entre as várias funções a serem exercidas pelos entes federados.

No aspecto constitucional, a saúde integra o capítulo que trata da Seguridade Social, que abrange, além da saúde, a previdência social e a assistência social.

Considerando-se tão somente a prestação do serviço de saúde, *stricto sensu*, que, em face do que dispõe o texto constitucional, envolve um conjunto de políticas públicas que visam a redução do risco de doenças e o acesso universal às ações e serviços relacionados à promoção, proteção, e recuperação da saúde (Constituição, art. 196), podemos analisar os aspectos federativos a ele relacionados.

A competência legislativa é concorrente da União, Estados e Distrito Federal no que se refere à proteção e defesa da saúde (Constituição, art. 24, XII), o que, à semelhança do direito financeiro, tributário e da educação, confere à União competência, nesta área, para editar normas gerais.

No que tange à distribuição dos encargos, a Constituição prevê um "sistema único" de saúde, em que as ações e serviços públicos integram uma rede regionalizada e hierarquizada (Constituição, art. 198), reguladas por lei federal.

No aspecto financeiro, a Constituição prevê que o sistema único de saúde seja financiado por recursos orçamentários de todas as esferas de governo.

Determina ainda um valor mínimo a ser aplicado pelas esferas de governo, calculado com base na arrecadação de impostos e transferências, fixado por lei complementar federal e reavaliado a cada cinco anos.

Para operacionalizar essa aplicação de recursos mínimos obrigatórios em saúde, foi criado um mecanismo de fundos no âmbito dos entes federados, transferindo-se recursos de um fundo para o outro, criando o mecanismo de transferências intergovernamentais fundo a fundo, de modo a assegurar que os recursos sejam efetivamente destinados à aplicação na finalidade para o qual foram criados.

Tendo em vista o quadro exposto, vislumbra-se na área da saúde um sistema federativo bastante complexo e mais flexível, uma vez serem tênues os parâmetros constitucionais que regulam o setor no Brasil.

A variabilidade na forma de repartição dos encargos para prestação de serviços na saúde entre os diversos níveis de governo é uma constante nos países, como registram com precisão Bernardi e Gandulla (2005, p. 212), mostrando, pela participação na riqueza nacional, as diferenças encontradas, evidenciando que a distribuição vertical da competência funcional nesta área é muito difusa.

E a existência de fundos específicos para despesas com saúde é bastante disseminada entre os vários Estados, sejam eles federais ou não. Na Itália há o Fundo Nacional de Saúde, composto por recursos que são transferidos para as unidades locais de saúde, a fim de que promovam a prestação do serviço (Emiliani *et all*, p. 270). O Canadá adota o *Canada Health and Social Transfer*, que prevê transferências em dinheiro e também um mecanismo de "transferências tributárias, por meio do qual o governo federal diminui seus tributos permitindo que os entes regionais aumentem os delas, o que mantém a carga tributária total do cidadão, mas aumenta os recursos disponíveis para as Províncias.

10. Síntese conclusiva

O federalismo fiscal é um tema complexo, de grande relevância, multidisciplinar, que dificilmente permitirá conclusões fechadas acerca das questões que integram seu objeto de estudo.

Vê-se, como se alertou ao longo do texto, haver uma multiplicidade de fatores que interagem na formação e organização dos Estados, tornando-os únicos, e impedindo que se estabeleçam categorias precisas nas quais o pesquisador possa classificá-los adequadamente, como ocorre com os conceitos de Estados Unitários e Federais.

A busca de um modelo de Federação ideal passa pela análise de cada caso concreto, em que todas as circunstâncias devem ser levadas em consideração por ocasião da construção de um sistema de divisão de competências legislativas, funcionais e de recursos em cada Estado.

Necessário o estudo minucioso e profundo das experiências próprias e dos demais Estados, para que se possa caminhar no sentido deste modelo ideal de Federação, tentando assim se aproximar daquele que se mostre o melhor para distribuir com Justiça os sempre escassos recursos públicos, e com isso atender as sempre crescentes necessidades públicas.

Bibliografia

ALMEIDA, Fernanda D. M. **Competências na Constituição de 1988**. São Paulo: Atlas, 2005.

ANASTOPOULOS, Jean. **Les aspects financiers du fédéralisme**. Paris: Librarie Générale de Droit et de Jurisprudence, 1979.

ABRUCIO, Fernando L. e COSTA, Valeriano M. F. **Reforma do Estado e o contexto federativo brasileiro**. São Paulo: Fundação Konrad Adenauer – Stiftung, 1998.

BERCOVICI, Gilberto. **Desigualdades regionais, Estado e Constituição**. São Paulo: Max Limonad, 2003.

BERNARDI, Luigi; GANDULLA, Luca. *Federalismo fiscale in Europa e in Itália*. In **Rivista di Diritto Finanziario e Scienza delle Finanze**, anno LXIV, n. 2, Milano, Giufrrè, giugno 2005, pp. 189-248.

BERTOLISSI, Mario. **Lineamenti costituzionali del "Federalismo Fiscale"**. Padova: CEDAM, 1982.

BIDERMAN, Ciro; ARVATE, Paulo. **Economia do setor público no Brasil**. Rio de Janeiro: Elsevier, 2004.

BIRD, Richard M.; VAILLANCOURT, François (ed.). **Perspectives on fiscal federalism**. Washington (DC): The World Bank, 2006.

BOADWAY, Robin; SHAH, Anwar (ed.). **Intergovernamental fiscal transfers**. Washington: The World Bank, 2007.

CARRAZZA, Roque A. **Curso de direito constitucional tributário**. São Paulo: Malheiros, 1999.

CONTI, José Mauricio. **Federalismo Fiscal e Fundos de Participação**. São Paulo: Juarez de Oliveira, 2001.

____ (organizador). **Federalismo Fiscal**. Barueri (SP): Manole, 2004.

____ (coordenador). **Orçamentos públicos**. A Lei 4320/1964 comentada. São Paulo: Revista dos Tribunais, 2009.

DALLARI, Dalmo A. **Elementos de Teoria Geral do Estado**. São Paulo: Saraiva, 1998.

EMILIANI, Nicoletta; LUGRESI, Sergio; RUGGIERO, Edgardo. *Italy*. In TER-MINASSIAN, Teresa (Ed.). **Fiscal federalism in theory and practice**. Washington: International Monetary Fund, 1997.

GARCÍA VILLAREJO, Avelino; SALINAS SÁNCHEZ, Javier. **Manual de Hacienda Pública**. General y de España. 3ª Ed. Madrid: Tecnos, 1996.

GOMES, Émerson C. S. *Fundamentos das transferências intergovernamentais*. São Paulo, **Revista IOB de Direito Administrativo**, ano II, n. 24, dez/2007, pp. 66-86.

GRIJALBA, Miguel A. *Il finanziamento degli enti locali in Spagna*. In In **Rivista di Diritto Finanziario e Scienza delle Finanze**, anno LXII, n. 4, Milano, Giufrrè, dicembre 2003, pp. 498-537.

HOFMEISTER, Wilhelm; CARNEIRO, José M. Brasiliense (Org.). **Federalismo na Alemanha e no Brasil**. São Paulo: Fundação Konrad Adenauer, 2001.

LOBO, Rogério Leite. **Federalismo fiscal brasileiro**: discriminação das rendas tributárias e centralidade normativa. Rio de Janeiro: Lumen Juris, 2006.

MORAES, Marcos Ribeiro de. **As relações intergovernamentais na República Federal da Alemanha**. Uma análise econômico-institucional. São Paulo: Fundação Konrad Adenauer, 2001.

OATES, Wallace E. **Fiscal Federalism**. New York: Harcourt Brace Jovanovich Inc., 1972.

OLIVEIRA, Regis F. **Curso de Direito Financeiro**. 2ª ed. São Paulo: Revista dos Tribunais, 2008.

PINTO, Carlos A. de Carvalho. **Discriminação de rendas**. São Paulo: Prefeitura do Município de São Paulo, 1941.

REGUERA, Emilia Girón. **La financiación autonômica del sistema constitucional español**. Cádiz: Universidad, Servicio de Publicaciones, 2003.

RESTREPO, Juan C. **Hacienda Pública**. 7ª Ed. Bogotá: Universidad Externado de Colombia, 2006.

REZENDE, Fernando. **Finanças Públicas**. São Paulo: Atlas, 2002.

SCAFF, Fernando F. *Aspectos financeiros do sistema de organização terrritorial do Brasil*. In **Boletim de Ciências Econômicas** XVLII, Coimbra, 2004.

SHAH, Anwar. **The reform of intergovernamental fiscal relations in developing and emerging market economies**. Washington: World Bank, 1994.

SILVA, José Afonso da. **Curso de direito constitucional positivo**. São Paulo: Malheiros, 2007.

Souza, Moacyr B. *Do Estado unitário ao Estado regional*. In **Revista de Informação Legislativa**, Brasília, n. 85, pp. 125-138.

Ter-Minassian, Teresa (Ed.). **Fiscal federalism in theory and practice**. Washington: International Monetary Fund, 1997.

WIESNER, Eduardo. **Fiscal federalism in Latin America**. Washington: Inter-American Development Bank, 2003.

Ana Cláudia Akie Utumi

O uso de empréstimos *intercompanies* no Brasil. Normas de subcapitalização e temas conexos. Breves reflexões

Ana Cláudia Akie Utumi

Advogada em São Paulo.
Doutora em Direito Econômico-Financeiro
pela Universidade de São Paulo.

RESUMO

O artigo trata das normas brasileiras aplicáveis à dedução dos juros nos empréstimos internacionais tomados pelas empresas brasileiras, analisando os regimes de juros sobre o capital próprio, preços de transferência financeira e subcapitalização, incluindo a análise de paraísos fiscais e regimes fiscais privilegiados.

Palavras-chave:

Subcapitalização
Juros
Dedutilidade

ABSTRACT

This article refers to Brazilian rules applicable to deduction of interest in international debt transactions carried out by Brazilian companies, analyzing interest on net equity, financial transfer pricing and thin capitalization, including analysis of tax havens and favorable tax regimes.

Keywords:

Under capitalization
Interest
Dedutability

1. Introdução

O objetivo do presente artigo é discorrer sobre as normas para controle da dedução de juros nos empréstimos internacionais entre uma empresa brasileira, na qualidade de devedora, e uma empresa localizada fora do Brasil, mas ligada à primeira, residente em paraíso fiscal ou beneficiária de regime fiscal privilegiado.

2. Breve histórico

Até o final de 2009, o Brasil não dispunha de nenhuma regra que vedasse a dedução de despesas de juros gerados por empréstimos tomados por empresas brasileiras a partir de empresas ligadas localizadas fora do Brasil.

Como regra geral, para que despesas de juros fossem dedutíveis para fins de imposto sobre a renda da pessoa jurídica ("IRPJ")[1], bastava que os recursos captados fossem utilizados nas atividades operacionais da empresa brasileira. Na medida em que se demonstrasse a utilidade dos recursos emprestados, também estava justificada a necessidade das despesas de juros e, conseqüentemente, sua dedutibilidade.

Em 1996, por meio da Lei n.º 9.249/1995, foi introduzido no direito brasileiro um estímulo para que os sócios e acionistas aumentassem a capitalização de suas empresas – ou seja, estímulo para que fosse utilizado o aumento de capital, ao invés do empréstimo. Esse estímulo era justamente a introdução dos chamados *juros sobre o capital próprio*, que permite à empresa brasileira pagar aos seus sócios ou acionistas e deduzir, de seus lucros tributáveis, um valor calculado sobre o valor do patrimônio líquido da empresa com base na taxa de juros de longo-prazo ("TJLP"), divulgada pelo Banco Central do Brasil.

No ano seguinte, em 1997 entraram em vigor as normas de preços de transferência, introduzidas pela Lei n.º 9.430/1996. Dentre as diversas previsões da legislação de preços de transferência, o artigo 22 da referida

[1] IRPJ é o imposto que incide sobre os lucros das empresas brasileiras, à alíquota básica de 15%, mais alíquota adicional de 10% sobre a parcela dos lucros que exceda a R$ 20 mil por mês, R$ 60 mil por trimestre ou R$ 240 mil por ano.

lei estabelece o limite de LIBOR, mais 3% ao ano, como limite de juros a serem deduzidos no caso de empréstimos internacionais provenientes de pessoas ligadas.

Em dezembro de 2009, por meio da Medida Provisória n.º 472/2010, posteriormente convertida na Lei n.º 12.249/2011, foram introduzidas na legislação brasileira normas contra a subcapitalização, que passaram a vigorar a partir de 1.º de janeiro de 2010. Essa legislação trouxe tratamentos diferentes no caso de pessoas ligadas não residentes em paraísos fiscais, e pessoas ligadas ou não residentes em paraísos fiscais, ou beneficiários no exterior a regimes de tributação privilegiada.

Ainda, essa mesma legislação trouxe medidas restritivas à dedução de despesas pagas a paraísos fiscais ou beneficiários de regimes de tributação privilegiada.

Vejamos mais.

3. Juros sobre o capital próprio

Os juros sobre capital próprio surgiram com a Lei n.º 9.249, de dezembro de 1995, como uma forma alternativa de remunerar os sócios ou acionistas das empresas brasileiras, com a vantagem de tal remuneração, diferentemente dos dividendos, poder ser dedutível para fins de Imposto de Renda Pessoa Jurídica ("IRPJ"). Mais tarde, por meio da Lei n.º 9.430, de dezembro de 1996, essa remuneração passou a ser dedutível, também, da Contribuição Social sobre o Lucro Líquido ("CSLL")[2].

Tais juros são calculados sobre o valor do patrimônio líquido constante do início do exercício, com base na chamada "TJLP" – Taxa de Juros de Longo-Prazo, estabelecida e divulgada pelo Banco Central do Brasil ("BACEN"). Desta forma, para se estabelecer o montante de juros sobre capital próprio que uma sociedade pode pagar a seus acionistas, a lei determina a aplicação da taxa de juros de longo prazo –

[2] IRPJ e CSLL são os dois tributos incidentes sobre os lucros auferidos pelas empresas brasileiras, ajustados pelas adições e exclusões estabelecidas pela legislação. As alíquotas aplicáveis são de 25% para o IRPJ, e 9% para a CSLL (15% no caso de instituições financeiras e seguradoras). As apurações dos tributos podem ser feitas de forma trimestral, ou de forma anual com recolhimentos mensais antecipados.

TJLP – sobre o valor do patrimônio líquido da sociedade no início do período-base. Esse cálculo é o que se costuma chamar de capacidade máxima de pagamento.

Quanto à dedutibilidade da despesa com JCP, por força do disposto no artigo 9.º, parágrafo 1.º, da Lei n.º 9.249, de 26 de dezembro de 1995, alterado pelos artigos 78 e 88 da Lei n.º 9.430, de 27 de dezembro 1996, a mesma fica condicionada à existência de lucros, computados antes da dedução dos juros, ou de lucros acumulados e reserva de lucros, em montante igual ou superior ao valor de 2 (duas) vezes os juros a serem pagos ou creditados. Assim, a dedutibilidade dos juros sobre capital próprio é limitada ao maior valor entre (i) 50% do lucro auferido no período, antes de considerada a dedução dos juros sobre capital próprio; (ii) 50% dos lucros acumulados existentes no final do ano calendário anterior.

Com a dedução dos juros sobre o capital próprio, a empresa brasileira obtém uma vantagem tributária de 34% (40% no caso de instituições financeiras ou seguradoras).

No entanto, os juros sobre o capital próprio sofrem tributação na fonte ("IRFonte"), à alíquota de 15%, que representa uma tributação definitiva no caso de sócios ou acionistas pessoas físicas ou não-residentes, e antecipação do IRPJ devido no caso de sócios ou acionistas pessoas jurídicas brasileiras. Se o sócio ou acionista não-residente tiver a sua residência em uma jurisdição considerada paraíso fiscal, o IRFonte aumenta de 15% para 25%.

Assim, no caso de sócios ou acionistas pessoas físicas ou não-residentes, o benefício fiscal líquido – ou seja, a economia para a empresa brasileira (34% ou 40%), menos a tributação sofrida pelo sócio ou acionista (15% ou 25%) – pode variar entre 9% e 25%, dependendo da natureza da empresa brasileira, e da residência fiscal de seus sócios ou acionistas.

Eivany Antônio Da Silva[3] opina que *Trata-se de inovadora e modernizante norma da legislação fiscal, que objetiva conferir ao capital investido pelos sócios ou acionistas da pessoa jurídica – o chamado capital próprio –, o mesmo tratamento tributário atribuído ao capital*

[3] Silva, Eivany Antônio da. Imposto sobre a renda: teoria e prática – *Despesas de juros sobre o capital próprio – Tributação de lucros e dividendos auferidos no exterior*. In: IBET. *Justiça Tributária*. São Paulo: Max Limonad, 1998, p. 105.

obtido junto a terceiros, para o desenvolvimento das atividades empresariais. Aliás, foi esta a justificativa apresentada na "Exposição de Motivos" do projeto de lei que resultou na Lei n.º 9.249/1995, introdutora dos juros sobre capital próprio.

Heleno Tôrres[4] comenta que "Esse sistema visa a desencorajar o recurso à contratação de empréstimos com terceiros, substituindo (ou pelo menos reduzindo) este meio de financiamento por um incentivo aos acionistas para reforçarem o capital de giro com recursos próprios, ou através de autofinanciamentos".

Por se tratar de uma remuneração pagável exclusivamente para os sócios ou acionistas, a Comissão de Valores Mobiliários, por meio da Deliberação n.º 207, de dezembro de 1996, manifestou o entendimento de que os juros sobre capital próprio deveriam ser contabilizados nas companhias da mesma forma como os dividendos, deixando claro o seu entendimento de que a natureza jurídica dos juros sobre capital próprio seria de dividendos, e não de remuneração de uma dívida da sociedade. Esta também é a opinião de Alberto Xavier[5].

Trata-se, assim, de um instrumento híbrido: sob o ponto de vista da legislação societária, os juros sobre capital próprio têm a mesma natureza de dividendos, enquanto que, sob o ponto de vista da legislação tributária (imposto sobre a renda e CSLL), trata-se de receita ou despesa financeira.

3.1. *Juros sobre o capital próprio e as Convenções para Evitar a Dupla Tributação em Matéria de Imposto sobre a renda*

Em conformidade com os tratados para evitar a dupla tributação assinados pelo Brasil e atualmente em vigor, que, destaque-se mais uma vez, seguem o Modelo OCDE, a definição de juros é sempre relacionada à remuneração de operações de crédito. A definição de juros, normalmente

---

[4] Tôrres, Heleno Taveira. *Direito Tributário Internacional*. São Paulo: Revista dos Tribunais, 2002, pp. 546 e 547.

[5] Xavier, Alberto. *Natureza jurídico-tributária dos ´juros sobre o capital próprio´ face à lei interna e aos tratados internacionais*. In: *Revista Dialética de Direito Tributário*, n.º 21. São Paulo: Dialética, 1997, p. 8.

encontrada no artigo 11 dos tratados, assim prevê: "O termo "juros", usado no presente artigo, compreende rendimentos da dívida públicas, de títulos ou debêntures, acompanhados ou não de garantia hipotecária ou de cláusula de participação nos lucros e de créditos de qualquer natureza, bem como qualquer outro rendimento que pela legislação tributária do estado contratante de que provenham sejam assemelhadas aos rendimentos de importâncias emprestadas."

De acordo com a legislação tributária brasileira, os juros sobre capital próprio teriam o tratamento tributário similar ao de rendimentos de importâncias emprestadas, já que permitem à sociedade que as paga deduzir o valor correspondente da base de cálculo do IRPJ e CSLL, como se fossem juros pagos para qualquer credor.

A definição de dividendos, por outro lado, como vimos há pouco, engloba os rendimentos provenientes de ações ou direitos de fruição, ações de empresas mineradoras, partes de fundador ou outros direitos de participação em lucros, com exceção de créditos, bem como rendimento de outras participações de capital assemelhados aos rendimentos de ações pela legislação tributária do estado contratante em que seja residente a sociedade que os distribuir.

Mais uma vez, do ponto de vista da legislação tributária brasileira, os efeitos dos juros sobre o capital próprio não são assemelhados aos dos rendimentos de ações, mas sim, assemelhados aos rendimentos de dívidas.

A redação dos tratados é um tanto confusa quando atribui a qualificação de juros ou de dividendos a remunerações que, pela legislação interna, sejam equivalentes a tais. No entanto, uma distinção é claramente notada: o artigo 10 qualifica os dividendos como rendimentos de participação societária, enquanto que, o artigo 11 qualifica os juros como rendimentos de títulos ou debêntures, sempre em que o "devedor" seja um residente em um dos Estados Contratantes.

No caso dos juros sobre capital próprio, a empresa brasileira não é "devedora" da empresa residente no outro país. Ou seja, não é uma dívida da primeira com a segunda que justifica o pagamento dos referidos juros, mas sim, o fato de a segunda ser acionista da primeira.

Os tratados em vigor para evitar a dupla tributação mais recentemente assinados pelo Brasil – quais sejam, com Portugal, com Chile e com Israel – trazem, em seu protocolo, a estipulação de que os juros sobre o capital próprio, para fins desses tratados, serão considerados no artigo referente aos juros, e não no artigo referente aos dividendos.

Curiosamente, a Secretaria da Receita Federal, ao ser demandada em consultas para analisar o tratamento tributário aplicável aos juros sobre o capital próprio no caso da Convenção para Evitar a Dupla Tributação em Matéria de Impostos sobre a Renda, firmada entre o Brasil e o Japão, manifestou reiteradas vezes de que não se trata de uma remuneração enquadrável sob o conceito de "juros" encontrado na referida Convenção.

Tendo em vista que o texto dos tratados traz, expressamente, a remissão à lei tributária brasileira para estipular o tratamento a ser considerado sob cada tratado, e também tomando-se por base que a legislação tributária brasileira atribui aos juros sobre o capital próprio o tratamento de receita ou despesa financeira, entendemos que, para fins de aplicação dos tratados para evitar a dupla tributação, deve prevalecer a aplicação do artigo convencional referente aos juros, em detrimento do artigo referente a dividendos.

4. Preços de Transferência Financeira

Estabelece a Lei no. 9.430/1996, em seu artigo 22, que os juros pagos ou creditados a pessoas vinculadas são dedutíveis apenas até o valor que não exceda ao montante calculado com base na taxa LIBOR para depósito em dólares americanos pelo prazo de 6 meses, acrescida de 3% anuais a título de *spread*. Ainda, a legislação estabelece que, no caso de contratos de empréstimo registrados junto ao Banco Central do Brasil, esse limite não se aplica, sendo aceitos, para fins de preços de transferência, os juros pactuados pelas partes.

Caso os juros cobrados pelas credoras vinculadas no exterior excedam aos limites de preços de transferência financeira, o excesso será não-dedutível para fins de IRPJ e CSLL.

O conceito de pessoa vinculada, estabelecida para fins de aplicação de preços de transferência, excede em muito o conceito de pessoa ligada, na medida em que não se restringe apenas à vinculação societária, mas também vinculações pessoais e contratuais.

Ainda, com relação a contratos registrados junto ao Banco Central do Brasil, à época em que a Lei no. 9.430/1996 foi editada, todos os contratos de empréstimos internacionais, nos quais uma pessoa física ou jurídica residente no Brasil fosse devedora, eram submetidos para prévia aprovação desse órgão, de tal maneira que, o Banco Central fazia o controle das taxas de juros pactuadas entre as partes, em comparação às taxas de mercado.

No entanto, hoje em dia, o registro de empréstimos internacionais tomados por empresas brasileiras é automático, de tal maneira que não é mais necessária qualquer prévia autorização do Banco Central. Ainda assim, mantém-se a dispensa de aplicação das normas de preços de transferência financeira no caso de contratos de empréstimos registrados junto a esse órgão. Cabe também destacar que, ao valor em moeda estrangeira registrado junto ao Banco Central como principal do empréstimo é garantida a plena remissibilidade do valor integral ingressado no Brasil.

Ainda no tocante às normas de preços de transferência financeira, destaque-se que, de acordo com o mesmo artigo 22 da Lei no. 9.430/1996, no caso de empréstimos feitos por empresas brasileiras para pessoas vinculadas no exterior, a remuneração mínima que deve ser exigida pelas credoras brasileiras corresponderá à mesma taxa LIBOR, acrescida de 3% por ano. Se as credoras brasileiras decidirem cobrar menos que o limite mínimo de preços de transferência, a diferença deverá ser adicionada às bases de cálculo do IRPJ e CSLL.

Destaque-se que, além de se aplicar as normas de preços de transferência financeira nas operações de empréstimos internacionais com pessoas vinculadas, essas normas também devem ser aplicadas quando a parte credora ou devedora, residente no exterior, for residente em paraíso fiscal, ou beneficiária de regime fiscal privilegiado.

Vejamos agora os conceitos de pessoa vinculada, paraíso fiscal e regime fiscal privilegiado.

4.1. *Conceito de pessoa vinculada*

O conceito de pessoa vinculada foi trazido pelo artigo 23 da Lei n.º 9.430/96, e diz respeito à vinculação dessa à pessoa jurídica brasileira, com a qual o negócio de importação ou exportação é efetuado.

A definição de pessoa vinculada foi uma inovação do legislador da Lei n.º 9.430/96 e é muito mais abrangente que a simples caracterização de "pessoa ligada", envolvendo, também, situações nas quais não existem vínculos societários.

Em primeiro lugar, a pessoa vinculada somente pode ser aquela que seja residente ou domiciliada no exterior, ao passo que o critério até então para estabelecer se uma pessoa seria "ligada" em relação à outra era meramente o vínculo societário e não um critério de local de residência, apesar de o critério do vínculo societário também ter sido incorporado no conceito de pessoa vinculada.

Em segundo lugar, a pessoa vinculada no exterior pode não ter qualquer vínculo societário com a empresa brasileira, como é o caso de:

> pessoa física ou jurídica, residente ou domiciliada no exterior, que seja sua associada, na forma de consórcio ou condomínio em qualquer empreendimento, somente durante o período de duração do consórcio ou condomínio no qual ocorrer a associação;
>
> pessoa física ou jurídica, residente ou domiciliada no exterior, que goze de exclusividade, como seu agente, distribuidor ou concessionário, para a compra e venda de bens, serviços ou direitos, sendo que a vinculação somente se aplica em relação às operações com os bens, serviços ou direitos para o quais se constatar a exclusividade; e,
>
> pessoa física ou jurídica, residente ou domiciliada no exterior, em relação à qual a pessoa jurídica domiciliada no Brasil goze de exclusividade, como agente, distribuidora ou concessionária, para a compra e venda de bens, serviços ou direitos, sendo que a vinculação somente se aplica em relação às operações com os bens, serviços ou direitos para o quais se constatar a exclusividade.

Vejamos, mais detidamente, cada uma dessas situações.

A primeira situação de vinculação diz respeito à matriz da pessoa jurídica brasileira. Neste caso, a pessoa jurídica brasileira, sob o ponto de vista societário, não será uma pessoa jurídica autônoma, mas uma extensão da personalidade jurídica de sua matriz. Inobstante, para fins de tributação pelo IRPJ, a filial de uma empresa estrangeira, que esteja devidamente constituída no Brasil, é equiparada à pessoa jurídica brasileira, conforme disposto na Lei n.º 3.470/58, artigo 76, Lei n.º 4.131/62, artigo 42, e Lei n.º 6.264/75, artigo 1.º, consolidadas no artigo 147[6] do Regulamento do Imposto de Renda (Decreto n.º 3.000, de 27 de março de 1999).

Outra situação de vinculação é a filial ou sucursal, domiciliada no exterior, da empresa brasileira. Ne ste caso, a filial ou a sucursal é uma mera extensão da empresa brasileira, não tendo, em relação a esta, autonomia societária. Quando se trata de tributação de filial ou sucursal, os lucros auferidos pela filial são tributáveis no Brasil, no encerramento de cada exercício. Isto é, ainda que haja uma transferência de lucros do Brasil para o exterior, em função dos preços de exportação ou importação praticados, tais lucros transferidos serão tributados no final do ano. Em função disso, em uma dada operação de comércio exterior entre matriz brasileira e filial no exterior, se houver, de acordo com as normas de preços de transferência, ajuste no preço efetivamente praticado para fins de calcular o IRPJ e CSLL, a matriz brasileira será duplamente penalizada: terá que oferecer à tributação referido ajuste, bem como os lucros auferidos pela filial no exterior, nos quais estarão incluídos as vantagens obtidas na referida operação de comércio exterior.

Ainda na esteira do vínculo societário, a definição de pessoa vinculada abrange também a a pessoa física ou jurídica, residente ou domiciliada no exterior, cuja participação societária no seu capital social a caracterize como sua controladora ou coligada, na forma definida nos §§ 1.º e 2.º do art. 243 da Lei n.º 6.404, de 15 de dezembro de 1976. "Controladora" é a pessoa jurídica ou física que, isolada ou em conjunto com outras pessoas, direta ou indiretamente, seja titular de direitos de sócio que lhe assegurem, de modo permanente, preponderância nas deliberações sociais e o poder de eleger a maioria dos administradores. No tocante à coligação, ainda conforme definição legal, são coligadas as

---

[6] Art. 147 – Consideram-se pessoas jurídicas, para efeito do disposto no inciso I do artigo anterior:

I – as pessoas jurídicas de direito privado domiciliadas no País, sejam quais forem seus fins, nacionalidade ou participantes no capital (Decreto-Lei n.º 5.844/43, Art. 27, e Leis n.ºs 4.131/62, Art. 42, e 6.264/75, Art. 1.º);

II – as filiais, sucursais, agências ou representações no País das pessoas jurídicas com sede no exterior (Leis n.ºs 3.470/58, Art. 76, 4.131/62, Art. 42, e 6.264/75, Art. 1.º);

III – os comitentes domiciliados no exterior, quanto aos resultados das operações realizadas por seus mandatários ou comissários no País (Lei n.º 3.470/58, Art. 76).

sociedades quando uma participa, com 10% (dez por cento) ou mais, do capital da outra, sem controlá-la.

Em havendo controle societário ou administrativo comum entre a empresa brasileira e o importador ou exportador no exterior, ou quando pelo menos dez por cento do capital de cada uma das empresas pertencer a uma mesma pessoa física ou pessoa jurídica, também há a configuração de vinculação. Ou, ainda, quando ambas as partes – empresa brasileira e exportador ou importador no exterior – tenham participação no capital social de uma terceira pessoa jurídica, cuja soma as caracterizem como controladas ou coligadas.

Não mais na esfera da vinculação por relação societária, há situações nas quais a vinculação é contratual. O primeiro caso é a associação, na forma de consórcio ou condomínio, em qualquer empreendimento. Em ambas as formas de associação, não há a criação de uma nova personalidade jurídica – no primeiro caso, há a associação de duas ou mais sociedades, para execução de um determinado empreendimento, sem presunção de solidariedade entre elas; no segundo, há um bem, ou um conjunto de bens, com mais de um proprietário, em que cada um tem direito a uma fração ideal, e não a uma parte determinada, daquele bem.

Neste tipo de vinculação, somente faz sentido a caracterização do vínculo enquanto perdurar a associação. Isto porque, não havendo mais a associação entre as empresas e, desde que não seja caracterizada qualquer situação de vínculo societário, os negócios de comércio exterior envolverão duas partes independentes, nos quais os preços praticados tenderão a ser os de mercado. Ademais, há de se interpretar com muito cuidado o vínculo no caso de condomínio. "Condomínio" deve ser em relação a um empreendimento empresarial comum. Não se pode supor que, se a empresa brasileira e o exportador no exterior tiverem investimento em um mesmo fundo de investimento em um banco brasileiro, por exemplo, – fundo este constituído sob a forma de condomínio – automaticamente tais empresas tenderão a não praticar os preços de mercado e, portanto, tais empresas seriam vinculadas. Entendo que o foco da vinculação é a associação, independentemente da mesma se dar sob a forma de consórcio ou condomínio.

Outra situação em que o vínculo contratual se encontra presente é a pessoa jurídica ou física residente no exterior que goze de exclusividade, como agente, distribuidor ou concessionário para a compra e venda de bens, serviços ou direitos da empresa brasileira. Ou, na situação inversa, na qual a empresa brasileira seja agente, distribuidora ou concessionária exclusiva para a compra e venda dos bens, serviços ou direitos da pessoa no exterior, também se verifica a vinculação.

Por fim, a vinculação abrange também relações pessoais, ao determinar, como pessoa vinculada à empresa brasileira a pessoa física residente no exterior que for parente ou afim até o terceiro grau, cônjuge ou companheiro de qualquer de seus diretores ou de seu sócio ou acionista controlador em participação direta ou indireta. Vale destacar, neste caso, que a vinculação não se dá entre a empresa na qual a pessoa física residente no exterior trabalhe ou faça parte e a empresa brasileira, mas sim, entre a própria pessoa física residente no exterior e a pessoa jurídica brasileira.

Portanto, deve-se entender como pessoa vinculada, domiciliada no exterior, à empresa brasileira: sua matriz, filial, sucursal, a controladora direta ou indireta, a coligada, as associadas por condomínio ou consórcio, a pessoa física parente ou afim até terceiro grau, o cônjuge ou companheiro de qualquer dos diretores ou de seu sócio ou acionista controlador em participação direta ou indireta e o agente, distribuidor ou concessionário exclusivos.

Posteriormente, a Medida Provisória n.º 2.158-35, de 2001, trouxe em seu artigo 87 a presunção *de vinculação entre as partes na transação comercial quando, em razão de legislação do país do vendedor ou da prática de artifício tendente a ocultar informações, não for possível: I – conhecer ou confirmar a composição societária do vendedor, de seus responsáveis ou dirigentes; ou II – verificar a existência de fato do vendedor.* Não se trata de uma restrição específica para os países ou jurisdições de tributação favorecida, mas cabe observar que, em grande parte dessas jurisdições, é comum encontrar, além de reduzida tributação sobre a renda, a possibilidade de efetuar transações sem identificação, especialmente por meio de empresas cujas ações são ao portador.

4.2. *Legislação brasileira e paraísos fiscais*

Benefícios fiscais, assim entendidos os regimes que reduzem ou eliminam a tributação, existem em vários países do mundo, inclusive no Brasil, como ocorre no caso da tributação das pessoas jurídicas que se instalam nas regiões Norte e Nordeste do país, ou como é o caso da desoneração das exportações.

No entanto, alguns países – muitas vezes, apenas em algumas dependências de países – estabelecem regimes tributários nos quais a regra geral é sujeitar-se à tributação reduzida ou nenhuma tributação, ou seja, a tributação sobre a renda é exceção. Tais países ou dependências agregam ainda aos benefícios fiscais outras vantagens, tais como liberdade de moeda, possibilidade de efetuar transações sem identificação, por meio de empresas ou fundos ao portador, garantia de sigilos bancário e de dados, facilidade para efetuar transações internacionais, dentre outros. São os denominados "paraísos fiscais"[7], ou *tax haven jurisdictions* que, conforme ressalta HELENO TÔRRES, representam *formas típicas de concorrência fiscal prejudicial*[8].

Essas jurisdições são *centros de prestação de serviços*, os quais compreendem, dentre outros, os serviços financeiros e os serviços fiduciários, com a administração de empresas, fundações, *trusts* e outras figuras jurídicas que existam sob cada um dos sistemas legais.

As legislações dos diversos países que não se caracterizem como "de tributação favorecida" vêm criando diversas barreiras para inibir o uso dessas jurisdições, barreiras estas, em sua grande maioria, de natureza tributária. Dentre tais barreiras, podemos destacar (a) o regime da transparência fiscal internacional, segundo o qual a empresa situada em uma jurisdição de tributação favorecida que seja controlada por uma empresa constituída em um país de alta pressão fiscal é considerada como "extensão" da sua controladora, desconsiderando-se sua personali-

---

[7] Não usaremos a denominação "paraíso fiscal", denominação esta frontalmente combatida pelo Prof. Heleno Tôrres, ao expressar: *Encontra-se arraigado na terminologia coloquial do Direito Tributário o jargão "paraíso fiscal", tão ao gosto popular, para identificar as manifestações de concorrência fiscal prejudicial, cuja imprecisão é latente. Eis uma praga lingüística mal importada dos imprecisos termos usados na doutrina do* common law, *disseminada em várias línguas, só não desagradável aos novidadeiros, que consideram manifestações de progresso a introdução de pragas léxicas, sem qualquer compromisso com o conteúdo de significação que o termo possa representar.* TÔRRES, Heleno. *Direito Tributário Internacional*. São Paulo: Revista dos Tribunais, 2001, pp. 75 e 76.

[8] Op. Cit, p. 71.

dade jurídica autônoma; (b) a aplicação das normas de preços de transferências a transações nas quais uma das partes contratantes seja residente em uma jurisdição de tributação favorecida; (c) aplicação de alíquotas mais gravosas para a tributação das rendas auferidas pela empresa residente em jurisdição de tributação favorecida; (d) valoração aduaneira; dentre outras.

No Brasil, o controle aos países com tributação favorecida iniciou-se em 1997, com o advento da Lei n.º 9.430, de 1996. Com base no artigo 24 da referida lei, as transações de importação e exportação, bem como os empréstimos internacionais, passaram a sujeitar-se ao controle de preços de transferência toda vez que a parte contratante no exterior fosse residente em um *país com tributação favorecida*. Ainda segundo esse artigo, para a verificação da tributação favorecida, *será considerada a legislação tributária do referido país, aplicável às pessoas físicas ou às pessoas jurídicas, conforme a natureza do ente com o qual houver sido praticada a operação*.

A Medida Provisória n.º 22, de 08 de janeiro de 2002, convertida na Lei n.º 10.451, de 10 de maio de 2002, acrescentou o parágrafo 3.º a esse artigo, estabelecendo que, para fins de constatação da tributação favorecida, *considerar-se-á separadamente a tributação do trabalho e do capital, bem como as dependências do país de residência ou domicílio*.

Mais recentemente, a Lei n.º 11.727/2008 expandiu o conceito de paraísos fiscais, estabelecendo como tais também as jurisdições cuja legislação não permita o acesso a informações relativas à composição societária de pessoas jurídicas, à sua titularidade ou à identificação do beneficiário efetivo de rendimentos atribuídos a não residentes.

4.2.1. *Conceito de País com Tributação Favorecida*

Conforme já mencionado, no Brasil, a primeira restrição ao uso dos países com tributação favorecida surgiu com o advento da Lei n.º 9.430, de 1996, em seu artigo 24, que determinou a aplicação das normas de preços de transferência àquelas operações de importação, exportação ou empréstimos efetuados entre uma parte brasileira e um residente em um *país que não tribute a renda, ou a tribute em alíquota máxima inferior a vinte por cento* . Desta feita, definiu-se o "país com tributação favorecida" como todo aquele no qual em que não houvesse tributação sobre a renda igual ou superior a vinte por cento.

Ora, mas qual a tributação a ser considerada? Pois as diversas legislações dos vários países trazem várias disciplinas de tributação sobre a renda – rendas auferidas por pessoas físicas, rendas auferidas por pessoas jurídicas, rendimentos do trabalho, rendimentos de aplicações financeiras, ganhos de capital, etc. Se verificássemos apenas a definição legal – país que não tribute a renda ou a tribute em alíquota máxima inferior a vinte por cento – diriam alguns que bastaria existir em um determinado país a tributação de *qualquer* renda em alíquota superior a vinte por cento para se excluir do conceito de país com tributação favorecida aquele determinado Estado Soberano.

Não foi esta a intenção do legislador, claramente expressa ainda nos parágrafos do referido artigo 24, ao estabelecer que a carga tributária deverá ser analisada em relação à natureza do ente com o qual se contrata – pessoa física ou pessoa jurídica. Assim, não basta verificar se existe tributação ou não sobre a renda em um determinado país, mas também se deve levar em conta a tributação à qual o sujeito com o qual se contrata está efetivamente submetido.

Com base na modificação trazida pela Lei n.º 10.451/2002, passou-se a considerar *separadamente a tributação do trabalho e do capital, bem como as dependências do país de residência ou domicílio*. Esta modificação veio acomodar a necessidade da Secretaria da Receita Federal em incluir *dependências de países* como jurisdições de tributação favorecida, enquanto que as normas em vigor possibilitavam apenas a caracterização de países considerados como Estados soberanos.

Por definição legal, todo aquele país ou jurisdição que não tribute a renda, ou a tribute em alíquota máxima inferior a vinte por cento, será tido como *país com tributação favorecida*. E, as empresas brasileiras, que negociarem bens, serviços ou direitos com empresas ou pessoas físicas domiciliadas nesse país, estarão sujeitas ao controle dos preços de transferência.

Muito se discute se deve ser verificada a carga tributária efetiva, ou a alíquota nominal do imposto de renda no outro país, quando a lei menciona, a definição de país com tributação favorecida, a alíquota de 20%. Isto porque, é sabido que, em certos países, a alíquota do imposto de renda é superior a 20%, todavia, tendo como base de cálculo somente um percentual sobre a renda. Ou seja, a carga tributária efetiva para o beneficiário é inferior a 20%, em função da redução da base de cálculo.

Sobre o assunto, HELENO TÔRRES[9] tem o entendimento de que a legislação brasileira, ao falar em *alíquota máxima inferior a 20%* refere-se à *alíquota efetiva*, assim entendida *aquela que, além da proporção legal da alíquota, são somados em conta outros aspectos do critério quantitativo da norma, como a determinação da base de cálculo, sendo definida como o resultado decorrente do somatório do imposto pago sobre o lucro da pessoa jurídica, antes da sua distribuição, com o imposto devido na distribuição de lucros, dividido pelo lucro antes da incidência do Imposto sobre a Renda devido pela empresa.*

Nosso entendimento coaduna-se com o de HELENO TÔRRES. Isto porque, a *alíquota máxima inferior a vinte por cento* será verificada em razão da renda, ou seja, deve ser verificada se, sobre a renda, recairá uma carga tributária mais gravosa ou menos gravosa do que o patamar de vinte por cento. Ademais, se a motivação do legislador, ao determinar a *alíquota máxima inferior a vinte por cento,* foi a de que as operações efetuadas com empresas localizadas em países cuja tributação seja assim inferior tendem a ser vantajosas para tais empresas, em detrimento das brasileiras com as quais se negocia, deve-se aplicar a restrição a todo e qualquer país cuja renda esteja sujeita à carga tributária efetiva inferior a 20%.

A Lei n.º 9.430/96 dispõe, ainda, que, para a verificação da tributação de um determinado país, *será considerada a legislação tributária do referido país, aplicável às pessoas físicas ou às pessoas jurídicas, conforme a natureza do ente com o qual houver sido praticada a operação*. Ou seja, a análise da tributação sobre a renda – superior ou inferior a vinte por cento – levará em conta o fato de a pessoa com a qual a empresa brasileira negocia ser uma pessoa jurídica ou física.

Em certos casos, o país impõe tributação sobre a renda superior a 20%, todavia, certos tipos de sociedade, ou certos tipos de atividades, ou apenas certas regiões do País, são beneficiados com redução da tributação. É como explica ALBERTO XAVIER[10]:

---

[9] TÔRRES, Heleno. Ob. cit, pp. 94 e 95.

[10] XAVIER, Alberto. *Direto Tributário Internacional do Brasil.* Rio de Janeiro: Forense, 5a Edição, 1998, p. 282.

> *Mas, como alguém já afirmou, todos os Estados são, de certo modo, paraísos fiscais, no que tange a setores ou vantagens específicas que oferecem: recorre-se ao Panamá e à Libéria para o desenvolvimento da marinha mercante; ao Luxemburgo e à Holanda, em razão o regime especialmente favorável das sociedades* holding *e da colocação de empréstimos externos; (...). Mas é certo que os Estados Unidos, país de elevado nível de tributação, oferecem também a vantagem específica de não tributar os juros pagos aos residentes no exterior, que detêm depósitos bancários, encorajando assim a permanência desses fundos na sua economia.*

Nestes casos, a questão é: perante a Lei n.º 9.430/96, para identificação de "país com tributação favorecida", considera-se a regra geral de tributação aplicável às pessoas físicas ou jurídicas de um determinado país, ou considera-se a tributação que será aplicada àquela pessoa em particular?

Nesta questão, Alberto Xavier assim esclarece:

> "A lei afirma que o nível de tributação do país em causa seja determinado conforme a legislação aplicável à 'natureza do ente' com o qual tiver sido praticada a operação. Entendemos que esta consideração *apenas se aplica se o regime tributário mais favorável do país estrangeiro for definido em função de características subjetivas da entidade em causa* (por exemplo, uma isenção que atinja todos os rendimentos de uma certa pessoa, em função do seu objeto), mas não em função de características objetivas, dependendo da natureza dos rendimentos auferidos, como é o caso das "holdings" (como as brasileiras), isentas ou menos tributadas em relação aos dividendos, ou o caso das sociedades tributadas em relação à generalidade dos rendimentos, mas não assim em relação aos rendimentos de origem externa (como sucederia no Brasil antes da abolição do princípio da territorialidade)."

Segue na mesma esteira o entendimento de Heleno Tôrres, ao afirmar que *A Lei 9.430/96 foi além disso, referindo-se à* natureza do ente, *de sorte que o critério subjetivo ingressa na análise e deve ser levado em conta para a atribuição dos efeitos típicos de identificação dos países com tributação favorecida e sucessivo controle das operações. Com isto, passa a alcançar não somente os países que não tributem a renda ou que tributem com alíquota máxima inferior a 20% mas também os que mantenham uma alíquota efetiva acima desse patamar, abrigando, porém, formas societárias ou de investimentos que, pela natureza jurídica do ente, recebam um tratamento fiscal privilegiado e sejam tributadas com alíquotas inferiores a 20%.*

Nossa opinião é concordante ao entendimento dos autores supracitados. A nosso ver, na medida em que haja, em um determinado país, benefícios de imposto sobre a renda para determinados tipos de sociedades ou pessoas, em função de suas características *subjetivas*, se o contribuinte brasileiro efetuar operações de comércio exterior com sociedades ou pessoas beneficiadas, ficará configurado aquele país como *de tributação favorecida*.

4.2.2. *Listas de Jurisdições de Tributação Favorecida Emanadas da Secretaria da Receita Federal*

No tocante à caracterização dos países ou jurisdições que possam ser consideradas de tributação favorecida, cabe destacar a já mencionada prática da Secretaria da Receita Federal de publicar as listas daqueles locais que esta entende como de tributação favorecida.

A lista atualmente em vigor consta da Instrução Normativa n.º 1.037, de 2010, a qual congrega as seguintes jurisdições: Andorra; Anguilla; Antígua e Barbuda; Antilhas Holandesas; Aruba; Ilhas Ascensão; Comunidade das Bahamas; Bahrein; Barbados; Belize; Ilhas Bermudas; Brunei; Campione D'Italia; Ilhas do Canal (Alderney, Guernsey, Jersey e Sark); Ilhas Cayman; Chipre; Cingapura; Ilhas Cook; República da Costa Rica; Djibouti; Dominica; Emirados Árabes Unidos; Gibraltar; Granada; Hong Kong; Kiribati; Lebuan; Líbano; Libéria; Liechtenstein; Macau; Ilha da Madeira; Maldivas; Ilha de Man; Ilhas Marshall; Ilhas Maurício; Mônaco; Ilhas Montserrat; Nauru; Ilha Niue; Ilha Norfolk; Panamá; Ilha Pitcairn; Polinésia Francesa; Ilha Queshm; Samoa Americana; Samoa Ocidental; San Marino; Ilhas de Santa Helena; Santa Lúcia; Federação de São Cristóvão e Nevis; Ilha de São Pedro e Miguelão; São Vicente e Granadinas;V Seychelles; Ilhas Solomon; St. Kitts e

Nevis; Suazilândia; Suíça[11]; Sultanato de Omã; Tonga; Tristão da Cunha; Ilhas Turks e Caicos; Vanuatu; Ilhas Virgens Americanas; Ilhas Virgens Britânicas.

Há uma discussão em relação à natureza dessa lista – taxativa ou meramente exemplificativa. A razão de existir a lista é, a nosso ver, louvável – a segurança jurídica, pois não se pode presumir que o responsável pelo cumprimento das obrigações tributárias no Brasil sempre tenha acesso à legislação tributária dos países com os quais se negocia ou nos quais residam os beneficiários de rendimentos de fonte brasileira.

Porém, não se pode, de maneira nenhuma, considerar a lista taxativa, eis que é veiculada por meio de Instrução Normativa, que nada mais é do que uma norma secundária, ou seja, uma regulamentação administrativa, emanada pelo Secretário da Receita Federal do Brasil, e não por meio de lei.

No entanto, é fato que, na prática, as autoridades não têm exigido a aplicação retroativa das novas instruções normativas.

4.2.3. *Regime de Tributação Favorecida*

A Lei no. 11.727/2008 introduziu na legislação brasileira o conceito de regime de tributação favorecida, estabelecendo que, todas as vezes que uma empresa brasileira negociar com uma empresa residente no exterior que goze, no seu país, de um tratamento tributário favorecido, essa empresa brasileira será obrigada a aplicar as normas brasileiras de preços de transferência.

Essa lei introduziu o artigo 24-A na Lei no. 9.430/1996, estabelecendo que, caracteriza-se como "regime fiscal privilegiado" aquele que:

a) não tribute a renda ou a tribute à alíquota máxima inferior a 20% (vinte por cento);
b) conceda vantagem de natureza fiscal a pessoa física ou jurídica não residente:

[11] Os efeitos da inclusão da Suíça na lista negra foi temporariamente suspensa, de acordo com a Instrução Normativa no. 1.046/2010, por conta de negociações entre autoridades suíças e brasileiras.

- sem exigência de realização de atividade econômica substantiva no país ou dependência;
- condicionada ao não exercício de atividade econômica substantiva no país ou dependência;

c) não tribute, ou o faça em alíquota máxima inferior a 20% (vinte por cento), os rendimentos auferidos fora de seu território;
d) não permita o acesso a informações relativas à composição societária, titularidade de bens ou direitos ou às operações econômicas realizadas.

Em junho de 2010, por meio da Instrução Normativa no. 1.037 – a mesma instrução que trouxe a lista negra de paraísos fiscais –, a Receita Federal publicou a lista de jurisdições consideradas como regimes fiscais privilegiados. De acordo com o artigo 2.º dessa Instrução, são regimes fiscais privilegiados:

a) com referência à legislação de Luxemburgo, o regime aplicável às pessoas jurídicas constituídas sob a forma de **holding company;**
b) com referência à legislação do Uruguai, o regime aplicável às pessoas jurídicas constituídas sob a forma de "Sociedades Financeiras de Inversão (Safis)" até 31 de dezembro de 2010**;**
c) com referência à legislação da Dinamarca, o regime aplicável às pessoas jurídicas constituídas sob a forma de holding company que não exerçam atividade econômica substantiva;
d) com referência à legislação do Reino dos Países Baixos, o regime aplicável às pessoas jurídicas constituídas sob a forma de holding company que não exerçam atividade econômica substantiva[12];
e) com referência à legislação da Islândia, o regime aplicável às pessoas jurídicas constituídas sob a forma de **International Trading Company** (ITC);
f) com referência à legislação da Hungria, o regime aplicável às pessoas jurídicas constituídas sob a forma de **offshore KFT**;

[12] Os efeitos da inclusão da Holanda foi temporariamente suspensa, de acordo com a Instrução Normativa no. 1.046/2010, por conta de negociações entre autoridades holandesas e brasileiras.

g) com referência à legislação dos Estados Unidos da América, o regime aplicável às pessoas jurídicas constituídas sob a forma de **Limited Liability Company** (LLC) estaduais, cuja participação seja composta de não residentes, não sujeitas ao imposto de renda federal; ou
h) com referência à legislação da Espanha, o regime aplicável às pessoas jurídicas constituídas sob a forma de **Entidad de Tenencia de Valores Extranjeros** (E.T.V.Es.);
i) com referência à legislação de Malta**,** o regime aplicável às pessoas jurídicas constituídas sob a forma de **International Trading Company (ITC)** e de **International Holding Company (IHC).**

Há de se destacar alguns pontos dessa lista:

a) vários países que constam dessa lista têm com o Brasil tratados para evitar a dupla tributação – Espanha, Holanda, Luxemburgo, Hungria e Dinamarca. Na medida em que essa lista representa uma discriminação entre os residentes de um país que tem tratado com o Brasil, a inclusão na lista poderia ser entendida como uma violação ao tratado. Ainda, a inclusão dessas jurisdições na lista de regimes fiscais privilegiados não foi previamente negociada com cada um dos países – tanto é assim que, por conta de oposições apresentadas pelo governo holandês, houve a suspensão dos efeitos da inclusão da Holanda;
b) em várias das jurisdições incluídas na lista, não há um tipo de sociedade denominada "holding company", sendo essa denominação utilizada para indicar empresas comuns que tenham como único objeto social a participação societária em outras empresas. Ainda, nessas mesmas jurisdições, como é o caso da Holanda, Espanha e Dinamarca, não há um "regime fiscal" específico aplicável às "sociedades constituídas sob forma de holding company", mas sim o regime geral de "participation exemption" aplicado por todos os países da União Européia;
c) Se uma determinada sociedade estabelecida em uma dessas jurisdições tiver, além da participação em outras empresas, outras atividades operacionais, deve-se considerar dita sociedade como sujeita a "regime fiscal privilegiado"? Entendemos que não. Se

a sociedade tiver outras atividades operacionais, ainda que se utilize do regime de "participation exemption", entendemos que essa sociedade não deverá ser considerada como sujeita a regime fiscal privilegiado.

5. Normas brasileira contra a subcapitalização

Como comentamos anteriormente, até o ano de 2009, o Brasil não aplicava qualquer controle contra a chamada subcapitalização, que corresponde ao uso de empréstimos por acionistas ou por pessoas ligadas, ao invés de capital.

No ano de 2009, uma importante disputa entre o fisco e um contribuinte veio a público, por meio do jornal Valor Econômico, revelando uma controvérsia quanto à dedução de despesas de juros, oriundas da captação de recursos pela empresa brasileira do Grupo Colgate-Palmolive junto à sua controladora, localizada nos Estados Unidos, feita para a aquisição das atividades desenvolvidas pelo Grupo American Home sob a marca Kolynos.

Naquela disputa, muito embora a Corte Administrativa, em sua segunda instância, havia dado decisão favorável à Colgate-Palmolive, reconhecendo que não havia no Brasil normas contra a subcapitalização, o Fisco insistia em afirmar que as despesas financeiras não eram necessárias, pois a despeito de terem sido utilizadas nas atividades operacionais da empresa, foram geradas por recursos que supostamente poderiam ter sido fornecidos como capital, no entender das autoridades tributárias. Essa disputa ainda não está encerrada, de tal maneira que ainda não temos um posicionamento definitivo das cortes a respeito do assunto.

Fato é que, esse caso chamou a atenção das autoridades tributárias para a ausência de normas contra a subcapitalização no direito brasileiro, o que motivou o Presidente a inserir, no pacote de medidas tributárias do final de 2009, válidas a partir de 1.º de janeiro de 2010, tais normas.

As normas brasileiras de subcapitalização, introduzidas pela Medida Provisória no. 472/ 2010, posteriormente convertida na Lei no. 12.249/2010, se dividem entre aquelas aplicáveis aos empréstimos internacionais obtidos junto a pessoas vinculadas não residentes em paraísos fiscais, nem beneficiárias de regimes fiscais privilegiados, e aquelas aplicáveis aos empréstimos obtidos de quaisquer pessoas, físicas ou jurídicas, residentes em paraísos fiscais ou beneficiários de regime fiscal privilegiado. Vejamos com mais detalhes.

5.1. *Empréstimos concedidos por pessoa vinculada no exterior, não residente em paraísos fiscais e não beneficiária de regimes fiscais privilegiados*

De acordo com o artigo 24 da Lei no. 12.429/2010, sem prejuízo da aplicação das normas de preços de transferência financeira, nos empréstimos internacionais nos quais a credora, residente no exterior em jurisdição que não seja paraíso fiscal, nem beneficiária de regime fiscal privilegiado, for uma pessoa vinculada à empresa brasileira, a dedução de juros deverá observar os seguintes requisitos:

a) os juros devem constituir despesa necessária à atividade da empresa, de tal maneira que os recursos captados devem ser utilizados nas atividades operacionais da empresa brasileira;
b) se a credora tiver participação societária no capital da empresa brasileira, o valor da dívida não pode exceder a 2 vezes o valor da sua participação no patrimônio líquido dessa empresa brasilcira;
c) se a credora não tiver participação societária no capit al da empresa brasileira, o endividamento não poderá exceder a 2 vezes o valor do patrimônio líquido dessa empresa;
d) em qualquer dos casos mencionados nos itens "b" e "c" , o somatório das dívidas com pessoas vinculadas não residentes em paraísos fiscais, nem beneficiárias de regime fiscal privilegiado, não pode ultrapassar 2 vezes o patrimônio líquido da empresa brasileira, exceto se esta tiver contraído empréstimos apenas e tão-somente com pessoas vinculadas sem participação societária em seu capital.

O cálculo do total de endividamento levará em conta todas as formas e prazos de financiamento, com ou sem registro junto ao Banco Central do Brasil. Em havendo excesso de endividamento em relação aos limites acima referidos, os juros calculados sobre o endividamento excedente não serão dedutíveis para fins de IRPJ e CSLL.

Esse artigo 24, em seu parágrafo segundo, ainda estabelece que, aplica-se o controle de subcapitalização no caso de empréstimos concedidos por terceiros, se uma pessoa vinculada residente no exterior for o avalista, fiador, procurador ou qualquer interveniente nos referidos empréstimos.

Quando o tomador no Brasil for uma instituição financeira, caso os recursos tomados no exterior de pessoas vinculadas sejam utilizados para operações de repasse a seus clientes no Brasil, os valores dos empréstimos externos correspondentes aos repasses ficam dispensados do controle da subcapitalização.

Muito embora diversos países tenham normas contra a subcapitalização, há que se destacar algumas peculiaridades das normas brasileiras, quais sejam:

a) a sua abrangência pessoal – na medida em que as normas contra a subcapitalização são aplicáveis para todo e qualquer empréstimo feito por pessoa *vinculada*, e o conceito de *pessoa vinculada* vem justamente da legislação de preços de transferência, não se trata de controlar apenas os juros de empréstimos provenientes de sócios ou acionistas, mas sim, de qualquer pessoa – física ou jurídica – residente no exterior que possam ter algum vínculo societário, pessoal ou contratual que a caracterize como "pessoa vinculada" à empresa brasileira;
b) ao limite de endividamento – diferentemente das orientações da OCDE, que recomendam que esse limite de endividamento seja de, no máximo, 3 vezes o valor do patrimônio líquido de determinada empresa, o limite estabelecido pela legislação tributária brasileira é de apenas 2 vezes o valor do patrimônio líquido;
c) à abrangência material – as normas contra a subcapitalização aplicam-se também a empréstimos de terceiros, se nesses empréstimos uma pessoa vinculada no exterior for avalista, fiadora (ou seja, garantidora), procuradora (independentemente de a vinculada assumir qualquer ônus financeiro) ou "interveniente". Interveniente é um termo que, no direito brasileiro, é deveras abrangente, e inclui qualquer um que, por escrito, tome conhecimento de um determinado contrato, ainda que não tenha qualquer direito ou obrigação sobre ele.

> Grande parte dos países exige a aplicação das normas de subcapitalização nos casos das operações em que a controladora provê uma garantia financeira ("cash collateral") para a operação, para evitar as chamadas operações "back-to-back", mas não aquelas operações em que, legitimamente, a subsidiária toma o empréstimo, mas por questões negociais, a controladora aparece para garantir ou autorizar a operação.
> Há que se considerar que, do ponto de vista econômico, é normal os credores entenderem que um determinado grupo de empresas tem o risco menor do que cada uma das empresas do grupo, analisadas isoladamente, e para aceitar reduzir as taxas de juros, exigem que a controladora figure no contrato como garantidora, sem que haja, no momento da contratação do empréstimo, o desembolso de um centavo qualquer por essa garantidora.

Portanto, quando se fala de subcapitalização no Brasil, não se deve levar em conta apenas os empréstimos entre a controladora e a sua controlada, mas sim, os empréstimos que a empresa brasileira toma de quaisquer de suas pessoas vinculadas no exterior.

5.2. *Empréstimos concedidos por pessoa residentes em paraísos fiscais ou beneficiária de regimes fiscais privilegiados*

Quando o empréstimo for proveniente de credora – vinculada ou não – residente em paraíso fiscal, ou beneficiária no exterior de regime fiscal privilegiado, as normas comentadas no item 5.1., acima, não se aplicam, eis que esse empréstimo está regulado pelo artigo 25 da Lei n.º 12.249/2011.

A diferença entre as disposições do artigo 24 e do artigo 25 se resume, basicamente, ao limite de endividamento. No caso do artigo 25, o somatório das dívidas com pessoas residentes em paraísos fiscais ou beneficiárias de regime fiscal privilegiado não pode ultrapassar 30% do patrimônio líquido da empresa brasileira.

As outras determinações – considerar todas as formas de endividamento; inclusão das operações em que o avalista, fiador, procurador ou interveniente for residente em paraíso fiscal ou beneficiário de regime fiscal privilegiado; exclusão dos valores utilizados pelas instituições financeiras como repasse – também foram incluídas no artigo 25.

Assim, em qualquer empréstimo proveniente de paraíso fiscal, além de ter o controle de subcapitalização com o limite de endividamento reduzido – 30% do patrimônio líquido, ao invés de 2 vezes o seu valor – há que lembrar ainda que é aplicável o imposto de renda retido na fonte majorado de 15% para 25%.

O mesmo não acontece com beneficiário de regime fiscal privilegiado. Muito embora aos empréstimos com esse beneficiário se aplique o limite de endividamento reduzido de 30%, não se aplica, por enquanto, a majoração de alíquota do imposto de renda na fonte, eis que dita majoração apenas é aplicável para as jurisdições consideradas paraísos fiscais.

6. Conclusões

Com base em todo o aqui exposto:

a) Do ponto de vista da carga tributária brasileira, para uma empresa aqui residente é vantajoso tomar empréstimo no exterior, eis que, os juros geram uma dedução fiscal para fins de IRPJ e CSLL (cuja carga tributária combinada corresponde a 34% ou 40% no caso das instituições financeiras e seguradoras) maior que o imposto de renda na fonte incidente sobre esses mesmos juros (15% ou 25%, se beneficiário for residente em paraíso fiscal);
b) Para aumentar a atratividade do uso de capital, em 1996 entraram em vigor as normas dos juros sobre o capital próprio, que é uma forma de remuneração ao acionista dedutível para fins de IRPJ e CSLL como se juros fossem, e também tributável na fonte às mesmas alíquotas de 15% ou 25%;
c) Muito embora a natureza jurídica dos juros sobre o capital próprio seja de remuneração de acionista – e, portanto, como já manifestou a Comissão de Valores Mobiliários, de dividendos – o tratamento tributário aplicável é o de juros, de tal maneira que, nos tratados para evitar a dupla tributação que o Brasil é parte, prevalece a aplicação do artigo 11 (Juros), e não do artigo 10 (dividendos);

d) O Brasil também aplica o controle de preços de transferência financeira sobre os empréstimos internacionais quando o credor no exterior for pessoa vinculada à empresa brasileira, quando residir em paraíso fiscal, ou quando for beneficiário de regime fiscal privilegiado;
e) O conceito de pessoa vinculada é muito mais abrangente do que o simples conceito de pessoa ligada, incluindo vínculos mais diversos societários, contratuais e pessoais no seu escopo;
f) Muito embora o conceito de paraíso fiscal esteja definido em lei, o Brasil tem adotado a política de publicar normas administrativas que trazem a lista das jurisdições entendidas pelo Fisco como paraísos fiscais. Essa lista, apesar de não ser, do ponto de vista jurídico, taxativa, eis que veiculada por normas editadas pelo Secretário da Receita Federal do Brasil e não por lei, tem sido tratada pela fiscalização como taxativa, para o bem da segurança jurídica do contribuinte;
g) O conceito de regime fiscal privilegiado abrange situações em que a jurisdição *per se* não pode ser considerada paraíso fiscal, porém essa jurisdição concede certos tratamentos fiscais favorecidos a determinados contribuintes, ou categorias de contribuintes. O Fisco brasileiro, a partir de 2010, optou também por estabelecer lista de regimes fiscais privilegiados, lista essa que vem sendo objeto de discussões com os governos dos países afetados;
h) O regime da subcapitalização vem em adição às normas de preços de transferência financeira, e traz o limite de endividamento de 2 vezes o patrimônio líquido da empresa brasileira, no caso de pessoa vinculada não residente em paraíso fiscal ou não beneficiária de regime fiscal privilegiado, ou de 30%, se a pessoa, vinculada ou não, for ali residente, ou seja beneficiária de tal regime;
i) O que tornam as normas de subcapitalização brasileiras muito mais abrangentes do que as normas encontradas em outros países são:
   - A amplitude do conceito de pessoa vinculada; e,
   - O fato de tais normas se aplicarem no caso de uma pessoa vinculada, ou residente em paraíso fiscal ou beneficiária de regime fiscal privilegiado ser, de alguma forma, garantidora,

procuradora ou interveniente no contrato de empréstimo, independentemente de haver, no momento da contratação do empréstimo, qualquer desembolso por parte dessa pessoa;

j) Portanto, não se pode considerar a aplicação das normas de subcapitalização apenas naquelas situações em que há um empréstimo da acionista no exterior para a empresa investida no Brasil, mas sim, deve-se considerar sua aplicação em quaisquer operações de empréstimo que envolva as chamadas pessoas vinculadas, ou paraísos fiscais, ou beneficiários de regimes fiscais privilegiados.

Mary Elbe Queiroz

A Proporcionalidade no âmbito administrativo-tributário

Mary Elbe Queiroz

Doutora em Direito Tributário (PUC/SP). Presidente do Instituto Pernambucano de Estudos Tributários – IPET.Advogada.

RESUMO

A administração Tributária, por entender que exerce atividade vinculada à lei, resiste em aplicar o princípio da proporcionalidade no seu atuar, seja na elaboração de atos normativos seja no curso do procedimento fiscal ou, até, mesmo, no julgamento de processos administrativo-tributários. Na atualidade, contudo, não há mais como se negar a aplicação da proporcionalidade (adequação, necessidade e proporcionalidade em sentido estrito) no âmbito administrativo-tributário. Este princípio é o que melhor atende à legalidade e a todos os demais direitos fundamentais assegurados aos cidadãos-contribuintes, como forma de harmonizar e equilibrar os interesses e direitos em colisão, por meio da ponderação dos valores envolvidos. Para que seja encontrada a solução mais justa na cobrança de tributos, por conseguinte, é mister considerar a relação meio-fim para que seja realizado o interesse público que é o bem jurídico protegido. O verdadeiro interesse público, contudo, não se confunde com a idéia imediatista da arrecadação, pois ele somente será alcançado se a ordem jurídica for preservada, mediante a observância da lei e do Direito, em nome da segurança jurídica.

Palavras-chave:
Direito Tributário, Principio da proporcionalidade
Administração tributária, Legalidade, Segurança jurídica

ABSTRACT

Tax Authorities, due to the understanding that it´s activity is bounded to law, resists to apply the proportion rule in it´s acts, either in the normative rulling, or along the fiscal procedure, or even when judging the administrative proceedings. Nowadays, nevertheless, there is no possible way to deny application of proportion rule (conformity, necessity and proportion rule in strict sense) in what concerns to fiscal administration. This is the principle that better attends to the lawfulness and to all other fundamental rights assured to citizens/taxpayers, as a way to harmonize and balance the confronting interests and rights through the balance of the values that are involved. In order to find the fairest solution in taxes charging it is so necessary to consider the mean/end relationship so that the public interest, which is the good protected by law, can be implemented. The real public interest, however, cannot be thought as the immediate idea of improving tax revenues, because it can only be reached if the juridical order remains preserved, through compliance to law in behalf of legal certainty.

Keywords:
Tax Law, Proportion rule, Tax Authorities, Lawfulness, Legal certainty

1. Considerações gerais. 2. O princípio da proporcionalidade. 3. A proporcionalidade no âmbito administrativo-tributário. 4.Conclusão

1. Considerações gerais

A partir da estruturação do Estado e da necessidade de harmonização dos interesses individuais e coletivos, as liberdades passaram a ser mitigadas em prol da convivência social, dando-se poderes ao Estado para que ele pudesse atingir os seus fins e objetivos. O Estado, para atender ao interesse público, atua por meio dos seus órgãos e agentes que são limitados pelo Direito. Essa limitação do poder é imprescindível para prevenir possíveis abusos e excessos.

Aqui se coloca o interesse público na sua real dimensão de interesse do todo social, isto é, a dimensão pública dos interesses individuais, que não se confunde com o interesse das pessoas de direito público que representam o Estado. Como no dizer de Celso Antônio Bandeira de Melo, "os interesses públicos correspondem à dimensão pública dos interesses individuais."[1] Para que seja respeitada a ordem jurídica, portanto, o interesse público tem que estar em equilíbrio frente à tutela dos interesses das pessoas. Daí porque no campo tributário não se pode dizer que sempre haja estrita coincidência entre o interesse público e o interesse da Fazenda Pública na arrecadação.

O verdadeiro interesse público a ser atingido é a proteção dos bens jurídicos de interesse coletivo sobre os quais atua o Estado e decorre da necessidade de que os direitos fundamentais e a ordem jurídica sejam respeitados, o exercício do poder obedeça aos seus limites e haja segurança jurídica. A segurança jurídica traduzida na proteção da confiança, da boa fé, na estabilidade e na previsibilidade. Como no dizer de Heleno Taveira Torres, a segurança jurídica é um direito fundamental e coincidirá sempre com a função certeza do ordenamento.[2]

---

[1] Bandeira de Mello, Celso. *Curso de Direito Administrativo*. São Paulo: Malheiros. 2005, pp 48-55.

[2] Tôrres, Heleno Taveira. *Conflitos de Fontes e de Normas no Direito Tributário – O Princípio da Segurança Jurídica na Formação da Obrigação Tributária*. *In Teoria*

É para atender a esse objetivo que a proporcionalidade deve ser aplicada, seja quando da elaboração das leis seja na atuação administrativa ou judicial. A opção pelo Estado Democrático de Direito traz consigo a exigência do cumprimento das pretensões constitucionais, que somente serão eficazes se a proporcionalidade for a diretriz utilizada na busca da realização do interesse público. Tal ilação pode ser inferida da visualização conjunta das disposições dos artigos 1.º; 3.º; 5.º e seu parágrafo 2.º; 37; 60, § 4.º; 145; 150; 170 e 194 da Magna Carta.

Entre o Estado e o cidadão se estabelece uma relação jurídica não opcional, pois não decorre da vontade do indivíduo submeter-se ou não às regras previamente estabelecidas. Porém, essa relação deve ser norteada pela ética tributária da qual decorrem direitos e deveres para ambos que nem sempre são cumpridos por eles daí se originando os conflitos.

Para Tipke, a ética tributária está ligada à moralidade que deve ser desenvolvida por todos os poderes públicos – legislativo, executivo e judiciário – e também pelo cidadão contribuinte. Segundo ele, em um Estado de Direito deve-se atuar com justiça na medida do possível: *"Al positivismo y nihilismo fiscales – aún no superados por completo – debe oponerse uma ética fiscal del Estado y de los contribuyentes; entre otros motivos, en atención a los derechos fundamentales, que fijan um limite mínimo indisponible a la sociedad pluralista"*.[3]

A relação Estado/cidadão torna-se mais conflituosa no campo tributário quando se defrontam o poder do Estado e o direito à liberdade do cidadão (pessoal, patrimonial), uma vez que cada um tenta se sobrepor ao outro em busca dos seus interesses, muita da vez, dando lugar a abusos. O Estado, com todo seu poder e força, age sob a justificativa de proteção ao interesse público; e o cidadão, ao abrigo dos direitos fundamentais, age sob o argumento do respeito à liberdade e de que é a ele quem cabe prover os meios para que o Estado possa atuar.

Para a harmonia e o equilíbrio dessa relação é dado poder ao Estado, porém, paralelamente, esse poder é controlado pelas amarras dos direi-

Geral da Obrigação Tributária. Tôrres, Heleno Taveira *(Coord.)*. *Teoria Geral da Obrigação Tributária: Estudos em Homenagem ao Professor José Souto Maior Borges*. São Paulo: Malheiros, 2005, pp.111-160, p. 113.

[3] Tipke. Klaus. *Moral Tributaria del Estado y de los Contribuyentes*. Trad. Pedro M. Herrera Molina. Madrid: Marcial Pons. 2002, pp. 21 e 28.

tos fundamentais assegurados aos cidadãos, consagrados em princípios expressos ou decorrentes da visão conjunta de Estado de Direito, que se sobrepõem e formam o arcabouço em que se assentam a ordem jurídica, a dignidade humana e a cidadania.

Para Moschetti, no centro de todos os direitos e interesses que devem ser tutelados encontra-se a pessoa cuja dignidade é um valor a ser tutelado com prioridade. Deste modo, segundo ele, é obrigação de todos os poderes públicos proteger a pessoa, inclusive em sua dimensão contribuinte; para tanto, deverão ser adotadas medidas que melhor permitam assegurar o equilíbrio entre interesses e direitos, pois os direitos existem antes mesmo da lei. Moschetti ainda defende que é necessário que a lei, ao limitar os direitos subjetivos, adote um critério de "justa medida" entre o fim perseguido e a medida adotada.[4]

Os órgãos do Estado somente têm competência para agir dentro dos limites e quando a Constituição lhes permita, porém, além da legalidade exige-se um *plus* nesse atuar, isto é, para a legitimidade da ação deve-se obedecer à lei e ao Direito, como no entender de García de Enterría.[5]

Qualquer restrição que a liberdade venha a sofrer, deste modo, tem que ser limitada, mesmo que em prol da proteção de outro bem jurídico ou de outro interesse aparentemente de maior peso. Daí para justificar a intervenção na esfera individual deve haver moderação do Estado na escolha dos seus meios de atuação, bem assim deve existir estrita vinculação entre os fins desejados e o resultado a ser alcançado.

O poder de polícia, o poder de administrar a coisa pública, o poder de legislar e o poder de julgar, para que estejam conforme a ordem jurídica precisam ser exercidos mediante a ponderação dos valores envolvidos. Todos devem ajustar a sua atuação aos limites da necessidade e devendo graduar a utilização dos meios em relação ao fim que se deseja alcançar de modo a guardar o maior equilíbrio possível na adoção de qualquer medida que coloque barreiras à liberdade.

---

[4] Moschetti, Giovanni. *Principio de Proporcionalidad em las Relaciones Fisco-Contribuintes. In Revista Tributária e de Finanças Públicas*. Coord. Dejalma de Campos. São Paulo: Revista dos Tribunais. Ano 15-76 – setembro-outubro 2007, pp. 277-310.

[5] García de Enterría. Eduardo. *Democracia,Jjueces y Control de la Adminisracion*. Madrid: Civitas, p. 126.

Ao regulamentar os princípios que devem nortear o agir da Administração Pública, inclusive a tributária, como colocados no artigo 37 da Constituição Federal, a Lei n.º 9.784/1999, no seu artigo 2.º, impôs a todos os Poderes a obediência, dentre outros à legalidade, à finalidade, à motivação, à razoabilidade, à proporcionalidade, à moralidade, à ampla defesa, ao contraditório, à segurança jurídica, ao interesse público e à eficiência.

A partir de tal premissa, independentemente da ótica em que os princípios sejam visualizados (positivista, jusnaturalista etc.) ou mesmo para quem pensa como Karl Larentz, que os princípios jurídicos se mostram, apenas, como os pensamentos diretores de uma regulação jurídica existente ou possível,[6] na atualidade, não há mais como se questionar a força dos princípios como normas jurídicas vigentes e eficazes que vinculam, obrigam e limitam tanto os que elaboram as normas jurídicas como os que aplicam o direito seja em sede administrativa seja em sede judicial.

2. O princípio da proporcionalidade

Dentre os direitos fundamentais assegurados ao cidadão, destaca-se o princípio da proporcionalidade como uma ferramenta eficaz para o controle do exercício do poder estatal. O Estado Democrático de Direito assenta-se no princípio geral da liberdade, porém, essa liberdade não pode ser absoluta. Somente se admite haver limitação dentro de critérios, isto é, qualquer restrição à liberdade precisa ser adequada, necessária e proporcional.

A atuação do Estado por meio dos seus agentes deve se dar em cada caso concreto mediante o cotejo da norma aplicável para que se alcance o maior equilíbrio entre o interesse público a ser atendido e os direitos fundamentais a serem protegidos. O interesse público a ser considerado, por quem exerce o poder em nome do povo, é a máxima satisfação dos interesses individuais e coletivos que a sociedade deseja atender com a mínima intervenção possível.

---

[6] Larenz, karl. *Derecho Justo – Fundamentos de Ética Jurídica*. Madrid. 1993, p. 32.

Para tanto, mister se faz identificar a norma compatível com a realidade factual (circunstâncias fáticas e jurídicas), procurando ponderar as necessidades vigentes em determinado período e a específica realidade, para adequar a satisfação dos interesses (público e privados) que são protegidos pela ordem jurídica e os fins que se deseja alcançar.

É exatamente na busca de realizar esse objetivo que a proporcionalidade se coloca como um instrumento a ser utilizado com o fim de ajustar e ponderar os princípios que podem estar em aparente colisão, para a escolha do princípio que deve ser prestigiado com vista à solução de conflitos.[7] Com esse desiderato, tem-se que buscar o ponto mais próximo do equilíbrio entre a Soberania do Estado e o interesse público, em relação aos direitos irrenunciáveis da pessoa humana e os interesses individuais.

Como ensina Menezes Cordeiro, a idéia de desequilíbrio no exercício jurídico traduz um tipo de atuação inadmissível de direito que poderá abrigar abusos, revelados pelo despropósito entre o exercício do direito e os efeitos dele derivados.[8]

É a proporcionalidade que funciona como limite, inibindo a atuação do poder desprovido do respeito à Constituição, para dar o norte a ser seguido pela Administração Pública e legitimar o seu agir, com vista à efetivação do interesse público.

O termo proporcionalidade é vago e impreciso, o que leva à aparente dificuldade na sua aplicação. A dimensão do que é proporcional tem que ser vista em relação a duas grandezas, em um juízo relacional, chegando-se a maior aproximação possível da efetivação da proporcionalidade mais pelo aspecto inverso do seu conceito, por ser mais fácil identificar o que é desproporcional, isto é, o que não é ou não guarda proporcionalidade.

---

[7] Sobre a ponderação de valores e o equilíbrio da relação estado-indivíduo ver: ALEXY, Robert. *Sistema Jurídico. Princípios Jurídicos y Razon Pratica*, in Doxa. Alicante e *Teoria de los Derechos Fundamentales*. Madrid: Centro de Estúdios Constitucionales. 1993. DWORKIN, Ronal. *Los derechos em serio*. Barcelona: Planeta – de Agostín. Trad. Marta Guastavino, 1993. BUJANDA, Fernando Sainz. Hacienda y derecho. Madrid: Institutos de Estúdios Políticos. 1955.

[8] CORDEIRO, António Menezes. *Da Boa Fé no Direito Civil*. Coimbra: Almedina. 2007, p. 853.

O que é proporcional, porém, não pode ser fruto de simples valoração subjetiva ou decorrente de ideologias pessoais. O que é proporcional pode ser identificado pelo sentir em relação aos valores do homem médio (o *pater bonus* no Direito Civil), pois não se tem como estabelecer um critério objetivo que permita aferir a exata medida da proporcionalidade para os casos em geral, ligando-se à idéia de o que for proporcional será justo e aceitável e o que estiver em desproporção será injusto e desmedido.

Não é de hoje que existe a procura da justa medida do exercício do poder, aparecendo a proporcionalidade como um instrumento para o alcance de tal objetivo.[9] A concepção clássica da proporcionalidade foi delineada pela jurisprudência do Tribunal Constitucional Alemão no caso *"Aphothekenurteil*"[10] onde foram colocados os critérios que até hoje norteiam a aplicação da proporcionalidade: adequação, necessidade e proporcionalidade em sentido restrito, consagrando-se que nenhum direito fundamental poderia ser violado na sua essência.

Nesse paradigmático julgamento, foram definidos, assim, os critérios de que: i) qualquer medida estatal restritiva deveria ser adequada às

---

[9] Sobre a evolução histórica do princípio da proporcionalidade ver: Bonavides, Paulo. *Curso de Direito Constitucional*. São Paulo: Malheiros. 2005. Canotilho, J. J. Gomes. *Direito Constitucional*. Coimbra: Almedina. 2003. 7ª edição, p. 266. Oliveira, José Roberto Pimenta. *Os Princípios da Razoabilidade e da Proporcionalidade no Direito Administrativo Brasileiro*. São Paulo: Malheiros. 2006, pp. 42-50. Pontes, Helenilson Cunha. *O Princípio da Proporcionalidade e o Direito Tributário*. São Paulo: Dialética. 2000, p.45.

[10] No caso"*Aphothekenurteil"* discutia-se os limites que a Lei Fundamental Alemã impunha ao legislador para disciplinar o direito fundamental à liberdade de profissão. Tratava-se da discussão acerca da possibilidade de o Estado da Bavária poder criar restrições à concessão de licenças para instalação de novas farmácias, no tocante à necessidade de se provar a viabilidade comercial e também evitar danos concorrências. Com esse fundamento foi negada licença para um emigrante que era farmacêutico licenciado o qual, considerando-se lesado, propôs reclamação constitucional contra o governo da Bavária. A Corte decidiu que razões de índole objetiva colocadas de forma vaga e condicional não justificariam limitações a direito fundamental, pois a intervenção estatal em direito fundamental deve ser absolutamente necessária para que se alcance o interesse público protegido e de forma que produza a menor lesão possível ao direito fundamental assegurado constitucionalmente. Conforme: Pontes, Helenilson Cunha. *O Princípio da Proporcionalidade e o Direito Tributário*. São Paulo: Dialética. 2000.

limitações impostas ao direito fundamental; ii) a atuação estatal deveria ser absolutamente necessária e na medida indispensável à menor limitação possível dos direitos fundamentais protegidos; e iii) a limitação deveria ser considerada indispensável na relação meio-fim, isto é, deveria ser assegurada a proporção entre a atuação estatal, a restrição colocada e o fim que se desejava obter com essa medida.

Para a concretização da proporcionalidade deverá ser desenvolvido um juízo acerca da realização dos critérios que identificam a efetividade do princípio em relação aos interesses públicos e privados que se quer proteger, no tocante a: adequação, necessidade e proporcionalidade em sentido estrito.[11] São três comandos que compõe um único dever a ser cumprido e que exige a sua observância conjunta com vista à realização do princípio da proporcionalidade.

O controle administrativo ou judicial da proporcionalidade no ato administrativo passa pela neutralidade, imparcialidade e racionalidade no exame das alternativas e consideração dos interesses afetados e os interesses que serão protegidos, devendo ainda a decisão estar devidamente motivada. Nesse sentido, a decisão deverá conter uma justificação aceitável da tomada de posição que permita o conhecimento da fundamentação da escolha de um meio considerado mais adequado entre as alternativas existentes. Para Hart, existe sempre uma atividade de ´pesar´ ou ´equilibrar´, como característica do esforço para fazer justiça entre interesses conflitantes.[12]

No Brasil, a Constituição não faz menção expressa ao princípio, porém ele pode ser visualizado como uma diretriz constitucional ínsita não só à opção do Estado Democrático de Direito, à proteção dos direitos fundamentais, como à própria segurança jurídica. A proporcionalidade é

---

[11] Acerca dos três critérios a serem observados ver: CANOTILHO, J. J. Gomes. *Direito Constitucional*. Coimbra: Almedina. 2003. 7ª edição, p. 266. OLIVEIRA, José Roberto Pimenta. *Os Princípios da Razoabilidade e da Proporcionalidade no Direito Administrativo Brasileiro*. São Paulo: Malheiros. 2006, pp. 42-50. PONTES, Helenilson Cunha. *O princípio da Proporcionalidade e o Direito Tributário*. São Paulo: Dialética. 2000, p. 66-72. MOSCHETTI, Giovanni. *Principio de Proporcionalidad em las Relaciones Fisco--Contribuintes*. *In Revista Tributária e de Finanças Públicas*. Coord. Dejalma de Campos. São Paulo: Revista dos Tribunais. Ano 15-76 – setembro-outubro 2007, pp. 277-310.

[12] HART, Herbert. L. A. *O Conceito de Direito*. Trad. A. Ribeiro Mendes. Lisboa: Fundação Calouste Gulbenkian. 1994, p. 221.

corolário da ordem jurídica, para que possam ser realizados os demais princípios cuja obediência obriga a Administração Pública de todos os poderes e que se encontram sintetizados no artigo 37 do Texto constitucional como: legalidade, impessoalidade, moralidade, publicidade e eficiência.

A Lei n.º 9.784/1999, no parágrafo único do artigo 2.º, inciso VI, expressamente, determina que: *"Nos processos administrativos serão observados, entre outros, os critérios de: I – atuação conforme a lei e o Direito; (...) VI – adequação entre meios e fins, vedada a imposição de obrigações, restrições e sanções em medida superior àquelas estritamente necessárias ao atendimento do interesse público."*[13]

A proporcionalidade é uma diretriz em busca da justiça que há muito fundamenta a jurisprudência do Supremo Tribunal Federal, como no pensamento de Bilac Pinto: "O poder de taxar somente pode ser exercido dentro dos limites que o tornem compatível com a liberdade de trabalho, de comércio e de indústria e com o direito de propriedade." Tal idéia foi consagrada na célebre decisão do Min. Orosimbo Nonato, que, aplicando o pensamento de Marshall (*The power to tax is the power to keep alive*) no RE 18.331/SP – 09/1951, entendeu que: "Majoração excessiva de imposto. *Nullun census sine legis*. O exercício do poder de taxar (imposto proibitivo) não pode chegar à desmedida do poder de destruir."

A observância da proporcionalidade pode ser visualizada tanto como a limitação ou desvantagem que o indivíduo tem que suportar em prol dos interesses gerais e do interesse público; como a vedação ao arbítrio; a proibição de excesso de poder ou à garantia do respeito aos direitos fundamentais e a necessidade de buscar o equilíbrio entre os valores protegidos e os fins que se deseja alcançar. A aplicação da proporcionalidade está visceralmente ligada à idéia de justiça.

As obrigações tributárias de dar, fazer, não-fazer e suportar (por exemplo: artigo 113 do CTN), por si sós já impõem deveres e limites aos particulares com relação à liberdade, ao patrimônio e à propriedade. Daí

[13] Art. 37. A administração pública direta e indireta de qualquer dos Poderes da União, dos Estados, do Distrito Federal e dos Municípios obedecerá aos princípios de legalidade, impessoalidade, moralidade, publicidade e eficiência e, também, ao seguinte (...).

exsurge a proporcionalidade como o instrumento eficaz para controlar e também coibir excessos quando da intervenção do Estado na esfera particular, por meio da cobrança de tributos ou imposição de sanções. Tais exigências somente serão suportadas se acontecerem no mínimo possível a atender ao interesse público, sob pena de se tornarem desproporcionais e afetarem o indispensável equilíbrio imprescindível à convivência social que justificou o próprio Estado.

Todo agir do Estado precisa ser justificado (motivado), pois se até mesmo as legítimas exigências de tributos precisam estar lastreadas em motivos justos, inclusive prestigiando a capacidade contributiva, que possibilitem ao particular identificar a sua correspondente compensação (destinação dos tributos, serviços prestados pelo Estado etc.), que se dirá quando essa cobrança se tornar desproporcional em relação ao ônus imposto ao particular na situação concreta.

O interesse público protegido constitucionalmente, todavia, não pode ser alcançado por meios que resultem em aniquilar, obstar ou destruir outros bens que igualmente estão sob o abrigo constitucional. Qualquer intromissão estatal na esfera particular em busca da realização do bem estar social, todavia, deverá ser no mínimo necessário e causar os menores prejuízos.

No momento da criação das hipóteses de incidências, o legislador deve observar a realidade factual para que a lei possa atender às necessidades, anseios e atingir o seu objetivo, inclusive para buscar ajustar a incidência tributária à capacidade contributiva e à isonomia, bem assim estabelecer as sanções adequadas às infrações de modo que nem sejam excessivas nem insuficientes. Um dos mais tormentosos temas, segundo Gilmar Ferreira Mendes, é o controle do excesso do poder de legislar.[14]

Já na fase de execução, aplicação e julgamento, administrativo ou judicial, a proporcionalidade se apresenta no processo de compreensão e interpretação do direito, na construção do sentido, do conteúdo e do alcance da regra jurídica que irá conferir a materialização do fenômeno normativo e resultará na edição de norma individual e concreta.[15]

---

[14] Mendes. Gilmar Ferreira. *Direitos Fundamentais e Controle de Constitucionalidade*. São Paulo: Saraiva: 2007, pp. 46-50.

[15] Carvalho, Paulo de Barros. *Curso de Direito Tributário*. São Paulo, pp. 95-96.

A proporcionalidade é um dever que obriga a todos aqueles que exercem o poder seja por meio de atividades típicas ou atípicas, como uma ferramenta de ajuste dos comandos gerais ao caso específico e solução dos conflitos: tanto para o Executivo, quando ele edita atos normativos, pratica atos executórios ou aprecia os atos de seus agentes em sede de controle ou contencioso; como para o Legislativo, quando esse faz leis e edita atos regimentais ou quando realiza julgamentos dos seus membros (Comissões Parlamentares de Inquérito – CPI); e, para o Judiciário, quando esse faz seus regulamentos e também quando exerce o seu poder jurisdicional na busca de fazer justiça.

A adequação se relaciona ao exame objetivo dos meios utilizados para alcançar determinado fim (interesse público protegido). O cumprimento do dever de adequação obriga a que o meio utilizado na busca do fim desejado seja apropriado, isto é, deve haver uma conexão racional do meio-fim, entre a medida utilizada e o fim desejado. O meio escolhido não precisa ser o melhor ou mais apropriado, basta que seja suficiente para obter o fim. Isto é, o meio deve simplesmente estar apto a atingir o fim.

A proporcionalidade estará violada se o meio empregado não for idôneo, apropriado ou suscetível de realizar o fim perseguido. Para reconhecimento dessa violação basta ser constatado que a medida adotada, por si só, é incompatível ou não é suficiente ou é inadequada para realizar o fim.

Já a necessidade diz respeito ao exame do ônus que recai sobre o particular como resultado dos meios aplicados para se alcançar os fins desejados (a satisfação do interesse público). Diz respeito à moderação, à intensidade, à indispensabilidade do peso a ser suportado pelo indivíduo para que o Estado atenda aos seus fins. O dever de cumprir a necessidade obriga que sejam utilizados os meios mais moderados e suaves possíveis para a limitação dos direitos dos particulares e que tais meios sejam os estritamente necessários ao alcance dos objetivos.

Para a realização da necessidade, deverão ser examinados todos os meios disponíveis de serem utilizados para alcançar o objetivo pretendido e a escolha deverá recair sobre aquele que produza o resultado desejado, mas que cause a menor restrição e ônus ao particular. Deve ser apurado, inclusive, se somente por aquele meio poderia ser alcançado o fim pretendido.

A proporcionalidade estará violada se, no caso concreto, o fim perseguido pelo Estado puder ser atendido por outros meios igualmente eficazes que não limitem ou resultem na mínima restrição dos direitos fundamentas. Este critério é o que bem traduz a proibição de excesso.

No tocante à proporcionalidade em sentido estrito, ela se refere ao exame e à avaliação do equilíbrio e a conformidade entre os meios utilizados em relação aos fins desejados (interesse público a ser obtido). Diz respeito à análise concreta dos interesses público e particular em conflito, mediante a comparação e o sopesamento, no caso concreto, do ônus imposto ao particular em relação ao benefício a ser obtido na busca da realização do interesse público.

O benefício que se deseja alcançar deve justificar a adoção das medidas que resultarão em limitação dos direitos do particular, que também são protegidos e cuja intervenção estatal poderá causar prejuízos ao interesse individual. Porém, a busca do fim desejado, por exemplo, a capacidade contributiva, não pode ela própria ser aniquilada inteiramente na sua busca como um fim. Para tanto, é que a extensão, a quantidade, a qualidade e a intensidade dessa limitação terão que se dar no mínimo necessário e com a menor carga possível, para não produzir o efeito contrário de aniquilar a liberdade ou exterminar o patrimônio do particular que também se encontra sob proteção.

Estará violada a proporcionalidade em sentido estrito se for constatado que as medidas adotadas são intoleráveis para o indivíduo, bem assim as vantagens obtidas são de tão pequena monta que não compensem o sacrifício suportado pelo particular.

No *iter* do exame da proporcionalidade, primeira se verifica se o meio utilizado é adequado para atingir o fim; depois se as medidas adotadas são necessárias e representam as menos onerosas e opressoras, se comparadas com as várias alternativas existentes como possíveis de serem aplicadas; e, por último, se essas medidas eram toleráveis e se estão em uma relação razoável entre os meios escolhidos e os fins desejados, isto é se eles efetivamente eram proporcionais.

A decisão de agir ou não agir não é da autoridade, a previsão da ação tem que estar na lei. Porém, nessa atuação a proporcionalidade também terá que estar presente sob os seus aspectos essenciais – adequação (aptidão), necessidade (intensidade e indispensabilidade) e a proporção em sentido restrito (conformidade), o que expõe o ato à verificação, à avaliação e ao controle ainda dentro do âmbito da própria Administração. É neste momento que ela exerce a atividade atípica de apreciar e controlar a perfectibilidade dos atos de seus agentes.

A proporcionalidade tem reflexos diretos na seara tributária quando ela se relaciona diretamente, entre outros, com os princípios do devido processo legal, da igualdade, da confiança, da boa fé, da solidariedade e da capacidade contributiva na busca da justiça tributária. Tais princípios têm por substrato que aqueles que têm mais devem contribuir mais com a repartição da carga tributária e a graduação das incidências deverá obedecer às necessidades tipicamente diferenciadas, devendo qualquer expropriação de bem se dar por meio do devido processo legal.

A capacidade contributiva é um dos pilares em que se assenta e a exigência tributária, para justificar a necessidade de se sacrificar os interesses individuais em nome da solidariedade, da isonomia e do interesse público. Esse princípio, porém, tem que ser visualizado na sua amplitude, não só para exigir que os que tenham mais contribuam mais, mas para determinar que os que tenham menos também contribuam menos ou sejam dispensados de contribuir.

É aqui que surge a proporcionalidade como um das vigas mestras em que deve assentar a incidência tributária. A criação e a cobrança de tributos somente atenderão ao interesse público quando se encontrar o necessário equilíbrio, por meio do ajuste entre os princípios da capacidade contributiva e os da proteção ao patrimônio e da livre iniciativa. Nesse campo, o interesse público a ser protegido é a realização da justiça fiscal e o respeito à liberdade, que só poderá sofrer restrições dentro dos critérios estabelecidos no ordenamento jurídico.

É inegável que existe o dever de pagar tributos, como ensina Casalta Nabais, e o interesse público da arrecadação, porém as exações não podem violar a proporcionalidade, pois é ela que afiança que nesse mister tanto o legislador como o aplicador e o julgador buscarão aplicar o meio mais adequado, necessário e menos gravoso capaz de assegurar a arrecadação ao Estado e, paralelamente, garantir os direitos fundamentais.

Qualquer intervenção estatal, portanto, mesmo na busca da capacidade contributiva e da justiça fiscal, somente poderá restringir a liberdade ou reduzir o patrimônio do particular na medida mínima necessária à realização desse fim.

3. A proporcionalidade no âmbito administrativo-tributário

Se a aplicação objetiva da proporcionalidade encontra dificuldades no âmbito dos tribunais judiciais, maiores dúvidas, resistências e questionamentos surgem quando se trata da sua efetivação no âmbito administrativo: seja na elaboração de atos normativos infralegais; seja no exercício típico de execução dos atos normativos; seja no limitado campo em que é permitida a discricionariedade; ou no momento em que a administração atua em procedimentos fiscais e, também, quando ela age no exercício da competência de solucionar as lides tributárias em sede do contencioso administrativo.[16]

No momento de elaboração das leis tributárias o legislador deve acolher a proporcionalidade por meio de critérios de graduação das incidências tributárias e da fixação das sanções, de modo a prover o Estado de recursos e, paralelamente, permitir que o aplicador possa confrontar o evento do mundo com a previsão normativa e fazer o necessário ajuste, o mais próximo possível, para equilibrar as condições materiais do fato, do sujeito, do dano sofrido e do prejuízo imposto.

Ao agente público somente é permitido agir de acordo com as previsões e limites legais que expressamente dizem quando, como, onde e a forma de sua atuação, sendo ele obrigado, também, a motivar todos os seus atos mediante a justificação da sua atuação.

O princípio da legalidade, segundo Hely Lopes Meireles, traduz-se exatamente na máxima de que "Na Administração Pública não há liberdade nem vontade pessoal. Enquanto na administração particular é lícito fazer tudo que a lei não proíbe, na Administração Pública só é permitido fazer o que a lei autoriza. A lei para o particular significa ´pode fazer assim´; para o administrador público significa ´deve fazer assim´."[17]

Cumpre observar que a legalidade em matéria tributária deve ser visualizada sob os aspectos formal e material, como sempre defende-

[16] Sobre a aplicação da proporcionalidade no processo administrativo tributário ver: Neder, Marcos Vinicius e López, Maria Teresa Martinez. *Processo Administrativo Fiscal Federal Comentado*. São Paulo: Dialética. 2004, pp. 64-65.

[17] Meirelles, Hely Lopes. *Direito Administrativo Brasileiro*. São Paulo: Malheiros. 1994, p. 82-83.

mos.[18] Contudo, passamos agora a acrescentar uma terceira exigência: a legalidade visualizada, também, sob a ótica de que o seu conteúdo material e a sua aplicação deverão atender à proporcionalidade.

O terceiro aspecto que aqui se apresenta é que a observância da legalidade pressupõe a consonância do ato com o princípio da proporcionalidade, isto é, a legalidade relacionada com o meio-fim. A legalidade somente estará atendida se os meios, os motivos e o conteúdo do ato guardarem conformidade com os fins visados pela lei, isto é, se os meios utilizados na edição do ato forem adequados, necessários e proporcionais ao fim que se deseja alcançar: a realização do interesse público, traduzida na segurança e na manutenção da ordem jurídica.

Qualquer ato editado com excesso ou abuso de poder, de forma desmedida, irrazoável ou desproporcional estará em desconformidade com a lei e os comandos constitucionais, sendo nulo de pleno direito por violar a legalidade. Quando a autoridade apesar de competente para agir ultrapassa ou excede os limites das suas atribuições, desvia-se das finalidades do seu atuar ou executa ato irrazoável ou desproporcional à medida necessária para atingir o interesse público, inexoravelmente pratica nulo.

O processo administrativo constitui uma ferramenta indispensável para que a própria Administração proceda ao controle dos atos de seus agentes, mediante a verificação do ato administrativo (normativo, executivo ou decisório) na sua inteireza e amplitude, alcançando, inclusive, o cumprimento e o confronto do ato com os desígnios constitucionais. Um ato só estará em harmonia e ao abrigo da ordem jurídica se ele vestir a roupagem constitucional.

Para o controle do ato administrativo, Seabra Fagundes defende que a Administração deverá investigar o mérito do ato no tocante ao acerto à justiça, utilidade, eqüidade, razoabilidade, moralidade etc.[19]

A amplitude do alcance do exame e controle do ato administrativo no âmbito da própria Administração foi reconhecida expressamente pelo próprio Supremo Tribunal Federal, por meio da Súmula n.º 473: "A

---

[18] Queiroz. Mary Elbe. *Imposto sobre a Renda e Proventos de Qualquer Natureza*. São Paulo: Manole. 2004, pp. 12-13. Queiroz Maia. Mary Elbe. *Do Lançamento Tributário – Execução e Controle*. São Paulo: Dialética. 2009, pp. 104-107.

[19] Fagundes, Seabra. *O Controle dos Atos Administrativos* pelo Poder Judiciário. Rio de Janeiro: Forense. 1957, pp. 167-168.

administração pode anular seus próprios atos, quando eivados de vícios que os tornem ilegais, porque deles não se originam direitos; ou revogá-los por motivo de conveniência ou oportunidade, respeitados os direitos adquiridos, e ressalvada, em todos os casos a apreciação judicial."

Nesse mesmo sentido, chegando até a ampliar a verificação do respeito aos ditames constitucionais, foi a decisão do Superior Tribunal de Justiça no REsp n.º 23121/GO: "Lei inconstitucional – Poder Executivo – Negativa de eficácia. O Poder Executivo deve negar execução a ato normativo que lhe pareça inconstitucional."

Se um ato administrativo desrespeitou ou ultrapassou as balizas constitucionais pode-se concluir que ele foi praticado de forma contrária à ordem jurídica e não atende à finalidade última da realização do interesse público, exigindo, por decorrência, o reconhecimento do seu desajuste e a declaração da sua invalidade, ilegalidade ou inconstitucionalidade. Esse é o bem jurídico a ser protegido e o verdadeiro interesse público a ser atingido.

A Administração, em sede do contencioso administrativo, não pode omitir-se, se recusar ou recear proceder à revisão dos atos dos seus agentes para lhes aferir a perfectibilidade, isto é, a respectiva constitucionalidade, legalidade e proporcionalidade. Entendimento em contrário implicaria mitigar os poderes que lhe são ínsitos, justificam a sua existência e que decorrem não só do devido processos legal, como do amplo direito de defesa, da moralidade, da eficiência, da proporcionalidade, da razoabilidade e da própria legalidade, que, igualmente, são aplicáveis ao processo administrativo, cujo cumprimento se exige também em nome do interesse público.

Na atualidade, a Administração não pode mais se furtar a aplicar a proporcionalidade, pois tal posição significaria violar a própria legalidade, uma vez que, apesar desse princípio derivar do Estado de Direito e do dever de respeitar os direitos fundamentais, hoje ele consta também em texto expresso na Lei n.º 9.784/1999.

É injustificado o temor de que a adoção da proporcionalidade resulte em subjetividade, haja vista que para se evitar abusos ou arbitrariedades no seu manejo, o próprio ordenamento prevê formas de controle e a necessidade de motivação do ato administrativo a fim de justificar a sua edição: tanto no momento da constituição de direito para a administração (por exemplo, no lançamento tributário de tributo ou imposição de penalidade) como no tocante aos atos decisórios (julgamentos administrativos).

Com esse fim, os critérios objetivos que devem nortear a aplicação da proporcionalidade dizem respeito aos aspectos de: i) adequação dos meios para a perfeita identificação do enquadramento do evento do mundo às prescrições legais que estabelecem as hipóteses de incidência, a respectiva transmudação em fatos-jurídicos tributários e a correspondente penalidade; ii) necessidade de que os meios utilizados sejam os menos onerosos, no sentido de somente ser admitida qualquer restrição da liberdade ou que seja atingido o patrimônio ou a propriedade do particular, na medida mínima indispensável à satisfação do interesse público; iii) proporcionalidade em sentido estrito ou a conformação e o equilíbrio entre o meio utilizado e o fim a ser atingido, a lesão causada e o prejuízo imposto.

A exigência de tributos e a imposição de penalidades deverão guardar proporção razoável entre os meios utilizados e os fins a serem alcançados por meio do uso do bom-senso e de moderação. A observância desses aspectos será apurada por meio do sopesamento dos interesses em conflito, para que a relação tributária se estabeleça de forma racional e haja equilíbrio entre os meios empregados pela Administração e o fim visado pela lei e pelo interesse público.

No procedimento e no processo administrativo, o dever de observar a proporcionalidade não se restringe, apenas, à aplicação das sanções, esse princípio também tem que ser atendido no tocante à pesquisa do surgimento de obrigações tributárias ditas principais ou cumprimento de deveres instrumentais ou obrigações acessórias. Deve ser verificado o perfeito enquadramento e subsunção do evento do mundo à hipótese abstrata da lei, suficiente para transmudá-lo em fato gerador tributário e fazer a nascer a obrigação de pagar tributo ou dever instrumental, cujo descumprimento implicará em infração à lei.

O procedimento fiscal é realizado com respaldo no dever-poder legal (a lei impõe o dever e dá poderes) conferido à Administração para investigar a ocorrência ou não do fato gerador e da obrigação tributária, o respectivo cumprimento ou descumprimento das disposições legais e a ocorrência de infração à lei. Esse dever-poder tem que se exteriorizar e se realizar na forma e na medida prevista na lei.

Contudo, a aplicação dos dispositivos legais pressupõe a interpretação dos mesmos, bem assim não se pode deixar de reconhecer, apesar de a autoridade administrativa estar estritamente vinculada à lei, que existe no seu agir um certo grau de discricionariedade que exige atuar com proporcionalidade: na eleição das pessoas a serem fiscalizadas; na escolha dos meios e procedimentos de fiscalização lícitos; na colheita de provas; no uso das presunções legais e na liberdade de investigação em decorrência da multiplicidade e complexidade das situações fáticas que deverão ser examinadas, para identificar e quantificar a ocorrência dos fatos jurídicos dos quais nascem as obrigações tributárias ou para identificar possíveis infrações à lei.

Os atos administrativos de lançar tributo e impor sanção devem ser praticados de modo que prestigiem a proporcionalidade. Igualmente, no exercício do controle desses atos pela própria Administração, a proporcionalidade é a ferramenta eficaz a ser utilizada, uma vez que o direito positivado não oferece apenas uma interpretação a ser seguida, pois, como no pensamento de Kelsen, ele dá somente a moldura que direciona o intérprete a quem cumpre aplicar a norma.

No agir da autoridade fiscal é imprescindível que haja adequação entre o fato e a descrição da hipótese legal, bem assim que o ato expedido esteja apto a realizar a finalidade por ele perseguida que é a proteção do bem tutelado. Na execução de atos pela fiscalização, deve-se adotar a intervenção mínima na esfera particular, tentando dimensionar e identificar o grau de lesão sofrida pelo bem tutelado que vai justificar a intensidade da sanção e do prejuízo a ser imposto ao infrator, pois nem toda transgressão repercute com a mesma gravidade sobre o interesse protegido.

A adoção de medidas impositivas ou restritivas requer cuidados especiais, mesmo quando previstas em lei, seja para cobrar tributo seja para apurar a respectiva base de cálculo, quantificar o montante devido, no exercício das atividades previstas no artigo 142 do CTN ou no exercício do poder de fiscalizar previsto no artigo 195 do CTN, tudo com respaldo no artigo 146, § 1.º, da Constituição Federal. Do mesmo modo, a aplicação de sanções, uma vez que no ato de penalizar podem ser violadas outras normas que compõem o todo do sistema em que estão inseridas.

No tocante à imposição de sanções, maiores cautelas devem cercar a atuação da autoridade competente para impor penalidades por meio da constatação e prova da prática de infração, bem assim na identificação da sanção mais adequada, necessária e proporcional na relação meio-fim. Para tanto, devem ser consideradas as circunstâncias atenuantes e agravantes, a intensidade e a qualidade do dano ou da lesão do bem jurídico protegido – o interesse público e o dano ao erário – e o prejuízo a ser imposto ao particular.

Na aplicação das sanções, é preciso sopesar os interesses protegidos e em conflito, inclusive, mesmo quando a conduta se enquadre formalmente como infração, deve-se buscar ponderar a adoção dos princípios da insignificância e da irrelevância fiscal e penal do fato, no sentido de que a intensidade da sanção seja proporcional à ofensa do bem que se quer resguardar.[20]

De modo contrário, deve ser a atuação quando constatada a infração mediante a prática comprovada de fraude, por exemplo, ou de atos lesivos de tal monta que exigem maior rigor e sanções mais gravosas, como forma de prevenir, reprimir e proteger o interesse público não só com relação à arrecadação, mas no tocante à isonomia e à capacidade contributiva.

Com esse objetivo, há que se distinguir meros descumprimentos de deveres instrumentais ou obrigações acessórias, dos quais não resultou falta de pagamento de tributo ou óbice à legítima atividade de fiscalizar, para verificar o atendimento de obrigações tributárias, daquelas infrações que revelem dolo e intuito de fraudar.

A própria Lei n.º 9.430/1966, no seu artigo 44, distingue as hipóteses de meras infrações, daquelas que revelam evidente intuito de fraude fixando penalidade mais gravosa nas hipóteses em que o sujeito passivo tenha agido com manobras, manipulações e artifícios, bem assim ao estabelecer a multa moratória pelo simples atraso no pagamento. Nesse

---

[20] Exemplo nesse sentido foi o julgamento pelo STF do HC-77.003/PE. Rel. Min. Marco Aurélio.: "JUSTA CAUSA – INSIGNIFICÂNCIA DO ATO APONTADO COMO DELITUOSO. Uma vez verificada a insignificância jurídica do ato apontado como delituoso, impõe-se o trancamento da ação penal por falta de justa causa. A isto direcionam os princípios da razoabilidade e da proporcionalidade. Consubstancia ato insignificante a contratação isolada de mão-de-obra, visando à atividade de gari, por município, considerado período diminuto, vindo o pedido formulado em reclamação trabalhista a ser julgado improcedente, ante a nulidade da relação jurídica por ausência do concurso público.

sentido, tendo em vista o alto valor dos juros moratórios (juros Selic, hoje em torno de 10% ao ano) cobrados também pelo não pagamento, deve-se pensar se a multa moratória de 20% cumulativa com esses juros, não seria ela mesma desproporcional.

Maior relevância adquire a proporcionalidade quando a Administração tributária exerce o seu poder de controle (auto-controle), tanto na busca da perfectibilidade dos atos de seus agentes como para solucionar os conflitos ainda na sua esfera. Esse exame amplo e irrestrito dentro do contencioso administrativo deve se dar sob duas perspectivas: tanto para exigir que a proporcionalidade seja o guia e o instrumento que dirigirá a ação de controle das autoridades que detêm tal competência, como também ele se destina a investigar se os atos praticados na fase de procedimento fiscal, no ato lançamento e no ato de imposição de penalidade, igualmente, atenderam à proporcionalidade e aos desígnios da lei e do Direito.

No exercício da autotutela, com vista a conferir a legalidade dos atos de seus agentes, já em sede do contencioso administrativo, quando surge o processo administrativo-tributário com a defesa do cidadão-contribuinte contra o ato de lançamento ou de imposição, deve também ser examinada a relação meio-fim, isto é: se o ato editado pelo agente (lançamento de tributo ou imposição de penalidade) obedeceu à adequação, à necessidade e à proporcionalidade em sentido estrito e à conformação do respectivo ato ao verdadeiro interesse público.

A Administração age na busca do cumprimento da lei e do Direito, para tanto ela tem o dever de controlar a perfectibilidade dos atos de seus agentes por meio do poder de reexame total da aplicação da lei, na busca da justiça fiscal. Esse controle, portanto, alcança não só a aplicação da proporcionalidade pelos próprios órgãos a quem a lei incumbe o poder de controlar, como também alcança a aferição do atendimento da proporcionalidade na edição dos atos administrativos individuais e concretos.

A Administração quando busca harmonizar interesses e atua no papel de solucionar conflitos, em sede do contencioso administrativo, exerce atividade judicante (atividade atípica) cujos princípios diferem do agir da Administração ativa (atividade típica). Enquanto a atividade típica (lançar e impor penalidade) é regida pela inquisitoriedade, oficialidade e o interesse público na arrecadação; na atividade atípica de julgar sobressaem o devido processo legal, o contraditório, ampla defesa e o interesse que prevalece é o resguardo e proteção da ordem jurídica.[21]

A atividade de controle também é realizada em nome do interesse público, pois não se admite que o interesse da arrecadação seja maior do que o interesse público de preservação dos pilares da ordem jurídica.

É importante ressaltar que o ônus da prova no âmbito tributário é da autoridade fiscal.[22] É ela quem acusa o sujeito passivo da relação tributária do não pagamento do tributo, da prática de infração ou de conduta delituosa que revele evidente intuito de fraude. A própria lei impõe o dever de provar à autoridade fiscal só admitindo a inversão do ônus da prova nas hipóteses expressamente previstas em lei, o eu também dever ser examinado sob a ótica da proporcionalidade.

4. Conclusão

Na atualidade não há mais como se negar a aplicação da proporcionalidade (adequação, necessidade e proporcionalidade em sentido estrito) no âmbito administrativo-tributário seja no procedimento fiscal seja no curso do processo administrativo-tributário. Esse princípio é o que melhor atende à legalidade e a todos os demais direitos fundamentais assegurados aos indivíduos-contribuintes, como forma de harmonizar e equilibrar os interesses e direitos em colisão, por meio da ponderação dos valores envolvidos. Assim, deverá ser considerada a relação meio--fim com o objetivo de solucionar os conflitos e buscar realizar o interesse público que é o bem jurídico protegido.

O verdadeiro interesse público, contudo, não se confunde com a idéia imediatista da arrecadação, pois ele somente será alcançado se a ordem jurídica for preservada, mediante a observância da lei e do Direito, em nome da segurança jurídica.

---

[21] XAVIER, Albert. *Princípios do Processo Administrativo e Judicial Tributário*. Rio de janeiro: Forense. 2005, pp. 52-53.

[22] De acordo com os princípios consagrados na Constituição Federal, ninguém será acusado sem provas e sem que lhe seja assegurado o direito de conhecer e apresentar provas em contrário – art. 5.°, LIV e LV), bem assim tal ônus encontra-se expressamente previsto em Lei, consoante o artigo 9.°, §§ 2.° e 3.°, do Decreto-lei n.° 1.598/1977 (artigos 924 e 925 do Regulamento do Imposto sobre a Renda/1999).

Diogo Leite de Campos

A "total impossibilidade de prever o futuro" e os impostos

Diogo Leite de Campos

Advogado. Professor Catedrático da FD UC.

RESUMO

A "total impossibilidade de prever o futuro", dado essencial das ciências quânticas, não pode ser agravada em matéria de impostos. Pelo contrário, deve ser mitigada, tomando-se medidas no sentido de assegurar a previsibilidade dos impostos e a segurança do comércio jurídico. De entre elas destacarei: a tipicidade fechada dos impostos; a não-retroactividade; a estabilidade do sistema fiscal; o rigor técnico na elaboração das leis.

Palavras-chave:

Impostos
Previsibilidade
Retroactividade

ABSTRACT

The "total impossibility to forecast the future", essential rule of quanta sciences, shall not be increased in tax matters. Adversely it shall be mitigated, measures being taken to assure the previsibility of taxes and the security of commerce. Among those measures shall be accentuated: the "closed" tipicity of taxes; the non-retroactivity; the stability of tax system;the preciseness on the elaboration of laws.

Keywords:

Taxes
Previsibility
Retroactivity

1. A total impossibilidade de prever o futuro

Tem sido difícil acabar com a convicção que vem do século XVII, de que tudo é previsível através de um uso adequado da matemática. Estando o "cosmos" sujeito a leis universais, definíveis e envolvendo equações matemáticas, para Laplace – como para muitos outros – bastava ter-se a informação suficiente sobre o estado do cosmos num certo momento, para definir com rigor matemático a sua evolução. Compreendida aqui a humanidade, composta de pessoas/partículas sujeitas às leis da física matemática.

Esta ideia, presente expressa ou implicitamente em todo o iluminismo, pelo menos no europeu continental, veio a influenciar filósofos (o próprio Hegel), cultores das ciências sociais (Comte, Durkheim e muitos outros) e sistemas políticos (marxismo, fascismo, nazismo, etc.).

A "descoberta" desde o século XIX da "liberdade" do muito pequeno, e a redescoberta da liberdade do ser humano, afirmadas pela ciência quântica, pouco efeito tiveram nas ideologias que submetiam o ser humano à "engenharia social" como qualquer elemento inerte do mundo físico. Até acabarem por ser derrotadas pelo bater de asas de uma borboleta em Cracóvia que desencadeou furacões em Berlim e em Moscovo. Alterando uma "estabilidade" que prometia perpetuar-se por assentar em "leis naturais".

Mas se a imprevisibilidade é dado incontornável, sobretudo na sociedade humana, como assegurar a necessária previsibilidade do futuro, imprescindível para o planeamento da vida social e individual, das empresas, do Estado e das famílias? Será que não estamos na sociedade do " risco total"?

Parece-me que a total imprevisibilidade – que leva os crentes a entregar com confiança o seu futuro a Deus – tem levado à criação de formas de solidariedade social que mitigam o risco. Desde a ajuda familiar, à segurança social, aos seguros, à utilização criativa da natural flexibilidade e indeterminação dos contratos, etc. Actuando a sociedade como um organismo vivo, em que cada um exerce a sua função harmonicamente com o todo, numa "inteligência colectiva" que preserva a liberdade de cada um e dela depende.

Como se pode conciliar, em matéria de impostos, a total imprevisibilidade do futuro, com a necessária previsibilidade da evolução dos impostos, a bem da família e das empresas?

Pode conciliar-se acentuando o valor da previsibilidade dos impostos, para não se agravar a imprevisibilidade da vida.

Vou, pois, acentuar alguns princípios em que o valor previsibilidade se condensa em Direito Fiscal.

2. O princípio da legalidade e da tipicidade fechada

O princípio da legalidade e o seu corolário impondo a tipicidade fechada visam directamente a certeza e segurança do Direito. Promovendo através do processo legislativo da lei em sentido formal a certeza do Direito e a sua estabilidade. Valores que são consolidados pela tipicidade fechada que assegura que o destinatário das normas venha a conhecer as obrigações e direitos tributários só através da lei. Devendo considerar-se o princípio da legalidade (e os que dele decorrem em matéria de segurança e certeza) como direito à liberdade[1]

3. Não retroactividade das leis

A lei, por natureza, rege só para o futuro. Trata-se de consagrar os valores da certeza e segurança do Direito tão importantes como o valor justiça, por esta estar largamente dependente daqueles. Não é preciso estarem consagrados expressamente na letra da Constituição formal para se de um valor constitucional (material) de primeiro plano.

Em matéria de impostos, a Constituição da República Portuguesa estatui a não retroactividade dos impostos (artigo 103.º). Assim, e muito sucintamente, a lei que trate dos elementos essenciais dos impostos, tal como vêm definidos na CRP (artigo102.º), não se aplicará a factos tributários nascidos à sombra da lei anterior, nem aos efeitos ainda em curso de factos tributários anteriores. Nos factos tributários de formação con-

[1] Diogo Leite de Campos, El estatuto jurídico de la persona y los impuestos, Estudios de Derecho Tributario constitucional y internacional, Homenaje latino-americano a Victor Uckmar, coord. Pasquale Pistone y Heleno Taveira Torres, Ed. Ábaco, Buenos Aires, 2005, pág. 239.

tinuada (por exemplo, IRC e IRS) a lei só se aplicará no ano seguinte ao da sua publicação.[2]

Mas a segurança jurídica tem um esteio importante não retroactividade não termina aqui.

4. O "sistema" fiscal e a sua estabilidade

As leis de impostos não podem ser – e são-no hoje – um aglomerado informe de normas, sem uma aparente base científica, económica e social comum, meros produtos da conjuntura e dos apetites imoderados e variáveis dos políticos. Sendo o que são hoje, perdem a sustentabilidade social, são rejeitadas, aumenta a evasão fiscal, através não só da sua rejeição social como das múltiplas incertezas que acarretam.

Tem de haver um **sistema** fiscal, dotado de uma outra ideia de justiça (assente no bem mais adequado para sustentar a tributação) e de uma lógica sistemática.

Depois, é necessário que as normas não sejam alteradas todos os anos, muitas vezes ao sabor de "técnicos" pouco capazes, da vontade de combater ("ex post") um caso de evasão fiscal. A alteração constante das normas descredibiliza-as e torna particularmente difícil o planeamento das empresas, das famílias e do próprio Estado.

Quando houver uma alteração, esta deve ser prevista e discutida com antecedência e entrar em vigor num prazo que permita que as famílias e as empresas adeqúem a sua gestão.

Diria que nenhuma norma deve entrar em vigor no ano em que é publicada.[3] E, de preferência, devem decorrer diversos meses, quando não anos, entre a sua publicação e a sua entrada em vigor.

---

[2] Vd. Diogo Leite de Campos e Mônica Horta Neves Leite de Campos, Direito Tributário, Belo Horizonte, Del Rey,2001,págs. 112 e segs.

[3] Vd. art. 150.º, III, b, da Constituição Federal do Brasil.Cfr. Ives Gandra da Silva Martins, A defesa do Contribuinte no Direito Brasileiro, IOB, S. Paulo, coords. Ives Gandra da Silva Martins e Rogério Gandra Martins, pág. 7.

5. Os benefícios fiscais

Os benefícios fiscais são particularmente característicos do carácter contratual dos impostos. Em geral, o Estado contrata com os cidadãos certas prestações destes em troca de certos serviços públicos. Nos benefícios fiscais, o Estado faz uma oferta pública de certas vantagens àqueles que preencherem os pressupostos fixados, levando a cabo o comportamento pretendido.

Revela-se aqui a "nova"feição do Estado. Já não aquele que dá ordens e estabelece sanções, mas o organizador e promotor que assume os valores sociais e os promove através da forma organizativa adequada.

Ora bem: o Estado, ao conceder um benefício fiscal, não o pode revogar antes de os cidadãos obterem os resultados esperados do seu comportamento. Assim, se o Estado concede benefícios às empresas para se instalarem numa certa região, só os pode retirar depois de as empresas que aceitaram a oferta se instalarem e obterem os resultados previstos. É nesta ordem de ideias que a Lei Geral Tributária Portuguesa estabelece um prazo (mínimo) de cinco anos de vigência para os benefícios fiscais (artigo 14.º).[4]

6. A certeza do Direito e a técnica legislativa

Uma das bases fundamentais da certeza jurídica é a seguinte: "as leis tributárias devem estruturar-se de maneira a que apresentem técnica e juridicamente o máximo possível de inteligibilidade e as suas definições serem tão claras e precisas que excluam qualquer dúvida sobre os direitos e os deveres dos contribuintes"[5] . "Antes de tomar uma decisão o contribuinte deveria poder determinar rapidamente, com toda a certeza e poucos gastos, as consequências fiscais dos seus projectos" [6].

---

[4] Vd. Diogo Leite de Campos, Benjamim Silva Rodrigues e Jorge Lopes de Sousa, Lei Geral Tributária anotada e comentada, Vislis,3ª ed.,Lisboa, 2003, com. ao artigo 14.º.

[5] F. Neumark, "Princípios de la imposición", Madrid, IDEF, 1974, págs. 408 e 409.

[6] Informe de la Real Comisión de Investigación sobre la Fiscalidad" (Relatório Carter), IDEF, Madrid, 1975, p. 14.

A complicação e obscuridade da norma tributária deriva fundamentalmente dos demasiados número e frequência das normas assentes na excessiva diligência regulamentadora da Administração[7].

Uma norma obscura; a confusa sucessão no tempo de normas; as contradições dificilmente sanáveis entre normas; etc., não só violam a necessidade de certeza como contradizem o próprio princípio da legalidade. O contribuinte só conhecerá os seus deveres tributáveis se estiverem plasmados em normas claras. Caso contrário terá de perguntar à Administração ou aos Tribunais o sentido das normas, o que põe em causa o princípio da legalidade. Entendida esta como implicando a possibilidade de o contribuinte conhecer através da " leitura" da lei (formal) os seus deveres e a sua quantificação.

7. As cláusulas gerais e conceitos indeterminados

O Direito Tributário está eivado de institutos que assentam em cláusulas gerais ou conceitos (marcadamente) indeterminados.

Não me estou a referir à indeterminação "natural" de cada conceito, só mitigada perante a subsunção do caso concreto no conceito, a dar a este um sentido (para aquele caso).

Estou a pensar nos conceitos mais indeterminados, sobretudo naqueles que recorrem a conceitos de outros ramos da ciência (economia, finanças, gestão de empresas, etc.) ou que apelam para estados psicológicos do contribuinte.[8]

O jurista – e, por maioria de razão, o contribuinte – parece desprovido de meios para preencher estes conceitos com as situações da vida.

Estou a referir-me principalmente aos seguintes institutos: cláusula geral anti- -elisão; preços de transferência; fixação de matéria colectável por métodos indirectos.

A clausula geral anti-elisão é de tal modo estranha ao princípio da legalidade, com as suas exigências de certeza, que tem sido objecto de

[7] J.J. Ferrero Lapatza, Ensayos sobre metodología y técnica jurídica en el Derecho Financiero y tributario, Marcial Pons, Madrid/Barcelona, 1998, p. 29.

[8] Vd. António Marcos, O direito do contribuinte à segurança jurídica, Porto, Ed. Universidade Fernando Pessoa, 1997, págs. 381 e segs.

severas críticas por parte de Autores de maior relevo em todos os ordenamentos jurídicos. Utiliza conceitos "novos" – abuso de formas jurídicas, por exemplo – de difícil apreensão. E faz apelo ao "intuito" do contribuinte ao realizar as operações.

Embora se esteja próximo de a delimitar[9], a utilização (essa abusiva) que dela faz a Administração e a dificuldade de os Tribunais a apreenderem, faz da cláusula geral anti-elisão um corpo estranho no ordenamento jurídico fiscal.

O regime jurídico dos preços de transferência implica juízos sobre gestão de empresas e de grupos de sociedades, comércio internacional, valorização de intangíveis, preços de mercado, etc., difíceis para o técnico mais preparado quanto mais para o jurista.

A fixação da matéria colectável por métodos indirectos, como o salto vertiginoso do conhecido (alguns dados da contabilidade) para o desconhecido (a efectiva vida do contribuinte, pessoa singular ou colectiva) exige juízos sobre a gestão das empresas e daquela empresa, o mercado, a gestão financeira e de produção, etc., também muito incertos e subjectivos.

Assim, haverá que afastar o mais possível essas e outras indeterminações. E quando tal não parecer possível, dedicar um esforço acrescido ao preenchimento dos conceitos e, com a consciência de que o resultado será sempre muito incerto, remeter a apreciação a apreciação de um litígio para tribunais arbitrais integrados por especialistas.

---

[9] Vd. Diogo Leite de Campos e João Costa Andrade, Autonomia Contratual e Direito Tributário, Coimbra, Almedina, 2009.

Manuel Faustino

Retroactividade, Retrospectividade e alguma serenidade

Manuel Faustino

Licenciado em Direito. Associado do IDEFF.

RESUMO

A natureza retroactiva das normas fiscais e a sua inconstitucionalidade são tratados neste estudo a propósito das recentes alterações introduzidas, ao nível das taxas e da tributação das mais-valias de acções, no Código do IRS. O autor conclui que tais alterações não têm natureza retroactiva autêntica, nem violam o princípio da confiança.

Palavras-chaves:

Retrocatividade
Princípio da Confiança
Inconstitucionalidade

ABSTRACT

The retroactive nature of tax laws and their unconstitutionality are treated in this study in face of the recent changes in Personal Income Tax Code, regarding rates and taxation of capital gains on shares. The author concludes that such changes don't have authentic retroactive nature nor violate the principle of trust.

Keywords:

Retroactivity
Principle of Trust
Unconstitutionality

1. Quando o Governo anunciou, no quadro das medidas fiscais a integrar no Plano de Estabilidade e Crescimento, a antecipação, para 2010, da tributação de algumas mais-valias mobiliárias ao nível do IRS [1] parece «ter caído o Carmo e a Trindade» no meio fiscal português. Chegou mesmo a assistir-se ao insólito aparecimento de um «Manifesto» – que ficou conhecido por «Manifesto dos 66», tantos terão sido os seus assinantes – que agrupou dos mais insignes nomes da fiscalidade nacional e que, em suma, se insurgia, com variados argumentos, contra a aprovação de tal tributação [2], assacando-lhe, em julgamento público antecipado, o que agora um partido político designa por «vírus da retroactividade». Respondeu o Governo, através do Ministro das Finanças, em conferência de imprensa que ficou célebre, que, segundo os técnicos, não havia retroactividade, mas apenas retrospectividade. E se a Senhora Jornalista que fizera a pergunta ficara tão confusa quanto ele, só tinha que acreditar que o termo juridicamente ou tecnicamente correcto era aquele [3]! Veio mais tarde, no Expresso, o Secretário de Estado dos Assuntos Fiscais, em texto de antologia, como, aliás, é sua característica, explicar aos interessados o que é a retrospectividade aplicada às normas fiscais.

O ruído aumentou quando começou a desenhar-se o PEC propriamente dito, com particular incidência nas medidas que se anunciavam com efeitos no IRS. Cauteloso fora o legislador do IRC que, para evitar dúvidas existenciais e em norma absolutamente essencial à economia

---

[1] Afirmação que, não nos temos cansado de o repetir, não é sequer rigorosa, porque, deste o início da sua vigência, o IRS tem mais-valias mobiliárias tributadas. Basta que sejam obtidas, actualmente, no âmbito de uma actividade profissional ou empresarial e, antes da reforma operada pela Lei n.º 30-G/2000, de 30 de Dezembro, nas categorias C (rendimentos comerciais ou industriais) ou D (rendimentos agrícolas, silvícolas e pecuários). Há-de ter-se presente que a impropriamente denominada delimitação negativa da incidência – porque em rigor do que sempre se tratou foi de um benefício fiscal – que abrangia as mais-valias mobiliárias em causa apenas se aplicava às que fossem tributadas no âmbito da categoria G.

[2] Não gostaríamos de associar tal «movimento» a situações de que temos conhecimento e que consideramos superarem em muito a noção de «planeamento fiscal agressivo», para se situarem, em nossa modesta opinião, no plano da pura evasão fiscal. E só lamentamos que as entidades competentes não tenham já desmascarado essas mesmas situações.

[3] Conferência de Imprensa de 22 de Abril de 2010, após a Reunião do Conselho de Ministros.

do Código, dispôs que «*o facto gerador do imposto considera-se verificado no último dia do período de tributação*» [4]. O coro de murmúrios ganhou novo fôlego, agora com sustentação política de franjas, e, de novo, a nódoa da inconstitucionalidade por retroactividade foi abundantemente esgrimida em públicas discussões.

Mas, em rigor, ao certo, pouco ou nada se clarificou, porque tudo se meteu no mesmo saco e nenhuma distinção se fez, como até podia convir. Na generalidade, as vozes ouviram-se antes de existirem medidas legislativas concretas e, nalguns casos, mesmo antes de serem publicamente conhecidos os projectos legislativos governamentais. Foram tiros sem alvo e que, por isso, em nada acertaram. Nem mesmo do ponto de vista pedagógico alguma coisa adiantaram. Ao contrário apenas aumentaram a confusão e a perplexidade, criaram no universo tributário dos ingénuos infundadas expectativas e contribuíram, a nosso ver em excesso, para um clima de «crispação fiscal» de todo desnecessário e desaconselhável no período da gravíssima crise económica, financeira e de finanças públicas que o País atravessa e que, para além do empenhamento de todos, exige serenidade e bom senso. Além de que, como temos por mais que provável, nenhum dos cenários catastrofistas, na perspectiva da (in) constitucionalidade das medidas em causa, que foram anunciados se vai concretizar e, mais do que o legislador, foram os arautos da desgraça que, tendo-lhas criado, acabam assim por defraudar infundadas expectativas dos contribuintes.

2. Não foi consensual, por se afigurar ter tido motivações quase exclusivamente de ordem política, ainda que integrando um discurso

[4] Cf. n.º 9 do artigo 8.º do Código. Isto mesmo após ter antes explicitado, em norma de incidência objectiva, que "o IRC incide sobre o lucro das empresas" e que "o lucro consiste na diferença entre os valores do património líquido no fim e no início de tributação" – cf. artigo 3.º. Mas, à cautela, e não fosse o Diabo tecê-las, sempre era melhor dizer mais alguma coisa. *Quod abundat non nocet*. Embora, para nós, o n.º 9 do artigo 8.º, mais não seja que uma norma de autorização de cobrança do imposto por parte do Estado, ou seja, a norma que fixa o momento a partir do qual o imposto se torna exigível. Repare-se, aliás, que a norma não se refere a «facto tributário», mas a «facto gerador». E, como sabemos, não sendo o legislador um escritor literário, quando quer referir-se a um certo conceito, utiliza os termos que traduzem esse conceito. Não se diga, pois, que «facto gerador» (para efeitos desta discussão) é o mesmo que «facto tributário».

jurídico com ampla distribuição, verbal, de direitos, liberdades e garantias, a decisão do legislador constitucional de introduzir, na revisão constitucional de 1997, o direito de não pagar impostos que tenham «*natureza retroactiva*», expressão então consagrada no n.º 3 do artigo 103.º da Constituição da República Portuguesa, norma que estabelece o 'direito de resistência' do contribuinte. Esta modificação constitucional, «*afastou-nos das constituições fiscais dos países em cuja tradição jurídica nos incluímos ou tentamos incluir. Com efeito, utilizando, como parâmetro para a bondade da solução, o Direito Comparado, verificamos que a proibição constitucional da retroactividade fiscal se encontra geralmente em países como o Brasil ou o México, onde, em vez de um Estado de Direito consolidado e razoavelmente operante, temos o que podemos qualificar como um discurso constitucional sobre o Estado de Direito*» [5]. Mas, mais importante do que isso, tal modificação interrompeu, ao menos parcialmente, o caminho encetado pelo Tribunal Constitucional para um certo grau de apuro na definição de um critério material de limitação para a retroactividade das normas fiscais. Não obstante, a alteração constitucional não resolveu tudo. «*Há que definir o que se entende por lei fiscal com natureza retroactiva: trata-se de retroactividade forte ou retroactividade fraca, nos termos formais que referimos supra, ou de qualquer intensidade material da lesão da confiança? Tudo isto fica novamente remetido para a jurisprudência. Estará também abrangida a retroactividade favorável nesta proibição?*» [6].

Decorre do exposto que, no plano doutrinário, a consagração constitucional do direito [7] de não serem pagos impostos que tenham *natureza*

---

[5] Saldanha Sanches, J. L., *Manual de Direito Fiscal*, 3.ª ed., Coimbra Editora, 2007, pp. 191. Mais assertivo, Casalta Nabais, J., *Direito Fiscal*, 5.ª ed., Almedina, Coimbra, 2010 (Reimpressão da edição de 2010), Nota 33, pp. 146/147, afirma: *Nós, porém, quanto a esta, como quanto a outras alterações constitucionais, interrogmo-nos sobre se não estamos perante manifestações dos fenómenos de «panconstitucionalização» e de «novoriquismo» constitucional que não honram uma constituição digna desse nome*.

[6] Saldanha Sanches, J.L., op. e pp. cit.

[7] Agora de novo publicamente invocado, mas muito cujo exercício foi muito mal explicado. O Estado de Direito tem regras. E não estando em causa esse direito, devem associar-se-lhe os deveres que o seu exercício implica: impugnação judicial da liquidação do imposto considerado de natureza retroactiva, com os custos inerentes, e, em

retroactiva não esgotou, nesse plano, o tema da retroactividade das normas fiscais. Subsistem, pelo menos, as questões de saber se a expressão *natureza retroactiva* abrange todo e qualquer grau de retroactividade ou se ainda faz sentido distinguir entre diferentes graus de retroactividade [[8]] e se normas fiscais favoráveis ao contribuinte estão ou não abrangidas pela proibição de retroactividade.

A verdade é que, continuando afinal, embora provavelmente de modo mais limitado, a percorrer o caminho para a definição de um critério material de limitação para a retroactividade das normas fiscais, o Tribunal Constitucional (TC), nos casos que, após a alteração constitucional, lhe foram até agora submetidos, se não limitou a aplicar *ex officio* o n.º 3 do artigo 103.º da CRP. Cumpre aqui reconhecer e saudar o empenho do TC em desbravar as dificuldades que a lei continua a colocar, procurando delimitar o seu sentido e âmbito e, assim, afinar o critério material a que nos temos referido. Vejamos, ainda que de modo sucinto, em que tem consistido esse pródigo labor.

3. Servir-nosá de guia pelo breve percurso que vamos fazer pela actividade cognitiva do TC a propósito da retroactividade das normas fiscais, o Acórdão n.º 128/09, de 12 de Março, tirado no Recurso n.º 772/2007, de que foi Relatora a Juíza Conselheira Maria Lúcia Amaral. Elegemo-lo na sequência do facto de o mais recente Acórdão do

---

princípio, prestação de garantia idónea no processo executivo que necessariamente será instaurado na falta de pagamento do imposto. O direito não é, pois, absoluto como quase se deu a entender, e, muito menos, opera *ex officio*.

[8] Brás Carlos, A. F., *Impostos, Teoria Geral*, Almedina, Coimbra, 2006, pp. 122 e ss., onde sintetiza, com base em Alberto Xavier, a posição doutrinária maioritária sobre os três graus de retroactividade em função do grau de lesão da confiança do contribuinte. E afirma, posição com que concordamos, que a denominada retroactividade de 3.º grau, ou seja, aquela que se verifica quando o facto tributário que a lei nova pretende regular na sua totalidade não ocorreu totalmente ao abrigo da lei antiga, antes se continua formando na vigência da lei nova, não é retroactividade verdadeira. E, ainda Freitas Pereira, M. H., *Fiscalidade*, 2.ª ed., Almedina, Coimbra, pp. 207/213, e, em particular, pp. 210. Será, portanto, como a qualifica Casalta Nabais, retroactividade imprópria, inautêntica ou falsa. E, com Brás Carlos, afastamo-nos, em princípio, da posição de Alberto Xavier, sobre a aplicação *pro rata temporis*, nestes casos de retroactividade imprópria. Designadamente num imposto com as características, como por exemplo, a progressividade, do IRS, como, em texto, teremos oportunidade de explicitar.

TC que abordou a questão da retroactividade de normas fiscais, o Acórdão 85/2010, de 3 de Março, tirado no Recurso n.º 653/09 e de que foi Relator o Juiz Conselheiro Gil Galvão, ter nele baseado a apreciação do pedido de inconstitucionalidade que vinha formulado relativamente a uma norma do Código do IRC e ao tratamento concedido, em certas circunstâncias a menos-valias derivadas de participações sociais.

No Acórdão 128/09, o TC entendeu colocar a sua pronúncia em duas vertentes: por um lado, se devia ponderar, *in casu*, se a norma sancionada assumia uma verdadeira natureza retroactiva. E, a ser assim, se devia ainda o Tribunal ponderar se a *especial* natureza da norma (integrante de uma lei fiscal) a fazia *cair* no princípio geral de irretroactividade das leis fiscais consagrado no artigo 103.º, n.º 3, da Constituição. Por outro lado – e apenas se se não chegasse, desde logo e por este motivo, a um juízo de inconstitucionalidade – se o Tribunal devia ainda ponderar se a aplicação da norma tinha lesado, efectivamente, a «confiança legítima» da recorrida, de modo tal que se devesse ter por violado, *no caso*, o princípio da protecção da confiança ínsito na ideia de Estado de direito, nos termos do artigo 2.º da Constituição.

Sobre a ***proibição de retroactividade fiscal***, depois de se considerar, com a doutrina, que a alteração feita em 1997 ao n.º 3 do artigo 103.º da CRP mais não teria feito que explicitar algo que já decorria do princípio da protecção de confiança e da ideia de Estado de direito nos termos do artigo 2.º da CRP [[9]] afirma-se categoricamente: *decorre deste preceito constitucional que qualquer norma fiscal desfavorável (não se entrando aqui na questão de saber se normas fiscais favoráveis podem, e em que medida, ser retroactivas) será constitucionalmente censurada quando assuma natureza retroactiva, sendo a expressão «retroactividade» usada, aqui, em sentido próprio ou autêntico: proíbe-se a aplicação de uma lei fiscal nova, desvantajosa, a um facto tributário ocorrido no âmbito da vigência da lei fiscal revogada (a lei antiga) e mais* favorável. E mais se escreveu nesse mesmo Acórdão:

> «Uma vez expressa no texto da Constituição a proibição da retroactividade em matéria fiscal, o Tribunal passou a *ler* esta proibição já

[9] Explicitação que, salvo melhor opinião, não podemos deixar de interpretar como expressão de uma certa desvalorização dessa mesma alteração, feita pelo próprio TC.

não numa dimensão subjectiva (dependendo, em concreto, do *contexto* dos sujeitos da relação tributária resultante da aplicação da lei) mas antes numa dimensão objectiva. Diz o Tribunal, a este propósito, que à proibição expressa da retroactividade da lei fiscal "não pode deixar de estar ínsita uma garantia forte de objectividade e auto-vinculação do Estado pelo Direito" (*Cfr*. Acórdão do Tribunal Constitucional n.º 172/2000, *in* www.tribunalconstitucional.pt). Quer isto dizer que, actualmente, e consagrado que está o princípio geral de irretroactividade da lei fiscal, a mera natureza retroactiva de uma lei fiscal desvantajosa para os particulares é sancionada, de forma *automática*, pela Constituição, qualquer que tenha sido, *em concreto,* a conduta da administração fiscal ou do particular tributado. Por outras palavras, o juízo de inconstitucionalidade decorre apenas da mera análise dos *dados normativos*, não dependendo, em nenhum momento, da averiguação de quaisquer *elementos circunstanciais* que resultem da condição, *em concreto,* de uma *certa relação jurídico-tributária. [...]* A retroactividade proibida no n.º 3 do artigo 103.º da Constituição é a retroactividade própria ou autêntica. Ou seja, proíbe-se a retroactividade que se traduz na aplicação de lei nova a factos (no caso, factos tributários) antigos (anteriores, portanto, à entrada em vigor da lei nova)".

Importa, pois, reter que, para o TC, a *natureza retroactiva* da norma não se traduz em qualquer tipo de retroactividade ou em retroactividade de qualquer grau. Apenas é relevante a retroactividade própria ou autêntica e não a retroactividade imprópria ou inautêntica. *Automaticamente*, à luz do preceito constitucional, apenas actua, sem dúvida, a denominada retroactividade de 1.º grau. Já a denominada, retroactividade de 2.º grau há-de ser objecto de outros juízos que não o de mera retroactividade. **E, por último, não se subsume, de todo, no n.º 3 do artigo 103.º da CRP a retroactividade de 3.º grau, por se tratar de retroactividade imprópria, inautêntica ou falsa** [10] . E, não menos importante, mantém-se em aberto a questão de saber se a proibição de retroactividade abrange ou não normas favoráveis ao contribuinte, aspecto sobre o qual o Tribunal não toma posição e sobre o qual a doutrina mais consistente também se demite de opinar, mas que, para alguns, parece um dado adquirido: as

[10] Ordenação qualificadora que, entre nós, parece ter sido feita pela primeira vez por Alberto Xavier, in *Manual de Direito Fiscal*, Lisboa, 1974, pp. 195/202.

normas fiscais favoráveis ao contribuinte não são abrangidos pela proibição de retroactividade, como se os interesses patrimoniais do sujeito activo da relação jurídico-tributária e dos contribuintes por elas não abrangidos, não fossem eles, também, merecedores de tutela constitucional [[11]].

Nesse contexto, o TC entendeu não dever ficar pela análise da inconstitucionalidade, *strictu sensu*, mas aprofundar mais o *iter* cognitivo e avançar, nestes casos, para a apreciação de outro fundamento de inconstitucionalidade – a violação do princípio da confiança, ínsito no princípio do Estado de direito consagrado no artigo 2.º da Constituição – que, sucessivamente, em relação a uma norma fiscal atacada por natureza retroactiva, pode ser invocado, caso esta se venha a ter por inverificada.

Ora, como é consensualmente reconhecido, com a formulação actual do nº 3 do artigo 103.º da CRP alterou-se o *lugar constitucional* que o princípio decorrente do artigo 2.º ocupa *em matérias de natureza fiscal:* a aprovação, em 1997, de um princípio geral de irretroactividade

[11] A alguém repugnaria considerar inconstitucional por retroactiva, uma norma que, após o fecho de um exercício fiscal, fixasse um benefício fiscal, aparentemente com carácter geral, mas que apenas beneficiasse certos contribuintes, e determinasse, para esses, a devolução de imposto já pago ou o pagamento de imposto inferior ao que deveria ser na ausência do benefício? E por quem seria repartido o encargo resultante dessa «despesa fiscal»? É que, em matéria de receitas tributárias, o que não for pago por uns, será necessariamente pago por outros e nem sempre esta «comunicabilidade» é tida em consideração por quem defende que as normas com natureza retroactiva, favoráveis ao contribuinte, são insusceptíveis de juízo de inconstitucionalidade por essa razão. E não se pense que a posição dubitativa sobre a questão da insusceptibilidade de normas retroactivas favoráveis aos contribuintes é nova, mesma entre nós. Cardoso Da Costa, J. M. M., no seu *Manual de Direito Fiscal*, 2.ª ed., Almedina, Coimbra, 1972, escrevia, em nota de pé de página (pp. 239) perante entusiastas de solução diversa, inclusivamente consagrada no então muito celebrado Anteprojecto de Código de Impostos sobre o Rendimento, de que era entusiasta defensor o Prof. Pessoa Jorge, o seguinte: "*Isto no caso de a nova lei agravar o encargo. Já não assim, quando o venha a diminuir (através da redução da taxa) ou extinguir: por isso mesmo há quem entenda, pondo mais o acento tónico nesta circunstância do que no princípio da igualdade, que em tais hipóteses a lei nova se deve aplicar mesmo a factos ou situações anteriores (assim, Prof. Pessoa Jorge, Curso , p. 131). É este um ponto de vista que não pode afastar-se liminarmente. E, assim, muito embora nos não inclinemos para a solução nele contida, nem a perfilhemos no texto, também nisso não pomos, todavia, uma convicção absoluta*".

da lei fiscal veio modificar (e não diminuir ou aumentar) a relevância do princípio.

A este propósito escreveu-se o seguinte no Acórdão n.º 128/08:

> Quer isto dizer exactamente o seguinte. A proibição expressa da retroactividade da lei fiscal não tornou inútil a eventual aplicação, a matérias de natureza tributária, do parâmetro da protecção da confiança. Como diz Casalta Nabais, (Cfr. "*Direito Fiscal*", 3ª Edição, Almedina, Coimbra, p. 149) a *protecção da confiança* não foi absorvida pelo novo preceito constitucional. Ao textualizar a proibição de normas fiscais retroactivas, a Constituição conferiu uma especial *corporização* ao princípio, corporização essa que se traduz na *necessária ausência de ponderações sempre que ocorram casos* [de leis tributárias] *que sejam retroactivas em sentido próprio ou autêntico*. Nesses casos – nos quais, recorde-se, se não inclui o presente – *não* há lugar a ponderações: a norma retroactiva é, por força do n.º 3 do artigo 103.º, inconstitucional. Mas tal não significa que, por causa disso, se tenha esgotado ou exaurido a «utilidade» do princípio da confiança em matéria tributária. Pode haver outras situações – de retroactividade imprópria, ou até de não retroactividade – que convoquem a questão constitucional que é resolvida pela tutela da confiança.
>
> Sucede, porém, que, ao contrário do que sucede com a aplicação do princípio contido no n.º 3 do artigo 103.º da Constituição, a «mobilização» do princípio da confiança em matéria tributária obriga a um juízo que não prescinde de ponderações: saber se a *norma* é ou não inconstitucional (por violação da protecção da confiança) obriga a que se tenha em conta, e se pondere, tanto o *contexto* da administração tributária quanto o *contexto* do particular tributado.

Foi No Acórdão n.º 287/90, de 30 de Outubro, que o TC estabeleceu os limites do princípio da protecção da confiança na ponderação da eventual inconstitucionalidade de normas *dotadas* de «retroactividade inautêntica, retrospectiva». Foi neste aresto ainda que o Tribunal procedeu à distinção entre o tratamento que deveria ser dado aos casos de «retroactividade autêntica», numa altura em que o n.º 3 do artigo 103.º não tinha a redacção actual, e o tratamento a conferir aos casos de «retroactividade inautêntica» que seriam, disse-se, tutelados apenas à luz do princípio da confiança enquanto decorrência do princípio do Estado de direito consagrado no artigo 2.º da Constituição.

Ora, de acordo com esta jurisprudência sobre o princípio da segurança jurídica na vertente material da confiança, para que esta última seja tutelada é necessário que se reúnam, isto é, se verifiquem cumulativamente, dois pressupostos essenciais:

a) A afectação de expectativas, em sentido desfavorável, será inadmissível, quando constitua uma mutação da ordem jurídica com que, razoavelmente, os destinatários das normas dela constantes não possam contar; e ainda
b) Quando não for ditada pela necessidade de salvaguardar direitos ou interesses constitucionalmente protegidos que devam considerar-se prevalecentes (deve recorrer-se, aqui, ao princípio da proporcionalidade, explicitamente consagrado, a propósito dos direitos, liberdades e garantias, no n.º 2 do artigo 18.º da Constituição).

E, completando o seu raciocínio, o TC, nessa Acórdão, fixou a seguinte jurisprudência que até hoje se mantém inalterada:

Os dois critérios enunciados (e que são igualmente expressos noutra jurisprudência do Tribunal) são, no fundo, reconduzíveis a quatro diferentes requisitos ou "testes". Para que para haja lugar à tutela jurídico-constitucional da «confiança» é necessário, em primeiro lugar, que o Estado (mormente o legislador) tenha encetado comportamentos capazes de gerar nos privados «expectativas» de continuidade; depois, devem tais expectativas ser legítimas, justificadas e fundadas em boas razões; em terceiro lugar, devem os privados ter feito planos de vida tendo em conta a perspectiva de continuidade do «comportamento» estadual; por último, é ainda necessário que não ocorram razões de interesse público que justifiquem, em ponderação, a não continuidade do comportamento que gerou a situação de expectativa.

Este princípio postula, pois, uma ideia de protecção da confiança dos cidadãos e da comunidade na *estabilidade* da ordem jurídica e na *constância* da actuação do Estado. Todavia, a confiança, aqui, não é uma confiança qualquer: se ela não reunir os quatro requisitos que acima ficaram formulados a Constituição não lhe atribui protecção.

Por isso, disse-se ainda no Acórdão n.º 287/90 – e importa ter este *dito* presente no caso – que, *em princípio, e tendo em conta a autorevisibilidade das leis,* "não há (...) um direito à não-frustração de expectativas jurídicas ou a manutenção do regime legal em relações jurídicas duradoiras ou relativamente a factos complexos já parcialmente realizados".

4. Foi longo este enquadramento doutrinário e jurisprudencial, mas ele era indispensável para a análise serena que nos propomos efectuar e que tem por objecto a sucessão legislativa que este ano já se verificou em sede de IRS [[12]] e tecer sobre ela algumas considerações tentativamente clarificadoras em relação aos problemas em causa: (i) estaremos perante medidas legislativas retroactivas, susceptíveis de violarem o n.º 3 do artigo 103.º da Constituição da República Portuguesa? (ii) não sendo retroactivas, tais medidas poderão ainda assim ser objecto de um juízo de inconstitucionalidade por violação do princípio da segurança jurídica, na sua dimensão de confiança, ínsito na ideia de Estado de direito? (iii) se a resposta às questões anteriores for negativa, e considerando alguma supremacia que a jurisprudência reconhece à Lei Geral Tributária [[13]],

---

[12] Assumimos que o problema fundamental, se não mesmo exclusivo, da legislação em causa, se cinge aos impostos periódicos e, dentro destes, pela já apontada cautela do legislador do IRC, ao IRS. Parece poder colocar-se um problema de sucessão de lei no tempo em relação à alteração feita na Lei n.º 12-A/2010 às taxas aplicáveis na Região Autónoma da Madeira no Imposto sobre o Tabaco, uma vez que ainda é feita no anterior Código dos IEC, quando estava em *vacatio legis* o novo Código do IEC, embora nós entendamos que, por força do disposto no artigo 7.º do Decreto-Lei que o aprova, a alteração introduzida às mencionadas taxas deva igualmente ter-se por feita no novo Código. Algo sobre que não nos pronunciaremos respeita às taxas de tributação autónoma introduzidas pela Lei do OE/2010 no Código do IRC, matéria onde nos parece existir um grande défice de intervenção da Universidade. Ninguém sabe qual a natureza de tais taxas, se são impostos directos ou indirectos, se instantâneos ou periódicos, se sobre rendimento ou sobre a despesa. E, entretanto, o IRC vai arrecadando milhões com tais tributações, estatisticamente tais receitas são contabilizadas como receitas de IRC e, em sede de custos, não são aceites como tal. Ora, a TSU não será também uma tributação autónoma sobre a despesa (salários) da empresa? E não é dedutível como custo?

[13] É definitivo que a Lei Geral Tributária não é uma lei de valor reforçado e, portanto, situada, na hierarquia das leis, entre a CRP e a lei e o decreto-lei. Mas a verdade é que, não raro, a jurisprudência reconhece a supremacia da LGT em relação, nomeadamente, ao CPPT – v. g., Ac. do STA de 31-10-2007, Recurso n.º 593/07.

poderão as mesmas medidas legislativas violar o artigo 12.º, nomeadamente o seu n.º 2? É o que, na sequência, vamos procurar dissecar.

5. Até à data em que escrevemos estas notas, foram publicados, com relevância para o tema que pretendemos abordar [[14]]:

[14] Não cuidaremos aqui da inesperada, e de todo inexplicada, alteração ao artigo 119.º do Código do IRS, feita pelo Decreto-Lei n.º 72-A/2010, de 18 de Junho (decreto-lei de execução orçamental!) e que, para sermos directos, eliminou o sigilo bancário em relação aos rendimentos de capitais obtidos por residentes em território português. E, numa perspectiva eminentemente tributária, aparentemente obriga à comunicação de informação que, *qua tale*, não tem qualquer utilidade, em situações de normalidade (que são a sua maioria) para a determinação da situação fiscal do contribuinte, pois os rendimentos comunicados foram tributados por taxas liberatórias, que nelas esgotam o poder tributário do Estado, na fonte. Esta alteração, sim, oferece-nos fundadas dúvidas de constitucionalidade, nomeadamente por violação dos princípios da protecção da privacidade e também do princípio da proporcionalidade, além de que não se encontra de modo algum estabelecido de que forma e com que finalidades pode a administração tributária utilizar tal informação. Finalmente, subjacente à informação comunicada, que aparentemente até é inócua, está implícita a informação de titularidade de contas bancárias e a informação de titularidade de capitais mobiliários, cujos montantes até se podem estimar. Foi, com este diploma, que, pela "simplicidade" com que a questão foi politica e publicamente colocada, reduzida a mera «birra» a questão estruturante que em 1989 ditou a ruptura entre o Ministro da Finanças (ao cabo e ao resto o Governo) e o Presidente da Comissão de Reforma Fiscal, Prof. Pitta e Cunha, que rios de tinta fez correr e impediu um IRS muito mais próximo da fórmula unitária, defendida pelo Presidente da CRF, do que aquela que veio a ter (com as taxas liberatórias justificadas, em parte, pelo sigilo bancário). Nada disse, entretanto, o Governo sobre o regime dos títulos ao portador, não registados nem depositados, admitindo-se que, no que toca aos respectivos rendimentos, se possa adoptar a solução preconizada por Teixeira Ribeiro: «identifiquem-se os apresentantes e presumam-se estes os proprietários dos títulos». E falta ainda saber se a comunicação referente a «quaisquer rendimentos sujeitos às taxas previstas no artigo 71.º», engloba, relativamente ao ano de 2009 e parte de 2010 os prémios de jogos sorteios e concursos. A verdade é que, numa omissão *contra legis*, as instruções da declaração mod. 39, entretanto aprovada para que tal comunicação seja efectuada, não contempla código para tais rendimentos. Falta, assim, também uma justificação para esta «discriminação positiva» dos prémios dos jogos, sorteios e concursos – que agora deixaram de ser "rendimento" (porque passaram a ser tributados em Imposto do Selo!), mas, à data a que se reporta o cumprimento da obrigação em causa, eram rendimento para todos os efeitos.

a. A Lei n.º 3-B/2010, de 28 de Abril, que aprovou o Orçamento de Estado para 2010, entrada em vigor em 29 de Abril de 2010 [[15]];
b. A Lei n.º 11/2010, de 15 de Junho, que entrou em vigo em 16 de Junho e que aprovou uma nova taxa marginal superior, de 45%, para a tabela de taxas gerais previstas no artigo 68.º do Código do IRS [[16]];
c. A Lei n.º 12-A/2010, de 30 de Junho, que entrou em vigor em 1 de Julho e que, no tocante ao IRS:
   1) Aumentou, com carácter de generalidade, a tabela de taxas gerais do imposto, consagrada no artigo 68.º do Código do IRS;
   2) Aumentou as taxas liberatórias em 1,5%;
   3) Aumentou as taxas de retenção na fonte previstas no artigo 101.º do Código do IRS também em 1,5%;
   4) Reajustou o mecanismo dos pagamentos por conta, previstos no artigo 102.º do Código do IRS, fazendo-o aumentar de 75% para 76,5% do montante calculado a partir da fórmula prevista no preceito.
d. A Lei n.º 15/2010, de 26 de Julho, que, nomeadamente, elimina a delimitação negativa formal de incidência consagrada no artigo 10.º, n.º 2, do Código do IRS e, sem qualquer regime transitório, coloca sob a capa da sujeição a tributação as mais-valias decorrentes da alienação onerosa, ou prática de acto de efeito equivalente, de acções e de obrigações e que foi uma daquelas que, como se sabe, mais celeuma provocou.

No que diz respeito à *Lei do Orçamento de Estado para 2010*, ninguém colocou em causa o problema da sua retroactividade, muito embora as medidas legislativas nele contidas, incluindo a nova tabela de taxas gerais (por acaso mais favoráveis porque os respectivos escalões revelam

[15] Ou seja, no fim do 1.º quadrimestre do ano fiscal, para efeitos de IRS. De conformidade com o disposto no artigo 143.º do Código do IRS "*Para efeitos de IRS, o ano fiscal coincide com o ano civil*".

[16] Cuja fiscalização sucessiva da constitucionalidade foi requerida pelo Presidente da República, segundo foi noticiado, embora se desconheçam os fundamentos das dúvidas suscitadas e que motivaram tal pedido.

uma actualização de 1% em relação às vigentes em 2009), se apliquem a todo o ano fiscal de 2010, como, aliás, sem qualquer polémica, sucedeu com outros Orçamentos de Estado aprovados fora do período normal de aprovação, ou seja, no último trimestre de cada ano [17]. E, realmente, não vimos ninguém a «reclamar», coerentemente, que o IRS correspondente aos rendimentos «obtidos» ou «auferidos» até 28 de Abril de 2004 fossem tributados com as regras que vigoraram para os rendimentos respeitantes ao ano de 2009. Mas, em coerência, deviam tê-lo feito.

O mesmo se não diga em relação à *Lei 11/2010, de 15 de Junho*, a que criou a taxa marginal de 45% para rendimentos colectáveis superiores a 150.000,00 € (o que corresponde a rendimentos colectáveis superiores a 300.000,00 € tratando-se de pessoas casadas e não separadas judicialmente de pessoas e bens ou pessoas que vivam em união de facto e reúnam as condições legais para poderem ser tributadas conjuntamente, uma vez que, nestes casos, para efeitos de determinação das taxas, o rendimento colectável é dividido por dois, por aplicação do quociente conjugal). Esta taxa e escalão foram editados reactivamente, num contexto que, de todo, desaconselhava a respectiva criação. Com efeito, julgamos que foi influenciada pela polémica discussão em torno dos «salários dos gestores» e até se chegou a falar em taxas na ordem dos 75%, como se o imposto fosse uma sanção e o fisco fosse o justiceiro que, sem direito a contraditório, resolve «injustiças sociais». A «cru», como diria Ernâni Lopes! Nada de mais errado. Tem de afirmar-se, em nome da não 'prostituição' da noção jurídica de imposto que há muito superou a fase da «pena imposta aos vencidos de guerra», que o imposto não constitui uma sanção. E ainda que o imposto não deve constituir uma modalidade de confisco encapotada. E, por outro lado, que não compete ao fisco fazer esses «acertos», não compete ao fisco «sancionar»

---

[17] O que acontece sempre que há eleições legislativas normais e pode acontecer noutras situações (cf. artigo 38.º da Lei n.º 91/2001). Por outro lado, sabemos que o Orçamento do ano anterior vê prorrogada a sua vigência, excepto, no que diz respeito às receitas, quanto à autorização para a cobrança das receitas cujos regimes se destinavam a vigorar apenas até ao final do ano económico a que respeitava a lei (artigo 41.º da Lei n.º 91/2001, de 20 de Agosto). De onde decorre, ainda que por hipótese meramente académica, que possa existir um ano económico sem orçamento aprovado, «vivendo» com a prorrogação *ex lege* do Orçamento do ano anterior, com as correspondentes consequências fiscais.

a obtenção de rendimentos, sendo, por último, violadoras do princípio da propriedade privada taxas de «natureza confiscatória» como seriam certamente qualificadas taxas da ordem de grandeza que foi anunciada. Ficou-se o legislador pelos 45%. E, mesmo assim, do nosso ponto de vista, a aproximar-se perigosamente daquele limiar da confiscatoriedade que, não tendo sido definido por ninguém, podemos, pragmaticamente, colocar nos 50%! Nada pode justificar, a não ser um confisco puro e duro, uma taxa de imposto directo que «exturca» ao titular mais do que 50% do rendimento que ele produz. Ora, o facto é que já está anunciado que, em 2011, a taxa marginal do IRS será de 46,5% – ou seja, a 3,5% do limite que preconizámos como máximo. Há 20 anos, a taxa marginal superior do IRS foi fixada em 40%. Sendo a taxa de IRC (com a derrama) praticamente idêntica. Seria, então, inimaginável que, 20 depois, a taxa marginal de IRS fosse quase o dobro da taxa normal de IRC (considerando a taxa nominal resultante da taxa média derivada da consagração das taxas de 12,5% e de 25%). Em qualquer caso, e pelas razões que *infra* explicitaremos, não consideramos tal lei retroactiva e também a não consideramos violadora do princípio da confiança.

Vimos já as alterações que a *Lei n.º 12-A/2010, de 30 de Junho*, introduziu ao IRS. Foram medidas legislativas com efeitos reportados exclusivamente ao nível das taxas e que, curiosamente, deixaram de fora as denominadas taxas especiais (artigo 72.º do Código do IRS) [18]. Tendo estas medidas sido adoptadas na sequência do Plano de Estabili-

[18] Designam-se por vezes estas taxas como «liberatórias». Estas «taxas especiais», ou «taxas de tributação autónoma», não são liberatórias em sentido estrito. As taxas liberatórias em sentido estrito têm a natureza de impostos instantâneos, esgotam o poder tributário do Estado na sua aplicação ao facto tributário previsto na norma de incidência, como que «eliminam» o sujeito passivo de facto da correspondente relação jurídica tributária e são aplicadas por terceiros no quadro de uma relação jurídica tributária de natureza complexa que se estabelece entre o denominado substituto tributário e o sujeito activo dessa mesma relação. Nada disto se passa com as denominadas taxas «especiais», designação que apenas tem servido para, ao longo de vinte anos, camufla dimensão semi-dual, na sua dimensão de proporcionalidade. As taxas especiais constituem a dimensão da proporcionalidade do IRS. Por isso, os rendimentos a elas sujeitos devem ser obrigatoriamente declarados. Apenas não são levados ao englobamento e, consequentemente, não integram a matéria colectável sujeita à tabela de taxas progressivas. ***São taxas que se aplicam sobre o rendimento líquido objectivo anual*** em heteroliquidação. E, em nosso entender, deviam (julgamos que não estão a ser consideradas para esse efeito) também

dade e Crescimento apresentado em Bruxelas, e estando já muito atenuadas em relação às inicialmente anunciadas, em resultado, certamente das negociações políticas que possibilitaram a sua aprovação parlamentar, resta-nos aqui, como fizemos em relação à Lei 11/2010, remeter para a fundamentação da nossa posição sobre a sua não retroactividade, nem prevalência da violação do princípio da protecção da confiança.

Determinada *pela Lei n.º 15/2010*, a derrogação do regime de não tributação, em certas circunstâncias, das mais-valias de acções e de obrigações foi objecto, como vimos, de posições muito fortes sobre a sua «***óbvia***» inconstitucionalidade. Mantivemo-nos no «pequeno resto» que sempre conservou a convicção de que a medida não era retroactiva e até expressámos e procurámos fundamentar publicamente a nossa posição [[19]]. No que diz respeito à «exigência» de um regime transitório, consideramo-la excessiva, porque o artigo 5.º do Decreto-Lei que aprova o Código do IRS já contém um regime transitório que continua em vigor e é susceptível de ser aplicado a acções e obrigações adquiridas antes de 1 de Janeiro de 1989. Haveria violação do princípio da igualdade se a nova lei não respeitasse este regime transitório. Mas tal não se verifica. No que respeita à reiterada afirmação de que, nas mais-valias, a "*verdadeira norma de incidência*" [[20]] é aquela que prescreve que «os ganhos se consideram obtidos no momento da prática dos actos» [[21]], para nelas se sustentar a defesa de uma retroactividade própria quanto às alienações

---

suportar a subjectivização do imposto, porque nada impõe que um imposto proporcional seja, obrigatoriamente, real e não possa ser subjectivo.

[19] Manuel Faustino, *O Período do IRS e a Questão da Retroactividade*, Jornal de Negócios, 25 de Maio de 2010.

[20] Rogério Manuel Fernandes Ferreira, *Impostos e Constituição*, Informação Fiscal, PLMJ, Junho 2010. Permitimo-nos, aliás, referir que, no texto, certamente por lapso, o autor se refere a «retroactividade de 3.º grau, própria ou autêntica», sem justificar, não sendo lapso, a sua discordância da restante doutrina sobre a qualificação deste grau de retoactividade.

[21] Artigo 10.º, n.º 3, do Código do IRS. Aliás, na concepção tradicional, a norma de incidência, permita-se-nos a discordância, é o n.º 1 do artigo 10.º que refere "*Constituem mais-valias os ganhos obtidos que, não sendo considerados rendimentos empresariais e profissionais, de capitais ou prediais, resultem de*:", devendo depois o acto subsumir-se nalguma das previsões normativas consagradas nas suas sete alíneas. Na concepção de incidência que adoptamos, este é, porém, para nós, apenas o aspecto material do elemento objectivo da incidência e que responde à questão de saber *o que está sujeito a imposto*.

onerosas se acções e obrigações anteriores à entrada em vigor da lei, continuamos a contrapor que tal norma apenas explica um dos aspectos do elemento objecto da incidência: o aspecto temporal. Responde, pois, à questão de saber *quando*, ou *a partir de quando*, os rendimentos obtidos ficam sujeitos a tributação. Mas não explica os aspectos material, espacial e quantitativo do elemento objectivo da incidência. E, no caso em análise, o aspecto qualitativo do elemento objectivo da incidência, ou seja a resposta à questão de saber «quanto é eu fica sujeito a imposto», não se resolve no momento em que a lei considera os ganhos obtidos. Desde logo, porque a norma que dispõe que "*o valor dos rendimentos qualificados como mais-valias é o correspondente ao saldo apurado entre as mais-valias e as menos-valias*" não pode deixar de ser qualificada como uma norma de desenvolvimento das regras de determinação da matéria colectável, que não tenham natureza meramente procedimental, especificas para cada tipo de mais-valias que se inscrevem no correspondente capítulo do Código do IRS [[22]]. E ainda, devendo igualmente merecer a mesma qualificação, tem de relevar-se a norma que, excepcionando a estanquicidade do princípio da anualidade do imposto, permite o reporte de perdas verificadas em anos anteriores a resultados positivos obtidos no ano e que, **no momento da liquidação**, podem anular o saldo positivo obtido no ano em causa [[23]].

---

[22] E não se pense que estamos a inventar o que quer que seja – já que são fracas as nossas credenciais para falarmos *ex cathedra*. Na actualidade, a doutrina espanhola adopta, na sua generalidade, esta teoria sobre a incidência real. Mas entre nós ela também não deixa de ser sugerida doutrinariamente. E, pelo menos, com raízes já no século passado. Assim, cf. CARDOSO DA COSTA, op. cit., que, a pp. 241/242, apoiando-se no «entendimento preconizado pela generalidade da doutrina», escreve, no que respeita às ***normas relativas à matéria colectável***: *«há que distinguir, consoante se trate de normas que a* ***definem***, *que definem o valor sobre que recai o imposto (p. ex.: de que valor se trata, que verbas entram na sua composição, se é um valor real efectivo, ou presumido, ou um valor normal, ou de normas que se limitam a estabelecer o* ***processo da sua determinação*** *(p. ex.: relevo dado à declaração do contribuinte e às averiguações oficiosas da Administração; trâmites do processo de lançamento): no primeiro caso, estamos perante normas relativas à incidência real, ou seja, a um elemento essencial dos impostos; já isso não sucede na segunda hipótese, onde se nos deparam normas disciplinadoras tão-só do processo administrativo de lançamento»*

[23] Artigo 55.º do Código do IRS, nomeadamente os n.ºs 5 e 6, para o reporte de perdas na categoria G.

6. Elemento, quanto a nós, decisivo para a formulação do juízo de inconformidade constitucional, por violação da proibição de impostos com *natureza retroactiva*, é a **própria natureza do IRS**, segundo o critério do tipo de relação jurídica base do imposto, ou seja segundo a configuração instantânea ou duradoura do elemento temporal do facto tributário. A relação jurídica que é fonte da obrigação de IRS tem na sua base, em regra [[24]], situações estáveis, situações que se prolongam no tempo, mantendo-se e renovando-se anualmente em todos os seus elementos ano após ano, dando origem, por consequência, a obrigações periódicas, a obrigações que se renovam todos os anos. Com este sentido a distinção entre impostos directos e impostos indirectos vem a coincidir com a distinção entre impostos periódicos (duradouros) e impostos de obrigação única (instantâneos) [[25]]. Por nós ainda acrescentaríamos que a estabilidade da relação jurídica de IRS é também acentuada pelo facto de um contribuinte deste imposto não deixar de o ser pelo facto de num ano fiscal ter rendimentos de um conjunto de categorias e no ano fiscal seguinte ter deixado de obter rendimentos de alguma ou algumas delas. Ora, tanto a doutrina como a jurisprudência são unânimes em qualificar o IRS, no sentido já explicitado e que é o que para este efeito tem conteúdo útil, **como um imposto periódico**. E é justamente em relação aos impostos periódicos que, com a máxima acuidade, se coloca o problema de saber se se está ou não perante uma norma tributária com *natureza retroactiva* quando essa norma, destinando-se a vigorar imediatamente, apenas se aplica aos factos tributários «em formação» no período tributário em que inicia a sua vigência.

Não pode, a este propósito, deixar de citar, uma vez mais CARDOSO DA COSTA [[26]]: *Um outro ponto que pode também oferecer dúvidas, e cujo*

[24] Excepciona-se, na generalidade, a tributação dos não residentes, feita, naturalmente, por um «imposto instantâneo ou de ou obrigação única» a propósito de cada facto tributário (o que, curiosamente, não sucede precisamente com as mais-valias, cuja tributação é feita, ainda que com uma taxa proporcional, anualmente e mediante declaração do sujeito passivo). E, em alguns casos, a tributação de residentes. **Mas, em relação a essas tributações, nenhum dos diplomas em causa levantou problemas de constitucionalidade porque se não aplicaram, sem excepção, a factos tributários ocorridos, em todos os elementos, antes da sua entrada em vigor**.

[25] CASALTA NABAIS, op. cit., pp. 47 e 50/53.

26 Op. cit., pp. 242/243.

esclarecimento se torna por isso igualmente indispensável, é o relativo ao funcionamento do critério enunciado no que toca aos ***impostos periódicos****. A tal respeito importa atender a que estes rendimentos visam atingir os rendimentos de certa proveniência obtidos durante certo período; o seu pressuposto de facto é, por tanto, o exercício das actividades ou o gozo das situações durante* ***o período considerado****. Sendo assim, é claro que a lei nova que venha alterar os respectivos elementos essenciais se aplicará, sem retroactividade, nos períodos que se iniciem após a sua entrada em vigor – mesmo às actividades ou situações que os contribuintes já antes estivessem a exercer ou de que já antes estivessem a gozar; mas, ao contrário, não deverá aplicar-se, salvo disposição nesse sentido, no próprio período em que entra em vigor – muito embora seja certo que a regra da não retroactividade permitiria no rigor dos termos que ela atingisse os rendimentos de tal período obtidos posteriormente ao início da sua vigência: é que, como sucede muitas vezes não ser fácil, ou até possível, conhecer o momento do período (a época do ano) em que os rendimentos são auferidos, e como não parece viável, por conseguinte, sujeitar a dois regimes diferentes os rendimentos de um mesmo período, a solução apontada é a única que evita a retroactividade e que salvaguarda as expectativas dos particulares*. Estamos, assim, perante uma posição matizada, que apontando para a solução maximalista da entrada em vigor da lei aparentemente retroactiva apenas no período de tributação iniciado imediatamente após a sua entrada em vigor [27] , **acaba no entanto por admitir, que, no rigor dos termos, poderiam ser tributados, no quadro da nova lei, os rendimentos obtidos posteriormente à sua vigência**.

O falso problema que a questão suscita prende-se com a ideia, errónea quanto a nós, que a obtenção dos rendimentos sujeitos a IRS tem forçosamente de ser reportada a uma data terminada [[28]]. Tem-no, de

---

[27] Solução que expressamente Alberto Xavier contesta e de que se afasta. Cf. op. cit., pp. 202.

[28] Note-se que os conceitos de «rendimentos obtidos» ou «rendimentos auferidos» se podem considerar conceitos indeterminados. A obtenção pode ser financeira ou económica ou, até, meramente jurídica (rendimentos obtidos no vencimento dos juros, mas que não são pagos nem colocados à disposição). Para superar o problema, mas sem fundamento actual na lei do IRS, Albero Xavier exprime-se sobre a natureza do rendi-

facto, **mas apenas para efeitos de retenção na fonte** (cf. Artigos 98.º a 101.º do Código do IRS). Porém, a retenção de imposto na fonte traduz-se, apenas, num mecanismo de cobrança antecipada de imposto que, a final, com a liquidação, há-de ser acertada. De modo algum implica a modificação do IRS de um *imposto periódico* para um *imposto de obrigação única*. Ora, devendo o rendimento sujeito a IRS transformar-se num rendimento liquido global após aplicação do mecanismo de comunicabilidade e reporte de perdas, não se colhe razão válida para distinguir onde o legislador não distinguiu: em regra, os rendimentos ficam sujeitos a IRS *não na sua obtenção, mas a partir da sua obtenção*. E só no final do período de tributação se pode com certeza afirmar o que e quanto está sujeito a tributação. Com que legitimidade se pode dizer que o subsídio de férias foi «obtido» no mês em que é pago ou colocado à disposição e não no ano fiscal em que foi pago ou colocado à disposição? O mesmo se diga de uma gratificação paga a um trabalhador em virtude do seu desempenho no ano anterior: em rigor, tal rendimento até deveria (e já assim foi) ser imputado ao ano anterior, por nele ter sido «gerado». E nos rendimentos empresariais ou profissionais, onde a realidade sujeita a tributação é, como no IRC, o lucro da actividade exercida, apurada, aliás, nos mesmos termos, por expressa remissão legal? Existe alguma legiti-

---

mento, como facto continuativo, entendendo como factos verificados ao abrigo da lei antiga «*os rendimentos gerados desde o inicio do período do imposto até à data da entrada em vigor da lei nova; e, simetricamente, como factos verificados ao abrigo da lei nova os rendimentos gerados a partir da sua entrada em vigor*» (op. cit., pp. 201). O problema é que há uma distinção jurídica fundamental entre «rendimentos gerados» e «rendimentos obtidos»: Não se obterão rendimentos que não tenham sido gerados; mas podem suceder inúmeras situações em que «rendimentos gerados» jamais cheguem a ser «obtidos». E, em IRS, estão sujeitos a tributação não os «rendimentos gerados», mas os «rendimentos obtidos» – cf. Artigo 1.º do Código. Como exemplo, daremos o mais simples: se um trabalhador tiver trabalhado um ano inteiro e a entidade patronal nunca lhe tiver pago o salário, certamente que, para ele, do ponto de vista económico, se «geraram» rendimentos. Aliás, até na sua esfera jurídica se inscreveu o direito a esses rendimentos. Mas, para efeitos de IRS, não houve, nesse ano, «obtenção de rendimentos», porque o salário nunca lhe foi pago ou posto à disposição (cf. Artigo 2.º, n.º 1, do Código). E o trabalhador nunca será tributado quanto a esses rendimentos se nunca os receber ou lhe forem postos à disposição. Mas será tributado quanto a eles quando e se (não importa quantos anos depois) lhe chegarem a ser pagos ou colocados à disposição, como rendimentos «obtidos» nesse ano.

midade para «diarizar», «semanalizar» ou «mensualizar» tais rendimentos? Com base que critérios legais? E outras interrogações semelhantes se poderiam acrescentar.

Acresce que, como já referimos, temos da incidência real uma concepção que não se esgota no seu aspecto material, mas que inclui, sendo incindíveis, os aspectos espacial, temporal e quantitativo [29] . E indiscutivelmente, mesmo sem norma que expressamente o diga, porque de algum modo seria uma norma inútil, o pressuposto temporal do facto tributário em IRS (do imposto em si mesmo, e já não dos rendimentos em cada categoria considerados) também se verifica apenas no último dia do período de tributação. Porque até ao último segundo desse dia podem ocorrer factos extintivos, modificativos ou constitutivos da relação jurídica tributária de IRS que só nesse momento ganha verdadeira e imutável estabilidade nos seus elementos essenciais.

Em conclusão, entendemos que todos os diplomas em causa que antes enumerámos não comportam para o IRS qualquer alteração de natureza retroactiva própria ou autêntica. A haver alguma aparência de retroactividade, ela não é mais do que aparência, traduz-se no que a doutrina denomina retroactividade de 3.º grau, imprópria ou inautêntica e não releva, consequentemente para sustentar um juízo de inconstitucionalidade por retroactividade a formular ao abrigo do disposto no n.º 3 do artigo 103.º da CRP. Seja no que respeita às taxas de imposto, seja no que respeita ao caso específico da revogação da delimitação negativa de incidência relativa às acções e obrigações.

7. Não comportando juízo de inconstitucionalidade por retroactividade, poderão tais alterações legislativas violar o princípio da confiança ínsito no princípio do Estado de Direito? Para tanto, e de acordo com a Jurisprudência do TC supra citada, é necessário que se reúnam, se verifiquem cumulativamente, dois pressupostos essenciais:

- A afectação de expectativas, em sentido desfavorável, será inadmissível, quando constitua uma mutação da ordem jurídica com

---

[29] Cuja construção parece dever-se ao grande tributarista espanhol SAINZ DE BUJANDA, o que, de resto, ALBERTO XAVIER deixa indiciado na nota (1) a pp. 200 do seu *Manual*, node remete para a sua obra Notas de Derecho Financiero, I, Madrid, 1967, pp. 425.

que, razoavelmente, os destinatários das normas dela constantes não possam contar; e ainda

- Quando não for ditada pela necessidade de salvaguardar direitos ou interesses constitucionalmente protegidos que devam considerar-se prevalecentes (deve recorrer-se, aqui, ao princípio da proporcionalidade, explicitamente consagrado, a propósito dos direitos, liberdades e garantias, no n.º 2 do artigo 18.º da Constituição).

A tutela jurídico-constitucional da «confiança» passa, segundo a jurisprudência do TC, como vimos, pelo crivo de quatro testes. *Em primeiro lugar, é necessário que o Estado (mormente o legislador) tenha encetado comportamentos capazes de gerar nos privados «expectativas» de continuidade dos regimes.* Ora, quanto às taxas do IRS julga-se não ter havido nenhum comportamento do legislador susceptível de gerar nos contribuintes quaisquer expectativas de continuidade. Pelo contrário, o agravamento da crise financeira e do défice orçamental tornaram perceptível a inevitabilidade de um aumento de impostos e que existia uma forte probabilidade de esse aumento vir a incidir no IRS e no IVA. Quanto à tributação das mais-valias das acções e obrigações, e depois dos inúmeros relatórios produzidos por Grupos de Peritos (desde o denominado Relatório Silva Lopes – 1996, até ao Relatório do Grupo para o Estudo da Política Fiscal – 2009), era mais que expectável que o legislador iria pôr fim de vez, depois de uma tentativa gorada (2001), mais tarde ou mais cedo, a uma verdadeira aberração que se mantinha, desde o início da sua vigência, no Código do IRS. Aliás, a medida já tinha sido anunciada pelo Governo para 2011, apenas se tendo verificado aqui a mera antecipação de um ano na sua adopção.

Em segundo lugar, depois, devem tais expectativas ser legítimas, justificadas e fundadas em boas razões. Sendo o rendimento igual e devendo, em princípio ser tratado do mesmo modo, seja qual for a sua origem ou fonte, jamais, em nosso entender, se pode ter como legitima, justificada e fundada em boas razões a imutabilidade de uma situação de não tributação de um rendimento que o deveria ser. Por razões, também, de equidade, tanto vertical como horizontal. Aliás, poder-se-ia talvez dizer é que a norma que no Código do IRS consagrava uma falsa delimitação negativa de incidência, que em rigor era uma isenção disfarçada, não respeitava, sem razão justificante, o princípio da universalidade, aplicado aos rendimentos dos contribuintes residentes em território português e não respeitava o princípio da imitação temporal da vigência dos benefícios fiscais não estruturais. Este teste não é ultrapassado, como decorrência lógica do que antes ficou dito e que se nos afigura incontestável do ponto de vista da realidade que se está a analisar.

Em terceiro lugar, devem os privados ter feito planos de vida tendo em conta a perspectiva de continuidade do «comportamento» estadual. Já se viu que não existiam razões sustentáveis para, numa situação agravada de crise financeira, de défice público elevado e de nula ou fraca recuperação económica, os contribuintes terem feitos planos de vida tendo em conta a perspectiva de continuidade do «comportamento» estadual. Pelo contrário, os sinais que foram dados apontavam todos no sentido de uma descontinuidade do comportamento estadual em matéria de agravamento dos impostos, independentemente da modalidade que aquele agravamento viesse a revestir.

Por último, é ainda necessário que não ocorram razões de interesse público que justifiquem, em ponderação, a não continuidade do comportamento que gerou a situação de expectativa. Neste domínio, nem é preciso – abdicando, naturalmente, de um juízo de equidade sobre a repartição dos encargos – referir mais razões de interesse público que justifiquem, em ponderação, a não continuidade do comportamento, se se tivesse dado como comprovado, que gerou a situação de expectativa. Entendemos que tal comportamento não se verificou. Mas ainda que se tivesse verificado, a situação das finanças públicas nacionais, nomeadamente o défice orçamente e a imperativa necessidade da sua redução, é de tal modo «insustentável» que bem consubstancia as razões de interesse público que justificariam plenamente, em ponderação, a não continuidade de tal comportamento.

Por isso, também aqui nos parece ter cabimento e relevar o que se disse no Acórdão n.º 287/90 – e importa ter este *dito* presente no caso – que, *em princípio, e tendo em conta a autorevisibilidade das leis, "não há (...) um direito à não-frustração de expectativas jurídicas ou a manutenção do regime legal em relações jurídicas duradoiras ou relativamente a factos complexos já parcialmente realizados"*.

8. A última questão sobre que nos propomos opinar é a relativa à disposição do n.º 2 do artigo 12.º da Lei Geral Tributária e a tese aqui defendida. De facto, assumimos, designadamente com FREITAS PEREIRA [[30]], alguma dificuldade de interpretação de tal norma, no que se refere ao sentido a dar a «período de tributação». Mas admitindo, até porque a tese do «período de tributação seguinte» não teria em conta a «*autoreversibilidade das leis*» e constituiria um obstáculo inadmissível à livre iniciativa do legislador, que se trata da consagração da teoria do *pro rata temporis* (aplicação proporcional ao período de vigência de cada lei). Lamentamos ter de afirmar, categoricamente, que, no que se refere a um imposto periódico progressivo, com progressividade por escalões, como é o IRS, tal norma é impraticável, é insusceptível de aplicação. Fundamentalmente, porque incompleta: nada diz sobre como se distribuiriam rendimentos e deduções por cada período de tributação e, mais grave, não responde à questão de saber como se garante, e se é que se garante ou há obrigação de garantir, uma tributação que, ainda que feita *pro rata temporis*, respeite a progressividade anual do imposto.

No caso que estamos a analisar, e **considerando apenas as taxas**, haveria já que **fazer quatro** tributações *pro rata temporis:* a primeira, desde 1 de Janeiro até à entrada em vigor da lei do Orçamento de Estado para 2010 (com as taxas do OE/2009); a segunda, com as taxas do OE/2010, até à entrada em vigor da tabela de taxas aprovada pela Lei n.º 11/2010, de 15 de Junho; a terceira, com as taxas aprovadas pela Lei n.º 11/2010 e as taxas aprovadas pela Lei n.º 12-A/2010, de 30 de Junho; e a quarta com as taxas aprovadas pela lei n.º 12-A/2010. Se se considerar a questão da tributação das mais valias, conjugada com a das taxas, provocaria a necessidade de uma quinta tributação. Se se considerar a questão da tributação das mais-valias sem a sucessão das taxas, então teremos duas tributações *pro rata temporis*.

Para além da manifesta impraticabilidade administrativa de, em relação ao mesmo ano, serem efectuadas tantas liquidações (sobretudo se se levar ao limite o «rigor» invocado por alguns quanto ao momento da obtenção dos rendimentos, **a que deve juntar-se o mesmo «rigor»**

[30] Op. cit., pp. 211. Aliás, parece claro que a «fonte» desta norma foi a tese de ALBERTO XAVIER (*Manual*, pp. 202), como, de resto, refere LIMA GUERREIRO, António, in Lei Geral Tributária, Anotada, Rei dos Livros, Lisboa, 2000, pp. 90/91.

para as deduções), o **problema material, que a LGT não resolve,** é o de saber se a progressividade é determinada liquidação a liquidação (o que consideramos violaria o princípio da progressividade anual do imposto e trataria manifestos efeitos nocivos à economia dos impostos e à própria equidade da tributação) ou se é determinada pela totalidade do rendimento anual e, sendo, com que método ou critério se «redistribuiria» por cada um dos períodos de tributação.

Não basta, quanto a nós, legislar e invocar normas legisladas. Torna-se, a nosso ver, e de modo integrado, tentar apreender quais os efeitos de tal invocação e reconhecer se estamos ou não perante soluções praticáveis.

Pelo que fica exposto, a aplicação das alterações legislativas ao IRS *pro rata temporis,* eventualmente defensável face ao n.º 2 do artigo 12.º do LGT é, para nós, uma questão que nem sequer se coloca, não apenas por impraticabilidade – o que só por si já seria suficiente – mas, substancialmente, porque a solução em causa não está completada, legislativamente, com a modalidade de salvaguarda do princípio, que consideramos preeminente, da progressividade anual do imposto, como decorrência do disposto no artigo 104.º n.º 1 da CRP.

Clotilde Celorico Palma

O Código de Conduta da fiscalidade das empresas e a boa governança fiscal – O futuro do Grupo de trabalho

Clotilde Celorico Palma

Professora Universitária. Docente no IDEFF. Advogada.

RESUMO

Neste artigo procede-se a uma análise da recente Comunicação da Comissão sobre a boa governança fiscal e do futuro do Grupo do Código de Conduta da fiscalidade das empresas, concluindo-se que o Grupo deverá prosseguir os seus trabalhos.

Palavras-chave:
Grupo do Código de Conduta
Boa governança fiscal

ABSTRACT

This article offers an analysis of the recent Commission Communication on Good Governance in Tax Matters and the future role of the EU Code of Conduct group for business taxation, which leads to the conclusion that this group should develop is work.

Keywords:
EU Code of Conduct group for business taxation
Good Governance in Tax Matters

1. Evolução dos trabalhos do Grupo do Código de Conduta

Há muito que não se ouvem notícias sobre os trabalhos do Grupo do Código de Conduta da Fiscalidade das Empresas. Depois de entregue o famoso Relatório Primarolo em 1998, o Grupo dedicou-se ao *rollback* das medidas "qualificadas" como prejudiciais e ao acompanhamento do *standstill* relativamente a eventuais novas medidas[1]. Alguns Estados membros procederam à alteração das respectivas medidas qualificadas como prejudiciais de forma mais ou menos expedita (o que nos leva a questionar se houve efectivamente um desmantelamento de certos regimes). O certo é que houve um reajustamento dos regimes existentes e se conceberam novos regimes supostamente inócuos na perspectiva do Código. Em suma, as regras do jogo alteraram-se e a concorrência fiscal assumiu novas formas. Como em tudo na vida, houve ganhadores e perdedores e os dados não foram lançados em vão...

Com a adesão de novos Estados membros o exercício de qualificação das medidas foi repetido. Os dados oficiais indicam-nos que, nos termos do Código, cujos destinatários são os Estados membros e os seus territórios dependentes ou associados, foram avaliadas mais de 400 medidas relativas à fiscalidade das empresas, tendo 100 delas sido revogadas ou alteradas, por terem sido consideradas prejudiciais.

A questão que se suscitou seguidamente foi, naturalmente, a de saber qual o destino do Grupo. Deveria subsistir ou pura e simplesmente o seu escopo ter-se-ia esgotado? As opiniões dividiram-se. Houve quem defendesse convictamente a extinção do Grupo, sendo o mais veemente paladino a delegação belga. Venceu, contudo, uma posição de defesa da respectiva manutenção, dado, nomeadamente, o interesse em manter os trabalhos de controlo da concorrência fiscal prejudicial, nomeadamente o acompanhamento do desmantelamento efectivo das medidas qualificadas enquanto tal e o congelamento de novas medidas. Mas o interesse da manutenção deste Grupo não se esgota nestas questões. Existem uma série de questões relacionadas, directa ou indirectamente, com esta temática. Desde logo, todas as que se encontram relacionadas com os critérios de identificação dos regimes prejudiciais, como, por exemplo, a aplica-

[1] O Relatório Primarolo veio a ser publicado entre nós pelo Centro de Estudos Fiscais nos *Cadernos de Ciência e Técnica Fiscal* n.º 185 de 2000.

ção de cláusulas anti-abuso, nomeadamente as regras sobre preços de transferência e, naturalmente, a questão da transparência e dos acordos sobre trocas de informações. Para além disso, nunca se procedeu a uma revisão do Código, conforme o previsto no respectivo ponto N. Deverá o Código ser revisto e alargado, por exemplo, à tributação das pessoas singulares ou à tributação indirecta?[2] Trata-se de questões muito sensíveis. Também nunca se concretizou o princípio previsto no ponto M do Código, segundo o qual o Conselho considera desejável que os princípios do Código se devem adoptar numa base geográfica o mais ampla possível, pelo que, para este efeito, os Estados membros se comprometem a promover a respectiva adopção em países terceiros e nos territórios aos quais o Tratado não se aplica. Sempre nos questionámos quanto ao âmbito de aplicação do Código e à inércia do Grupo relativamente à adopção do previsto no ponto M, situação que, obviamente, é geradora de distorções de concorrência[3].

---

[2] Sobre esta matéria e o Código de Conduta da Fiscalidade das Empresas veja-se, entre nós, António Carlos dos Santos, "A posição portuguesa face à regulação comunitária da concorrência fiscal", Conferência sobre Fiscalidade Internacional, Universidade Nova, Lisboa, 12 e 13 de Março de 2002, publicada no livro *Planeamento e concorrência fiscal internacional*, Fisco 2002.

[3] Sobre esta matéria e o Código de Conduta da Fiscalidade das Empresas veja-se, entre nós, António Carlos dos Santos, *L'Union européenne et la régulation de la concurrence fiscale*, tese de doutoramento publicada pela Bruylant, 2009, "A posição portuguesa face à regulação comunitária da concorrência fiscal", op. cit., "Point J of the Code of Conduct or the Primacy of Politics over Administration", *European Taxation*, vol. 40, n.º 9, 2000, António Carlos dos Santos e Clotilde Celorico Palma, "A regulação internacional da concorrência fiscal nefasta", *Ciência e Técnica Fiscal* n.º 395, Julho-Setembro de 99, Clotilde Celorico Palma, "A OCDE, a concorrência fiscal prejudicial e os paraísos fiscais: Novas formas de discriminação fiscal?", *Ciência e Técnica Fiscal* n.º 403, Julho-Setembro de 2001, *"O combate à concorrência fiscal prejudicial – Algumas reflexões sobre o Código de Conduta comunitário da Fiscalidade das Empresas"*, Fiscália, Setembro de 99, n.º 21, "A concorrência fiscal sob vigilância: Código de Conduta comunitário da Fiscalidade das Empresas versus Relatório da OCDE sobre as Práticas da Concorrência Fiscal Prejudicial", *Revisores & Empresas*, Jan/ Mar/99, "A OCDE, a concorrência fiscal prejudicial e os paraísos fiscais: Novas formas de discriminação fiscal?", *Revista TOC* n.º 16, Julho de 2001, "A OCDE e o combate às Práticas da Concorrência Fiscal Prejudicial: ponto de situação e perspectivas de evolução", *Fiscalidade* n.º 16, Outubro de 2003, "Código de Conduta da Fiscalidade das Empresas – O desafio dos novos Estados membros", *in 15 anos da Reforma Fiscal de 1988/89*, Jornadas

O certo é que o ritmo de trabalhos foi sucessivamente abrandando durante a Presidência da Ministra inglesa Dawn Primarolo que conduziu os destinos deste Grupo desde a sua constituição em 1998 até 2007, quando deixou a pasta do Orçamento para assumir a pasta da Saúde. A sua sucessora no cargo, Jane Kennedy, também esteve por pouco tempo e não foi particularmente vigorosa de forma a dar um novo *elán* a um Grupo que se tornara, sucessivamente, pouco entusiasmante. Longe iam os tempos das reuniões que avançavam sem tradutores para o dia seguinte e em que os jantares se resumiam a umas sandes mal digeridas entre as discussões fervorosas dos diversos regimes que estiveram a ser analisados. Para quem assistiu ao desenvolvimento dos trabalhos deste Grupo, este dir-se-ia quase moribundo, perdido num cínico exercício de interesses entre os grandes e os pequenos Estados membros.

2. O impacto da crise económica nos trabalhos da concorrência fiscal prejudicial

Com a crise económica houve um recrudescimento dos trabalhos do Grupo do Código de Conduta da Fiscalidade das Empresas e do Fórum da OCDE para as Práticas da Concorrência Fiscal Prejudicial. Volta a lançar-se com vigor o repto da necessidade efectiva de uma troca de informações e de sanções contra a opacidade. O G20 empenha-se no assunto e assiste-se à assinatura de diversos acordos de troca de informações baseados no modelo OCDE de 2002 e à renegociação de antigas convenções para evitar a dupla tributação com acolhimento da nova redacção conferida ao artigo 26.º da Convenção modelo da OCDE[4]. Assistimos,

---

de homenagem ao Professor Pitta e Cunha, Almedina, Novembro 2005, "O controlo da concorrência fiscal prejudicial na União Europeia: dois pesos duas medidas?", *Boletim informativo da Sociedade de Desenvolvimento da Madeira*, n.º11, Outubro/Novembro 2005, "O controlo da concorrência fiscal prejudicial na União Europeia – ponto de situação dos trabalhos do Grupo do Código de Conduta", *livro de homenagem ao Professor Xavier de Basto*, Coimbra Editora, Abril de 2006, e Freitas Pereira, "Concorrência Fiscal Prejudicial – O Código de Conduta da União Europeia", *Ciência e Técnica Fiscal* n.º 390, Abril-Junho 98.

[4] Sobre o papel da crise económica e acção do G20, veja-se Amaral Tomaz, "A reunião do G20 de 2 de Abril de 2009 e o futuro dos paraísos fiscais", *Revista de Finan-*

quase incrédulos, a uma mudança de atitude por parte de países como a Suíça, o Liechtenstein, Andorra e o Mónaco. De tal forma que a lista dos paraísos fiscais não cooperantes da OCDE está em branco, tendo sido substituída pela famosa lista do G20 em permanente evolução. Boas novas? Aparentemente...Não nos poderemos esquecer que uma coisa é a assunção de um compromisso, outra o seu cumprimento efectivo. Como nos poderemos assegurar que todos os acordos entretanto assinados irão realmente concretizar-se em trocas de informações atempadas e úteis?

Neste contexto, qual será o futuro do Grupo do Código de Conduta?

Ultimamente, já sob a presidência do Director Geral dos Impostos austríaco Noltz, o Grupo alargou os seus trabalhos à área das medidas anti-abuso, tendo sido constituído um subgrupo para o efeito cuja primeira reunião ocorreu em Outubro de 2009. Trata-se, no fundo, de implementar as preocupações suscitadas pela Comissão, em particular, na sua Comunicação de 2007 sobre a matéria[5].

ças Públicas e de Direito Fiscal, Ano II, n.º2, Julho de 2009. Como conclui, a p. 41, "*Em resumo, não é pacífico antecipar o que vamos ter pela frente no domínio da utilização dos paraísos fiscais para evitar o pagamento dos impostos devidos. Parece no entanto de concluir que, após o G20, nada será como de antes. A 'crise' que tem 'costas largas' poderá também contribuir, pela positiva, para que não se repitam os erros do passado e para alterar o paradigma que serve de modelo aos paraísos fiscais: a opacidade e o sigilo bancário*".

[5] *Comunicação da Comissão ao Conselho, ao Parlamento Europeu e ao Comité Económico e Social Europeu – A aplicação de medidas anti-abuso na área da tributação directa – na UE e em relação a países terceiros*, COM/2007/0785 final, de 10 de Dezembro de 2007. Sobre esta matéria veja-se, da autora, "A Comunicação da Comissão Europeia sobre a aplicação de medidas anti-abuso", *Revista da Câmara dos Técnicos Oficiais de Contas* n.º 114, Setembro 2009.

Como se salienta nesta Comunicação, a Comissão está interessada em explorar mais pormenorizadamente a possibilidade de soluções coordenadas específicas, em estreita cooperação com os Estados membros, com vista a: (i) desenvolver definições comuns de "abuso" e de "expedientes puramente artificiais", tendo em vista uma orientação quanto à aplicação desses conceitos no domínio dos impostos directos; (ii) melhorar a cooperação administrativa para detectar e neutralizar mais eficazmente os abusos e esquemas fiscais fraudulentos; (iii) partilhar as melhores práticas que sejam compatíveis com o direito comunitário, em particular para garantir a proporcionalidade das medidas anti-abuso; (iv) reduzir potenciais discrepâncias que resultem numa não tributação involuntária; e (v) garantir uma melhor coordenação das regras anti-abuso em relação a países terceiros.

Por outro lado, procedeu-se à actualização do estudo de 1999 sobre práticas administrativas, em especial, sobre a aplicação de um sistema de *rulings* por parte dos Estados membros e fizeram-se trabalhos sobre os critérios da transparência e da troca de informações em matéria de regras sobre preços de transferência. Um outra preocupação recente a assinalar que ficou acordada no plano de trabalhos aprovado no Ecofin de 2 de Dezembro de 2008, é a da extensão das regras do Código a países terceiros, questão que assume particular melindre e que deverá ser adoptada progressivamente. Desde logo suscita-se a questão de saber como vincular países terceiros a um compromisso comunitário de natureza política. Como reforçar os argumentos que visam convencer as outras jurisdições a estabelecerem uma cooperação administrativa eficaz e efectiva com a UE?

Como é sabido, este exercício relativamente a países terceiros foi já levado a efeito no contexto dos trabalhos da OCDE sobre as práticas da concorrência fiscal prejudicial, prevendo-se um conjunto de sanções (medidas coordenadas e unilaterais) que deverão ser adoptadas pelos países membros[6].

Se o trabalho levado a cabo pela OCDE, por um lado, pretendeu recensear, com vista ao seu desmantelamento, os regimes fiscais preferenciais dos seus 30 países membros, com base em critérios similares (embora com um âmbito de aplicação mais limitado) aos previstos pelo Código de Conduta, por outro, alargou o seu trabalho a países não membros, incluindo alguns «paraísos fiscais», tendo obtido o compromisso político de várias destas jurisdições quanto a uma cooperação leal com os países membros no tocante à transparência e ao intercâmbio de informações em questões fiscais. O certo é que, prevendo-se que na reunião do G20 de 2 de Abril de 2009 seria redigida uma lista das jurisdições em que não tivessem sido alcançados progressos suficientes na aplicação das normas fiscais internacionais desenvolvidas pela OCDE, diversas jurisdições, nomeadamente a Suíça, a Áustria, a Bélgica, o Luxemburgo, Hong-Kong, Macau, Singapura, Chile, Andorra, Liechtenstein e o Mónaco, comprometeram-se recentemente a também cumprir as referidas normas. Estes compromissos referem-se essencialmente ao respeito das normas

[6] A este propósito veja-se, da autora, "A OCDE e o combate às Práticas da Concorrência Fiscal Prejudicial: ponto de situação e perspectivas de evolução", op. cit.

internacionais da OCDE, que requerem o intercâmbio de informações, a pedido, em todos as questões fiscais relacionadas com a administração e com a aplicação da legislação fiscal nacional, independentemente de requisitos de interesse nacional ou de sigilo bancário para fins fiscais na jurisdição em causa. As normas da OCDE prevêem igualmente medidas de salvaguarda extensivas para proteger a confidencialidade do intercâmbio de informações[7].

O *Global Forum on Transparency and Exchange of Information for Tax Purposes* (que conta actualmente com 91 países, incluíndo todos os países do G20, da OCDE e todos os centros *offshore*), tem um mandato de 3 anos para avaliar os regimes dos membros e de outras jurisdições que requeiram particular atenção. A OCDE actualmente está empenhada em associar outros países aos trabalhos, como Argentina, China, Índia, e África do Sul, em implementar programas de assistência técnica aos países e em desenvolver um sistema de avaliação da implementação dos acordos sobre troca de informações de forma a analisar as questões da efectividade da troca de informações (disponibilidade, acesso e troca das informações).

Note-se que actualmente não consta qualquer país da lista dos paraísos fiscais não cooperantes da OCDE (os 3 paraísos fiscais não cooperantes que restavam: Andorra, Liechtenstein e Mónaco, assumiram em Março de 2009 os *standards* de troca de informações), tendo tal lista sido substituída pela lista do G20 elaborada em colaboração com a OCDE.

A lista do G20 tem três níveis: o das jurisdições que implementaram substancialmente os *standards* internacionais de troca de informações (lista branca – caso tenham celebrado pelo menos 12 ADTs com países membros da OCDE)[8]; o das jurisdições que se comprometeram com os *standards* internacionais de troca de informações mas que ainda

---

[7] Na sequência da cimeira do G20, a OCDE apresentou um relatório sobre a aplicação das normas fiscais internacionais pelas jurisdições que são objecto de um acompanhamento pelo Fórum Mundial da OCDE.

[8] Os *standards* internacionais de troca de informações estavam inicialmente previstos no artigo 26.º da Convenção Modelo da OCDE e no Acordo Modelo de 2002 da OCDE para a Troca de Informações Fiscais. Os *standards* foram adoptados em 2004 pelo G20 na sua reunião de Berlim, e pelo *UN Committee of Experts on International Cooperation in Tax Matters* em Outubro de 2008 e servem de modelo a cerca de 3600 convenções bilaterais celebradas entre países da OCDE e não pertencentes à OCDE.

não os implementaram substancialmente (lista cinzenta), e o das jurisdições que não se comprometeram com os *standards* internacionais de troca de informações (lista negra). Actualmente, a lista do G20 de Abril de 2010 (a primeira era de Abril de 2009), não tem na lista negra nenhuma jusrisdição que pertença ao *Global Forum on Transparency and Exchange of Information for Tax Purposes*. Com efeito, as jurisdições do *Global Forum* que constavam da lista negra em Abril de 2009, comprometeram-se a implementar os *standards* (Costa Rica, Malásia, Filipinas e Uruguai). Por outro lado, 25 jurisdições passaram para a lista branca – Andorra, Anguilla, Antigua and Barbuda, Aruba, Áustria, The Bahamas, Bélgica, Bermuda, British Virgin Islands, Bahrain, Cayman Islands, Chile, Gibraltar, Liechtenstein, Luxemburgo, Malásia, Mónaco, Netherlands Antilles, St. Kitts and Nevis, St. Vincent and the Grenadines, Samoa, San Marino, Singapura, Suíça e as Ilhas Turks and Caicos. Em 2009 os *standards* foram assumidos pela Áustria, Bélgica, Luxemburgo e Suíça, que levantaram a sua reserva ao artigo 26.º da Convenção modelo da OCDE. Todos os países não OCDE que tinham uma reserva ao referido artigo da Convenção modelo levantaram-na, incluindo o Brasil, o Chile e a Tailândia. Só em 2009 foram assinados 200 TIEAs e 110 ADTs.

3. A Comunicação da Comissão para promover a boa governança em questões fiscais

A 28 de Abril de 2009, a Comissão apresentou uma Comunicação para promover a boa governança em questões fiscais[9].

Mas, afinal, o que é que se pretende com esta Comunicação e qual a sua relação com os trabalhos da concorrência fiscal prejudicial, em particular, com o Código de Conduta? A Comunicação pretende lançar uma reflexão sobre uma série de medidas para promover a boa governança na área fiscal, que implica acções a desenvolver quer ao nível interno quer externo da UE, bem como ao nível de cada Estado membro. Conforme a Comissão salienta, tendo em consideração o pleno respeito pelo princí-

[9] COM (2009) 201 final.

pio da subsidiariedade, deve ser assegurada uma maior coerência entre as posições individuais dos Estados membros nas instâncias internacionais em matéria fiscal e os princípios de boa governança acordados, como os consagrados nas convenções fiscais bilaterais com os países terceiros e nas instâncias internacionais. Ora, este objectivo requer um maior grau de coordenação a nível comunitário. Neste contexto, a Comissão pretende manter um diálogo construtivo com todas as partes interessadas sobre os princípios e a aplicação prática das medidas previstas na Comunicação e, ainda no decurso deste ano, reapreciará a situação e apresentará um relatório.

Tal como se salienta, a ameaça crescente que os orçamentos e os sistemas fiscais nacionais sofrem no actual contexto de crise financeira e económica, fez da necessidade de cooperação fiscal e da adopção de normas comuns ao nível internacional (ou seja, da «boa governança na área fiscal») um assunto recorrente dos debates internacionais.

A globalização apresenta vantagens de desvantagens. Ora, do ponto de vista fiscal, regista-se um aumento preocupante da fraude e evasão fiscais[10].

Neste contexto, a preocupação centraliza-se nos «paraísos fiscais» e nos centros financeiros internacionais insuficientemente regulados que se recusam aceitar os princípios de transparência e de intercâmbio de informações. Em causa está, essencialmente, a opacidade de determinados regimes. Segundo uma estimativa da OCDE realizada no final de 2008, os vários paraísos fiscais ao nível mundial atraíram entre 5 e 7 bilhões de dólares de activos, embora o grau de sigilo relativo a estas contas torne difícil determinar com exactidão os montantes localizados em cada uma destas jurisdições.

Face a este cenário, na perspectiva da UE, dever-se-á celebrar acordos com países terceiros numa base geográfica o mais ampla possível, tendo em vista a adopção de normas comuns e a cooperação, nomeadamente, em questões fiscais. Fala-se, assim, na promoção de sistemas fiscais justos e eficazes, necessária não apenas para garantir a equidade das

---

[10] Sobre esta questão e em particular no tocante ao Imposto sobre o Valor Acrescentado, veja-se, nomeadamente, Miguel Silva Pinto, "A luta contra a fraude ao IVA na União Europeia, desenvolvimentos", *Revista de Finanças Públicas e de Direito Fiscal*, Ano II, n.º 2, Julho de 2009.

relações económicas, do comércio e do investimento, como para constituírem a base financeira de todas as despesas públicas.

É neste contexto que se fala na boa governança na área fiscal, não apenas como um meio essencial para combater a fraude e a evasão fiscais transfronteiras, mas igualmente para reforçar a luta contra o branqueamento de capitais, a corrupção e o financiamento do terrorismo. Os ministros das Finanças da UE, no Ecofin de 14 de Maio de 2008, consideraram os princípios da transparência, do intercâmbio de informações e da concorrência fiscal leal como os elementos que definem a boa governança na área fiscal. As palavras de ordem passaram a ser três: a transparência, o intercâmbio de informações e a concorrência leal em matéria fiscal.

É neste três aspectos fortemente interligados que os Estados membros se devem concentrar e adoptar medidas coordenadas. Não sendo exactamente o mesmo interrelacionam-se profundamente, sendo a troca de informações o aspecto crucial. Não há transparência nem concorrência leal sem troca de informações[11].

Os países do G20, no seu plano de acção de Novembro de 2008, concordaram em trabalhar na aplicação internacional de regras de transparência em questões financeiras e de cooperação administrativa na área fiscal. No documento que apresentaram na reunião do Conselho Europeu de Dezembro de 2008, os Ministros das Finanças da UE apelaram à continuação da luta contra os riscos financeiros ilícitos decorrentes da falta de cooperação de certas jurisdições e contra os paraísos fiscais. Na contribuição para a reunião dos Ministros e dos Governadores dos Bancos Centrais do G20 de 14 de Março de 2009, os Ministros das Finanças da UE sublinharam a necessidade de se proteger o sistema financeiro contra jurisdições pouco transparentes, não cooperantes e dotadas de legislação pouco rigorosa, solicitaram a criação de um «conjunto de san-

[11] Neste contexto veja-se o que defendeu a Administração Bush no domínio do Fórum da OCDE para as Práticas da concorrência fiscal prejudicial. Sobre esta questão veja-se, da autora, "O controlo da concorrência fiscal prejudicial na União Europeia: dois pesos duas medidas?", op. cit., "A OCDE e os paraísos fiscais: uma brecha num equilíbrio desequilibrado", *Semanário Económico*, 5 de Novembro de 2003, "A OCDE, a concorrência fiscal prejudicial e os paraísos fiscais: Novas formas de discriminação fiscal?", op. cit.

ções» e sublinharam a necessidade de intensificar as «acções destinadas a alcançar uma boa governança internacional na área fiscal». O Conselho Europeu de 19 e 20 de Março de 2009 confirmou esta linha de acção. Na cimeira do G20 de Londres de 2 de Abril de 2009, os lideres, declarando que «*a era do sigilo bancário tinha terminado*», comprometeram-se a «*tomar medidas contra as jurisdições não cooperantes, incluindo os paraísos fiscais*» e manifestaram-se «*prontos a aplicar sanções para proteger as (suas) finanças públicas e os (seus) sistemas financeiros*», É neste contexto que a Comunicação visa recensear a contribuição concreta da UE para a boa governança na área da fiscalidade directa, tendo em atenção como pode ser melhorada a governança na UE e os instrumentos especiais de que a União Europeia e os Estados membros dispõem para promover a boa governança ao nível internacional, e as possibilidades de uma acção dos Estados membros mais coordenada, para apoiar, simplificar e complementar as medidas adoptadas por outras instâncias internacionais como a OCDE e a ONU.

Neste âmbito, no que se reporta às diversas acções para promover a uma melhor governança em matéria fiscal na UE apontam-se os seguintes domínios: (i) Cooperação administrativa, nomeadamente através do intercâmbio de informações, onde se indicam a Directiva relativa à assistência mútua[12], a Directiva relativa à cobrança de créditos fiscais[13] e a Directiva relativa à tributação dos rendimentos da poupança[14]; (ii) Concorrência fiscal prejudicial, onde ressalta o Código de Conduta da Fiscalidade das Empresas; (iii) Auxílios de Estado[15] e (iv) Transparência.

---

[12] Directiva 77/799/CEE do Conselho, de 19 de Dezembro de 1977, com a redacção que lhe foi dada pela

Directiva 2004/56/CE do Conselho, de 21 de Abril de 2004, que prevê o intercâmbio de informações em matéria de tributação directa entre as autoridades fiscais.

[13] Directiva 2008/55/CE do Conselho, de 26 de Maio de 2008, que institui um regime de acordo com o qual um Estado membro pode solicitar a assistência de outro em matéria de cobrança de créditos respeitantes a impostos, direitos e quotizações.

[14] Directiva 2003/48/CE do Conselho de 3 de Junho de 2003, que permite a troca automática de informações entre as administrações fiscais e abrange exclusivamente os rendimentos da poupança sob a forma de juros pagos a pessoas singulares.

[15] Salientando-se a Comunicação da Comissão 98/C 384/03, Jornal Oficial C384 de 10.12.1998, e o «Relatório sobre a implementação da Comunicação da Comissão

3.1. *Debates internacionais relativos à cooperação fiscal*

Tal como se salienta, o trabalho da UE para a melhoria da cooperação fiscal reflecte muitos dos princípios que implicitamente, desde há vários anos, têm regido a acção da OCDE contra a concorrência fiscal prejudicial.

A «Declaração de Doha para o financiamento do desenvolvimento», adoptada no âmbito da Conferência Internacional de Acompanhamento sobre o Financiamento do Desenvolvimento, organizada pelas Nações Unidas para examinar a aplicação do Consenso de Monterrey, consagra compromissos firmes em matéria de reforma fiscal e defende que sejam empregues esforços no sentido de aumentar as receitas fiscais através de sistemas fiscais modernizados, de uma cobrança de impostos mais eficaz, do alargamento da matéria colectável e do combate eficaz contra a evasão fiscal[16].

A política da UE no domínio da boa governança na área fiscal evoluiu ao longo dos anos com base numa série de iniciativas da Comissão, que permitiram a adopção de conclusões nesta matéria pelos Ministros das Finanças da UE.

O Conselho Ecofin reconheceu a necessidade de promover, numa base geográfica tão ampla quanto possível, os princípios de boa governança na área fiscal. Por esta razão, solicitou que fosse incluída uma disposição sobre a boa governança na área fiscal nos acordos pertinentes celebrados pela UE e pelos seus Estados membros com países terceiros ou grupos de países terceiros. O objectivo desta medida não é lutar contra paraísos fiscais enquanto tais, mas chegar a acordo com o maior número possível de países terceiros sobre princípios comuns em matéria de cooperação e de transparência.

Por outro lado, na sua contribuição para o Conselho Europeu de Dezembro de 2008, o Conselho Ecofin deu um impulso adicional a esta medida ao comprometer-se, em conformidade com o trabalho realizado a nível internacional em várias instâncias, a prosseguir a luta contra os riscos financeiros ilícitos com origem em jurisdições não cooperantes e

sobre a aplicação das regras relativas aos auxílios estatais às medidas que respeitam à fiscalidade directa das empresas», C (2004) 434 de 9.2.2004.

[16] Declaração de Doha, de 29 de Novembro a 2 de Dezembro, 2008.

contra os paraísos fiscais. Neste contexto, apela-se para que os Estados membros adoptem o mais rapidamente possível as propostas apresentadas pela Comissão sobre as directivas relativas à cooperação administrativa, à assistência mútua em matéria de cobrança de créditos respeitantes a impostos e à tributação dos rendimentos da poupança, bem como para que continuem a dar a prioridade adequada ao desmantelamento dos regimes fiscais prejudiciais no domínio da fiscalidade das empresas[17].

3.2. *Acções em curso na UE*

Quanto a acções em curso, a UE adoptou uma série de acções em diferentes áreas a fim de garantir a adesão dos países terceiros aos prin-

[17] Em Fevereiro de 2009, a Comissão apresentou uma proposta para substituir a directiva actualmente em vigor em matéria de assistência mútua (COM (2009) 29, de 2 de Fevereiro de 2009). Esta proposta, além de prever novos instrumentos práticos para intensificar a cooperação administrativa (organização, formulários, modelos e canais comuns), introduz dois novos elementos importantes que a Comissão considera indispensáveis para reforçar a acção da UE a nível internacional contra a fraude e a evasão fiscais. Em primeiro lugar, estabelece uma cláusula de nação mais favorecida, nos termos da qual os Estados membros seriam obrigados a prestar a outro Estado membro o nível de cooperação que aceitaram em relação a um país terceiro. Em segundo, e de maior importância, a proposta proíbe que os Estados membros invoquem o sigilo bancário para não residentes como fundamento da recusa de fornecerem informações relativas a um contribuinte ao seu Estado membro de residência.

Em simultâneo com a proposta relativa à assistência mútua, a Comissão apresentou outra proposta para substituir a directiva em vigor relativa à cobrança de créditos fiscais (COM (2009) 28, de 2 de Fevereiro de 2009). Esta proposta visa aumentar a eficácia da assistência, reforçando a capacidade de cobrança dos impostos não pagos pelas administrações fiscais, contribuindo, assim, para a luta contra a fraude fiscal. Esta proposta foi aprovada, tendo dado origem à Directiva 2010/24/EU, de 16 de Março de 2010, relativa à assistência mútua em matéria de cobrança de créditos respeitantes a impostos, direitos e outras medidas, publicada no JO n.º L 84/1, de 31.03.2010.

Em 2008, a Comissão apresentou uma proposta que tinha por objectivo alterar a Directiva relativa à tributação da poupança (COM (2008) 727, de 13 de Novembro de 2008), alargando o âmbito de aplicação desta directiva a alguns pagamentos de juros a residentes da UE efectuados através de estruturas intermediárias isentas de imposto estabelecidas em países que não são membros da UE. Nesta proposta são igualmente feitas outras sugestões para melhorar as medidas sobre tributação da poupança.

cípios de boa governança ou a outros princípios conexos. Neste contexto indica-se, nomeadamente, a tributação dos rendimentos da poupança[18], as relações com os países do Espaço Económico Europeu (EEE) (Islândia, Liechtenstein e Noruega) e com a Suíça[19], a política de alargamento[20], a aplicação das conclusões do Conselho Ecofin de Maio de 2008, e a política de cooperação para o desenvolvimento, tendo em vista a prestação de apoio aos países em vias de desenvolvimento dispostos a aderir aos princípios da boa governança, nomeadamente na área fiscal[21].

---

[18] Em alguns países terceiros e em territórios dependentes ou associados dos Estados membros, alguns dos quais foram já identificados pela OCDE como paraísos fiscais, são aplicadas medidas fiscais similares ou equivalentes às consagradas na Directiva relativa à tributação dos rendimentos da poupança. Além disso, tendo em vista a aplicação de disposições equivalentes às previstas na Directiva relativa à tributação dos rendimentos da poupança, a Comissão, com base num mandato do Conselho Ecofin, conduziu negociações exploratórias com Hong-Kong, Macau e Singapura.

[19] A legislação da UE relativa ao mercado interno aplica-se directamente aos países do EEE, ao passo que as normas equivalentes às normas comunitárias em matéria de auxílios estatais são consagradas pelo Acordo EEE e aplicadas pelo Órgão de Fiscalização da EFTA. Normas similares são aplicáveis à Suíça nos termos do acordo de comércio livre celebrado entre a UE e a Suíça em 1972. Deste modo, limitam-se os regimes fiscais geradores de distorções nestes países, tendo a Comissão, aliás, denunciado recentemente alguns regimes suíços de tributação de empresas que prevêem a concessão de benefícios que a Comissão considera auxílios estatais.

[20] A política de alargamento exige que os países candidatos e potenciais candidatos procedam à transposição gradual da legislação comunitária nas suas ordens jurídicas nacionais, designadamente no âmbito da fiscalidade. Aquando da sua adesão à UE, os países candidatos são instados a aplicar plenamente a totalidade do seu acervo legislativo. A este respeito, a boa governança é uma das áreas a que a estratégia de alargamento está particularmente atenta desde uma fase inicial do processo de pré-adesão.

[21] O mecanismo de governança da Política Europeia de Vizinhança e de Parceria, baseado nos artigos 2.°, n.° 1, e 7.° do Instrumento Europeu de Vizinhança e Parceria (IEVP), prevê um financiamento suplementar, para além das dotações nacionais, para os países parceiros que se considere terem alcançado maiores progressos na consecução dos objectivos relativos à governança estabelecidos nos seus programas de reforma, conforme definidos nos seus planos de acção PEV (que consagram compromissos, tanto de carácter geral como específico, em matéria de reformas no âmbito da governança). O 10.° Fundo Europeu de Desenvolvimento (FED), que abrange o período de 2008 a 2013, prevê igualmente uma medida de incentivo no âmbito da iniciativa de governança, através da qual a UE oferece financiamento suplementar para apoiar o diálogo e as reformas em matéria de governança, nomeadamente na área fiscal. Os países elegíveis para a ajuda

É neste elenco de medidas que se salienta o papel desempenhado pelo Código de Conduta da Fiscalidade das Empresas e da promoção dos seus princípios junto dos países terceiros. Neste contexto, salienta-se que deveria prosseguir-se o trabalho de congelamento e de desmantelamento das medidas fiscais prejudiciais nos Estados membros da UE.

3.3. *A boa governança e os países terceiros*

É prestada especial atenção à questão da implementação da boa governança em matéria fiscal nos países terceiros. Tal como referimos, para o efeito faz-se apelo à adopção de uma estratégia coordenada dos Estados membros que passa, nomeadamente, pela celebração e implementação de acordos da UE com países terceiros e pela questão dos incentivos à cooperação para o desenvolvimento, isto é, da ajuda da UE aos respectivos sistemas fiscais.

Quanto aos acordos, recomenda-se, designadamente, que a boa governança na área fiscal deve ser referida o mais cedo possível no processo de negociações, por exemplo nas directrizes de negociação do Conselho à Comissão e que tais acordos prevejam, se necessário, disposições semelhantes às aplicáveis na UE em matéria de auxílios estatais. Equaciona-se ainda o facto de deverem ser considerados acordos antifraude específicos na área fiscal, que previssem, se necessário, disposições em matéria de transparência e de intercâmbio de informações para fins fiscais a nível comunitário para acelerar o processo de aplicação dos compromissos assumidos por certas jurisdições com vista a uma maior transparência e ao intercâmbio de informações[22].

---

ao desenvolvimento que, após avaliação baseada na elaboração de um perfil de governança, assumem compromissos (circunstanciados no plano de acção de governança) podem receber uma dotação suplementar em função do teor do seu compromisso. Alguns países das Caraíbas e do Pacífico já assumiram compromissos desse tipo, ao passo que outros recusaram esta via ou ainda não decidiram optar por ela. Alguns países e territórios ultramarinos (PTU), em relação aos quais os Estados membros têm responsabilidades assumiram compromissos com a OCDE em matéria de transparência e de intercâmbio de informações.

[22] Como é sabido, a Directiva relativa à tributação dos rendimentos da poupança consagra um mecanismo especial que permitia à Bélgica, à Áustria e ao Luxemburgo tri-

Relativamente ao Código de Conduta da Fiscalidade das Empresas, a Comissão considera que o Grupo deveria, prioritariamente, desenvolver uma política coerente de acção coordenada relativamente à aplicação de medidas anti-abuso no que se refere a países terceiros que exercem práticas prejudiciais.

No contexto dos incentivos relativos à cooperação para o desenvolvimento, a Comissão considera que importa, nomeadamente, avaliar a execução dos compromissos assumidos por alguns países em favor da boa governança na área fiscal e, eventualmente, reafectar fundos em benefício dos países que cumpram os seus compromissos de forma satisfatória e cancelar os fundos afectados a países que não os tenham cumprido. Neste contexto, salienta a relevância do fornecimento da assistência técnica necessária para ajudar os países a cumprir os seus compromissos em matéria de boa governança na área fiscal, o que pode passar pela concepção de um sistema fiscal, para os países que o solicitarem, que lhes permita utilizar mais eficazmente os seus recursos disponíveis.

A Comissão pretende igualmente considerar a viabilidade de introduzir um critério adicional para avaliar a elegibilidade para a concessão de fundos no âmbito dos instrumentos comunitários de ajuda externa actualmente em vigor, critério esse que estaria dependente da aplicação dos princípios de boa governança na área fiscal por países terceiros.

---

butar os titulares de contas estrangeiras residentes na União Europeia através de retenção na fonte, em vez de proceder ao intercâmbio de informações com outros países. Desde 1 de Janeiro de 2010 que a Bélgica passou a trocar informações ao abrigo da Directiva. O Liechtenstein, a Suíça, o Mónaco, Andorra e São Marinho celebraram com a UE acordos em matéria de tributação da poupança que prevêem igualmente a retenção de um imposto na fonte, em vez do intercâmbio de informações. A Directiva prevê que, a longo prazo, todos os Estados membros procederão ao intercâmbio de automático de informações segundo modalidades que dependem da adopção, pelos países terceiros supramencionados, das normas estabelecidas em 2002 pela OCDE em matéria de intercâmbio de informações.

Neste contexto, é necessário prosseguir as discussões com outros países terceiros, nomeadamente Singapura, Hong Kong e Macau, à luz do novo consenso que se desenha em matéria de transparência e de intercâmbio de informações, a fim de estudar com estas jurisdições a aplicação de medidas adequadas equivalentes às consagradas na Directiva relativa à tributação da poupança.

Além disso, poderia reflectir-se sobre a eventual concessão de uma dotação adicional às jurisdições cooperantes no âmbito das próximas Perspectivas Financeiras, destinada, por exemplo, a assistência técnica ou ao destacamento de peritos.

Para a Comissão, é essencial garantir a coerência política em relação aos países terceiros para o desenvolvimento dos princípios de boa governança na área fiscal, pelo que os Estados membros devem adoptar medidas semelhantes às expostas supra no âmbito dos respectivos programas de ajudas bilaterais.

Na Comunicação sobre a boa governança a Comissão vem ainda apelar à conveniência em apurar também qual o grau de coerência entre os princípios de boa governança na área fiscal e as políticas fiscais dos próprios Estados membros, incluindo os tratados fiscais bilaterais celebrados com países terceiros. Tal como nota, seria importante garantir que, através destes tratados fiscais bilaterais, os Estados membros não criam novas oportunidades para elidir a receita fiscal de outros Estados membros ou para contornar o disposto nas directivas da UE. Paralelamente, a consagração de obrigações em matéria de boa governança em acordos celebrados entre a UE e os países terceiros reforça o poder de negociação dos Estados membros nas suas negociações bilaterais com esses países.

Como salienta a Comissão, os Estados membros deveriam igualmente estabelecer uma estratégia mais harmonizada em relação aos países terceiros em função da eventual adesão destes aos princípios de boa governança na área fiscal. Por exemplo, um país terceiro que aplicasse os referidos princípios poderia ser retirado das respectivas «listas negras nacionais», deixando as suas práticas fiscais de estar sujeitas a medidas anti-abuso. Distintamente, as jurisdições que não aplicam de maneira satisfatória os aspectos essenciais em matéria de boa governança na área fiscal aplicados pelos Estados membros da UE poderiam ser objecto de contra medidas coordenadas. A Comissão considera que uma melhor coordenação das posições dos Estados membros da UE nos debates da OCDE, no G20 e na ONU, no que diz respeito à boa governança internacional na área fiscal, é imprescindível para assegurar uma maior pressão nas negociações com países não cooperantes.

Numa linha coerente de preocupações, tenha-se em consideração a posterior apresentação pela Comissão da Comunicação sobre Fiscalidade e Desenvolvimento[23], que vem fazer apelo à adopção dos mesmos princípios de cooperação com os países em desenvolvimento para implementar a boa governança em matéria fiscal, bem como as conclusões do Conselho Desenvolvimento sobre "Boa Governança e Desenvolvimento", de dia 14 de Junho 2010, relativas à aludida Comunicação.

4. Conclusões

A decisão de manutenção do Grupo do Código de Conduta afigura-se-nos adequada, particularmente tendo em consideração a realidade actual em que a crise agudizou as preocupações sobre a sustentabilidade dos sistemas fiscais em ambiente de globalização, Neste contexto, a promoção da boa governança na área fiscal numa base geográfica tão ampla quanto possível tem um relevante papel a cumprir.

Independentemente do contexto actual, sempre achamos que confinar os princípios decorrentes do Código ao espaço comunitário e aos territórios dependentes seria uma visão reduccionista que contribuiria para o aparecimento de novas distorções fiscais. Trata-se, contudo, de uma tarefa melindrosa e os trabalhos da OCDE neste domínio são um bom exemplo desse facto. Neste âmbito, os trabalhos sobre as práticas administrativas e sobre a aplicação das regras anti-abuso parecem-no extremamente importantes.

Para além disso, a monitorização do congelamento e do *stanstill* são necessários (embora se reconheça que este papel pudesse ser cometido à Comissão).

A UE e os seus parceiros têm actualmente o maior interesse em fomentar a cooperação fiscal e a adopção de normas comuns numa base geográfica tão ampla quanto possível. Uma maior coerência e coordenação das políticas ao nível comunitário contribuirá para promover a boa governança na área fiscal numa base geográfica tão ampla quanto possível.

---

[23] *Communication de la Comission au Parlement Européen, au Conseil et au Comité Éonomique et Social Européen, Fiscalité et développement afin d'encourager la bonne gouvernance dans le domaine fiscal*, SEC (2010) 426, 21 de Abril de 2010.

Resta saber se todo este trabalho será levado a cabo de uma forma equilibrada, não servindo, uma vez mais, para alterar as regras do *level playing field* a favor de interesses de alguns países em detrimento de outros, precisamente o que supostamente se pretende evitar com todo este exercício…

João Ricardo Catarino

Os novos contextos das finanças públicas. A administração pública Financeira em ambiente aberto na emergência de um Sistema Fiscal Mundial: Desafios das Finanças Públicas em Ambiente Aberto

João Ricardo Catarino

Professor universitário da ISCSP – UTL.

RESUMO

As finanças públicas desenvolvem-se hoje segundo novos contextos, inimagináveis há apenas uns poucos anos atrás. Estes, tanto representam novos desafios como constituem perigos ao seu desenvolvimento harmonioso e à sua função ou aptidão para a prossecução do interesse público.

Este artigo salienta alguns dos mais relevantes desafios que se colocam às finanças públicas dos nossos dias. Procura também apontar pistas para que os actuais contextos, feitos de rupturas e tendências, nem sempre saudáveis, se desenvolvam de modo a assegurar uma evolução tranquila. Mas também chama a atenção para as tendências mais preocupantes sobre o lugar e o papel do Estado, o controlo das contas públicas, o problema da justiça geral e fiscal, a emergência de um direito fiscal europeu e, sem esgotar, uma reflexão sobre o sentido de rumo dos nossos sistemas de financiamento público.

Nesta parte I fazemos incidir o nosso estudo sobre os desafios do poder financeiro. Numa parte II, a publicar posteriormente, analisaremos os novos desafios da tributação na emergência de um sistema fiscal mundial, focando a necessidade de profunda reflexão sobre a questão de saber para onde vão os sistemas fiscais.

Palavras-chave:
Finanças públicas, Sobrepeso do Estado, Redistribuição
Controlo das contas públicas, Sistemas fiscais

ABSTRACT

Public finances are developing within new contexts, unthinkable only a few years ago. These contexts represent new challenges. But they also provide hazards to their harmonious development and its role in pursuit of public interest.

This article highlights some of the most important challenges facing the public finances of our times. It also seeks clues pointing to the current problems, made of breaks and trends, not always healthy. It defends the need to ensure a peaceful evolution. The article also draws attention to the most worrying trends about the place and the role of the state, the control of public accounts, the general problem of justice and taxation, the emergence of a European tax law and, without exhausting, the reflection on the meaning of course of our systems of public funding.

In this Part I we focused our study on the challenges of financial power. In Part II, to be published later, we will analyze the new challenges of taxation in the emergence of a global tax system, focusing on the need for profound reflection on the question of where the tax systems will go.

Keywords:
Public finance, Overweight of State, Tax redistribution
Control of public accounts, Tax systems

Sumário: Parte I – Desafios do poder financeiro em ambiente aberto; 1. Considerandos gerais; 2. Os novos contextos das finanças públicas; 2.1 O lugar e o papel do Estado numa sociedade plural em ambiente aberto; 22. Novos contextos, idênticas opções: mais Estado ou sobrepeso do Estado? 3. Novos modelos de gestão do interesse público; 4. Alguns problemas do financiamento público; 5. Problemas de controlo e avaliação das contas públicas;

1. Considerandos gerais

As alterações profundas verificadas nos últimos decénios em todos os campos da vida social têm tido um impacto da maior monta na estruturação e nas tendências das finanças públicas modernas.

Não é possível, num texto desta dimensão, dar conta em termos gerais e abrangentes, das questões mais significativas e do impacto que tais desafios vêm tendo nas nossas vidas colectivas. Por isso, não se trata aqui de esgotar cada eixo ou tema mais relevante, mas de apresentar os aspectos mais críticos ou essenciais dessa evolução, quais as questões que ganharão relevo e quais as que mais impacto terão nas finanças públicas dos dias à frente, em ordem a suscitar o debate e a interrogação.

2. Os novos contextos das finanças públicas

2.1. *O lugar e o papel do Estado numa sociedade plural em ambiente aberto*

Um dos contextos mais importantes das finanças públicas dos nossos dias passa pela (re)definição do papel do Estado na sociedade global. Persiste a forte dicotomia entre os que defendem mais Estado, no sentido de maiores níveis de intervenção pública e, de outro, os que tendem a eleger a melhoria da regulação pública, abrindo todavia mais espaço para à actividade privada.

De um lado, temos os que defendem uma evolução na continuidade com melhoria dos procedimentos e controlos sobre a actividade pública e, de outro, os que apostam em defender uma revisão mais profunda do papel do Estado na sociedade global, com devolução à sociedade de todos os bens e serviços cuja natureza não imponha a intervenção pública.

Entre uns e outros vai florescendo um clima propício ao clientelismo e ao enviesamento ideológico que condiciona a maneira como os problemas públicos são formulados e resolvidos, contribuindo para perpetuar o controlo das agendas políticas e mediáticas.

A arrastada crise de fundo, intercalada por períodos de crescimento em certas zonas do mundo, não esconde um mal-estar geral e uma instabilidade de fundo que nos assola. Sobretudo na economia portuguesa deparamo-nos com a estagnação e o empobrecimento real.

De modo que, muito objectivamente, para alguns existem duas opções de fundo em matéria financeira: ou se corta nos gastos públicos e se aumentam os índices de poupança de modo a gerar os fundamentos para um crescimento económico sustentado, ou então insistimos nas receitas keynesianas habituais de elevar a despesa pública na mira de uma boa reprodutividade final, desenvolvendo políticas anti-cíclicas visando alcançar um grande efeito multiplicador a partir desses investimentos públicos.[1]

Na verdade, importa reconhecê-lo, a opção mais comum – e até, paradoxalmente, a única que os cidadãos parecem compreender – é a do aumento dos gastos públicos como forma de compensar a retracção do consumo e do investimento privado. Aceitam-no sem aparentemente compreender que, ao reclamar mais políticas públicas, aqui e ali, estão na verdade reclamando mais impostos.

A carga fiscal está entre nós extraordinariamente mal distribuída. Ela incide, no caso do imposto sobre o rendimento, em larga medida sobre os trabalhadores por conta de outrem, tais aumentos reflectem-se em agravamentos que são tendencialmente suportados pelo mesmo grupo de contribuinte. Este conformismo de soluções é comum a todas as sensibilidades, ainda que com fundamentos diferentes.

A solução que nos é apresentada é a mesma há quase um século. Em face das crises defendem-se as políticas que muitas vezes são responsáveis por essa mesma crise: aumento do peso do Estado e promoção

---

[1] Veja-se, a propósito, a lúcida reflexão de António Sousa Lara, *O interesse nacional, a política externa portuguesa e as ideologias*, Dislivro, 2009, sobretudo a págs. 77 e segs.

de um quadro legal em que o este desconsidera a sua função reguladora e entra abertamente no condicionamento e no jogo económico como medida de política geral.

A questão é muitas vezes colocada num plano onde se confrontam as ideias de neoliberalismo com o modelo e o papel das finanças públicas neste quadro evolutivo. Todavia, a nosso ver, não deixamos de reconhecer a importância de discorrer sobre dois termos frequentemente mal densificados: *democracia e liberalismo*. Efectivamente, eles são coisas diferentes.

A democracia responde essencialmente à questão de saber quem deve exercer o poder político, isto é, que sujeito deve ser considerado legítimo para o efeito. Já porém o liberalismo responde a coisa diferente: saber quais são os limites do sujeito ou do poder político legitimado pelo voto popular. O facto é que nenhum dos conceitos exclui o outro.

A regra de ouro da democracia é o voto, responsável e soberano do povo. Todavia, o sistema de maioria, se funciona bem na escolha de quem governa, não deve alargar-se a aspectos da vida colectiva onde essa realidade seja estranha, para além "*da substituição pacífica de um Governo por outro*", como o lembra oportunamente José Manuel Moreira.[2]

Daí, a maioria reduz a ideia de liberalismo ao campo económico ou ao neoliberalismo, visto este como a doutrina segundo a qual o Estado não deve intervir na economia. Esta é, porém, uma perspectiva redutora.

A nosso ver o neoliberalismo é mais do que isso, situando-se no campo das garantias contra as arbitrariedades do Governo. Daí, falar das tendências de evolução das finanças públicas é equacionar o papel dos governos, das elites e das ideias que os nossos modelos sociais vêm pondo em prática há quase um século, sem questionar.

E na verdade, uma análise honesta não pode deixar de se confrontar com questões como estas: será que o intervencionismo dos governos tem realmente produzido elevados níveis de bem-estar para todos, incluindo os mais desfavorecidos? Têm diminuído as desigualdades económicas e sociais, ou simplesmente operado uma redistribuição do poder do indivíduo para o Estado? Aumentaram as possibilidades de acesso às estruturas

---

[2] José Manuel Moreira, *Leais, Imparciais e Liberais*, Bnomics, Lisboa, 2009, sob a entrada *Liberalismo e democracia*, Lisboa, 2009.

do poder? O voto perdeu ou ganhou real significado? As estruturas políticas representativas dos cidadãos, realizam-na de modo efectivo?

O que dizer, também, do papel dos grupos de pressão organizados e em que medida eles realmente influenciam as decisões políticas na aplicação dos imensos recursos públicos em favor dos seus associados? E quais, já agora, são as reais motivações das elites políticas e dos burocratas na adopção de políticas distributivas, amplamente divulgadas como coisa adequada ao fim anunciado, mas cujo efeito é inegavelmente marginal sobre a condição económica e social de quem realmente precisa?[3] Não será tal política fiscal redistributiva, afinal, uma forma de legitimar interesses de políticos e burocratas?

São perguntas que devem induzir à reflexão, centradas na preocupação essencial de que necessitamos de desenvolver sistemas políticos e sociais que realizem uma muito melhor distribuição dos níveis de bem-estar. Os elevados níveis de carga fiscal e de taxa de esforço fiscal, de par com a permanente insatisfação com os níveis de provisão pública (nem sempre realistas, diga-se em abono do Estado), assim como a proliferação de políticas públicas, nem sempre harmoniosas entre si, o gigantismo do aparelho de poder público, o crescimento da predisposição para deixar de cumprir, aderir ou de todo o modo, anuir às políticas públicas que o requeiram, elevam os níveis de informalidade e de desinteresse do cidadão pela "coisa pública" levando à alienação dos verdadeiros problemas e desafios nacionais, com evidente prejuízo para todos.

Há uma profunda modificação das sensibilidades sobre quais devam ser as concepções económicas dominantes, num contexto de crise que teima em prolongar-se e onde os Estados privatizaram serviços e empresas mas o seu peso não diminuiu. Todavia, modificaram-se já as tradicionais formas de prestação de serviços públicos, nem sempre acompanhadas por profundas reformas do sector público e onde, pese embora o ambiente de crise, por um lado, e a nova realidade económica, por outro, reclamam sobretudo prudência sobre como evoluir.

---

[3] Vejam-se os insuspeitos estudos da OCDE sobre os efeitos das políticas tributárias redistributivas através dos actuais modelos de tributação do rendimento em *L'impôt Négatif sur le Revenue*, Paris, 1974; *Fundamental Reform of Personal Income Tax*, OECD Tax Policy Studies, n.º 13, Paris, 2006.

Há ainda uma confluência de sensibilidades perante a omnipresença do Estado, o gigantismo da despesa, a acção de grupos estruturados que reclamam para si medidas peculiares, de excepção ou, então, decisões de investimento público que os beneficiem.

No extremo oposto, há os que não compreendem que os recursos dos Estados são finitos, que a abertura dos espaços económicos lhes retirou uma centralidade que os impede de evitar a deslocalização das actividades das empresas e que um modelo de capitalismo sem limites prejudica todos. Que, afinal, o problema não está totalmente nem numa nem outra dessas posturas mas, muito provavelmente, nas derivações práticas que resultam da sua aplicação.

Uns procuram resolver os problemas insistindo com maiores níveis de intervenção pública, e, consequentemente, maiores níveis de tributação, ao passo que outros reclamam menos Estado, com a devolução à actividade privada de algumas esferas de acção pública, em suma de maior liberdade individual.

Mais do que efectuar escolhas radicais é necessário procurar consensos, buscar novos equilíbrios tendo sobretudo em mente que a tarefa de despertar para tais questões é, já de si, muito relevante.

2.2. *Novos contextos, idênticas opções: mais Estado ou sobrepeso do Estado?*

Os problemas e desafios das finanças públicas poderão agregar-se em duas áreas distintas, a saber: de um lado as relativas às questões financeiras mais genéricas e, de outro, as questões mais directamente ligadas à (sub) área fiscal, cujo relevo autónomo é manifesto.

Quanto às primeiras, há um conjunto de temas estruturantes alinhados segundo um contexto valorativo que tem vindo a ser equacionado nos seguintes termos: qual o papel do Estado e, consequentemente, qual o papel das finanças públicas?

Não há consensos absolutos nem ideias inequívocas sobre qual deva ser o papel do Estado, sobretudo deste modelo de Estado de bem-estar, sobre o qual se lançam, injustamente, inúmeras invectivas. Nem há consensos sobre qual espécie de Estado de bem-estar devemos desenvolver.

Tais posicionamentos distintos fazem variar a medida de apoio ao modelo, pois que, segundo um deles, o problema não está no modelo em si mesmo, mas na forma como se tem conseguido efectiva-lo na prática. O outro defende uma modificação conceptual, de fundo, mais centrada num primeira linha de responsabilidade individual para, só depois, fazer accionar a responsabilidade colectiva.

Uma e outra procuram o mesmo bem essencial, qual seja o da maximização do bem-estar colectivo, impedindo que sobretudo os mais carenciados sejam deixados em patamares de infra cidadania, nas margens do desenvolvimento social.

Diversos autores têm abordado a questão, seja num contexto dito "mais liberal", seja num mais assente na diluição dessa realidade numa responsabilidade geral pelo semelhante, num contexto de um maior comprometimento colectivo. No primeiro alinham nomes como Ludwig Von Mises, Friedrich Hayek, Leonel Robins, Bertand de Jouvenel, Gordon Tullock, A. Niskanen, Arthur Seldon ou James Buchanan, ente outros.

No segundo, a perspectiva mais tradicional teorizada por Rousseau e depois desenvolvida por vários outros, incluindo Keynes no campo da economia, perante a inevitabilidade dos ciclos económicos, justificando o alargamento da intervenção do Estado às mais variadas políticas.[4]

Ambos buscam nos mesmos referenciais a sua base comum, extraindo embora deles ângulos diversos, como é o caso de Tomas Hobbes, Samuel Pufendorf, John Locke, David Hume, Adam Smith, Emanuel Kant, Thomas Paine e Stuart Mill, entre outros.

Mais recentemente, cada uma das linhas conheceu quer desenvolvimentos específicos com contributos transversais como o de John Rawls e a substanciada busca de uma teoria de justiça adequada a modelos sociais muito diversos e plurais, tendencialmente participados pelos cidadãos. Mas também de Amartya Sen, descartando a necessidade de uma teoria de justiça assente nas justificações de posses e mais centrada nas valên-

[4] Para mais desenvolvimentos veja-se Hugo Consciência Silvestre, *Gestão Pública: modelos de prestação de serviço público*, escolar editora, Lisboa, 2010 e José Tavares, *Alguns aspectos estruturantes das finanças públicas da actualidade*, Almedina, Coimbra, 2008.

cias, nas qualificações pessoais e no mercado como forma de alcançar a justiça social e a realização pessoal.[5]

O aumento da despesa pública global verificado a partir dos anos setenta, com a primeira crise petrolífera elevou-a para níveis incomportáveis. Esta levou alguns (poucos) países a inflectirem fortemente na trajectória da despesa do Estado, como é o caso da Nova Zelândia, do Canadá ou da Holanda onde, pela via da eficiência da despesa pública, foi possível descer tais níveis globais em percentagem do produto interno bruto, enquadrada por reformas eficazes e silenciosas, como o testemunham os relatórios da OCDE.

Por outro lado, a estrutura da despesa pública na generalidade dos países europeus, incluindo Portugal, viram crescer as rubricas com as despesas sociais, impactando directamente sobre o futuro e a sustentabilidade deste modelo social.

Naturalmente, não se questiona a necessidade de desenvolver – a aprofundar até – esses regimes de apoio, mas num contexto de maior exigência, que seja capaz de aumentar os níveis de segurança dos cida-

[5] É interessante ver como Amartya Sen descarta a necessidade de uma teoria da justiça que estabeleça critérios sobre como distribuir bens no meio social. Para Sen, sobretudo em *Desigualdade Reexaminda*, o problema está mal formulado pois nada nos diz que todas as pessoas entendam que a posse de bens seja a chave para a felicidade pessoal. Para muitos, defende, o problema deve ser posto em temos diferentes: os de dar primazia ao ensino, qualificação, cultura e desenvolvimento pessoal como forma de alcançar uma elevado padrão de bem-estar colectivo e de desenvolvimento humano, capaz de tornar as pessoas mais felizes não porque possuem muitos bens, mas porque são sobretudo indivíduos completos que, tendo diferentes medidas de bens, têm em comum elevados índices de satisfação pessoal. O relatório da Comissão Stiglitz, Amartya Sen e Jean-Paul Fitoussi vem exactamente nesta direcção. Ao apresentar 10 principais recomendações para melhorar a medição da qualidade de vida, e para Desenvolvimento Sustentável e Ambiente, dá mais ênfase às rendas e ao consumo do que à produção. Com isso, visa alcançar uma avaliação mais adequada do bem-estar material, e conferir um papel mais importante à distribuição da renda disponível. Para medir o nível de vida, o Relatório propõe levar em conta actividades ou critérios que definiriam a qualidade de vida dos habitantes de um país, tais como, saúde; educação; condições de trabalho e vida (entre elas, lazer, deslocamento, actividades domésticas e condições de moradia); influência política e governança; conexões sociais; condições ambientais; insegurança pessoal (criminalidade, acidentes, desastres naturais) e insegurança económica (desemprego, seguro de saúde, pensões).

dãos e, ao mesmo tempo, fazer crescer a responsabilidade individual em ordem à limitação dos fenómenos de *rent seeking* e à desresponsabilização pessoal. Um estudo de caso interessante é o da *flexisegurança* Dinamarquês, por conseguir altos níveis de solidariedade social com comprometimento individual.[6]

3. Novos modelos de gestão do interesse público

As reformas estruturais do sector público estão sendo empreendidas um pouco por toda a parte. As tendências de evolução notadas e recomendadas pela OCDE recentram o modelo de gestão dos serviços públicos no desenvolvimento de um conceito de prestação de serviços ao invés da postura autoritária tradicional.

As novas práticas gestionárias, requerendo maior proximidade e participação do cidadão na tomada de decisão, estão em linha com as práticas de *good governance*[7] propugnadas pelas instâncias internacionais e com o fomento das parcerias público-privadas, que não têm merecido o adequado relevo no pensamento académico que as suas potencialidades encerram.[8]

Neste respeito, é notória a tendência para a crescente entrega da gestão de serviços públicos a entes privados, introduzindo modos de

[6] Salientaremos, entre outros, o levantamento feito por MEDINA CARREIRA, *O dever da verdade*, Dom Quixote, Lisboa, 2008, e também o estudo de EDUARDO PAZ FERREIRA, em co-autoria MARTA REBELO, *O Novo Regime Jurídico das Parcerias Público-Privadas em Portugal*, Revista de Direito Público da Economia, n.º 4, Out./Dez. 2003, Editora Fórum, 2003.

[7] Veja-se JOÃO BILHIM, *Ciência da administração*, Universidade Aberta, Lisboa, 2000; *Gestão estratégica de recursos humanos*, ISCSP, Lisboa, 2004; *Teoria organizacional: estruturas e pessoas,* 4ª ed. revista, Lisboa, ISCSP, 2005.

[8] Veja-se, todavia, a investigação realizada por MARIA EDUARDA AZEVEDO, *As Parcerias Público-Privadas: Instrumento de uma Nova Governação Pública,* Almedina, Coimbra, 2009; JOSÉ TAVARES, *Ponderação de interesses na gestão pública vs. gestão privada*, estudos jurídicos em homenagem ao Prof. Doutor António Sousa Franco, Faculdade de Direito de Lisboa, Coimbra editora, separata, Coimbra, 2006; JOSÉ TAVARES, *Ponderação de interesses na gestão pública vs. gestão privada*, estudos jurídicos em homenagem ao Prof. Doutor António Sousa Franco, Faculdade de Direito de Lisboa, Coimbra editora, separata, Coimbra, 2006.

actuação típicos de uma motivação lucrativa em fins em estruturas públicas, visando extrair o melhor das duas realidades. Trata-se afinal, de um certo triunfalismo do contratualismo próprio do Direito privado numa lógica pública, com sujeitos tradicionalmente colocados numa posição assimétrica, mas aqui dispostos a se ajustarem segundo os parâmetros próprios da igualdade, da liberdade de contratar, tal como emerge, em especial, do artigo 406.º do Código Civil.

No âmbito das medidas preconizadas pelo PRACE – Programa de Reestruturação da Administração Central do Estado, do modelo de evolução da administração pública e das tendências dominantes aplicadas à realidade portuguesa[9] sobressai precisamente a da crescente sujeição dos serviços públicos a diferentes regras, sobretudo os denominados serviços públicos por opção, tais como os regimes de pessoal, patrimonial e de gestão financeira.[10]

---

[9] Os Relatórios finais, de 20 de Fevereiro de 2008, assim como o relatório da Comissão Técnica, podem ser consultados em http://www.min-financas.pt/inf_geral/default_PRACE.asp

[10] Ver Decreto-Lei n.º 86/2003, de 26 de Abril, que veio permitir o estabelecimento de um relacionamento de longo prazo entre os parceiros públicos e privados, envolvendo a repartição de encargos e riscos entre as partes e o estabelecimento de compromissos de médio ou longo prazo que, quando implicam encargos a satisfazer pelos entes públicos envolvidos, afectam e condicionam imperativamente a totalidade ou parte dos respectivos orçamentos futuros, compreendidos no período de duração dos contratos celebrados, o qual define parceria público-privada o contrato ou a união de contratos, por via dos quais entidades privadas, designadas por parceiros privados, se obrigam, de forma duradoura, perante um parceiro público, a assegurar o desenvolvimento de uma actividade tendente à satisfação de uma necessidade colectiva, e em que o financiamento e a responsabilidade pelo investimento e pela exploração incumbem, no todo ou em parte, ao parceiro privado. Pode ver-se também o *Livro verde sobre as parcerias público-privadas, da União Europeia, em* www.europa.eu.int e ainda Teodora Cardoso, Marta Rebelo e Eduardo Paz Ferreira, Pedro Siza Vieira, Jorge Abreu Simões, João Pontes Amaro, António Garcia, Carlos Moreno, André Riscado, *Manual Prático das Parcerias Público Privadas,* NPF, Pesquisa e Formação, Publicações, 2004 (www.npf.pt); Carlos Soares Alves, *Os Municípios e as Parcerias Público-Privadas: Concessões e Empresas Municipais*, edição da Associação dos Técnicos Administrativos Municipais (www.atam.pt); Abby Ghobadian, David Gallear, Nicholas O'regan, Howard Viney, *Public-Private Partnerships – Policy and experience*, Palgrave, 2004 (www.palgrave.com); Gabriela Figueiredo Dias, *Project Finance (Primeiras Notas)*, Miscelâneas, n.º 3, Almedina, 2004; João Canto e Castro, *O Decreto-Lei n.º 86/2003: uma perspec-*

O modelo gestionário como alternativa para a execução do serviço público tem sido fundamento para a reforma dos sectores públicos na procura da eficiência, descentralização e da qualidade. Esta última, de resto, levou à criação de um conceito e de um modelo europeu de qualidade baseado em critérios precisos e focados na obtenção de um resultado de excelência.[11]

De resto, bem se vê, no nosso caso, uma aplicação mais imperfeita destas ideias, materializada no surgimento de Institutos Públicos e de Autoridades de Regulação mas que corresponde já, em vários sentidos, a esta nova forma de gestão dos interesses tradicionalmente desenvolvidos pelo Estado através da sua administração central, que não foi atenuada pela postura algo conservadora da Lei-quadro dos Institutos Públicos, aprovada pelo Decreto-Lei n.º 105/2007, D.R. n.º 66, Série I de 3 de Abril de 2007.

Forte tendência esta pela qual se criaram nos últimos 25 anos mais institutos públicos e autoridades reguladoras, com autonomia administrativa, financeira e patrimonial do que nos anteriores cem.

---

tiva jurídico política (Revista de Ciências Empresarias e Jurídicas, n.º 5, 2005); VITAL MOREIRA, *A tentação da "Private Finance Iniciative (PFI)" A Mão Visível – Mercado e Regulação,* Almedina, 2003; TIAGO DUARTE, *As mil e uma comissões das Parcerias Público-Privadas* (www.plmj.com); RUI MACHETE, *O âmbito de aplicação das Parcerias Público-Privadas* (www.plmj.com); ALEXANDRA PESSANHA e FERNANDO XAREPE SILVEIRO, *Estudo do Decreto-Lei n.º 86/2003, de 26 de Abril, regime jurídico procedimental das PPP,* Revista do Tribunal de Contas, n.º 40; PEDRO SIZA VIEIRA, *Regime das Concessões de Obras Públicas e Serviços Públicos*, Cadernos de Justiça Administrativa, n.º 64, Julho-Agosto 2007; SÍTIO DO TRIBUNAL DE CONTAS – www.tcontas.pt onde se podem encontrar relatórios sobre diversas parcerias público-privadas e sobre alguns casos de empresas municipais, de que são exemplos os seguintes: Relatório de consulta pública sobre o livro verde Comunicação interpretativa da Comissão sobre as concessões em Direito Comunitário; SÍTIO DA PARPÚBLICA – www.parpublica.pt e o Link: parcerias público-privadas (alguns artigos e apresentações sobre o tema; links para sites de outros Estados).

[11] ANA ANDRADE, *Programa de qualidade do Ministério da Segurança social e do Trabalho: um modelo integrado de aplicação da CAF*. Secretaria-Geral do Ministério da Segurança Social e do Trabalho, Lisboa, 2004; JOAQUIM FILIPE ARAÚJO, *Hierarquia e mercado: A experiência recente da administração gestionária*, Comunicação apresentada no Forum 2000, Reforma do Estado e Administração Gestionária, Lisboa, 2000 e Reform and Institutional persistence in Portuguese Central Administration, Universidade de Exter, Reino Unido, 1999.

Por outro lado, assiste-se à empresarialização de certos serviços públicos, nomeada e especificamente os hospitais, a gestão de certas infra-estruturas, correspondendo ao desejo confesso de compatibilizar uma lógica pública de prestação de serviços adequados à população em geral, mas aproveitando os ganhos em termos de eficiência, produtividade e menor custo que a lógica de mercado parece poder alcançar.

4. Alguns problemas do financiamento público

Uma outra tendência notória está no crescente pagamento individual pela prestação de serviços públicos até aqui normalmente cobertos com a receita dos impostos, em obediência a uma lógica de utilizador-pagador, não desconhecida dos denominados impostos ecológicos, de poluidor-pagador, sobretudo quando estejam em causa serviços que prestam utilidades indivisíveis.

É nesse sentido que se inscreve o novo regime geral de taxas locais, de 2007. Depois de uma vazio legislativo de quase trinta anos em que o imperativo constitucional deixou de ser observado, a sua aprovação representa um avanço notório, embora levante as perplexidades de redacção, sobretudo quanto aos princípios do benefício ou do sacrifício patrimonial.

De facto, a proliferação das taxas públicas representa o afastamento da tradicional gratuitidade genérica dos serviços públicos e a sua cobertura essencial por impostos. Assume-se agora o seu pagamento, pelo menos parcial, pelo utente ou beneficiário efectivo, o que não é um disparate em si mesmo.

Importa todavia salientar que esta evolução, a nosso ver, se bem que acobertada por um regime geral novo, não é tanto ditada pela dogmática própria das finanças públicas sobre o financiamento do Estado, mas por atrozes pressões financeiras dos organismos públicos, obrigando-os a financiar os seus orçamentos correntes através da receita das taxas.

Essa é, também, a razão pela qual, do nosso ponto de vista, se tem exagerado no seu lançamento em termos dos valores individualmente exigidos aos cidadãos pela prestação de serviços públicos concretos, muitas vezes acima do que seria o valor normal do mercado em condições de concorrência.

Pior ainda, tem-se a noção de que a exigência de taxas públicas nem sempre corresponderá à prestação de um serviço público efectivo e materialmente necessário, mas tão só de um serviço emergente de uma exigência formal da lei, ainda que enroupada num interesse público não raro difuso. De facto, a facilidade com que por mero acto normativo se criam taxas públicas tem-se prestado a abusos tão intoleráveis quanto o seria a exigência de imposto sem lei.[12]

A frequência, a amplitude e o peso das taxas permite hoje questionar se não deveríamos lançar mão de mecanismos que melhor protegessem o cidadão contra abusos, tanto mais que hoje as taxas deixaram de ser prestações insignificantes, excepcionais e pouco frequentes.

Aspectos que, no seu conjunto, nos deveriam levar a reflectir sobre a medida em que esta realidade nova e pouco estabilizada representa um vector essencial de cidadania e um modo de aprofundar, ao invés de diluir, o estruturante postulado do consentimento dos povos, tão carente de reafirmação.

Os problemas do financiamento público são problemas de administração pública. A longo prazo alargam-se ainda ao sistema de segurança social onde a necessidade de reformas visando o seu equilíbrio requereu uma severa limitação dos benefícios no imediato. O financiamento estrutural, a medida de retorno esperada, a necessidade de estabelecer tectos máximos de benefícios, o encurtamento real dos níveis de protecção social e as perspectivas pouco animadoras do seu reequilíbrio futuro, de par com o envelhecimento da população e as baixas taxas de reposição mostram que veio afinal a ser feito, *in extremis*, o que poderia muito bem ter sido diluído num espaço temporal muito mais alargado, digamos desde pelo menos meados dos anos oitenta, com responsabilidades para todos.

Sendo inequivocamente um direito social, ele evolucionou conforme se esperava, dentro do espectro evolutivo de todo o modelo europeu, onde, para além das questões de natureza ideológica, o problema da sustentabilidade futura era (é) real e em que a solução passa desde já por um conjunto de medidas que mitigam a amplitude dos direitos. E talvez

---

[12] Uma análise de alguns Acórdãos do Tribunal constitucional (v. g. 92/85), permitirá verificar o sentido dominante da Jurisprudência e do seu impacto na densificação desta realidade e do seu impacto sobre a ideia de Estado social ou de bem-estar.

requeiram a adopção de regimes de diferenciação positiva e o estabelecimento de patamares mínimos em ordem a assegurar uma protecção na reforma digna para todos. Assim se garante que os mais desfavorecidos sejam beneficiados e, ao mesmo tempo, permitindo o *opting out* ou a conjugação do sistema público com regimes públicos ou privados, para os que o desejam ou possam fazer.

Não se trata de abjurar o Estado, mas de fortalecer a sua capacidade de capitalização do sistema, de par com soluções mistas que conciliem práticas privadas com lógicas públicas, em benefício de todos.

Em tese mais geral, o gigantismo do Estado e as crescentes dificuldades em obter receita suficiente para cobrir todas as demandas públicas, é tratado no ponto seguinte.

5. Problemas de controlo e avaliação das contas públicas

Igualmente estruturantes são as questões que hoje se colocam acerca do controlo e avaliação das contas públicas. Estas devem evoluir no sentido do seu alargamento, de uma lógica direccionada para a obtenção de resultados através da generalização dos orçamentos-programa e da reestruturação orçamental, com maior ênfase num controlo que vá para além do mero controlo clássico da legalidade da despesa.

A orçamentação por programas implica uma maior a mais profunda informação analítica sobre os custos e uma melhor definição das responsabilidades, desde logo da Administração pública. Um outro aspecto relevante reside no aumento da atenção ao controlo das contas públicas ao invés de ao Orçamento do Estado. Este tem recebido uma atenção que tem sido causa de alguma desatenção a outros agregados essenciais à sanidade das contas do Estado.[13] São eles a despesa pública, a dívida pública e o défice público. Assim, preconizamos uma maior atenção aos aspectos seguintes:

- O reforço das garantias de transparência das finanças públicas, realidade que, não sendo exactamente nova, apresenta todavia novos

[13] José Tavares, *Alguns aspectos estruturantes das finanças públicas da actualidade*, Almedina, Coimbra, 2008; *O Federalismo – contributo para o estudo da natureza da União Europeia*, Almedina, Coimbra, 2010.

contornos, como é o caso da fuga para o direito privado nas relações jurídicas em que intervém o Estado.

- Uma melhor definição sobre os tipos de controlo que se revelam mais eficientes para cada instrumento público.
- Uma evolução da estruturação da contabilidade pública e do modo de a realizar por parte dos serviços públicos, pondo de lado a natureza eminentemente "de caixa", para se tornar mais sofisticada, abrangendo a contabilidade patrimonial e a adequada valorização destes elementos no orçamento de cada organismo da Administração Pública.
- A melhoria da comunicação com os cidadãos, aperfeiçoando a informação financeira dada a conhecer, incluindo a relativa aos cenários macro económicos. Pese embora a informação disponibilizada aquando da apresentação e discussão da proposta de Orçamento do Estado, os cidadãos não têm uma percepção geral sobre o Estado das contas públicas nem conhecem os grandes agregados e tendências. Em parte, isso dá-se porque não existe uma cultura financeira, mas isso dá-se também, paradoxalmente, porque existirá uma excessiva quantidade de informação. A racionalização desta e a sua simplificação em grandes agregados permitira uma percepção mais facilitada sobre quais os recursos disponíveis e as responsabilidades futuras. Permitira, também, que o cidadão interagisse mais quando se tratasse de decidir investimentos com impacto presente e futuro se lhe fosse dada a a oportunidade de se pronunciar.
- Melhorar a sustentabilidade das finanças públicas, tal como vem sendo preconizado pelo FMI, elaborando-se um relatório sobre tal sustentabilidade de cinco em cinco anos com informações projectadas para uma década.
- No plano político, parece-nos ser de reforçar a ênfase de um princípio de sinceridade ou realismo orçamental, actualmente condenado os cenários rosados e pouco reais onde cabem tanto cenários de crescimento económico e outros índices estruturantes estimados de forma pouco realista.
- É necessário reforçar a atenção aos fenómenos de suborçamentação, prática corrente dos Governos, mas com claro prejuízo do poder de controlo da Assembleia da República e uma evidente descaracterização do dever de audição e direito de consentimento dos povos.
- O reforço em termos qualitativos e quantitativos da capacidade de controlo da execução orçamental por parte da Assembleia da República

que, por razões várias, efectua hoje um controlo tendencialmente formal e pouco profundo sobre as contas públicas e não realiza uma apreciação crítica das reais necessidades de endividamento nem dos níveis da dívida ou do serviço da mesma.

• O reforço da informação a fornecer à Comissão e Economia e Orçamento em regime concomitante, permitindo-lhe conhecer no momento as alterações à execução orçamental introduzidas pelos Governos dos Estados membros e bem assim do direito de audição, de investigação em tempo real e *in situ* das suas opções financeiras e orçamentais. Em parte, os défices excessivos resultam não só de comportamentos pouco responsáveis dos Governos como também de um sistema de controlo europeu pouco assertivo e eficaz.

• A implementação de estruturas que permitam à Assembleia da República ser assistida por outros órgãos de Estado que possuam conhecimentos e meios técnicos adequados ao controlo orçamental e financeiro, como é o caso do Ministério das Finanças ou do Banco de Portugal. Em muitos países as estruturas de controlo financeiro são auditores gerais, controladores gerais ou órgãos que dependem directamente dos parlamentos nacionais, tornando a cooperação mais assídua e, por certo, mais profícua.

De facto, a impreparação teórica e prática dos deputados, em especial quando membros dessa Comissão, impede-os de efectuar uma análise crítica tanto das propostas contidas no Orçamento de Estado como da sua execução geral. Impede-os também de aprofundar o controlo do desenvolvimento sectorial das diferentes políticas públicas, sobretudo as mais críticas, como a de saúde, educação ou de investimento e obras públicas, em especial para conhecer os motivos das frequentes derrapagens orçamentais.

• Aprofundar os poderes da Assembleia da República de realizar inquéritos e acções de controlo bem como reforçar os poderes de avaliador das políticas públicas, indo além do papel, mais tradicional, de mero controlador de legalidade, mas do mérito substantivo das decisões tomadas.

• Para o efeito, importa dotar a Assembleia da República de novos poderes de controlo substantivo e recentrar as suas funções no exercício de poderes de impulsionar ou propor políticas públicas.

O conjunto dos factos e medidas enunciadas não esgota a realidade. Constitui, todavia, um ponto de partida alargado para a reflexão ampliada que se impõe sobre o tema.

Vasco Branco Guimarães

Sobre a Tributação das Mais-Valias

Vasco Branco Guimarães

Doutor em Direito. Professor do ISCAL.

RESUMO

No presente artigo procura-se reflectir sobre a tributação das mais-valias valorizando as várias componentes de obtenção e risco que envolvem. Da análise feita parece resultar que a manutenção das mais – valias no circuito económico deve conduzir a uma tributação minorada por cumprirem função de financiamento e capitalização das empresas cotadas em substituição do financiamento bancário.

Analisam-se igualmente as questões da capacidade contributiva e da retroactividade na aplicação das normas que introduzem uma tributação alargada.

Palavras-chave:

Mais-valias
Risco
Capacidade contributiva
Irretroactividade

ABSTRACT

In the present paper a reflection on the role of capital gains is made analyzing the various components of risk and nature of revenue.

From the analysis made we can conclude that a favorable tax treatment is justified in the role of financing the economies that capital gains can ensure as an alternative to bank financing.

The principles of non retroactivity and ability to pay are also analyzed in connection with the recent laws that enlarge the taxation of capital gains.

Keywords:

Capital gains
Risk
Ability to pay
Non retroactivity

Sumário: 1. Introdução. 2. As questões estruturantes e de enquadramento. 2.1. As mais-valias face às noções de capacidade contributiva e neutralidade do capital financeiro. 2.2. As mais-valias face às necessidades de financiamento das economias de médio e longo prazo e ao risco. 2.3. As mais-valias realizadas e o reinvestimento das mesmas. 3. A aplicabilidade da norma. 4. Reflexões necessárias.

1. Introdução.

As mais-valias são o tipo de rendimentos que não deveriam suscitar quaisquer dúvidas na tributação[1]. Sendo rendimentos não regulares «brought by the wind» visualizados numa perspectiva de sorte ou acaso a sua tributação não levanta qualquer problema aparente de equidade ou justiça sendo a tributação uma contrapartida justa à sorte inesperada que representa a obtenção da mais-valia. O imposto seria o contributo solidário para a comunidade da sorte que representa o ganho da mais-valia.

Porquê então a sua tributação limitada na legislação tributária em vigor até 1989? E porquê a manutenção de isenções e regimes especiais de desagravamento para as mais-valias na legislação em vigor até há bem pouco?

O presente ensaio visa analisar algumas das várias questões que se levantam e ajudam a compreender as soluções que foram sendo adoptadas, bem como ponderar sobre critérios que possam ajudar a definir políticas fiscais estruturais sobre esta matéria.

Definido o objecto da tarefa a que nos propusemos passemos à sua execução.

2. As questões estruturantes e de enquadramento.

Em estudo realizado no âmbito da Reforma Fiscal de 1989 o Dr. João Coelho escrevia «...a tributação das mais-valias ou ganhos de capital constitui, sem dúvida, uma das questões mais problemáticas e confli-

---

[1] Para um conceito de mais-valias reportado ao IRC e às entidades com escrita organizada vide o actual artigo 46.º do IRC que teve origem no artigo 42.º da versão original deste código.

tuais dos modernos sistemas tributários»[2]. Como conciliar tão rotunda afirmação com o já por nós enunciado atrás?

A resposta parece ser a de que aquilo que se apresenta como fácil e evidente não o é. Tentando entrar na questão com maior profundidade comecemos por elencar as questões que reputamos como importantes para uma análise consistente da tributação das mais-valias.

São elas:

- A generosidade da mais-valia em si considerada face ao carácter progressivo do rendimento e à medição da capacidade contributiva e à neutralidade desejável do capital financeiro;
- Papel das aplicações que podem gerar mais-valias face às necessidades de financiamento das economias de médio e longo prazo e ao risco;
- As mais-valias realizadas e o reinvestimento das mesmas;

2.1. *As mais-valias face às noções de capacidade contributiva e neutralidade do capital financeiro.*

As mais-valias não eram genericamente consideradas como rendimento no âmbito da legislação em vigor até 1989 excepto nos casos expressamente considerados como tais e que cobriam, no essencial, situações de especulação relativas a lotes para construção e trespasses de escritórios de profissões liberais incluindo os consultórios médicos[3].

O facto explica-se em grande parte com a noção de rendimento fonte que era então utilizada como conceito base da tributação e que implicava uma fonte estável que gerava rendimento regular e não se confundia com ganhos de capital especulativo ou sem controlo como os que eram, tendencialmente, as mais-valias.

As mais-valias não eram assim, em regra, fonte regular de rendimento mas fonte anormal ou excepcional. A tributação de alguns rendimentos como mais-valias justificava-se como uma resposta da tributação a certas actividades que, sendo controláveis por vontade humana,

---

[2] Cfr. Código do Imposto sobre o Rendimento das Pessoas Singulares, comentado e anotado, Herculano Madeira Curvelo e outros, Reis dos Livros, 1990, pág. 163.

[3] Cfr. Decreto-Lei 46373, de 9 de Junho de 1965.

ou gerando actividade económica regular e consequentes réditos, se visava integrar na tributação mesmo quando eram executadas por privados não inscritos em Contribuição Industrial ou sujeitos a contabilidade organizada.

A distinção entre evidência contabilística ou não subjacente a essa outra de integração no activo fixo marcava uma fronteira clara entre a normal sujeição das mais-valias realizadas no âmbito de uma actividade comercial e industrial em que a mais-valia integrava o conceito de lucro tributável e essa outra de ganho excepcional e desgarrado que, quase por acidente e sorte passava a integrar a esfera jurídica do cidadão contribuinte. Na medida em que esse ganho, embora aleatório, integrasse uma actividade económica fazia-se a tributação em imposto de mais-valias. Se resultasse de ganhos excepcionais não directamente resultantes de actividade económica regular em regra estariam não sujeitos. O legislador anterior à Reforma de 1989 resolveu o problema tipificando as situações de incidência de forma restritiva e clara.

Como então fazer o confronto do conceito com esse outro de capacidade contributiva?

O conceito de capacidade contributiva, muito trabalhado na Doutrina italiana e depois glosado e desenvolvido pela Doutrina da América Latina não se revela como tendo sofrido evoluções significativas[4].

Como já tivemos ocasião de escrever quanto ao **princípio da capacidade contributiva** importa relembrar que já S. Tomás de Aquino ao analisar a legitimidade do imposto enunciava entre as relações de causa, a *causa materialis*, que determinava que a escolha dos contribuintes e da medida dos impostos tinha de ser justa.

Por medida justa entendia-se a afectação do encargo dos impostos aos que revelavam capacidade de os pagar.

Assim, os impostos deviam ser fixados sobre situações de riqueza e os pagadores deviam ser os titulares dessa riqueza.

---

[4] Cabe referir a posição original de João Ricardo Catarino na sua tese de Doutoramento, publicada na Editora Almedina que quebra o paradigma e põe em causa, fundamentadamente alguns dos aspectos tradicionalmente aceites na discussão desta matéria. Cfr. Autor referido, Redistribuição tributária – Estado social e escolha individual, Almedina, 2008. Existe recensão desta obra feita por Nazaré Costa Cabral e Guilherme Waldemar de Oliveira Martins, na Revista do IDEFF, ano II, n.º 1.

A capacidade contributiva revela-se assim e antes de mais, como uma questão de *justiça* e *bom senso*; *justiça*, porque implica que paguem impostos os que têm o poder económico para o fazer; *bom senso*, porque sendo o imposto uma forma de amputação da propriedade deverá ser feita com moderação e sobre a manifestações excedentárias de riqueza e não sobre aquilo que é essencial para a sobrevivência ou à manutenção ou reprodução da riqueza.

O princípio tem várias formulações teóricas possíveis[5] e consagração constitucional, entre outros, no ordenamento italiano[6], espanhol[7] e brasileiro[8] [9].

---

[5] Para consulta sobre várias formulações possíveis do conceito de capacidade contributiva vide: António Sousa Franco, Direito Financeiro e Finanças Públicas, II, pág. 317 e segs.; Alberto Xavier, Manual de direito fiscal, Lisboa, 1974, pags. 107 e segs.; José Luís Saldanha Sanches, A quantificação ... cit., pág. 66 e segs.; Esc. Washington Lanziano, Teoria General de la exencion tributaria, Depalma, Buenos Aires, 1979, pág. 51 e segs.; para uma crítica original ao conceito, Alfredo Augusto Becker, Teoria Geral do direito tributário, 2ª edição, S. Paulo, 1972, pág. 437 e segs.; Francesco Moschetti, La capacità contributiva, profili generali, *in* Trattato di diritto tributario diretto da Andrea Amatucci, vol. I, tomo I, Cedam, 1994, pág. 223 e segs.; idem Il principio della capacità contributiva, Padova, Cedam, 1973; Roberto Schiavolin, La capacità contributiva, il collegamento soggettivo, *in* Trattato di diritto tributario diretto da Andrea Amatucci, vol. I, tomo I, Cedam, 1994, pág. 272 e segs.; Gianfranco Lorenzon, La capacità contributiva, L`ambito oggetivo di applicazione, *in* Trattato di diritto tributario diretto da Andrea Amatucci, vol. I, tomo I, Cedam, 1994, pág. 304 e segs.; Loris Tosi, La capacità contributiva, il requisito di effettività, *in* Trattato di diritto tributario diretto da Andrea Amatucci, vol. I, tomo I, Cedam, 1994, pág. 320 e segs.;

[6] Artigo 53 da Constituição italiana.

[7] Artigo 31.1 da Constituição espanhola. É apresentado por Ernesto Lejeune Valcàrcel como uma manifestação complementar do princípio da igualdade. Cfr. autor citado, Ernesto Lejeune Valcárcel, L`eguaglianza, *in* Trattato di diritto tributario diretto da Andrea Amatucci, vol. I, tomo I, Cedam, 1994, pág. 386.

[8] Parágrafo 1.º do art. 145 da Constituição brasileira, «Sempre que possível, os impostos terão caráter pessoal e serão graduados segundo a capacidade econômica do contribuinte, facultado à administração tributária, especialmente para conferir efetividade a esses objetivos, identificar, respeitados os direitos individuais e nos termos da lei, o patrimônio, os rendimentos e as atividades econômicas do contribuinte».

[9] Além das constituições citadas no texto o princípio da capacidade contributiva aparece consagrado nos seguintes textos constitucionais: Argentina (1946),

São, aliás, os autores italianos, os que mais defendem e analisam o princípio da capacidade contributiva. O ponto de partida para a análise doutrinal neste sistema jurídico é o artigo 53.º, parágrafo 1.º da constituição italiana que dispõe, «*tutti sono tenuti a concorrere alle spese pubbliche in ragione della loro capacità contributiva*».

Esta norma foi, durante largo tempo, considerada como programática não se lhe dando uma importância relevante face ao poder de determinar os pressupostos tributários do legislador no exercício do seu poder financeiro.

O artigo 53.º da Constituição italiana, tem como antecedentes o artigo 25 do Estatuto Albertino e o artigo 134 da Constituição de Weimar que relacionavam a tributação respectivamente, com os «haveres» e os «meios económicos» do sujeito passivo.

Do princípio da capacidade contributiva – que só começou a ter relevância doutrinal significativa em Itália a partir de meados dos anos sessenta e anos setenta [10] – extraem-se os seguintes corolários lógicos:

Desde logo, a *legitimidade* constitucional e legal para a existência de tributação e o carácter de *dever* da contribuição dos privados para as despesas públicas.

Por outro lado, retira-se da formulação legal a *universalidade* do tributo que deverá ser articulado com o princípio da igualdade previsto no artigo 3.º da Constituição italiana.

A partir do conceito de capacidade contributiva efectiva, o legislador e a Administração, construíram um conjunto de presunções de rendimento que se traduzem na aplicação de métodos indiciários e presunções inilidiveis.

---

art. 28; Bolívia (1967), art. 8, d); Bulgária (1947), art. 94; Equador (1966-7), art. 182; Grécia (1951), art. 3; Jugoslávia (1946), art. 42; México (1917), art. 31; Suíça (1981), art. 41. Cfr. Victor Uckmar, Principi comuni di diritto costituzionale tributario, 2ª edição, CEDAM, 1999, pág. 80 nota 55.

[10] Existem três obras fundamentais sobre a matéria na doutrina italiana: I. Manzoni, Il principio della capacità contributiva nell`ordinamento costituzionale italiano, Torino, 1965; F. Maffezzoni, Il principio de capacità contributiva nel diritto italiano, Torino, 1970; F. Moschetti, Il principio della capacità contributiva, Padova, 1973. Ver também, Gaspare Falsitta, Manuale de diritto tributario, parte generale, 2ª edizione, Padova, Cedam, 1997, pág. 139 e segs.; Nicola d`Amati, Le basi teoriche del diritto tributario e altri saggi, Cacucci Editore, Bari, 1993, pág. 68 e segs.

A doutrina e a jurisprudência italianas construíram assim duas possíveis leituras do princípio da capacidade contributiva. Uma primeira leitura é feita a favor do contribuinte entendendo-se o princípio como uma garantia deste e uma impossibilidade do legislador ou da Administração atingir situações que não revelem «*capacidade contributiva*»; a segunda leitura possível, liga o artigo 53.º ao artigo 2.º da Constituição italiana que define o princípio da solidariedade e faz uma interpretação essencialmente finalista e programática do dever de contribuição, transformando o preceito na fonte da «*razão fiscal*».

Esta é entendida como a atribuição ao legislador ordinário e à Administração de todo um conjunto de poderes discricionários e possibilidades administrativas que quebram uma leitura eventualmente equilibrada entre os intervenientes na relação de imposto[11].

Questão interessante é a de saber se o princípio tem consagração na Constituição portuguesa face ao disposto no n.º 1 do actual artigo 104.º da Constituição que dispõe «*o imposto sobre o rendimento pessoal visa a diminuição das desigualdades e será único e progressivo, tendo em conta as necessidades e os rendimentos do agregado familiar*»; a expressão em análise é a final, «*tendo em conta... os rendimentos do agregado familiar*». Estaremos perante a consagração constitucional do princípio da capacidade contributiva?

Uma resposta passará pela análise da oportunidade da consagração deste princípio e da sua utilidade.

Já Adam Smith, no século dezoito colocava a necessidade da existência de capacidade económica como uma das condições para uma justa e eficaz tributação.

A necessidade da tributação atingir situações de riqueza e manifestações de capacidade económica é inegável e baseia-se em princípios básicos de justiça elementar e de bom senso.

Aquilo que se verifica é que a partir do momento em que o processo de determinação dos impostos passa a ser assumido pela assembleia legislativa com poderes de representação do Povo soberano é a esta que cabe definir aquilo que se entende por manifestações de capacidade económica. O conceito deixa de ser entendido como uma limitação ao

---

[11] Neste sentido G. Falsitta, Manuale ... cit., pág. 163 e seg.

poder ou uma garantia do contribuinte que, devidamente representado no órgão eleito que determinou os limites e justiça da tributação, o fez no integral respeito e defesa dos interesses dos seus representados ou, pelo menos, da maioria deles.

Esta asserção torna aparentemente injustificada a consagração do princípio da capacidade contributiva, por evidente, desnecessária ou tautológica.

Convém assinalar no entanto que o conteúdo mínimo do princípio – que é o de que a tributação deve atingir manifestações de capacidade económica – está efectivamente consagrado no n.º1, parte final, do artigo 104.º da Constituição portuguesa referido ao rendimento e necessidades dos agregados familiares o que constitui uma originalidade[12].

A originalidade advém de duas ordens de razões; desde logo, porque se tem em conta as necessidades do *agregado familiar* o que parece inculcar a possibilidade de imposto negativo, como defendeu nos trabalhos preparatórios da reforma fiscal de 1989 o Professor Braga de Macedo; por outro lado, o definir-se como unidade de tributação o agregado familiar [13] estende o conceito de capacidade económica a um conjunto de cidadãos que podem ser, ou não, contribuintes individuais noutros impostos, revelando, ou não, capacidade contributiva parcelar.

Dos elementos apontados parece ser possível defender que está aflorado no ordenamento constitucional português o princípio da capacidade contributiva reportado ao agregado familiar embora a doutrina tenha sido

---

[12] Neste sentido, SANCHES, José Luís Saldanha, A quantificação da obrigação tributária – deveres de cooperação, Autoavaliação e avaliação administrativa, CCTF (173), Lisboa, 1995, pág. 66.

[13] Sobre a unidade familiar como sujeito fiscal vide: Manuel Pires, relatório nacional de Portugal, IX jornadas luso-hispano-americanas de estudos tributários, CCTF, (123), pág. 6 e segs.; Carlos Pamplona Corte-Real, reflexões críticas sobre recentes alterações legislativas em matéria de tributação da família em Portugal, IX jornadas luso-hispano-americanas de estudos tributários, CCTF, (123), pág. 61 e segs.; Vitor Faveiro, Família, Estado e imposto, IX jornadas...cit. , pág. 115 e segs. José Hermínio Paulo Rato Rainha, Algumas notas relativas à estrutura do imposto sobre o rendimento, IX jornadas...cit. , pág. 199 e segs.; vide igualmente, em Portugal, Ac. TC 57/95, DR, II, 12.04.95; em Itália, sentença 179, de 1976 *in* , Giurisprudenza Costituzionale, ano 20.º(1976), vol.II,pág. 2159 e segs.; na Alemanha, Heinrich E. Horster, comentário à sentença do Tribunal Constitucional Alemão, *in*, Revista de Direito e Economia, ano III, n.º 2 (Julho-Dezembro 1977), pág. 493 e segs.

até agora bastante restrita na análise da sua existência e consequências, talvez consciente das dificuldades de entendimento e aplicação que esse mesmo princípio criou noutros ordenamentos jurídicos[14].

É, no entanto, a doutrina portuguesa, no caso representada por Carlos Pamplona Corte-Real [15] que, em estudo colectivo, vem defender de forma indirecta a existência do princípio no ordenamento jurídico português em vigor antes da LGT ao apresentar uma nova perspectiva na utilidade do conceito.

Geralmente o conceito de capacidade contributiva está ligado à capacidade económica para pagar impostos.

Enquanto revelação de capacidade económica para pagar impostos tem como vimos já, um recorte positivo e um negativo. O recorte positivo é o efectivo poder económico revelado pelo contribuinte; o negativo é revelado pela limitação que o princípio determina na aplicação da lei e na actuação da Administração na criação e cobrança dos impostos.

Os dois recortes citados têm leituras diversas, consoante são perspectivados pelo contribuinte ou pela Administração.

É assim que o recorte positivo pode ser entendido pelo contribuinte como uma limitação ao pagamento de impostos e o recorte negativo entendido pela Administração, como uma necessidade de introduzir métodos indiciários – entendidos como justos e igualitários – na determinação do rendimento.

O citado Professor Corte-Real vem introduzir uma outra função para o conceito de capacidade contributiva. A capacidade contributiva enquanto manifestação de intimidade privada, na sua vertente económica seria do foro restrito da relação específica, particularizada e única, entre o contribuinte e a Administração; neste contexto funcionaria como uma limitação da Administração Fiscal que não poderia revelar aquilo de que se apercebeu no que à capacidade contributiva do contribuinte diz respeito, nem poderia em regra fornecer a terceiros, mesmo entidades públicas, esses elementos. A isto obrigaria a *confidencialidade fiscal*.

---

[14] A excepção em estudo anterior à LGT parece ser NABAIS, José Casalta, Contratos Fiscais, Coimbra, 1994.

[15] Autor citado e outros, Breves reflexões em matéria de confidencialidade fiscal, CTF n.º 368, 1992, pág. 7 e segs.

A capacidade contributiva seria assim o elemento de natureza pessoal que definiria a fronteira de intimidade do contribuinte a que a Administração Fiscal teria acesso, mas que não poderia revelar.

Dos elementos apresentados não parece resultar a necessidade de um elemento de regularidade para que o conceito de capacidade contributiva seja aplicável. Podemos assim concluir que o conceito de capacidade contributiva está presente quando se está perante um ganho excepcional do tipo da mais-valia.

Mas a questão que se coloca de imediato é a de saber se este ganho excepcional, pelo seu montante não coloca questões de equidade e igualdade face às taxas progressivas do rendimento.

O princípio da igualdade é entendido na doutrina como tendo um sentido jurídico que corresponde a uma paridade de posição e tem o alcance acima referido e um sentido económico que consubstancia uma obrigação de contribuir em igual medida para os encargos públicos e que se relaciona com a capacidade contributiva[16].

Como a essência e a função do sistema fiscal é *discriminar* – amputando manifestações de riqueza e redistribuindo-a através das despesas públicas – é fácil compreender que o princípio da igualdade tem de ter uma expressão e entendimento específicos em direito fiscal.

A questão é geralmente equacionada pela doutrina como uma opção entre a adopção de taxas *proporcionais* ou *progressivas*; ou seja, o princípio da igualdade em direito fiscal pressuporia uma opção de base entre a adopção de uma visão de *igualdade formal* – a que corresponderia um sistema fiscal com *taxas proporcionais* – ou uma *igualdade material* – a que corresponderiam *taxas progressivas*.

O sistema português utiliza ambas as taxas embora preconize as progressivas no rendimento pessoal[17].

---

[16] Neste sentido, Victor Uckmar, Principi comuni di diritto costituzionale tributario, 2ª edição, CEDAM, 1999, pág. 64 e segs.

[17] Para exemplos de constituições que consagram igualmente o princípio da progressividade dos impostos vide Victor Uckmar, Principi comuni di diritto costituzionale tributario, 2ª edição, CEDAM, 1999, pág. 80, nota 56. Aí pode ver-se que para além da portuguesa consagraram a progressividade as seguintes constituições: Brasil (1946), art. 202; Chile (1925), art. 10; Alemanha Oriental (1949), art. 29; Jordânia (1952), art. 111; Itália (1947), art. 53; Síria (1950), art. 25; Espanha (1977), art. 31.1.; Venezuela (1947), art. 232;

A questão inculca essa outra de saber se existe um conceito material de igualdade por oposição a um conceito formal de igualdade. Em direito fiscal, a questão da igualdade aparece intimamente ligada à questão da redistribuição do rendimento e às doutrinas económicas da utilidade marginal[18]. Tentemos responder à questão colocada.

A igualdade material pressupõe que o nível de rendimento das pessoas é idêntico? Pensamos que não. Igualdade material pode, tão só, significar em direito fiscal que o sistema fiscal redistribui o rendimento de forma a que todos possam ter um mínimo de sobrevivência com dignidade.

Esta redistribuição é feita amputando os rendimentos mais elevados de forma mais gravosa e os rendimentos menores de forma mais ligeira. Esta fórmula, permite uma concentração média de rendimento numa faixa ampla da população o que, por si só, pode representar a existência de um bem estar médio compatível com a noção de Estado social de direito.

Esta fórmula progressiva de tributação encontraria justificação na noção de utilidade marginal teorizada pelas diversas escolas marginalistas. Aqueles que mais auferem têm uma desnecessidade crescente do rendimento à medida que este aumenta.

A progressividade da tributação representaria tão só um ajustamento a essa desnecessidade colhendo para a redistribuição o que *a mais* tinha sido auferido.

A esta construção opõem-se os que vêm na tributação progressiva uma forma de amputação desnecessária e nociva do rendimento e desincentivante do progresso económico e profissional. Desde logo, porque aqueles que mais ganham são – em regra – os que mais valor profissional têm, ou, pelo menos, uma maior procura de mercado.

A amputação do rendimento é uma forma de desincentivar o trabalho e consequentemente uma forma de prejudicar aqueles que dele poderiam beneficiar.

Por outro lado, a acumulação, que é condição de sanidade na formação do capital enquanto factor de produção, só surge com o ganho.

---

[18] Para um resumo enquadrado da utilização do conceito de utilidade marginal aplicado aos impostos, implicações e contradições com remissão bibliográfica vide, Victor Uckmar, Principi comuni di diritto costituzionale tributario, 2ª edição, CEDAM, 1999, pág. 93 e segs.

A tributação progressiva seria uma forma de impedir a acumulação de capital e consequentemente o desenvolvimento económico.

Se ligarmos a esta noção essa outra de que uma unidade de rendimento pública é menos eficaz que uma unidade de rendimento privado, então, isto implicaria a adopção de um sistema proporcional, privilegiando os melhores no sentido da acumulação e fazendo deles o motor da acumulação de capital e consequentemente do progresso económico.

Mas o princípio da igualdade não se esgota nesta dicotomia sumariamente enunciada.

A doutrina francesa, por exemplo, reportando-se ao artigo 6 da Declaração Universal dos Direitos do Homem, que é parte integrante da Constituição francesa, entendeu o princípio, não somente como uma igualdade do contribuinte perante a lei, mas também como uma obrigação de criar soluções legislativas que respeitem a igualdade dos destinatários na lei.

Neste sentido, o princípio da igualdade transforma-se numa limitação ao legislador na formulação de opções e comandos legislativos.

O tribunal constitucional francês, por exemplo, numa decisão de 27 de Dezembro de 1973 sobre um artigo da lei financeira que tornava mais elástico o regime de taxação administrativa ou presumida dos pequenos contribuintes, não o aplicando aos grandes contribuintes, declarou violado o princípio da igualdade.

A deliberação constitucional determinou que esta opção violava o princípio da igualdade[19].

Nova sentença de 1989, a propósito da possibilidade legal que se procurava dar à Administração de, a todo o tempo, poder solicitar ao juiz fiscal a possibilidade de corrigir erros não substanciais, foi declarada inconstitucional por violação do princípio da igualdade ao não respeitar a possibilidade de invocação de prescrição por parte do contribuinte colocando este numa situação de desigualdade perante a Administração.

O princípio da igualdade torna-se assim não numa mera opção de política fiscal quanto à forma das taxas a aplicar, mas um verdadeiro con-

[19] Sobre esta matéria, vide, Loic Philip, Le procedure ed i metodi dell`accertamento tributario alla luce dei principi costituzionali, *in* L`accertamento tributario nella comunità europea. L`esperienza francese, separata Riv. di dir. fin. sc. delle fin. n. 1 – 1994 pág. 114 e segs. em especial pág. 122.

dicionamento legislativo a que o legislador tem de atender na formulação legal que adoptar.

O princípio da igualdade é igualmente relevante ao nível da concessão de isenções, embora aqui haja que entender que as diferenças se estabelecem no mercado e são a maioria das vezes determinadas face a particularidades em concreto que são dificilmente invocáveis pelos não beneficiados pela isenção como uma violação do princípio da igualdade[20].

Uma outra vertente importante do princípio da igualdade é o da repartição dos encargos públicos entendido na base de que quem suporta os encargos inerentes à tributação deverá ser tratado em condições de igualdade na aplicação das regras que impliquem penosidade e tem direito nas mesmas condições aos benefícios distribuídos.

Do afirmado resulta que, desde que do ganho das mais-valias não resultem obrigações desproporcionadas atentatórias da igualdade não haveria limitação constitucional à sua tributação englobada e progressiva.

Mas o critério que põe em causa a tributação integrada das mais-valias e parece recomendar a sua tributação liberatória ou isenção é o conceito de neutralidade do capital.

O conceito de neutralidade é um conceito económico e é concebido como uma das expressões da mobilidade do factor de produção capital que é dos mais escassos e que justifica tantas soluções fiscais internacionais como as CDT os APPT e outras situações fiscais de excepção.

A neutralidade do capital visa garantir a sua livre circulação sem restrições significativas que ponham em causa a sua utilização ou conduzam o operador económico a fazer opções que resultem na impossibilidade da sua obtenção.

Uma tributação integrada das mais-valias pode, por comparação, levar o agente económico a não investir nos activos que possam conduzir

---

[20] Cabe recordar a afirmação de Jorge Miranda de que «...*todos* (ou, em certas épocas ou situações, só alguns) têm os mesmos direitos e deveres -...». Cfr. Jorge Miranda, Direitos Fundamentais – Introdução Geral, Apontamentos das aulas, Lisboa, 1999, pág. 118. Vide também Victor Uckmar, Principi comuni di diritto costituzionale tributario, 2ª edição, CEDAM, 1999, pág. 69 e segs.; para um estudo dogmático das isenções e sua relação com a incidência vide, Sacha Calmon Navarro Coêlho, Teoria Geral do Tributo e da Exoneração Tributária, 3ª edição, Del Rey, Belo Horizonte, 2000.

à sua obtenção, nomeadamente o mercado de capitais, vulgo a Bolsa de valores.

Isto introduz o nosso próximo foco de análise.

2.2. *As mais-valias face às necessidades de financiamento das economias de médio e longo prazo e ao risco*

É possível visualizar uma economia de mercado sem que os privados individuais invistam na Bolsa de valores?

A resposta é, sem dúvida, positiva ou seja, é possível visualizar uma situação em que os privados representativos da pequena e média poupança não estariam no mercado de capitais nomeadamente não comprando nem vendendo acções.

Isso seria bom para as empresas? Temos dúvidas de que assim fosse.

A opção pelo investimento em acções ou outros títulos tem inerente uma noção de risco em que a perda (menos-valia) está presente. Se o mercado de capitais ficar integralmente na mão das entidades bancárias e outros grandes veículos de investimento como os Fundos de Pensões isso será bom para o mercado de capitais e a sua função de captação da poupança? Achamos que não. A redução dos intervenientes no mercado conduz à sua cartelização e a médio prazo ao controlo o mercado perdendo este a sua função reguladora.

A noção de capitalismo popular e o acesso à representação societária nas empresas que se desenvolvem fazendo emissões de acções e obrigações como forma de captação do capital no mercado pode estar em causa se não existir uma relação de prémio entre a detenção de acções e o risco do mercado por um lado e a função de financiamento e poupança de risco por outro.

É que, na subscrição de capital de uma sociedade que faz subscrição pública via mercado de capitais haverá sempre que admitir que esta tem função de captação de recursos do mercado que, a ser tratada como qualquer outro capital como, por exemplo a poupança remunerada, vulgo os depósitos a prazo, não compensa comparativamente pelo risco de menos valia associado.

Teria assim de ser encontrado um estímulo para o risco associado às subscrições originárias de mercado que têm como função captar recursos financeiros para os colocar no sector produtivo.

O prémio à abstenção do consumo e ao risco de investir em acções não resulta claro, em termos absolutos e comparativos de um regime uniforme de tributação das mais-valias equiparável à tributação da poupança remunerada onde o risco é praticamente inexistente.

Haveria assim que distinguir entre subscrição originária e derivada privilegiando as emissões de capital das empresas cotadas em Bolsa e distinguindo-as das outras compras e vendas posteriores que já vêem as acções como uma mercadoria em mercado com função económica derivada (aparentemente mais apta a especulações e manipulações) porque sem função económica directa de captar recursos para as empresas embora se deva assinalar que o mercado derivado é o garante de liquidez do activo que se detém e, nesse sentido, desempenha papel importante para a credibilidade do mesmo.

Uma política que visasse privilegiar a subscrição e detenção a médio e longo prazo de acções emitidas para financiar investimentos produtivos parece aconselhar tratamento fiscal mais favorável que as outras formas de aplicação de recursos remuneradas que não têm risco significativo associado.

O estabelecimento de taxas minoradas ou isenções ligadas à detenção por um período de tempo pelas pessoas singulares parecem-nos soluções equitativas e eficazes na perspectiva do mercado de capitais e dos interesses da tributação e justificam a solução tomada pelo legislador de 1989 que teve a intenção clara de permitir a capitalização do mercado bolsista e de encontrar alternativas à poupança remunerada e ao financiamento bancário das empresas.

2.3. *As mais-valias realizadas e o reinvestimento das mesmas*

O carácter escasso do capital define as traves fundamentais da tributação das mais-valias do ponto de vista da técnica tributária: a) só são tributáveis as mais-valias realizadas[21]; b) o valor reinvestido tem, em regra, tratamento favorável.

---

[21] As excepções que representam os artigos 83.º e 84.º do CIRC na sua redacção actual de 2010 foram objecto de artigo por mim escrito e publicado na revista *on line* da

Quanto às mais-valias realizadas o princípio afigura-se de elementar justiça e pragmatismo. Se as mais-valias latentes dessem origem a tributação onde iriam as empresas e outros agentes económicos ir buscar a liquidez necessária para o seu pagamento e como reembolsariam as menos-valias latentes ou realizadas?

A tributação do ganho realizado justifica-se, em consequência, numa razão de bom senso e boa economia.

O tratamento favorável do reinvestimento justifica-se por uma razão de pragmatismo fiscal. O reinvestimento da mais-valia mantém a disponibilidade financeira afastada do consumo e, em regra, contribui para uma maior mais-valia tributável no futuro. O capital mantém-se produtivo ou alocado ao sector produtivo mas a aumentar a tributação potencial da mais-valia realizada e não reinvestida.

3. A aplicabilidade da norma

Uma norma contém em si, um comando para o futuro: Desde agora deve....

Pretender que uma norma pode dar efeito jurídico diferente do em vigor ao tempo da verificação dos factos é aceitar que a norma pode ser retroactiva.

O **princípio da irretroactividade da lei fiscal**[22] pode ser compreendido através da regra de que a lei fiscal não se aplica para o passado,

---

SEAST da Universidade de Bolonha e estão sob escrutínio pelo Tribunal de Justiça no processo C-38/10.

[22] Sobre esta matéria vide: Klaus Tipke, La retroattività nel diritto tributario, *in* Trattato di diritto tributario diretto da Andrea Amatucci, vol. I, tomo I, Cedam, 1994, pág. 436 e segs.; Vasco Branco Guimarães, Retroactividade da lei fiscal – admissibilidade e limites, AAFDL, Lisboa, 1993; Jorge Bacelar Gouveia, Irretroactividade da norma fiscal na Constituição portuguesa, CTF n.º 387, pág. 49 e segs. (esta obra tem uma boa recensão da doutrina portuguesa sobre a matéria); idem, A proibição da retroactividade da norma fiscal na Constituição portuguesa, *in* Problemas fundamentais do direito tributário, Vislis Editores, 1999, pág. 33 e segs., obra esta que reflecte uma maior profundidade e amadurecimento do autor quanto ao tema da retroactividade; José Luis Saldanha Sanches, A segurança jurídica no Estado social de direito

mas tão só para o futuro. A lei nova não se aplica, em princípio, aos factos pretéritos e efeitos já decorridos de uma lei em vigor.

Este respeito pelos efeitos e factos relevados pela lei em vigor não deve ser confundido com a aplicação imediata, para o futuro, de uma lei, concepção teorizada por Paul Roubier nos anos vinte[23].

A questão da irretroactividade da lei tem sido controversa ao longo dos tempos, no essencial, por duas ordens de razões.

A primeira é a da definição daquilo que se entende por retroactividade ou aplicação retroactiva da lei. A segunda é a definição da fonte da proibição da aplicação retroactiva da lei fiscal, saber se esta representa uma limitação ao poder legislativo.

São poucos os exemplos de constituições que consagram expressamente o princípio da irretroactividade da lei de forma genérica. A maioria dos sistemas limitam-se a consagrar a irretroactividade da lei penal e das que afectam direitos fundamentais.

A ausência de proibição expressa da possibilidade de lei fiscal retroactiva permitiu no passado a consagração de leis com conteúdo retroactivo, tendo os órgãos judiciais competentes para a apreciação da eventual inconstitucionalidade declarado esta como não existente[24] com base no argumento formal de que a Constituição não proibia expressamente a irretroactividade da lei fiscal e que esta era admissível, desde que moderada.

Já tivemos oportunidade de nos manifestar contra esta tese[25] e defender a existência de consagração implícita do principio da irretroactividade da lei fiscal no então n. .º 3 do artigo 106.º da Constituição [26] actual n.º 3 do artigo 103.º. A este preceito foi aditada, na revisão constitucional de 1997, a expressão «*que tenham natureza retroactiva*», consagrando assim a impossibilidade da existência de impostos retroactivos.

– conceitos indeterminados, analogia e retroactividade no direito tributário, CCTF (140), CEF, Lisboa, 1985.

[23] Cfr. Paul Roubier, Les conflits de lois dans le temps (theorie dite de la non retroactivité des lois), Paris, 1929.

[24] Cfr. pareceres n.º 25/81 e n.º 14/82 da Comissão constitucional e Acordãos 11/83, 66/84, 141/85, 409/89, 216/90 e 410/95 do Tribunal constitucional.

[25] Cfr. Vasco Branco Guimarães, retroactividade da lei fiscal – admissibilidade e limites, AAFDL, Lisboa, 1993.

[26] Cfr. ibidem, pág. 85.

Perante a inexistência de regra expressa que consagrasse o princípio da irretroactividade os autores dividiam-se entre aqueles que iam buscar a legitimidade do princípio da irretroactividade ao princípio da legalidade[27] ou ao princípio da igualdade[28], havendo outros que se fundamentam em princípios compósitos como o de Estado de direito[29] ou em vários dos princípios citados[30].

Original para a doutrina europeia parece ser a posição que faz derivar o princípio da *irretroactividade* da *capacidade contributiva* como fazem alguns autores brasileiros[31].

Na ausência de preceito expresso que proíba a retroactividade a noção do que possa ser *retroactividade moderada que não viole os direitos fundamentais dos contribuintes* é trabalho casuístico que só pode ser feito pelos tribunais devendo estes decidir, caso a caso, a admissibilidade, ou não, do preceito com teor retroactivo[32].

O problema é particularmente difícil quando a própria lei se atribui carácter retroactivo, sendo difícil (numa leitura positivista) a invocação

---

[27] Cfr. Oliveira Salazar, Da retroactividade das leis em matéria tributária, in BFDUC, 1926, pág. 55; Fernando Pessoa Jorge, Curso de direito fiscal, Lisboa, 1964; Alberto Xavier, Manual de direito fiscal, I, 1974; Carlos Pamplona Corte-Real, Curso de direito fiscal, I, Lisboa, 1981; Domingos Pereira de Sousa, As garantias dos contribuintes, Lisboa, 1991; Nuno Sá Gomes, Manual de direito fiscal, II, 1996;

[28] Cfr. Manuel Cortes Rosa, Aplicação temporal das normas fiscais, CTF n.ºs 25 e 26, 1961.

[29] Cfr. José Luis Saldanha Sanches, A segurança jurídica no Estado social de direito – conceitos indeterminados, analogia e retroactividade no direito tributário, Lisboa, 1985; Manuel Pires, Direito Fiscal – apontamentos, Lisboa 1979 /1980; J.J. Gomes Canotilho e Vital Moreira, Constituição da República Portuguesa anotada, Coimbra, 1993.

[30] Cfr. José Manuel Cardoso da Costa, Curso de direito fiscal, 2ª edição, Coimbra, 1972.

[31] Cfr. Américo Lourenço Masset Lacombe, Princípios constitucionais tributários, Malheiros Editores, São Paulo, 1996, pág. 29.

[32] Neste sentido a Jurisprudência do Tribunal Constitucional até à revisão de 1997; Cfr. Pareceres da Comissão Constitucional 25/81, 14/82, Acórdão 444, Acórdãos n.ºs 11/83, 66/84, 141/85, 409/89, 216/90, 410/95, 275/98, tendo este último a particularidade de ser feito reportado a um facto anterior à alteração constitucional, mas ter sido emitido já depois da entrada em vigor da mesma.

da legalidade ou da igualdade como justificações para a não retroactividade de uma lei, que a si mesma atribui carácter e efeito retroactivo.

A consagração constitucional do princípio da irretroactividade da lei fiscal na Constituição portuguesa veio pacificar em muito esta questão e acrescentar segurança ao ordenamento jurídico português.

Não queríamos deixar de notar que a criação e aplicação retroactiva de normas fiscais revela sempre e em todo o caso (na falta de circunstância grave ou anómala) um menos eficaz planeamento de quem tem a obrigação de gerir a «coisa pública».

E porque a história dos impostos está pejada de situações em que os direitos dos contribuintes foram desrespeitados, com o consequente rol de revoluções e convulsões sociais, é agradável constatar que o legislador fiscal português atingiu e deu a maioridade ao povo português nesta matéria.

Nesta matéria, o legislador de 1989 foi particularmente cuidadoso ao consagrar uma regra de transição de aplicação das mais-valias que salvaguardava no artigo 5.º do Decreto-lei 442-A/88, de 30 de Dezembro, a aplicação às situações pendentes e às futuras com respeito pelo contribuinte e pela lógica do sistema.

O raciocínio do resultado do balanço como facto tributário só se aplica ao IRC e não aos rendimentos das pessoas singulares onde o prazo de detenção de uma acção para efeitos de aplicação da isenção se conta na base da regra FIFO e de acordo com a data de realização da mais-valia.

Esperemos que a Constituição possa ser cumprida sem necessidade de intervenção do Tribunal Constitucional.

4. Reflexões necessárias.

Do já escrito parecem resultar como reflexões necessárias as seguintes:

A) As mais-valias são formas complexas de manifestação de rendimento que deverá ser integrado no conceito de rendimento acréscimo e lucro tributável das empresas.
B) A noção de risco inerente à detenção de activos sujeitos a mais e menos-valias aconselha um tratamento específico das subscrições originárias de aumento de capital das empresas e da mino-

ração ou ausência de tributação nos casos de detenção prolongada por pessoas singulares.

C) Só devem ser tributadas as mais-valias realizadas.

D) O reinvestimento das mais-valias realizadas deve ter tratamento favorável por ser favorável à manutenção do capital no sector produtivo.

Sérgio Gonçalves do Cabo

Nota sobre a prescrição de obrigações tributárias

Sérgio Gonçalves do Cabo

Mestre em Direito. Advogado.

RESUMO

As alterações ao regime da prescrição das obrigações tributárias introduzidas pela Lei do Orçamento do Estado para 2007, motivadas pelos atrasos nas execuções fiscais e pela pendência processual, permitem que se fale de um *novo regime da interrupção e suspensão da prescrição dos créditos tributários*, mais próximo do regime civil, na medida em que a diligência na cobrança dos créditos fiscais – expressa na revogação do n.º 2 do artigo 49.º da LGT – passa a constituir um valor tão ou mais importante que a certeza e estabilidade das relações jurídico-tributárias. Contudo, apesar dessa aproximação, continuam a existir especialidades na prescrição tributária, na medida em que o controlo da legalidade dos actos tributários justifica a *interrupção da prescrição por actos imputáveis ao devedor*.

A unicidade do facto interruptivo combinada com a diligência da Administração fiscal na cobrança dos seus créditos, permite antecipar uma significativa redução dos casos de prescrição dos créditos tributários mas, em contrapartida, desloca o problema para a *responsabilidade pela cobrança indevida de prestações tributárias*, sobretudo naqueles casos em que, evitando-se a prescrição, poderá não se conseguir evitar a restituição das quantias cobradas indevidamente, acrescidas de juros indemnizatórios a favor do contribuinte, em caso de procedência total ou parcial de reclamação, impugnação judicial ou recurso.

Palavras-chave:
Prescrição, Obrigações tributárias, Novo regime

ABSTRACT

The amendments to the prescription of tax obligations introduced by the law of the State budget for 2007, motivated by the delays in tax executions and pending litigation, allows us to talk about a *new regime for the interruption and suspension of prescriptive periods of tax credits*, closest to the civilian rule, insofar as the diligence in collecting tax credits – expressed in the repeal of paragraph 2 of article 49 of the General Tax Law – becomes a value as or more important than certainty and legal stability of tax relations. However, despite such approximation, there still exists a sound specialty in the prescription of tax obligations, insofar as judicial control of the validity of tax acts still justifies the *interruption of the prescription period by acts attributable to the tax debtor*.

The circumstance that the new regime only allows for a single interruption of the prescription period, combined with more diligence in tax collection, allows us to anticipate a significant reduction of cases of loss of tax credits by prescription, but also shifts the problem from prescription to *responsibility for improper tax collection*, especially in those cases where, avoidance of prescription may not avoid the refund of amounts collected improperly, plus interest, in the event of total or partial success of a tax complaint or judicial appeal.

Keywords:
Prescription period, Tax obligations, New regime

1. Introdução

Apesar de se situar na confluência do direito civil com o direito tributário, a questão da prescrição das obrigações tributárias foi considerada estranha ao direito privado por se entender que os créditos tributários, sendo irrenunciáveis, não se poderiam extinguir por prescrição (artigo 298.º, n.º 1 do Código Civil).[1] Por isso, a questão da prescrição das dívidas fiscais foi sempre regulada pelo direito tributário, desde o Código das Execuções Fiscais de 1913 até à Lei Geral Tributária (LGT) de 1998 e ao Código do Procedimento e de Processo Tributário (CPPT) de 1999. Como nota Soares Martinez, enquanto no direito privado o instituto da prescrição encontra o seu fundamento «na negligência, no desinteresse, do *credor*, que seriam interpretados como *renúncia* tácita ao seu *direito*», no direito fiscal o instituto da prescrição encontra o seu fundamento «na certeza e estabilidade das relações sociais, que não se compadecem com a cobrança de impostos cujos *pressupostos*, ou cujo *vencimento*, se situem em épocas muito remotas».[2]

Contudo, isso não significa que as normas fiscais regulem todos os aspectos da prescrição, sendo frequente a aplicação das normas de direito civil quando a solução para o caso concreto não resulta de forma directa ou imediata do direito fiscal.[3] Ainda recentemente e face à redacção actual do artigo 49.º, n.º 3 da LGT,[4] o Supremo Tribunal Administrativo (STA) considerou aplicáveis à interrupção da prescrição tributária as normas dos artigos 326.º, n.º 1 e 327.º, n.º 1 do Código Civil.[5]

---

[1] Cf. Soares Martinez, *Direito Fiscal*, 7.ª edição, Almedina, 1993, p. 274 e Benjamim Silva Rodrigues, *A Prescrição no Direito Tributário*, in AAVV, Problemas Fundamentais do Direito Tributário, Vislis Editores, 1999, pp. 264-265.

[2] Cf. Soares Martinez, *Direito Fiscal*, cit., p. 274. No mesmo sentido se pronuncia Benjamim Silva Rodrigues, *A Prescrição no Direito Tributário*, cit., pp. 264-265.

[3] Com exclusão, naturalmente, das normas de direito civil que pressuponham o exercício de poderes de disposição por parte do credor ou a natureza renunciável do crédito (cf. Benjamim Silva Rodrigues, *A Prescrição no Direito Tributário*, cit., p. 264-265).

[4] Introduzida pelo artigo 89.º da Lei do Orçamento do Estado para 2007 (Lei n.º 53-A/2006, de 29de Dezembro).

[5] Acórdão de 12 de Agosto de 2009, proc.º n.º 0748/09, disponível em http://www.dgsi.pt/.

Nesta conformidade, para se encontrar o regime de prescrição fiscal, torna-se necessário trabalhar com as fontes de direito tributário e com as fontes de direito civil, sempre que o primeiro não contenha a solução integral para os problemas suscitados e as normas do segundo não pressuponham o exercício de poderes de disposição por parte do credor, incompatíveis com a indisponibilidade dos créditos tributários.[6]

Esta conjugação de disciplinas normativas é particularmente relevante na sequência da alteração ao regime da prescrição das dívidas tributárias introduzida pela Lei do Orçamento do Estado para 2007, uma vez que foi revogada a principal especialidade da prescrição tributária face à prescrição civil, a saber: a norma no n.º 2 do artigo 49.º da LGT, que disciplinava a conversão da interrupção da prescrição em suspensão da prescrição sempre que o *processo* estivesse parado por período superior a um ano por facto não imputável ao sujeito passivo.[7]

2. Especialidades da prescrição tributária

A distinção entre suspensão e interrupção da prescrição é clara no direito civil. O prazo da prescrição começa a correr quando o direito puder ser exercido (artigo 306.º, n.º 1 do Código Civil) e suspende-se nos casos previstos na lei (artigos 300.º e 318.º a 322.º do Código Civil). Esgotado o período de suspensão, o prazo retoma a sua contagem normal, independentemente de se poderem verificar – ou não – novos factos suspensivos ou interruptivos.

Porém, havendo interrupção da prescrição (v. g., pela citação ou notificação judicial de qualquer acto que exprima, directa ou indirectamente, a intenção de exercer o direito, seja qual for o processo a que o acto pertence e ainda que o tribunal seja incompetente) *o tempo decorrido anteriormente é inutilizado*, começando a correr novo prazo a partir do acto interruptivo (artigos 323.º e 326.º do Código Civil). Se a inter-

---

[6] Cf. Jorge Lopes de Sousa, *Sobre a Prescrição da Obrigação Tributária – Notas Práticas*, Áreas Editora, 2008, p. 18, considerando que «as obrigações tributárias são uma modalidade de obrigações, pelo que às prestações tributárias devem aplicar-se supletivamente as regras gerais das obrigações, previstas no CC».

[7] Cf. artigo 90.º da Lei do Orçamento do Estado para 2007.

rupção resultar de citação, notificação ou acto equiparado, ou de compromisso arbitral, o novo prazo de prescrição não começa a correr enquanto não transitar em julgado decisão que ponha termo ao processo e, quando ocorra desistência ou a absolvição da instância, o novo prazo prescricional começa a correr logo após o acto interruptivo (artigo 327.º do Código Civil).

Significa isto que, no direito civil, a interrupção da prescrição tem como consequência a inutilização do tempo decorrido anteriormente, começando a correr novo prazo a partir do acto interruptivo, que exprime a intenção de exercer o direito por parte do credor, o compromisso arbitral ou o reconhecimento do direito (artigos 323.º, 324.º e 3256.º do Código Civil).

Esta regra vigorava igualmente no direito fiscal, mas com uma especialidade: se o *processo* estivesse parado durante mais de um ano por facto não imputável ao contribuinte (ou seja, por inércia da Administração tributária), cessava o efeito interruptivo da prescrição, somando-se o tempo que tivesse decorrido *após a cessação do efeito interruptivo* ao que tivesse decorrido até à data da *autuação do processo*.

A compreensão desta *especialidade fiscal* exige várias explicações:

- Em primeiro lugar, a explicação de que no direito fiscal o facto interruptivo dá sempre origem a um *processo*, quer quando corresponde ao exercício coactivo do direito de crédito por parte da Administração Fiscal (processo de execução fiscal), quer quando se traduz na utilização de mecanismos impugnatórios por parte do contribuinte (processo de reclamação, processo de recurso hierárquico, processo de impugnação judicial);
- Em segundo lugar, o facto interruptivo no direito fiscal tanto pode consistir num acto que exprima a intenção de exercer o direito por parte do credor (a execução fiscal), como pode consistir num facto que exprima o exercício das garantias (graciosas e contenciosas) do contribuinte;
- Em terceiro lugar, a inutilização do tempo decorrido anteriormente (típica da interrupção da prescrição) começando a correr novo prazo a partir do acto interruptivo só ocorre *se o processo não estiver parado*, pois se o processo estiver parado durante mais de um ano por facto não imputável ao contribuinte, então

volta a correr o prazo antigo – é como se a interrupção tivesse a natureza de uma mera suspensão do prazo;[8]

- Em quarto lugar, a degradação do facto interruptivo em facto suspensivo visa penalizar a inércia da administração, quer na realização coactiva do seu próprio direito nos casos de paragem por mais de um ano do processo de execução fiscal por facto não imputável ao contribuinte, quer na realização da justiça fiscal, apurando, em sede de reclamação, recurso hierárquico ou impugnação judicial, os direitos do contribuinte;
- Em quinto lugar, a administração fiscal só é penalizada sempre que a paragem do processo lhe seja imputável. Se for imputável ao contribuinte, por exemplo, porque este ofereceu garantia que suspendeu a execução (artigo 169.º do CPPT), a paragem do processo não lhe é imputável (daí que a suspensão da execução devido ao pagamento em prestações ou à constituição de garantia determine, igualmente, a suspensão da prescrição);
- Em sexto lugar, a regra da degradação do facto interruptivo em facto suspensivo torna irrelevante a distinção entre interrupção e suspensão da prescrição. Sempre que esta regra se aplica, não começa a correr novo prazo a partir do acto interruptivo, mas *cessa o efeito interruptivo e volta a correr o prazo prescricional.* Naturalmente que o tempo da suspensão não se aproveita para a contagem da prescrição, uma vez que nesse período o prazo não correu (esteve suspenso).

As dificuldades de aplicação deste sistema da degradação do facto interruptivo em facto suspensivo conduziram o legislador à sua eliminação, de tal forma que, a partir de Lei n.º 53-A/2006, a interrupção inutiliza para a prescrição todo o tempo decorrido anteriormente, começando a correr novo prazo a partir do acto interruptivo, o qual se suspende, no entanto, enquanto não houver decisão definitiva ou transitada em julgado, que ponha termo ao *processo*, nos casos de reclamação, impugnação, recurso ou oposição, quando determinem a suspensão da cobrança

[8] Cf. acórdão do STA de 17 de Janeiro de 2007, proc.º 01129/06.

da dívida exequenda (artigo 49.º, n.º 4 da LGT, na redacção da Lei n.º 53-A/2006).[9]

A solução agora em vigor é muito mais simples e coerente com as soluções constantes do direito civil (artigos 326.º e 327.º do Código Civil) e aplica-se a todos os prazos de prescrição em curso, objecto de interrupção, desde que ainda não tenha decorrido o período superior a um ano de paragem do processo por facto não imputável ao sujeito passivo (artigo 91.º da Lei n.º 53-A/2006). Ou seja, se o ano de paragem já se tiver consumado em 2006, o facto interruptivo continua a valer como facto suspensivo devido ao sistema da degradação do facto interruptivo vigente até 31 de Dezembro de 2006. Se o ano de paragem já se consumar em 2007, o facto interruptivo continua a valer como tal, sendo irrelevantes eventuais paragens do processo, uma vez que começou a correr novo prazo a partir do acto interruptivo, o qual se suspende enquanto não houver decisão definitiva ou transitada em julgado, que ponha termo ao *processo*, quando a reclamação, impugnação, recurso ou oposição determinem a suspensão da cobrança da dívida.[10]

Além disso, a coerência agora atingida com a eliminação do sistema de degradação do facto interruptivo em facto suspensivo, permite estabelecer a regra de que a interrupção tem lugar uma única vez, com o facto que se verificar em primeiro lugar (artigo 49.º, n.º 3 da LGT, na redacção da Lei n.º 53-A/2006) e que enquanto não houver decisão definitiva ou transitada em julgado, que ponha termo ao *processo*, o novo prazo de prescrição não corre, encontrando-se suspenso, desde que tenha sido prestada garantia pois, nos termos dos artigo 169.º do CPPT, a reclamação, impugnação, recurso ou oposição só suspendem a cobrança coerciva se tiver sido prestada ou constituída garantia ou se a penhora garantir a totalidade da quantia exequenda e do acrescido.

Na hipótese inversa, isto é, se não tiver sido prestada ou constituída garantia ou se a penhora não garantir a totalidade da quantia exequenda e acrescido, o novo prazo de prescrição continua a correr e a Administração poderá proceder à venda dos bens penhorados, reverter a execução

[9] Cf. acórdão do STA de 12 de Agosto de 2009, proc.º 0748/09.

[10] Cf. Jorge Lopes de Sousa, *Sobre a Prescrição da Obrigação Tributária – Notas Práticas*, cit., p. 62.

contra os responsáveis solidários ou subsidiários, e requerer a declaração da falência junto do tribunal competente (artigo 182.º do CPPT).

3. Avaliação do novo sistema da prescrição tributária

A aproximação do regime da prescrição fiscal ao regime da prescrição civil resultante das alterações à LGT introduzidas pelos artigos 89.º e 90.º da Lei n.º 53-A/2006, se, por um lado, torna mais simples o sistema, por outro, parece ter privilegiado as razões ligadas ao não exercício do direito ou à chamada negligência do credor, em prejuízo das razões de certeza e segurança jurídica que tradicionalmente conformam o regime da prescrição fiscal.

Com efeito, a inércia da Administração na cobrança do seu crédito (execução fiscal) ou a pendência processual (nos casos da utilização de meios graciosos ou contenciosos de revisão ou anulação da liquidação) deixaram de poder afectar o decurso da prescrição, muito embora o respectivo prazo continue a ser muito inferior aos que já vigoraram no nosso ordenamento jurídico-tributário (20 anos e 10 anos) e ao prazo de prescrição ordinária do direito civil (20 anos). Dir-se-á, por isso, que as razões de certeza e segurança jurídica que tradicionalmente conformam a prescrição fiscal se encontram agora mais no prazo de prescrição dos créditos fiscais (8 anos para os créditos por impostos e taxas e 5 anos no caso das contribuições para a segurança social) do que no regime de interrupção ou suspensão da prescrição propriamente dito, o qual procura evitar as consequências nefastas para o erário público decorrentes da negligência do credor na cobrança da prestação tributária ou da pendência processual.

Não obstante, a eliminação do regime de conversão da interrupção da prescrição em suspensão da prescrição – constante do n.º 2 do artigo 49.º da LGT – teve como contrapartida a previsão de que a «interrupção tem lugar uma única vez, com o facto que se verificar em primeiro lugar» (artigo 49.º, n.º 3 da LGT, na redacção da Lei n.º 53-A/2006), o que corresponde à eliminação, pela via legislativa, da jurisprudência que admitia a pluralidade de factos interruptivos da prescrição, a qual, embora suportada na letra da lei, comprometia as razões de certeza e segurança jurídica normalmente subjacentes ao regime da prescrição fiscal, que se poderia prolongar indefinidamente, bastando que não houvesse sobreposição de factos interruptivos ou que o processo não estivesse parado por mais de um ano por facto imputável ao contribuinte.

Quer isto dizer que em virtude da nova redacção do artigo 49.º da LGT, a interrupção da prescrição só pode ocorrer uma vez e que o facto interruptivo provoca a inutilização para a prescrição do tempo decorrido anteriormente, começando a correr novo prazo de prescrição a partir do acto interruptivo. Contudo, salvo no caso de citação para a execução fiscal, a generalidade dos actos interruptivos não corresponde à intenção de exercício do direito por parte do credor, mas sim à reclamação, recurso hierárquico, impugnação judicial e pedido de revisão oficiosa da liquidação; todos actos imputáveis ao contribuinte.

Ou seja, ao contrário do que sucede no direito civil, a interrupção da prescrição não decorre de actos que exprimam, directa ou indirectamente, a intenção de exercer o direito por parte do credor, do compromisso arbitral ou do reconhecimento do direito, mas sim do exercício, por parte do contribuinte, dos mecanismos de revisão ou anulação judicial do acto tributário ao seu dispor. Ou seja, *no direito fiscal, regra geral, é o devedor e não o credor que provoca a interrupção da prescrição.*

Dir-se-á, à primeira vista, que bastaria a citação para interromper a prescrição, uma vez que a partir do momento em que o contribuinte seja citado para a execução fiscal fica interrompida a prescrição, sendo irrelevante a questão de saber se exerceu – ou não – os respectivos direitos impugnatórios. Nesta óptica, não deveria ser a iniciativa do contribuinte a interromper a prescrição, uma vez que só a diligência da Administração fiscal na cobrança dos seus créditos justificaria a interrupção da prescrição.

Contudo, se a prescrição no direito fiscal se funda em razões de estabilidade, certeza ou segurança das situações jurídicas, faria pouco sentido não admitir a sua interrupção a partir do momento em que o contribuinte põe em crise os pressupostos subjacentes ao acto tributário. De facto, na prescrição em direito fiscal não se joga apenas a diligência da Administração na cobrança do seu crédito, estão igualmente presentes elementos de *controlo da legalidade* que justificam a interrupção da prescrição por actos imputáveis ao devedor.

Esta solução é devidamente temperada pelo mecanismo da suspensão da prescrição sempre que seja instaurada execução (elemento de diligência da Administração fiscal) uma vez que a reclamação, impugnação, recurso ou oposição, só determinam a suspensão da cobrança da dívida se for prestada garantia (artigo 49.º, n.º 4 da LGT, na redacção da Lei n.º 53-A/2006).

Significa isto que o novo regime da interrupção e suspensão da prescrição dos créditos tributários (que se aplica igualmente às dividas de taxas e de contribuições para a segurança social), apesar de se aproximar do regime civil em virtude da eliminação do n.º 2 do artigo 49.º da LGT, continua a afastar-se dele na medida em que as especialidades do controlo da legalidade dos actos tributários justificam a interrupção da prescrição por actos imputáveis ao devedor.

Por outro lado, se é verdade que foram preocupações com a negligência do credor na cobrança da prestação tributária ou com a pendência processual, que justificaram a revogação do n.º 2 do artigo 49.º da LGT, não é menos verdade que a unicidade do facto interruptivo combinada com a diligência da Administração fiscal na cobrança do seu crédito dificilmente conduzirá à sua prescrição, uma vez que, se não for prestada garantia, a execução fiscal pode chegar à fase da venda dos bens penhorados, à reversão da execução contra os responsáveis solidários ou subsidiários (com a particularidade de a interrupção da prescrição não produzir efeitos quanto ao responsável subsidiário se a sua citação para o processo de execução fiscal não tiver lugar no prazo de cinco anos após a liquidação[11]), ou mesmo ao requerimento da declaração da falência junto do tribunal competente (artigo 182.º do CPPT).

4. A aplicação no tempo das normas relativa à prescrição das obrigações tributárias

Seja como for, a verdade é que a sucessão de normas em matéria de interrupção e suspensão da prescrição dos créditos tributários tem suscitado delicados problemas de aplicação da lei no tempo,[12] os quais foram

[11] Artigo 48.º, n.º 3 da LGT.

[12] O artigo 48.º, n.º 1 da LGT foi modificado pela Lei n.º 55-B/2004 de 30 de Dezembro e o artigo 49.º da LGT foi modificado por duas vezes. A primeira pela Lei

sintetizados nos seguintes termos em acórdão recente tirado por unanimidade na 2.ª secção do Supremo Tribunal Administrativo[13]:

> «(...)
> quando se trata de saber qual a lei aplicável ao prazo de prescrição em curso à data da entrada em vigor da LGT, há que convocar, não a regra geral sobre a aplicação da lei no tempo prevista no artigo 12.º do C. Civil, mas a regra plasmada no artigo 297.º do mesmo Código.
> «Já a sucessão no tempo das demais normas tributárias, designadamente daquelas que disciplinam os restantes aspectos do instituto da prescrição das obrigações tributárias, tem de ser resolvida pela aplicação da regra contida no artigo 12.º da LGT e, subsidiariamente, pela regra geral de direito firmado no nosso sistema jurídico e constante do artigo 12.º do Código Civil, das quais resulta que a lei nova apresenta, em regra, eficácia prospectiva.
> «(...)
> Por força daquela regra da aplicação prospectiva da nova lei, as normas tributárias contidas na LGT não se aplicam a factos e efeitos consumados no domínio da lei anterior; mas se essas normas definirem o conteúdo (ou efeitos) de relações jurídico-tributárias duradouras, sem referência ao facto que lhes deu origem, elas vão aplicar-se não só às relações e situações jurídicas que se constituírem após a sua entrada em vigor, como, também, a todas aquelas que, constituídas antes, protelem a sua vida para além do momento da entrada em vigor da nova regra.
> «As normas da LGT que instituíram causas suspensivas e interruptivas do prazo de prescrição sem correspondência com as previstas na lei antiga (n.º 1 e 3 do art.º 49.º), não dispõem sobre as condições de validade formal ou substancial do facto tributário ou da respectiva obrigação, dispondo apenas sobre o conteúdo de situações jurídicas que, com base naqueles factos, se constituíram. Isto é, essas normas conexionam-se com o direito, sem referência aos factos geradores da obrigação e da respectiva prescrição, pelo que nada obsta à aplicação dessas normas da LGT às situações tributárias que subsistam à data da sua entrada em vigor.

100/99, de 26 de Julho, que alterou os n.ºs 1 e 3; a segunda pela Lei n.º 53-A/2006, de 29 de Dezembro, que revogou o n.º 2, alterou o n.º 3 e aditou o n.º 4.

[13] Acórdão, de 13 de Janeiro de 2010, proc.º n.º 01148/09.

«Assim sendo, a LGT é competente para determinar e reger os eventos interruptivos e suspensivos que ocorram na sua vigência, ainda que atinentes a prazos prescricionais iniciados na vigência do CPT, sem que isso represente um efeito retroactivo da lei nova ou uma ofensa aos princípios da legalidade e da separação de poderes.

«Ocorrendo sucessivas causas de interrupção da prescrição antes da entrada em vigor da actual redacção do n.º 3 do artigo 49.º da LGT (introduzida pelo art.º 89.º da Lei 53-A/2006, de 29/12), devem todas elas ser consideradas, desde que ocorram após a cessação do efeito interruptivo das anteriores».

Neste acórdão distinguem-se dois problemas muito diferentes que frequentemente andam confundidos:

- O problema *aplicação no tempo da lei nova* quando esta regula o prazo de prescrição, aumentando ou encurtando a sua duração;
- O problema da *aplicação no tempo da lei nova* quando esta dispõe sobre as causas interruptivas e suspensivas da prescrição.

5. O problema aplicação no tempo da lei nova quando esta regula o prazo de prescrição, aumentando ou encurtando a sua duração

Começando pela primeira questão ela não é nova no nosso direito fiscal. Colocou-se aquando da entrada em vigor do CPT, que reduziu o prazo de prescrição de 20 anos para 10 anos. Nesse âmbito, a jurisprudência uniforme da 2.ª secção do STA pronunciou-se no sentido da aplicação do n.º 1 do artigo 297.º do Código Civil à contagem do prazo de prescrição da obrigação tributária previsto no artigo 34.º do Código de Processo Tributário (CPT), com referência ao artigo 27.º do Código de Processo das Contribuições e Impostos (CPCI).[14]

Assim, a solução legislativa inscrita no artigo 5.º, n.º 1, do Decreto-Lei n.º 398/98, de 17 de Dezembro, que aprova a Lei Geral Tributária

---

[14] Cf., entre muitos outros, o acórdão do STA de 17 de Fevereiro de 1993, proc.º n.º 15674, o acórdão do STA de 25 de Maio de 1994, proc.º n.º 16776 e o acórdão do STA de 29 de Março de 1995, proc.º n.º 18266.

(LGT), correspondia já ao entendimento jurisprudencial no âmbito da sucessão do CPT ao CPCI.[15]

Nos termos do artigo 297.º, n.º 1 do Código Civil, «a lei que estabelecer, para qualquer efeito, um prazo mais curto do que o fixado na lei anterior é também aplicável aos prazos que já estiverem em curso, mas o prazo só se conta a partir da entrada em vigor da nova lei, a não ser que, segundo a lei antiga, falte menos tempo para o prazo se completar».

Naturalmente que a questão que se coloca face a esta norma do Código Civil consiste em saber quando é que, segundo a lei antiga, falta menos tempo para o prazo se completar, sobretudo quando a lei nova, como foi o caso do CPT face ao CPCI e da LGT face ao CPT, estabelece um prazo mais curto.

Mais concretamente, essa contagem deve fazer-se em abstracto ou em concreto: isto é, deve ter-se em conta eventuais factos interruptivos ou suspensivos para averiguar qual o prazo de que vence primeiro, se o da lei antiga, se o da lei nova?

Segundo a jurisprudência essa aferição deve ser feita *em concreto*, ou seja, conta-se o prazo segundo a lei antiga e segundo a lei nova computando eventuais interrupções ou suspensões, de modo a verificar qual deles se completa em primeiro lugar.

Assim entendeu-se no acórdão do STA de 1 de Julho de 2009 (proc.º n.º 0307/09) que o IRC de 1995 prescreve segundo a LGT porque «no momento da entrada em vigor da LGT, todo o período de prescrição estava inutilizado pelo que, à face do CPT faltavam 10 anos para a prescrição se completar e, consequentemente, faltava menos tempo para a prescrição se completar à face da LGT pois é de oito anos o prazo de prescrição (...)». Também no acórdão do STA de 9 de Setembro de 2009 (proc.º n.º 0571/09) se entendeu que o IRS de 1997 e de 1998 prescreve segundo o prazo mais curto estabelecido na LGT, pois por aplicação do CPPT faltaria mais tempo para o prazo se completar. Já no acórdão do STA de 14 de Outubro de 2009 (proc.º n.º 0657/09) se entendeu ser de aplicar o prazo de prescrição previsto no CPT a uma dívida de IVA de 1993; no acórdão do STA de 11 de Novembro de 2009 (proc.º 0629/09) considerou-se que as dívidas de IVA e Juros Compensatórios dos anos de

---

[15] O artigo 5.º, n.º 1, do Decreto-Lei n.º 398/98, de 17 de Dezembro, dispõe que ao novo prazo de prescrição se aplica o disposto no artigo 297.º do Código Civil.

1993 e 1994, e uma dívida de IRS de 1994, prescrevem no prazo de dez anos fixado no CPT; e no acórdão do STA de 2 de Dezembro de 2009 (proc.º n.º 0951/09) o prazo de prescrição de dez anos, estabelecido no artigo 14.º do Decreto-Lei n.º 103/80, de 9 de Maio, no caso de dívidas à segurança social.

Significa isto que não é possível *a priori* e em abstracto, determinar qual o prazo que se vence primeiro, se o da lei antiga se o da lei nova. Para tanto será sempre necessário analisar o caso concreto para ver qual dos prazos se completa primeiro, pois é esse o critério de decisão estabelecido no artigo 297.º, n.º 1 do Código Civil, sempre que a lei nova estabelecer um prazo mais curto que o fixado na lei antiga. Por isso é necessário ter em conta as causas suspensivas e interruptivas do prazo de prescrição ocorridas ao abrigo da lei antiga.[16]

---

[16] Parecem ir neste sentido as observações de Jorge Lopes de Sousa a propósito da aplicação do artigo 297.º do Código Civil à prescrição da obrigação tributária, nomeadamente quando refere que «a determinação do prazo de prescrição a aplicar faz-se no momento da entrada em vigor da nova lei» e que «o que releva para determinação do prazo a aplicar é ***o tempo que falta***, em abstracto, sem ponderar a interferência de causas de suspensão ou interrupção da prescrição *que possam a vir a ocorrer na vigência da lei nova*, só constatáveis *a posteriori*» (sublinhado nosso). Segundo Lopes de Sousa, a expressão *falte* constante da parte final do n.º 1 do artigo 297.º do Código Civil «tem o significado evidente de colocar o intérprete, para determinar qual o prazo a aplicar, num momento anterior à consumação da prescrição, quando ainda não pode saber quais os factos interruptivos e suspensivos que virão a ocorrer» – à luz da lei nova, acrescentamos nós (cf. *Sobre a Prescrição da Obrigação Tributária – Notas Práticas*, Áreas Editora, 2008, p. 86).

Torna-se, por isso, necessário, ver quanto tempo falta para se consumar a prescrição à luz da lei antiga, tendo em conta os factos interruptivos e suspensivos ocorridos no seu âmbito temporal de vigência, os quais podem, ou não, continuar a produzir efeitos no âmbito de vigência da lei nova. Assim se compreende que Lopes de Sousa afirme que a contagem do prazo se faz, considerando o momento da entrada em vigor da lei nova, mas «considerando tudo o que consta da lei antiga (início, causas de suspensão e de interrupção)». Para Lopes de Sousa, ««***segundo a lei antiga***» significa calcular o prazo de prescrição que decorreu até à entrada em vigor da lei nova nos termos que a lei antiga prevê a respectiva contagem» (cf. *Sobre a Prescrição da Obrigação Tributária – Notas Práticas*, Áreas Editora, 2008, p. 87).

No entanto, como as normas sobre factos suspensivos ou interruptivos constantes da lei nova são de aplicação imediata (artigo 12.º, n.º 2 do Código Civil e acórdão do STA, de 13 de Janeiro de 2010, proc.º n.º 01148/09), importará verificar em que medida

Vejamos agora o problema da aplicação no tempo da lei nova quando esta dispõe sobre as causas interruptivas e suspensivas da prescrição.

6. O problema da aplicação no tempo da lei nova quando esta dispõe sobre as causas interruptivas e suspensivas da prescrição

O STA tem seguido o entendimento de que as causas suspensivas e interruptivas do prazo de prescrição são de aplicação imediata, isto é, são independentes dos factos geradores da obrigação tributária e respectiva prescrição, pelo que nada obsta à aplicação das normas da LGT às situações tributárias que subsistam à data da sua entrada em vigor.

Assim, segundo o acórdão do STA de 13 de Maio de 2009 (proc.º n.º 0240/09) os factos ocorridos na vigência da lei antiga têm o efeito que ela mesma lhes atribui, mas os factos ocorridos na vigência da lei nova têm os efeitos que esta lhes atribui. Significa isto que um facto pode ter efeito suspensivo ou interruptivo da prescrição no momento em que ocorreu, mas pode já não ter esse efeito se ocorrer na vigência da lei

---

existem factos suspensivos ou interruptivos cujos efeitos se continuem a produzir no âmbito de aplicação da lei nova e em que medida tais factos ainda produzem esses efeitos face à lei nova.

Assim, segundo o acórdão do STA de 1 de Julho de 2009 (proc.º n.º 0307/09), relatado por Lopes de Sousa, importa ter em conta o momento da entrada em vigor da LGT. Se, nesse momento, o período de paragem do processo por mais de um ano por causa não imputável ao contribuinte já se tiver consumado, passando o facto interruptivo a revestir natureza suspensiva, pode dar-se o caso de a prescrição ocorrer primeiro por aplicação da lei antiga. Não sendo esse o caso no momento da entrada em vigor da LGT, o acórdão considera que «todo o período de prescrição estava inutilizado pelo que, à face do CPT faltavam 10 anos para a prescrição se completar e, consequentemente, faltava menos tempo para a prescrição se completar à face da LGT». Nesta conformidade, o acórdão considerou aplicável a LGT, contando o prazo de oito anos desde a data da sua entrada em vigor. Porém, como em 22 de Janeiro de 1999 se completou um ano de paragem do processo por facto não imputável ao contribuinte e porque «o efeito interruptivo e suspensivo que é reconhecido à impugnação judicial enquanto o processo não parar por mais de um ano é comum ao CPT e a LGT», o acórdão entende que «não se coloca aqui um problema de aplicação das leis no tempo, devendo entender-se que esse efeito suspensivo se manteve até 22-1-1999» e, por isso, «é a partir de 23-1-1999 que se deve contar o prazo de prescrição de oito anos».

nova. Esta jurisprudência é reiterada no acórdão do STA de 12 de Agosto de 2009 (proc.º n.º 0748/09) em cujo sumário se escreve que «havendo sucessão de leis no tempo, a lei nova é competente para determinar os efeitos que sobre o prazo de prescrição têm os factos que ocorrem na sua vigência, por força do disposto no artigo 12.° do Código Civil».

Para além da aplicação imediata das normas da lei nova aos factos suspensivos ou interruptivos verificados no seu âmbito temporal de vigência, o STA, depois de algumas hesitações – em que defendeu que o prazo de prescrição se interrompia uma única vez com a ocorrência do primeiro acto interruptivo e que uma vez cessado o seu efeito não havia que relevar factos posteriores, capazes, em abstracto, de actuar como factor de interrupção da prescrição – após os acórdãos do Pleno da Secção de Contencioso Tributário de 24 de Outubro de 2007 (proc.º n.º 0244/07) e de 28 de Maio de 2008 (proc.º n.º 0840/07), fixou-se no sentido de que, ocorrendo sucessivas causas de interrupção da prescrição, todas devem elas ser consideradas, *desde que ocorram após a cessação do efeito interruptivo das anteriores*.

Assim, caso se sucedam no tempo vários factos interruptivos da prescrição, cada um deles produz o seu efeito interruptivo próprio. Porém, estando interrompido o prazo prescricional pela ocorrência de algum facto a que a lei associa esse efeito, a posterior verificação eclosão de outro é inócua pela impossibilidade de interromper o que já está interrompido. Porém, se, após a cessação do efeito interruptivo, ocorrer nova causa de interrupção da prescrição, não pode deixar de se lhe atribuir esse efeito (cf. acórdão do STA, de 13 de Janeiro de 2010 [proc.º n.º 01148/09]).

Tomando posição nesta matéria, o legislador, ao mesmo tempo que *revogou* a regra segundo a qual a *paragem do processo* a que a lei atribuiu efeito interruptivo, por período superior a um ano, por facto não imputável ao sujeito passivo, faz cessar o efeito interruptivo «somando-se, neste caso, o tempo que decorrer após esse período ao que tiver decorrido até à data da autuação»; veio determinar que *a interrupção tem lugar uma única vez, com o facto que se verificar em primeiro lugar* (redacção do n.º 3 do artigo 49.° da LGT introduzida pelo artigo 89.° da Lei 53-A/2006, de 29 de Dezembro).

No entanto, esta alteração legislativa não se aplica à sucessão de factos interruptivos ocorridos antes da data da sua entrada em vigor (que ocorreu em 1 de Janeiro de 2007).[17]

7. Como se articulam os factos que produzem efeito interruptivo com os factos que produzem efeito suspensivo da contagem prazo prescricional

Como a interrupção da prescrição não se confunde com a sua suspensão, importa saber como se articulam os factos que produzem efeito interruptivo com os factos que produzem efeito suspensivo, uma vez que existem factos que, aparentemente, produzem, ao mesmo tempo, efeito interruptivo e efeito suspensivo (a reclamação e a impugnação), factos que apenas produzem efeito interruptivo (a citação, o recurso hierárquico, e o pedido de revisão oficiosa da liquidação) e factos que apenas produzem efeito suspensivo (o recurso judicial ou a oposição à execução).

Com efeito, nos termos do n.º 1 artigo 49.º da LGT, na redacção que lhe foi dada pela Lei 53-A/2006, *a citação, a reclamação, o recurso hierárquico, a impugnação e o pedido de revisão oficiosa da liquidação do tributo interrompem a prescrição*. Porém, nos termos do n.º 4 do mesmo artigo, havendo processo de execução fiscal em curso, a reclamação, a impugnação, o recurso judicial ou a oposição à execução, também suspendem a prescrição se determinarem a «suspensão da cobrança da dívida». Ou seja, existem factos interruptivos a que a lei também atribui efeito suspensivo da prescrição quando impliquem «a suspensão da cobrança da dívida» (artigo 49.º, n.º 4 da LGT, na redacção dada pela Lei n.º 53-A/2006). Contudo, a suspensão da cobrança da dívida só ocorre quando tenha sido constituída garantia nos termos do artigo 195.º (hipo-

---

[17] Neste sentido cf. acórdão do STA de 12 de Agosto de 2009 (proc.º n.º 0748/09), onde se decidiu que «ocorrendo várias causas de interrupção da prescrição antes da entrada em vigor da nova redacção do n.º 3 do artigo 49.º da LGT, introduzida pelo artigo 89.º da Lei 53-A/2006, de 29/12, devem todas elas ser consideradas» e que «a redacção actual do n.º 3 do artigo 49.º da LGT, estabelecendo expressamente que a interrupção se opera uma única vez, aplica-se apenas aos factos interruptivos verificados após o início da vigência do diploma que introduziu a alteração da norma».

teca legal ou penhor) ou prestada pelo executado nos termos do artigo 199.º (garantia bancária, caução, seguro-caução ou qualquer meio susceptível de assegurar os créditos do exequente) ou a penhora garanta a totalidade da quantia exequenda e do acrescido (artigo 169.º do CPPT).

Assim, a questão que se coloca consiste no seguinte: tendo a reclamação e a impugnação efeito interruptivo e, simultaneamente, efeito suspensivo da prescrição, quando tenha sido prestada ou constituída garantia nos autos do processo de execução, qual dos efeitos deve ser tomado em conta? O interruptivo ou o suspensivo?

Segundo Lopes de Sousa «existindo uma causa de suspensão autónoma em relação ao facto com efeito interruptivo, ela produzirá os seus próprios efeitos independentemente dos produzidos pelo facto interruptivo, pelo que poderá obstar ao decurso do prazo de prescrição em situações em que não é produzido esse efeito pelo facto interruptivo. Se tanto este facto como o facto interruptivo eliminarem a relevância do mesmo período de tempo para a prescrição, será irrelevante a existência de causa de suspensão, pois esse período já não será contado para a prescrição por força do acto interruptivo. Mas, se houver algum período do prazo que não é eliminado pelo facto interruptivo e é pelo facto suspensivo, cumular-se-ão os efeitos dos dois factos».[18]

Não oferece dúvidas a circunstância de o facto interruptivo da prescrição não ter a mesma natureza que o facto suspensivo, constituindo um facto autónomo em relação ao facto com efeito suspensivo. Efectivamente, quando consideradas *de per se*, a reclamação ou impugnação judicial não têm efeito suspensivo da prescrição. Só a circunstância de a reclamação ou a impugnação judicial se conjugarem com a prestação de garantia que determina a suspensão da execução fiscal (artigo 169.º do CPPT) é que lhes atribui natureza suspensiva da contagem do prazo prescricional.

Por conseguinte, *o que causa a suspensão da execução não é a reclamação ou impugnação judicial propriamente ditas, mas sim a reclamação ou impugnação judicial combinadas com a garantia dos créditos fiscais*.

---

[18] Cf. *Sobre a Prescrição da Obrigação Tributária – Notas Práticas*, cit., p. 57.

Neste sentido, o facto suspensivo é um *facto complexo ou combinado*, ao passo que o facto interruptivo é um *facto simples ou singular*, pelo que, só aparentemente se pode concluir que a reclamação ou impugnação têm, simultaneamente, efeito interruptivo e efeito suspensivo da prescrição.

Na verdade, considerada na sua singularidade, a reclamação ou a impugnação limitam-se a interromper a prescrição, sendo o efeito suspensivo consequência de se encontrar realizada garantia no processo de execução fiscal.

Assim e seguindo a doutrina de Lopes de Sousa, «o efeito interruptivo consiste em eliminar o tempo de prazo de prescrição decorrido e iniciar, nesse mesmo momento um novo prazo de prescrição, não tendo, na falta de disposição que assim disponha, efeito suspensivo do mesmo. O art. 49.º, n.º 4, relativamente à reclamação, impugnação ou recurso, terá o alcance útil de estabelecer que, se estiver pendente execução fiscal e ela parar por motivo desse processo impugnatório (...), o novo prazo, iniciado com o facto interruptivo, só decorrerá se e na medida em que o processo de execução fiscal *não estiver parado por esse motivo*» (ênfase aditada).[19]

Assim, estando o processo de execução parado por motivo do processo impugnatório, o novo prazo prescricional iniciado com o facto interruptivo nunca chega a correr se tiver sido constituída garantia no processo de execução fiscal.

Segundo Lopes de Sousa[20] a suspensão do prazo prescricional em virtude da paragem do processo de execução fiscal está sujeita à regra do n.º 2 do artigo 49.º da LGT – cessação do efeito interruptivo quando o processo de impugnação judicial estiver parado por mais de um ano por facto não imputável ao contribuinte. Contudo, esta afirmação deixou de fazer sentido a partir de 1 de Janeiro de 2007, com a revogação da norma constante do n.º 2 do artigo 49.º da LGT, sendo certo que qualquer para-

---

[19] Cf. *Código de Procedimento e de Processo Tributário Anotado e Comentado*, Volume II, 5.ª edição, Áreas Editora, 2007, p. 201.

[20] *Ob. cit.*, loc. cit..

gem só será relevante se se tiver consumado até 31 de Dezembro de 2006 (artigo 91.º da Lei n.º 53-A/2006).[21]

De acordo com a jurisprudência segundo a qual o prazo de prescrição se interrompia uma única vez com a ocorrência do primeiro acto interruptivo e que, uma vez cessado o seu efeito, não havia que relevar factos posteriores, capazes, em abstracto, de actuar como factor de interrupção da prescrição, esses factos podiam valer no entanto, como factos suspensivos da prescrição, quando se encontrasse realizada garantia nos autos de execução fiscal.

Essa construção, segundo a qual um facto que não vale como facto interruptivo pode ser considerado como facto suspensivo, não é, a nosso ver, prejudicada pelos acórdãos do Pleno da Secção de Contencioso Tributário de 24 de Outubro de 2007 (proc.º n.º 0244/07) e de 28 de Maio de 2008 (proc.º n.º 0840/07), segundo os quais, ocorrendo sucessivas causas de interrupção da prescrição, todas elas devem ser consideradas, *desde que ocorram após a cessação do efeito interruptivo das anteriores*. É certo que esta jurisprudência se encontra hoje ultrapassada pela alteração legislativa introduzida pela Lei n.º 53-A/2006. No entanto, essa alteração legislativa não se aplica à sucessão de factos interruptivos ocorridos antes da data da sua entrada em vigor (que ocorreu em 1 de Janeiro de 2007).[22]

---

[21] Recorde-se que a Lei n.º 53-A/2006 revogou a regra segundo a qual a paragem do processo a que a lei atribuiu efeito interruptivo, por período superior a um ano, por facto não imputável ao sujeito passivo, faz cessar o efeito interruptivo (artigo 89.º da Lei n.º 53-A/2006) e veio determinar que «a revogação do n.º 2 do artigo 49.º da LGT aplica-se a todos os prazos de prescrição em curso, objecto de interrupção, em que ainda não tenha decorrido o período superior a um ano de paragem do processo por facto não imputável ao sujeito passivo» (artigo 91º da Lei n.º 53-A/2006). Significa isto que, se o ano de paragem já se tiver consumado em 2006, o facto interruptivo continua a valer como facto suspensivo. Mas se o ano de paragem se consumar em 2007, o facto interruptivo vale como tal, sendo irrelevantes eventuais paragens do processo, uma vez que começou a correr novo prazo de prescrição a partir do facto interruptivo, cuja contagem se suspende enquanto não houver decisão definitiva ou transitada em julgado, que ponha termo ao processo, quando a reclamação, impugnação, recurso ou oposição determinem a suspensão da cobrança da dívida.

[22] Neste sentido cf. acórdão do STA de 12 de Agosto de 2009 (proc.º n.º 0748/09), onde se decidiu que «ocorrendo várias causas de interrupção da prescrição antes da entrada em vigor da nova redacção do n.º 3 do artigo 49.º da LGT, introduzida pelo artigo 89.º da Lei 53-A/2006, de 29/12, devem todas elas ser consideradas» e que «a redacção actual do n.º 3 do artigo 49.º da LGT, estabelecendo expressamente que a interrupção se

Noutros termos, dir-se-á que a regra segundo a qual «a interrupção tem lugar uma única vez, com o facto que se verificar em primeiro lugar» não é de aplicação retroactiva, pelo que não abrange as interrupções geradas até 31 de Dezembro de 2006, pois está em causa a sucessão de factos interruptivos verificada no âmbito de vigência da lei antiga, à qual se aplica a jurisprudência do STA segundo a qual ocorrendo sucessivas causas de interrupção da prescrição, todas devem elas ser consideradas, *desde que ocorram após a cessação do efeito interruptivo das anteriores*.

Por conseguinte, não pode deixar de se concluir que à pluralidade de factos interruptivos correspondia igualmente a pluralidade de factos suspensivos, podendo ambos actuar em cumulação, de tal sorte que, uma vez verificada a interrupção, o prazo prescricional nem sequer começava a correr se o facto interruptivo pudesse igualmente funcionar como facto suspensivo.

As alterações ao artigo 49.º, n.º 4 da LGT, introduzidas pela Lei n.º 53-A/2006, só muito limitadamente vieram alterar esta situação, na medida em que o recurso judicial e a oposição à execução são factos com efeito suspensivo da prescrição, mas sem efeito interruptivo. Já a reclamação ou a impugnação podem acumular os dois efeitos, mas a citação, o recurso hierárquico e o pedido de revisão oficiosa têm unicamente efeito interruptivo.

Sendo a reclamação e a impugnação as situações mais frequentes, dir-se-á que elas interrompem a prescrição e sempre que seja suspensa a cobrança da dívida na sua pendência a contagem da prescrição fica igualmente suspensa, o que evitará, na maior parte dos casos, a extinção da obrigação tributária por prescrição.

8. Conclusão

Em síntese, pode concluir-se que o novo regime da interrupção e suspensão da prescrição dos créditos tributários se aproxima do regime civil em virtude da eliminação do n.º 2 do artigo 49.º da LGT, mas continua a afastar-se dele na medida em que as especialidades do controlo da legalidade dos actos tributários justificam a interrupção da prescrição por actos imputáveis ao devedor.

opera uma única vez, aplica-se apenas aos factos interruptivos verificados após o início da vigência do diploma que introduziu a alteração da norma».

Por outro lado, a unicidade do facto interruptivo combinada com a diligência da Administração fiscal na cobrança do seu crédito dificilmente conduzirá à prescrição dos créditos tributários, uma vez que, se não for prestada garantia, a execução fiscal pode prosseguir até à venda dos bens penhorados, à reversão da execução contra os responsáveis solidários ou subsidiários ou mesmo ao requerimento da declaração da falência junto do tribunal competente, isto mesmo estando pendente processo judicial de controlo da legalidade do acto tributário.

Naturalmente que, vindo o Tribunal a declarar nulo ou a anular, total ou parcialmente, o acto tributário, a Administração fiscal fica constituída na obrigação de reconstituir a «legalidade do acto ou situação objecto do litígio, compreendendo o pagamento de juros indemnizatórios, se for caso disso, a partir do termo do prazo da execução da decisão» (artigo 100.º da LGT).

Significa isto que, mesmo que se consiga evitar a prescrição – que será cada vez mais rara na sequência das alterações ao artigo 49.º da LGT introduzidas pela Lei n.º 53-A/2006 – poderá não se conseguir evitar a restituição das quantias cobradas indevidamente, acrescidas de juros indemnizatórios a favor do contribuinte, em caso de procedência total ou parcial de reclamação, impugnação judicial ou recurso.

Neste sentido, o novo regime da prescrição inaugura, simultaneamente, um *novo regime de responsabilidade pela cobrança indevida de prestações tributárias*, sobretudo naqueles casos em que não seja prestada garantia no processo de execução fiscal e, mesmo nesses, não está excluída a responsabilidade da Administração pela prestação de garantia indevida (artigo 53.º da LGT).[23]

---

[23] Nos termos do artigo 53.º da LGT são vários os pressupostos da obrigação de indemnizar por prestação de garantia indevida:

- Em primeiro lugar, mostra-se necessário o vencimento do contribuinte no recurso administrativo, impugnação ou oposição à execução, que tenham como objecto a dívida garantida;
- Em segundo lugar, só há obrigação de indemnizar caso o contribuinte tenha mantido a garantia por período superior a três anos (salvo no caso de erro imputável aos serviços em que esse período superior a três anos não se aplica) e,
- Em terceiro lugar, a obrigação de indemnizar é fixada em proporção do vencimento ou ganho de causa que venha a ser atribuído ao contribuinte.

João Pedro Silva Rodrigues

A inconstitucionalidade do Pagamento Especial por Conta

João Pedro Silva Rodrigues

Assistente da FDUC.
Assessor do Gabinete de Juízes do Tribunal Constitucional

RESUMO

Reflexão sobre a inconstitucionalidade do Pagamento Especial por Conta tendo como mote o Acórdão n.º 173/2008 do Tribunal Constitucional. No presente artigo aborda-se a matéria dos pagamentos antecipados dos impostos, confrontando-a com os princípios constitucionais em matéria fiscal, destacando-se a referência ao princípio da capacidade contributiva, de modo a aferir as condições de legitimidade constitucional de tais institutos tributários. Partindo dessa reflexão, considera-se de forma particular o regime do pagamento especial por conta, concluindo-se pela sua inconstitucionalidade.

Palavras-chave:

Pagamentos por conta
Pagamento especial por conta
Princípio da capacidade contributiva
Inconstitucionalidade

ABSTRACT

Reflection on the unconstitutionality of the Special Payment on account having as mote the Sentence n. º 173/2008 of the Constitutional Court. In the present article it is approached substance of the prepayments of the taxes, collating it with the principles constitutional in fiscal substance, being distinguished it reference the beginning of the tax-paying ability, in order to survey the conditions of constitutional legitimacy of such tributaries institutes. Leaving of this reflection, the regimen of the special payment is considered on account of particular form, concluding itself for its unconstitutionality.

Keywords:

Payments on account
Special payment on account
Principle of the tax-paying ability
Unconstitutionality

1. No Acórdão n.º 173/2008, o Tribunal Constitucional decidiu não tomar conhecimento do recurso interposto pelo Ministério Público com fundamento na recusa da aplicação, por inconstitucionalidade, da norma constante do artigo 98.º, n.º 1, do Código do Imposto sobre o Rendimento das Pessoas Colectivas (CIRC)[1].

Não estando em causa a prolação de uma decisão de mérito sobre a matéria, a referência ao aresto do Tribunal Constitucional serve apenas a pretensão de constituir o mote para uma reflexão sobre a constitucionalidade do regime do pagamento especial por conta tal como este se encontra hodiernamente previsto.

Ainda assim, a título meramente circunstancial, cumpre referir, aderindo à argumentação explanada nas declarações de vencimento apostas à decisão do Tribunal Constitucional, que, no nosso entendimento, se encontravam preenchidos os requisitos determinantes do conhecimento do mérito do recurso que fora interposto pelo Ministério Público ao abrigo do disposto no artigo 70.º, n.º 1, alínea *a),* da Lei n.º 28/82, de 15 de Novembro, por ter existido, no caso existira, uma efectiva recusa de aplicação do regime constante do artigo 98.º do CIRC com fundamento em inconstitucionalidade.

2. Perante essa realidade e mantendo-se, por ventura com maior acuidade, a questão relativa à constitucionalidade do regime legal do pagamento especial por conta, impõe-se reflectir sobre esse problema tendo em consideração os parâmetros constitucionais pertinentes.

2.1. Como é consabido, a previsão de instrumentos legais – funcional e finalisticamente – direccionados a antecipar, em termos temporais, o momento da cobrança ou do pagamento da dívida de imposto em relação ao apuramento definitivo do *quantum* da obrigação tributária constitui, nos tempos modernos, um fenómeno de particular e crescente importância ao nível da obtenção e correspondente gestão das receitas fiscais, não sendo apenas no nosso ordenamento jurídico que se assiste à "contínua expansão" destes mecanismos, marcada, *inter alia,* por uma

---

[1] Actual artigo 106.º, após a republicação do Código do IRC, efectuada pelo Decreto-Lei n.º 159/2009, de 13 de Julho, a qual seguiremos doravante, excepto na parte em referida ao acórdão do Tribunal Constitucional.

"acentuada tendência" de alargamento do âmbito de aplicação das "obrigações tributárias por conta" no domínio dos impostos de natureza periódica, *principaliter* naqueles que versam sobre o rendimento (cf. AUGUSTO FANTOZZI, *Il diritto tributario*, Torino, 2003, pp. 509 e ss. e GARCÍA CARACUEL, *Las prestaciones tributarias a cuenta. Perspectivas de reforma,* Granada, 2004, p. 11).

Com essas figuras pretende aproximar-se o pagamento do imposto do momento em que o rendimento é obtido naturalisticamente (*pay as you earn)*, tendo em conta que a obrigação tributária apenas estará efectivamente definida e quantificada no final do respectivo período de imposição, por referência aos factos tributários que fundam a emergência da obrigação de imposto (cf. FRANCESCO TESAURO, *Istituzioni di diritto tributario*, vol 1.º, Torino, 2003, pp. 243 e ss.; GASPARE FALSITTA, *Manuale di diritto tributario - Parte generale*, Padova, 2003, p. 513).

Entre nós, essa realidade encontra-se vertida no CIRC que, nas regras disciplinadoras do pagamento da dívida fiscal, faz impender sobre as "entidades residentes que exerçam a título principal uma actividade de natureza comercial industrial ou agrícola e as entidades não residentes com estabelecimento estável em território português" a obrigação de "proceder ao pagamento do imposto (...) em três pagamentos por conta, com vencimento nos meses de Julho, Setembro e 15 de Dezembro do próprio ano a que respeita o lucro tributável (...)", acrescendo a esses pagamentos, nos termos impostos pelo artigo 106.º do CIRC, a obrigação dos mesmos sujeitos passivos – com excepção dos que estejam abrangidos pelo regime simplificado de tributação – realizarem "um pagamento especial por conta, a efectuar durante o mês de Março, ou em duas prestações, durante os meses de Março e Outubro (...)".

Quando consideradas em paralelo tais formas de pagamento conducentes à extinção da obrigação tributária devida a final, ressaltam alguns caracteres morfológicos distintivos que são de importância não despicienda, justificando-se, nesta sede, uma breve referência à sua configuração legislativa.

No referente aos "pagamentos por conta", estes são calculados "com base no *imposto liquidado* (...) relativamente ao exercício imediatamente anterior àquele em que se devam efectuar esses pagamentos (...)", correspondendo a 70% ou 90% desse valor, consoante o volume de negócios em causa nesse período [cf. artigos 104.º, n.º 1, alínea *a)*, e 105.º do CIRC].

Nos termos do artigo 104.º, n.º 4, do CIRC, os contribuintes estão dispensados de efectuar os referidos pagamentos por conta quando o imposto do exercício de referência para o respectivo cálculo for inferior a € 199,52.

O legislador prevê, ainda, a possibilidade de existirem limitações aos pagamentos por conta uma vez que "se o contribuinte verificar, pelos elementos de que disponha, que o montante do pagamento por conta já efectuado é igual ou superior ao imposto que será devido com base na matéria colectável do exercício, pode deixar de efectuar novo pagamento por conta (...)" (artigo 107.º, n.º 1, do CIRC).

Contudo, deve notar-se que, no caso de se verificar "face à declaração periódica de rendimentos do exercício a que respeita o imposto, que, em consequência da suspensão da entrega por conta (...), deixou de ser paga uma importância superior a 20% da que, em condições normais, teria sido entregue, há lugar a juros compensatórios desde o termo do prazo em que cada entrega deveria ter sido efectuada até ao termo do prazo para apresentação da declaração ou até à data do pagamento da autoliquidação, se anterior" (artigo 107.º, n.º 2, do CIRC).

Uma outra nota que importa salientar, a propósito do regime dos "pagamentos por conta", traduz-se na admissibilidade do reembolso quando "o valor apurado na declaração, líquido das deduções a que se referem os n.ºs 2 e 4 do artigo 90.º, for negativo, pela importância resultante da soma do correspondente valor absoluto com o montante dos pagamentos por conta" (artigo 104.º, n.º 2, alínea *a)*, do CIRC), ou quando esse valor "(...), não sendo negativo, for inferior ao valor dos pagamentos por conta, pela respectiva diferença" (artigo 104.º, n.º 2, alínea *b)*, do CIRC).

Já quanto ao regime do "pagamento especial por conta", previsto no artigo 98.º do CIRC, importa referir que o seu montante corresponde "a 1% do volume de negócios relativo ao exercício anterior, com o limite mínimo de € 1.000,00, e quando superior, será igual a este limite acrescido de 20% da parte excedente, com o limite máximo de € 70.000,00" (artigo 106.º, n.º 2, do CIRC), fazendo o legislador corresponder esse volume de negócios "ao valor das vendas e dos serviços prestados" (artigo 106.º, n.º 4, do CIRC).

Nos termos do disposto no artigo 90.º, n.º 2, o valor correspondente ao pagamento especial por conta é deduzido à colecta – segundo a ordem constante desse preceito – do próprio exercício a que respeita ou, se insuficiente, até ao quarto exercício seguinte (artigo 93.º, n.º 1, do CIRC). Findo esse período, e como resulta do n.º 3 do artigo 93.º, "os sujeitos passivos (...) podem ainda, sem prejuízo do disposto no n.º 1, ser reembolsados da parte que não foi deduzida ao abrigo do mesmo preceito, desde que preenchidos os seguintes requisitos: *a)* não se afastem, em relação ao exercício a que diz respeito o pagamento especial por conta a reembolsar, em mais de 10% para menos, da média dos rácios de rentabilidade das empresas do sector de actividade em que se inserem, a publicar em portaria do Ministério das Finanças"; *b)* A situação que deu origem ao reembolso seja considerada justificada por acção de inspecção feita a pedido do sujeito passivo formulado nos 90 dias seguintes ao termo do prazo de apresentação da declaração periódica relativa ao mesmo exercício".

No caso de cessação de actividade no próprio exercício ou até ao terceiro exercício posterior àquele a que o pagamento especial por conta respeita, o legislador prevê no artigo 93.º, n.º 2, que "a parte que não possa ter sido deduzida nos termos do número anterior, quando existir [seja] reembolsada mediante requerimento do sujeito passivo (...), apresentado nos 90 dias seguintes ao da cessação da actividade.

Por fim, importa ainda notar que nos termos do artigo 33.º da Lei Geral Tributária, "as entregas pecuniárias antecipadas que sejam efectuadas pelos sujeitos passivos no período de formação do acto tributário constituem pagamento por conta do imposto devido a final".

2.2. Contextualizadamente expostos os principais traços anatómicos do "pagamento especial por conta" decorrente da obrigação originada pela norma do artigo 106.º do CIRC, importa fazer referência aos pertinentes parâmetros constitucionais, sendo certo que, como se verá, esta matéria não é juridicamente asséptica em face dos princípios fundamentais do direito tributário, como de resto tem sido assaz salientado pela reflexão jurídica comparada que se tem pronunciado, doutrinal e jurisprudencialmente, sobre os limites de validade de diversas projecções legislativas relativas à obrigação de realização de pagamentos por conta do imposto devido a final, nomeadamente no que tange com a sua interferência com o princípio da capacidade contributiva.

2.2.1. Apesar do princípio da capacidade contributiva não se encontrar previsto *expressis verbis* no texto constitucional, a sua valência como dimensão estruturante da tributação do rendimento, corresponde a uma "exigência fundamental de justiça tributária", encontrando expressão no disposto nos artigos 2.º, 13.º, 18.º, 103.º e 104.º do texto constitucional.

De resto, assim tem sido reconhecido pelo Tribunal Constitucional que, em diversos arestos, o mobilizou como parâmetro de sindicância da constitucionalidade.

Aqui se refere, exemplificadamente, o Acórdão n.º 104/04, que considerou a questão da constitucionalidade da norma ínsita no n.º 8 do artigo 26º do Código do Imposto sobre o Rendimento das Pessoas Singulares, conjugada com a das alíneas *a)* e *e)* do n.º 1 do mesmo artigo, na redacção dada pelo Decreto-Lei n.º 18/97, de 21 de Janeiro. Nesse aresto o Tribunal Constitucional não só recuperou a pretérita jurisprudência sobre o princípio da capacidade contributiva, como também a aprofundou, nos termos que *infra* se transcrevem:

> «[4.] Este Tribunal teve já por mais de uma vez ocasião de aflorar a problemática da consagração constitucional do referido princípio da capacidade contributiva.
>
> Assim, no Acórdão n.º 308/2001 (in *DR I Série-A*, de 20 de Novembro de 2001) declarou-se, com força obrigatória geral, a inconstitucionalidade da norma da alínea c) do nº 1 do artigo 11º do Código do IRS, na interpretação segundo a qual nela estariam abrangidas as pensões de preço de sangue, "por violação do artigo 13º, combinado com o princípio emergente dos artigos 103º, n.º 1, e 104º, n.º 1 da Constituição da República" – isto é, o referido princípio, tendo-se dito neste aresto que "a tributação das pensões em causa – representando verdadeiras indemnizações e não acréscimos patrimoniais – é inconstitucional, por violação dos critérios materiais de justiça fiscal traduzidos, em especial, no princípio da capacidade contributiva (decorrente dos artigos 13º e 103º, nº 1, da Constituição – "repartição justa dos rendimentos e da riqueza")."
>
> Mais recentemente, a propósito do "problema da articulação entre as presunções estabelecidas em matéria tributária e o princípio da capacidade contributiva", escreveu-se no Acórdão n.º 452/2003:
>
> «(...)o Acórdão nº 84/03 (in *D.R. II Série*, nº 124, de 29-5-2003, pp. 8338ss) articulou o princípio da capacidade contributiva com a pos-

sibilidade de o contribuinte dispor de meios para ilidir os resultados de determinadas formas de tributação:

«O princípio da capacidade contributiva exprime e concretiza o princípio da igualdade fiscal ou tributária na sua vertente de "uniformidade" – o dever de todos pagarem impostos segundo o mesmo critério – preenchendo a capacidade contributiva o critério unitário da tributação.

Consiste este critério em que a incidência e a repartição dos impostos – dos "impostos fiscais" mais precisamente – se deverá fazer segundo a capacidade económica ou "capacidade de gastar" (na formulação clássica portuguesa, de Teixeira Ribeiro, "A justiça na tributação" in "*Boletim de Ciências Económicas*", vol. XXX, Coimbra 1987, n.º 6, autor que também se lhe refere como "capacidade para pagar") de cada um e não segundo o que cada um eventualmente receba em bens ou serviços públicos (critério do benefício).

A actual Constituição da República não consagra expressamente este princípio com longa tradição no direito constitucional português - a Carta Constitucional de 1826 expressa-o na fórmula de tributação "conforme os haveres" dos cidadãos e, na Constituição de 33, o artigo 28º consigna-o na obrigação imposta a todos os cidadãos de contribuir para os encargos públicos "conforme os seus haveres").

Não obstante o silêncio da Constituição, é entendimento generalizado da doutrina que a "capacidade contributiva" continua a ser um critério básico da nossa "Constituição fiscal" sendo que a ele se pode (ou deve) chegar a partir dos princípios estruturantes do sistema fiscal formulados nos artigos 103º e 104º da CRP (cfr. Casalta Nabais "O dever fundamental de pagar impostos", págs. 445 e segs., onde, no entanto, se defende que, embora o princípio não careça – para ter suporte constitucional – de preceito específico e directo, não é de todo inútil ou indiferente a sua consagração expressa).

Autores há, porém, que contestam a operatividade jurídica prática ao princípio da capacidade contributiva, em razão, nomeadamente, da sua acentuada e indiscutível indeterminabilidade, não se estando aí senão perante uma "fórmula *passe-partout*" imprestável para um teste jurídico-constitucional dos impostos, quer porque se limitaria a "estabelecer que "deve pagar-se o que se pode pagar" sem definir o "poder pagar", quer porque "não forneceria nenhum critério concreto para a repartição justa dos encargos fiscais por todos os contribuintes", quer ainda porque "diria muito pouco sobre as taxas a considerar correctas dos impostos ou sobre a sua exacta progressão, caso esta, em alguma medida possa resultar de um tal princípio" (cfr. Casalta Nabais ob. cit. págs. 459 e 461).

Diferentemente, outros autores, como é o caso do próprio Casalta Nabais reconhecem ainda "importantes préstimos" ao princípio, o qual "afasta o legislador fiscal do arbítrio, obrigando-o a que, na selecção e articulação dos factos tributários, se atenha a revelações da capacidade contributiva, ou seja erija em objecto ou matéria colectável de cada imposto um determinado pressuposto que seja manifestação dessa capacidade e esteja presente nas diversas hipóteses legais do respectivo imposto" e tem "especial densidade no concernente ao(s) imposto(s) sobre o rendimento" exigindo "um conceito de rendimento mais amplo do que o rendimento-produto" e implicando "quer o princípio do rendimento líquido (...) quer o princípio do rendimento disponível (...)" ("*Direito Fiscal*", págs. 157/168).

De todo o modo, deve reconhecer-se não ser fácil retirar consequências jurídicas muito líquidas e seguras do princípio da capacidade contributiva, traduzidas num juízo de inadmissibilidade constitucional de certa ou certas soluções adoptadas pelo legislador fiscal.

[...] certos métodos de tributação, pela sua mesma estrutura, podem, afinal, acabar por conduzir à imposição de situações ou realidades em que falece, de todo, a capacidade contributiva, ou (e com maior probabilidade) em que a medida do imposto exigido não tem efectiva correspondência com essa capacidade, indo além (e, porventura, bastante além) dela; é o que ainda Casalta Nabais ("*O dever fundamental...*", págs. 497/498 e 501/502) considera, quando se refere a "soluções tradicionais do direito dos impostos" com suporte no "interesse fiscal", em particular as "presunções", considerando esta técnica legislativa "movida por legítimas preocupações de simplificação de praticabilidade das leis fiscais", mas que "tem de compatibilizar-se com o princípio da capacidade contributiva, o que passa, quer pela ilegitimidade das presunções absolutas, na medida em que obstam à prova da inexistência da capacidade contributiva visada na respectiva lei, quer pela idoneidade das presunções relativas para traduzirem o correspondente pressuposto económico do imposto" e, mais adiante, aludindo ao "rendimento normal", quando sustenta que ele "apenas poderá ser contestado nos casos em que a tributação conduza a situações de intolerável iniquidade".

Mas, se nos ativermos ao que aquele autor escreve na obra citada [...], não pode deixar de se concluir que a solução em causa se compatibiliza com o princípio da capacidade contributiva. É que, a admitir-se que na hipótese em apreço se está perante uma "presunção", ela admite prova em contrário e, a considerar-se que se trata de uma tributação pelo "rendimento normal", não pode dizer-se que ela necessariamente conduza a "situações de intolerável iniquidade".

Não se desconhece que, em escrito posterior, o mesmo autor veio sustentar a desconformidade constitucional da norma ínsita na alínea c) do artigo 87º da LGT ("O quadro constitucional da tributação das empresas", in Nos 25 anos da Constituição da República Portuguesa de 1976, ed. AAFDL, 2001).

Simplesmente, aí, o fundamento do juízo de inconstitucionalidade situa-se já num plano diferente do das considerações gerais a que atrás se fez referência; embora tendo a ver com elas, ele assenta na equiparação a uma inadmissível "presunção absoluta de rendimentos" da eventual situação ("situação limite") em que a tributação do rendimento normal não admita prova em contrário. Mas, no caso, não terá cabimento pôr as coisas nesses termos já que ao contribuinte começa por ser dada a possibilidade de justificar o afastamento da sua matéria tributável dos indicadores-padrão (assim podendo evitar a aplicação destes), o que é afinal menos do que exigir-lhe a prova de que não obteve o rendimento correspondente a tais indicadores».

Mais recentemente, no Acórdão nº 211/03 (in D.R., II Série, nº 141, de 21-6-2003, pp. 9240ss), o Tribunal decidiu julgar inconstitucional a norma do artigo 26º do Código do Imposto Municipal da Sisa e do Imposto sobre as Sucessões e Doações, aprovado pelo Decreto-Lei nº 41 969, de 24 de Novembro de 1958, na redacção que lhe foi dada pelo nº 1 do artigo 1º do Decreto-Lei nº 308/91, de 17 de Agosto, ao estabelecer, nas transmissões por morte, não ocorrendo "arrolamento judicial dos [bens] mobiliários", uma presunção sem admissão de prova em contrário da existência de uma determinada quota de "mobílias, dinheiro, jóias, e mais objectos de uso pessoal ou doméstico", por se considerar que uma presunção inilidível, neste domínio, violava o princípio constitucional da igualdade, conexionado com o da capacidade contributiva, contidos nos artigos 13º, nº 1, e 104º, nº 3, da Constituição da República. Recorde-se a redacção da norma aí julgada inconstitucional: "Nas transmissões por morte, quando não houver arrolamento judicial dos mobiliários, presumir-se-á, sem admissão de prova em contrário, a existência de mobílias, dinheiro, jóias e mais objectos de uso pessoal ou doméstico, necessários para perfazer, com os bens da mesma espécie que foram relacionados, um valor mínimo equivalente às seguintes percentagens do activo restante da sucessão [...]" [itálico acrescentado].

Como se referiu neste Acórdão nº 211/93, citando anterior jurisprudência do Tribunal:

«(...) o princípio da tributação do rendimento real exprime uma exigência constitucional mais vasta que se alarga a toda a tributação do rendimento que, no entanto, exclui o recurso à técnica das presunções absolutas para a definição da incidência ou a determinação da matéria colectável do imposto (cfr. J. M. Cardoso da Costa, "O Enquadramento Constitucional do Direito dos Impostos em Portugal: A Jurisprudência do Tribunal Constitucional", in *Perspectivas Constitucionais. Nos 20 Anos da Constituição de 1976*, vol. II, Coimbra, 1997, pág. 425, nota 19).

A entender-se diferentemente, surpreender-se-ia desigualdade de regimes para situações análogas, quanto à questão da tributação em si mesma considerada, sujeitando a critérios não idênticos a articulação entre a prestação tributária e o pressuposto económico seleccionado pelo legislador para objecto do imposto, o que tem a ver com o conceito de capacidade contributiva que, não obstante a sua não consagração constitucional, mais não será do que "a expressão (qualificada) do princípio da igualdade, entendido em sentido material, no domínio dos impostos, ou seja, a igualdade no imposto" (José Casalta Nabais, "Jurisprudência do Tribunal Constitucional em Matéria Fiscal", in Boletim da Faculdade de Direito da Universidade de Coimbra, vol. LXIX, 1993, pág. 417. Cfr., igualmente, a anotação do mesmo autor no mencionado Acórdão nº 348/97 na revista Fisco, ano IX, nºs. 84/85, págs. 93 e segs. e Clotilde Celorico Palma, "Da Evolução do Conceito de Capacidade Contributiva", in Ciência e Técnica Fiscal, nº 402, pág. 134, nota 34)».

[5.] Pode, pois, concluir-se que este Tribunal tem considerado o princípio da capacidade contributiva (*taxable capacity*, também frequentemente designada por capacidade de pagar – *ability to pay* – ou capacidade económica – *wirtschaftliche Leistungsfähigkeit*) como "critério básico da nossa 'Constituição fiscal'" – concretizando o dever de todos pagarem impostos segundo o mesmo critério, a capacidade contributiva é o critério unitário da tributação.

Por outro lado, é claro que o "princípio da capacidade contributiva" tem de ser compatibilizado com outros princípios com dignidade constitucional, como o princípio do Estado Social, a liberdade de conformação do legislador, e certas exigências de praticabilidade e cognoscibilidade do facto tributário, indispensáveis também para o cumprimento das finalidades do sistema fiscal.

Tem igualmente este Tribunal reconhecido que "o princípio da tributação do rendimento real exprime uma exigência constitucional mais vasta que se alarga a toda a tributação do rendimento", e não apenas à tributação do rendimento das empresas, para o qual está consagrado expressamente no artigo 104°, n.° 2, da Constituição ("A tributação das empresas incide fundamentalmente sobre o seu rendimento real"). Isto, sendo certo, porém, que tal pode assumir diversa intensidade de sentidos consoante o plano da tributação em que se esteja (das empresas ou pessoas singulares).

O princípio do rendimento líquido – ou "princípio do rendimento líquido objectivo" – nos termos do qual apenas o montante líquido constitui (verdadeiro) rendimento para o pagamento dos impostos, constitui, pois decorrência do princípio da capacidade contributiva na modelação do imposto sobre o rendimento. E, em princípio, tal justifica que ao rendimento total auferido devam ser deduzidas despesas específicas com a sua obtenção, pois tais gastos constituem uma expressão negativa da capacidade contributiva e, como tal, devem ser excluídos desse conceito se se revelarem indispensáveis à produção ou obtenção do rendimento (sobre tudo isto, cfr., entre nós, José Casalta Nabais, *Contratos fiscais*, Coimbra, 1994, pág. 284, idem, *O dever fundamental de pagar impostos*, Coimbra, 1998, págs. 469 e segs. e 521 e seg., e também, por exemplo, José Guilherme Xavier de Basto, *O princípio da tributação do rendimento real e a Lei Geral Tributária*, in Fiscalidade, n.° 5; especificamente sobre o reflexo dos referidos princípios constitucionais na dedução de custos em matéria fiscal, v. António Moura Portugal, *A dedutibilidade de custos na jurisprudência fiscal portuguesa*, Coimbra, 2004, esp. págs. 22 e segs.)».

Mais recentemente, o princípio da capacidade contributiva voltou a ser convocado noutros aresto como parâmetro para aferir da conformidade constitucional de normas infraconstitucionais nos casos tratados nos Acórdãos n.°s 601/2004 (sobre requisitos processuais para a impugnação de liquidação de imposto de mais-valias), 173/2005 e 178/2005 (sobre dedução de pensões) e 278/2006 (sobre a prevalência dos valores das avaliações de imóveis), disponíveis em www.tribunalconstitucional.pt.

Do mesmo modo, o Tribunal Constitucional Federal Alemão o projectou, perante disposições de sentido idêntico da *Verfassungsgericht*, como um pressuposto irredutível da imposição fiscal sobre o rendimento e como constituindo uma autêntica refracção do Estado de direito material na esfera fiscal – *v. Entscheidungen des Bundesverfassungsgerichts – BVerfGE* –, 61, p. 319 (cf., sobre a denunciada vertente do princípio da capacidade contributiva, Tipke/Lang, *Steuerrecht,* 13.ª ed., Colónia, 1991, p. 57 – que o consideram como um *"Fundamentalprinzip gerechter Besteuerung"*; e, ainda, Moschetti, «La capacità contributiva», *in* Aa. Vv., *Trattato di diritto tributario,* dir. A. Amatucci, Pádova, 1994, p. 229; João Pedro Silva Rodrigues, «Algumas reflexões em torno da efectiva concretização do princípio da capacidade contributiva», *in* Aa. Vv., *Estudos em homenagem ao Conselheiro José Manuel Cardoso da Costa,* Coimbra, 2003, p. 899).

Além de outras valências que resultam do princípio da capacidade contributiva, pode assinalar-se, com pertinência para a matéria *sub judice,* que esse fundamento normativo impõe não só que o legislador fiscal, "na selecção e articulação dos factos tributários, se atenha a revelações da capacidade contributiva, ou seja, erija em matéria colectável de cada imposto um determinado pressuposto económico que seja manifestação dessa capacidade e esteja presente nas diversas hipóteses legais do imposto" (cf. José Casalta Nabais, *Direito Fiscal,* 3.ª ed. Coimbra, 2005, p. 156; e, do mesmo Autor, *O dever fundamental...,* cit., pp. 496 e 497), como obriga a que a tributação não pode deixar de decorrer da verificação desse pressuposto.

Assim, dependendo o nascimento e a quantificação da obrigação fiscal da efectiva verificação do respectivo pressuposto gerador do imposto, deve reconhecer-se que a chamada à colação deste princípio no âmbito da imposição dos pagamentos por conta do imposto que será devido no final prende-se, sobretudo, com o facto do princípio da capacidade contributiva, enquanto pressuposto justificador da tributação, postergar uma imposição fiscal assente na realização futura, hipotética e tão-só virtual, de factos tributários.

Nessa medida, estando em causa o cumprimento de uma obrigação traduzida num dever de pagamento que se afigura – pelo menos *ab initio* – desvinculado da verificação real do facto tributário gerador da obrigação tributária, indiferente ao seu nascimento e à sua efectiva quantificação, justifica-se reflectir sobre a admissibilidade da previsão de semelhante obrigação em face do presente horizonte axiológico.

E, como se compreende, tal reflexão não pode deixar de ser equacionada tendo em conta a particular natureza das obrigações de pagamento antecipado do imposto, *maxime*, no que concerne à teia de relações gerada por mor da definição da obrigação tributária principal, dado que, mesmo a reconhecer-se o carácter autónomo do pagamento antecipado da dívida tributária enquanto obrigação distinta da que resulta da liquidação do imposto, essa autonomia, atendendo ao carácter *instrumental* e, *a final*, *dependente* da obrigação tributária principal, não poderá configurar-se em termos absolutos, ou seja, de um modo tal que os pagamentos por conta se desvinculem do montante efectivamente devido a título de imposto, assumindo-se como *causa sui* à margem daquela obrigação e do pressuposto que funda o imposto (cf. García Caracuel, *Ob. cit*, pp. 169 e ss. esp.te 257 e ss. e Francesco Tesauro, *Ob. cit.*, p. 244).

2.2.2. O pagamento especial por conta insere-se no âmbito do imposto sobre o rendimento das pessoas colectivas como uma realidade normativa que se manifesta geneticamente diferenciada dos critérios delimitantes da incidência da respectiva *fattispecie* impositiva emergente de factos que o legislador considera expressivos ou desveladores de capacidade contributiva e em torno dos quais delimita a obrigação de tal imposto, posto que a obrigação de proceder ao pagamento especial por conta nasce num momento em que não está definida, no *an* e no *quantum*, qualquer dívida de imposto imputável ao exercício em tributação (cf. artigos 1.º e 8.º do CIRC).

Na verdade, ainda que possa afirmar-se que o pagamento especial por conta consubstancia uma obrigação de carácter autónomo e independente da existência dos factos tributários, que nasce e que se extingue indiferentemente das vicissitudes do imposto, também não é menos verdade que essa autonomia terá sempre de ser conformada, a montante, pelo pressuposto funcional que o justifica e, a jusante, pelos efeitos jurídicos "liberatórios" que estão, *in rerum natura,* associados ao seu cumprimento.

Com o que se reconhece, em termos infraestruturais, que a obrigação imposta a título de pagamento especial por conta tem de levar pressuposta uma base ontológica fundamentante e justificadora, expressa num nexo lógico de instrumentalidade existencial, de dependência e adequação causal, em face da obrigação de imposto, que se assume como condição determinante da sua legitimidade substancial, uma vez que só a pressuposição desta obrigação, no mesmo quadro impositivo, é susceptível de justificar a antecipação do imposto decorrente de factos tributários de realização futura.

Partindo desta relação interferente, torna-se claro que a imposição de um pagamento antecipado "por conta" do imposto não poderá converter-se numa ablação patrimonial definitiva, indiferente ao montante do imposto que, a seu tempo, venha a determinar-se como devido.

De facto, estando em causa um pagamento efectuado no período de *formação* do facto tributário – cuja existência e expressão quantitativa se desconhecem e que, lembre-se, se consubstancia no lucro tributável revelado, *simpliciter*, pelo saldo entre os proveitos e custos (artigos 1.º e 3º do CIRC) –, a sua imposição não pode deixar de estar dependente da pressuposição e adequação de uma capacidade contributiva presumida com base no *il quod plerumque accidit* que opera como título legitimador do conjunto das prestações por conta, na medida em que autoriza, na perspectiva do presumido nascimento futuro da obrigação de imposto, um juízo de prognose fundado na realização probabilística do facto tributário.

Tal pressuposto não pode, no entanto, ser assumido como reflexo de uma estrutura impositiva própria que possa conduzir, *tout court,* só por si, ao apuramento do esforço fiscal que impende sobre um contribuinte.

Este dependerá sempre, no seu *an* e no seu *quantum,* da consumação do facto tributário e, bem assim, da capacidade contributiva aí efectivamente manifestada, com base na qual se determinará, *ex post factum* e em definitivo, a dívida fiscal.

Daí que se deva garantir que os montantes antecipada e provisoriamente exigidos sejam confrontados com o valor do imposto devido, de modo a resultar, no jogo do dever e do haver, que a capacidade contributiva efectiva[mente resultante da ocorrência do facto tributário] se sobreponha à presumida[mente relevada por conta do imposto devido a final], em termos de apenas se exigir do contribuinte uma prestação correspondente ao montante devido a título de imposto, e de lhe garantir a recuperação da parte que exceda esse valor e quando prestada por conta dele.

Por esta razão, a legitimidade substancial do pagamento especial por conta, como, de resto, de qualquer imposição de pagamento antecipado do imposto – ou, *recte,* por conta do imposto a apurar – estará forçosamente dependente da existência de "mecanismos de reequilíbrio" entre a prestação efectivamente devida e a que, com anterioridade, foi paga (Francesco Tesauro, *Ob. cit.,* p. 69; Mario Miscali, «Capacità contributiva e disciplina del rimborso della imposta indebita», *in Rivista di diritto tributario,* vol. X, Fevereiro, 2000, p. 119; e García Caracuel, *Ob. cit,* p. 347).

E o princípio orientador nesta sede deverá forçosamente passar por apenas exigir ao contribuinte uma prestação correspondente ao montante devido a título de imposto liquidado e o de lhe garantir uma forma de reintegração *adequada* relativamente à parte que exceda esse valor e que haja sido prestada por conta dele (cf. a *Sentenza* n.º 77/1967, de 15 de Junho, proferida pela *Corte Costituzionale* italiana), sendo que, em ordem a cumprir o assinalado escopo, tem-se concluído que "o instituto do reembolso aparece como uma engrenagem essencial (...), devendo assegurar a elisão dos efeitos patrimoniais resultantes da cobrança antecipada quando esta resulte excessiva em face do parâmetro de ablação definitiva constante do pressuposto do imposto individualizado pela lei", constituindo, assim, "um corolário lógico da funcionalização do instituto em relação à previsão de formas de cobrança antecipada em relação ao momento em que se realiza ou completa o pressuposto do imposto" (cf. Gaspare Falsitta, *Ob. cit.,* pp. 155 e ss. e 513 e ss.; cf. também, na doutrina italiana, Francesco Tesauro, *Ob. cit.,* p. 69, para quem "um mecanismo legislativo que impeça o reembolso dos impostos indevidamente pagos viola o artigo 53.º da Constituição Italiana", onde se encontra previsto o princípio da capacidade contributiva; v., na mesma linha, De Mita, *Fisco e costituzione,* vol. I, Milão, 1982, p. 396; e, do mesmo Autor, *Interesse Fiscale e tutela del contribuente – Le garanzie costituzionali,* Milão, 1995, p. 232 e ss.; Mario Miscali, *Ob. cit.,* p. 119 e ss.; na jurisprudência constitucional italiana, para além da decisão *supra* referida pode também consultar-se, especificamente sobre o instituto do reembolso e a sua relação com o princípio da capacidade contributiva, a *Sentenza* n.º 200/1972, de 29 de Dezembro; por fim, em face do ordenamento jurídico espanhol, em dissertação sobre a matéria, cf. García Caracuel, *Ob. cit,* p. 223).

Nessa base ontológica – e axiológica –, ponderando no caso *sub judicio* a pertinência dos "mecanismos" ou "instrumentos de equilíbrio", direccionados a garantir uma adequação entre o valor do pagamento antecipado e o que, a final, é exigido a título de imposto, bem se vê que o regime *em crise* – do qual resulta que os montantes ingressados a título de pagamento especial por conta são dedutíveis à colecta do imposto do ano a que dizem respeito, sem que daí possa resultar um valor negativo, ou até ao quarto exercício seguinte, prevendo-se o reembolso das quantias não deduzidas apenas no final esse período, e, mesmo nesse caso, subordinado à verificação dos condicionalismos previstos no artigo 93.º do CIRC – acaba por afastar-se dessas exigências naquelas situações em que, após o confronto os montantes antecipadamente entregues ao fisco com o valor do imposto passível de ser exigido a final ao sujeito passivo – estando determinada, ou sendo determinável, a exacta sua medida –, pode concluir-se que os pagamentos realizados, por serem excederem a colecta do imposto, não correspondem àquele valor.

Nesse juízo não está em causa o facto do legislador configurar o pagamento especial por conta em sede de dedução à colecta – ainda que existissem outros *modus* normativos de os relevar, como sucede, por exemplo, com os pagamentos por conta –, mas sim o facto dessa dedução apenas operar até à sua concorrência, podendo não abranger a totalidade dos valores entregues a título de pagamento especial por conta e, com isso, excluir um direito ao reembolso da diferença, *no exercício a que respeita o pagamento*, daí resultando que, no referente à parte tida por não dedutível, deixa de existir, no plano da Constituição fiscal, título legitimador bastante que possa justificar, *com relação ao período de tributação a que se refere*, a apreensão desses montantes por parte do Estado, dado que, a partir do momento em que se determina o imposto ou que este se torna determinável, o excesso da prestação especial por conta, originado com base numa capacidade contributiva presumidamente antecipada, não deixa de configurar-se como um *plus* impositivo à dívida tributária *do exercício* que emerge totalmente à revelia da capacidade contributiva efectiva e concretamente imputável ao sujeito passivo, porquanto corresponde, a final, a um montante *de imposto* que, tendo sido pago, não se afigura devido a esse título, estando assim na base de uma posição creditícia do contribuinte em relação ao Estado.

Determinada a existência desse crédito, por referência a um dado período impositivo, impõe-se a sua adequada reparação quando se verifique a "inexistência do pressuposto típico do tributo" (cf., GASPARE FALSITTA, «Spunti in tema di capacità contributiva e di acollo convenzionale di imposte», *in Rassegna Tributaria,* I, 1986, pp. 123 e ss, como referido em MOSCHETTI, «La capacità contributiva», cit., p. 233, n. 5).

Ora, isso não sucede no âmbito do regime legal onde se admite, apenas, que a sua reintegração fique dependente da existência de futuras obrigações fiscais geradoras de colecta, podendo esse crédito ser "retido" até ao quarto exercício subsequente àquele a que respeita o pagamento e a dívida, o que acaba por conduzir a "um [verdadeiro] empréstimo forçado" (cf. CASALTA NABAIS, *Direito Fiscal*, cit., p. 594), sem intervenção de qualquer mecanismo compensatório e passível de culminar com o locupletamento definitivo do valor em causa.

Ora, a possibilidade de reportar esse crédito a exercícios futuros, nos quais igualmente se *continua* a exigir uma antecipada prestação por conta da eventual dívida tributária, acompanhada da eventualidade de existir uma apropriação definitiva desse crédito à margem da dívida fiscal que é imputada ao contribuinte, traduz um manifesto "enriquecimento sem causa" por parte do Estado (cf. *Sentencia* do Tribunal Supremo de Espanha, de 12 de Novembro de 1993), de índole manifestamente confiscatória, em violação do princípio da capacidade contributiva.

Na verdade, deflui do regime legal que, esgotada a possibilidade de fazer repercutir esse crédito em futuras e eventuais colectas, os contribuintes apenas serão reembolsados "desde que preenchidos os seguintes requisitos: a) não se afastem, em relação ao exercício a que diz respeito o pagamento especial por conta a reembolsar, em mais de 10% para menos, da média dos rácios de rentabilidade das empresas do sector de actividade em que se inserem, a publicar em portaria do Ministério das Finanças; b) A situação que deu origem ao reembolso seja considerada justificada por acção de inspecção feita a pedido do sujeito passivo formulado nos 90 dias seguintes ao termo do prazo de apresentação da declaração periódica relativa ao mesmo exercício" (artigo 93.º, n.º 3, do CIRC).

Tais condicionalismos, cuja conformação arranca de uma ideia de suspeição em relação ao contribuinte, introduzem, numa fase em que se encontra quantificada a dívida tributária, uma indelével fractura na tributação ancorada no princípio da capacidade contributiva e recortada à luz do rendimento real.

Como se extrai do teor do citado preceito, o reembolso fica condicionado pela verificação de um patamar mínimo de rentabilidade, construído radicalmente à margem do valor da dívida tributária apurada e da capacidade contributiva aí manifestada, admitindo o legislador, em termos práticos, que um contribuinte que obtenha um resultado situado aquém do parâmetro normativo não seja reembolsado por quantias que pagou em excesso face à sua dívida tributária.

Com semelhante pressuposto, o legislador está a fazer acrescer à dívida tributária, resultante da actuação dos normas legais conformadoras da obrigação que lhe está subjacente, um montante que não encontra expressão em qualquer facto tributário, que se afigura estranho a qualquer critério de incidência, ao rendimento tido por tributável e à dívida por ele determinada, com isso violando o princípio da capacidade contributiva.

Além disso, a operatividade do critério legal é susceptível de gerar situações contrárias ao referido princípio entendido enquanto projecção fiscal do princípio da igualdade, porquanto dois sujeitos com a mesma dívida fiscal poderão ser chamados a contribuir diferenciadamente para a satisfação dos encargos públicos em função de factos estranhos e posteriores ao período impositivo circunstancialmente em causa, consoante venham, ou não, a deduzir à colecta dos quatro exercícios posteriores o montante entregue a título de pagamento especial por conta.

Por outro lado, o legislador exige, para restituir os montantes pagos, que a situação que esteve na origem do *"reembolso seja considerada justificada por acção de inspecção feita a pedido do sujeito passivo"*.

Também este requisito não é imune à crítica constitucional, conquanto se recorde que as acções de inspecção realizadas a pedido do sujeito passivo estão sujeitas ao pagamento de uma taxa que oscila entre o mínimo de € 3.152,40 e o máximo de € 34.915,85 (cf. Decreto-Lei n.º 6/99, de 8 de Janeiro, e a Portaria n.º 923/99, de 20 de Outubro), afigurando-se desproporcionado que a restituição dos valores pagos em excesso fique dependente do cumprimento de um ónus a cargo do contribuinte o qual implica, ademais, o pagamento de uma taxa, o que se agrava quando a taxa em questão for de montante superior ao reembolso a exigir.

2.2.3. Por outro lado, importa também notar que o princípio da capacidade contributiva tem sido igualmente convocado no que tange com a base de determinação dos montantes devidos a título de pagamento antecipado, tendo em linha de conta que "a antecipação do pagamento não pode ser arbitrária, devendo estar justificada por uma relação de probabilidade [adequada] com o pressuposto indicador da capacidade contributiva em que se baseia o tributo" (cf. García Caracuel, *Ob. cit,* p. 223, e, na mesma linha, Francesco Tesauro, *Ob. cit.,* p. 69).

A concretização desse desiderato passa em larga medida pela razoabilidade, idoneidade e adequação do parâmetro legislativo que subjaz à quantificação do pagamento antecipado e pela admissibilidade de mecanismos de correcção que permitam, em concreto, garantir a existência de uma correlação entre a prestação exigida antecipadamente e aqueloutra configurada como definitiva.

Em Espanha, por exemplo, concretizando essa exigência, o Tribunal Supremo considerou inadmissível que a determinação dos "pagos fraccionados" se fizesse por referência aos resultados de exercícios anteriores, retendo como "ilógico" o recurso a dados "pretéritos" que na maioria dos casos não coincidem com a realidade económica e exigindo uma adequação do pagamento por conta à liquidação do imposto, sem a qual se acaba por afectar o princípio da capacidade contributiva (cf. as *Sentencias* de 12 de Novembro de 1993, de 10 de Julho de 1999, 19 de Maio de 2000, de 14 de Julho de 2000 e de 22 de Setembro de 2000; na doutrina, cf. García Caracuel, *Ob. cit,* p. 281 e ss; Calero García, «La cuantia de los pagos fraccionados: comentario a la sentencia del T.S. de 12/11/1993», *in Cuadernos de estúdios empresariales,*n.º 4, 1994, pp. 15 e ss.).

Já em Itália, aceita-se como critério determinante do *versamento in acconto* o imposto devido no exercício precedente com base "na presunção de que o rendimento se reproduz ano após ano em medida semelhante" (cf. Francesco Tesauro, *Ob. cit.,* p. 244). No entendimento da Corte Costituzionale, "*não é arbitrário* [com base no *quod plerumque accidit*], *considerar de forma apenas provisória que o rendimento declarado pelo contribuinte num período se produza, pelo menos na mesma medida, nos dois períodos sucessivos: permanecendo a fonte produtiva não se afigura irrazoável prever a formação de uma base tributária* pelo menos igual no ano ou nos dois anos seguintes", alcançando-se tal conclusão relevando a existência de mecanismos de excepção determinados pela ocorrência de situações excepcionais ou anómalas que infirmem o pressuposto presuntivo e tendo igualmente em conta o direito ao reembolso no caso de um *versamento in acconto* excessivo (cf. a já referida *Sentenza* n.º 77/1967, de 15 de Junho).

Em todo o caso, pode assumir-se que, independentemente de um possível polimorfismo constitutivo ao nível da definição do critério determinante do *quantum* da prestação por conta, qualquer juízo sobre a sua validade fundamentante não poderá prescindir de um teste quanto à aptidão funcional-finalística e correspondente idoneidade desse critério como *modus* de antecipação do imposto, impedindo a determinação de pagamentos antecipados de carácter desproporcionado ou totalmente indiferentes à probabilística realização e quantificação do facto tributário.

Importa, pois, apurar se essa exigência se encontra adequadamente reflectida no regime legal quanto aos critérios de quantificação do valor exigido a título de pagamento especial por conta.

Nos termos do artigo 106.º, n.º 2, do CIRC, "o montante do pagamento especial por conta é igual a 1% do volume de negócios relativo ao exercício anterior, com o limite mínimo de € 1.000,00, e, quando superior, será igual a este limite acrescido de 20% da parte excedente, com o limite máximo de € 70.000,00".

Com semelhante critério, o legislador faz assentar a determinação do pagamento especial por conta no "valor das vendas e dos serviços prestados" no exercício anterior (cf. artigo 106.º, n.º 4, do CIRC).

O recurso a dados pretéritos para, a partir deles, se impor um pagamento referido ao imposto que vier a ser apurado no final do exercício a que aquele respeita, não se afigura constituir um aspecto decisivo que comprometa inelutavelmente a bondade constitucional do regime em causa.

De facto, a mobilização de elementos do passado, a título meramente presuntivo – e em caso algum impositivo –, não deverá considerar-se descabida, conquanto, com base no *il quod plerumque accidit*, os mesmos se revelem idóneos para deixar antever ou antecipar a futura obrigação fiscal e – pode acrescentar-se – estejam previstos mecanismos que façam relevar nessa sede uma alteração anormal das circunstâncias.

Verdadeiramente decisivo será o teste relativo à aptidão funcional-finalística desses elementos para sustentar uma prestação por conta de uma obrigação futura.

Como se disse, o legislador faz depender o valor do pagamento especial por conta apenas do valor das vendas e dos serviços prestados, abstendo-se de considerar, *inter alia,* os custos comprovadamente indispensáveis à realização daqueles proveitos.

Ora, incidindo o tipo de imposto em causa sobre o lucro tributável (artigo°s 1.° e 3.° do CIRC) de determinado período e sendo este forçosamente uma resultante da concorrência do "valor das vendas e dos serviços prestados" com o valor dos custos, fica irremediavelmente comprometida a idoneidade desse critério como modo de antecipação do imposto, em face de uma inaptidão estrutural para antecipar presumivelmente a obrigação tributária por conta da qual se impõe o pagamento, já que o mesmo, pelo total desprezo da outra variável do lucro tributável, acaba por se mostrar totalmente indiferente à probabilística realização e quantificação do facto tributário complexo, tal como ele se mostra assumido no respectivo tipo de imposto.

Na verdade, a mera ponderação do volume de negócios não pode, em absoluto, considerar-se sintomática da existência, e muito menos da respectiva extensão, de uma futura dívida tributária, dado que, por maior que seja o valor das vendas e dos serviços prestados, as variações introduzidas pela relevância decisiva dos custos na definição da obrigação tributária são susceptíveis de alterar radicalmente a determinação do imposto devido, e, nessa base, o pressuposto assumido na lei pode determinar o cumprimento de uma prestação totalmente à revelia da obrigação por conta da qual é imposto.

Impõe-se, por isso, reter que a total irrelevância conferida nesta sede ao rendimento, na estrita medida em que este possa assumir-se como tributável, redunda na imposição de um critério manifestamente desadequado e desproporcionado em face da composição da obrigação fiscal por conta da qual se exige a prestação em causa, sem que o mesmo possa justificar-se sob a óptica da sua necessidade.

De facto, ao determinar um pagamento antecipado do imposto com base no rendimento *ilíquido,* a norma *em crise* acaba por revelar-se manifestamente alheia ao critério substancial de conformação do lucro tributável como *definens* da obrigação de imposto, abstraindo do *an* e do *quantum* que esta pode expressar.

Por isso, o parâmetro que serve de base ao cálculo do pagamento especial por conta não é só *qualitativamente* desajustado ao pressuposto do imposto, como também se afigura *quantitativamente* indiferente à sua presumível extensão, o que determina, *semel pro semper,* a existência de uma abstracta desproporcionalidade em relação à capacidade contributiva que pode ser imputada ao sujeito passivo e, a final, à efectiva composição da obrigação tributária emergente, violando-se desse modo os princípios da capacidade contributiva, da adequação e da proporcionalidade, ínsitos princípio do Estado de direito democrático consagrado no artigo 2.º da Constituição.

Por outro lado, esta conclusão não é afastada pela consideração da baixa percentagem que o legislador faz recair sobre o valor dos serviços ou vendas realizados no exercício anterior.

Na verdade, para além desse facto não desmentir a impertinência do critério de determinação do pagamento especial por conta à luz do que pode ser exigido em face de uma presumível capacidade contributiva, não pode esquecer-se o facto de que o pagamento especial por conta acresce ao valor do pagamento por conta – que pode ascender até 90% do valor do imposto liquidado no exercício anterior –, razão pela qual nem mesmo essa diminuta percentagem pode autorizar a presuntiva conclusão, extraída de um errado pressuposto, de que a dívida fiscal corresponderá ao menos a 1% do volume de negócios.

Mutatis mutandis, o mesmo poderá dizer-se da existência de um limite máximo que o pagamento especial por conta não pode ultrapassar, porquanto o estabelecimento desse "tecto" apenas pode limitar a distorção dos efeitos decorrentes da isolada consideração do volume de negócios como critério de pagamento, mas não impede a existência de uma prestação alheia e desproporcionada à realidade subjacente à tributação.

Impõe-se, pois, considerar que uma justa repartição dos encargos fiscais, na pluralidade significante que tal critério abarca e enquanto momento de validade presente em toda a vida do imposto, posterga, *in casu,* a adopção de um critério de pagamento antecipado do imposto que, no seu radical constitutivo, se revela inidóneo, desadequado e desproporcionado à obrigação que o justifica.

3. Para concluir, importará apenas referir que a inconstitucionalidade do regime do pagamento especial por conta, aqui advogada, acaba por decorrer da configuração legislativa que recorta actualmente o instituto, deixando margem para que tal regime, superadas as linhas de corte com os *principia* que aqui foram expostas, possa manter-se como fonte de antecipação da receita fiscal.

COMENTÁRIOS DE JURISPRUDÊNCIA

LOCALIZAÇÃO PARA EFEITOS DO IVA DE SERVIÇOS RELACIONADOS COM A PERMUTA DE DIREITOS DE FÉRIAS EM EMPREENDIMENTOS TURÍSTICOS

COMENTÁRIO AO ACÓRDÃO DO TJUE DE 3 DE SETEMBRO DE 2009, PROCESSO C-37/08, CASO *RCI EUROPE*)

Rui Laires

1. Introdução

O *London VAT and Duties Tribunal*, do Reino Unido da Grã-Bretanha e Irlanda do Norte (adiante referido como "Tribunal do Reino Unido") – relativamente a uma acção em que era recorrente a sociedade *RCI Europe* (doravante identificada por "RCI") e recorridos os *Commissioners of HM Revenue and Customs* (a seguir indicados como "Administração Fiscal do Reino Unido") –, decidiu suspender a instância e suscitar perante o Tribunal de Justiça da União Europeia (TJUE), a título prejudicial, um conjunto de questões relativas à interpretação da alínea a) do n.º 2 do artigo 9.º da Directiva 77/388/CEE, do Conselho, de 17 de Maio de 1977 ("Sexta Directiva"), em relação ao lugar de tributação das prestações de serviços relacionadas com a intermediação na permuta de direitos periódicos de alojamento em empreendimentos turísticos.[1]

[1] A Sexta Directiva foi objecto de uma reformulação, entrada em vigor a 1 de Janeiro de 2007, tendo em vista, no essencial, proceder a uma diferente sistematização das matérias e a uma nova numeração dos seus artigos. Tal objectivo foi concretizado através da Directiva 2006/112/CE, do Conselho, de 28 de Novembro de 2006, relativa ao sistema comum do imposto sobre o valor acrescentado. A regra contida na alínea a) do n.º 2 do artigo 9.º da Sexta Directiva passou a constar do artigo 45.º da Directiva do IVA, na redacção deste artigo que vigorou até 31 de Dezembro de 2009. Dado que, quer os factos tributários objecto de controvérsia no processo principal, quer as questões pre-

Eram do seguinte teor as questões colocadas ao TJCE:

«1. No âmbito dos serviços prestados pela recorrente em contrapartida de:

– uma taxa de inscrição;
– uma taxa de subscrição; e
– uma taxa de permuta,

pagas pelos membros do programa *Weeks* da recorrente, quais os factores a tomar em consideração para se determinar se os serviços estão "relacionados com imóveis" na acepção do artigo 9.°, n.° 2, alínea a), da Sexta Directiva IVA (actual artigo 45.° da Directiva IVA refundida)?

«2. No caso de algum ou de todos os serviços prestados pela recorrente estarem "relacionados com" imóveis, na acepção do artigo 9.°, n.° 2, alínea a), da Sexta Directiva IVA (actual artigo 45.° da Directiva IVA refundida), o imóvel com o qual esse serviço ou serviços estão relacionados é o imóvel depositado na bolsa ou o imóvel solicitado em troca do imóvel depositado, ou ambos?

«3. No caso de algum dos serviços estar "relacionado com" ambos os imóveis, como deve esse serviço ser classificado para efeitos da Sexta Directiva IVA (actual Directiva IVA refundida)?

«4. Atendendo às soluções divergentes encontradas pelos vários Estados-Membros, como qualifica a Sexta Directiva IVA (actual Directiva IVA refundida) os montantes da "taxa de permuta" pagos ao sujeito passivo pelas seguintes prestações:

– facilitar a permuta de direitos de utilização para férias pertencentes a membros de um programa gerido pelo sujeito passivo por direitos de utilização para férias pertencentes a outros membros desse programa; e/ou
– fornecer direitos de utilização de alojamento adquiridos pelo sujeito passivo a sujeitos passivos terceiros para complementar a bolsa de alojamentos disponíveis para os membros desse programa?»

---

judiciais suscitadas pelo Tribunal do Reino Unido se reportavam ao articulado da Sexta Directiva, a matéria foi analisada ainda com referência às disposições desta.

2. Factos e pontos de vista dos intervenientes no processo principal

Em causa no processo principal, que corria termos no Tribunal do Reino Unido, estava a definição do enquadramento em IVA de certas operações relacionadas com a permuta de direitos periódicos de habitação turística. A permuta era assegurada pela RCI, com sede no Reino Unido, junto de titulares de direitos de habitação turística, através de um programa de permutas denominado *«RCI Weeks»*. Os aderentes ao programa podiam, através da RCI, permutar anualmente o respectivo direito de férias em relação a um dado empreendimento turístico. Nesse caso, o correspondente direito poderia ser gozado em outro empreendimento turístico situado em qualquer país do mundo.

Os aderentes ao programa pagavam à RCI uma "taxa de inscrição", se pretendessem aderir ao referido programa, e uma "taxa de subscrição", com carácter anual, para manterem a qualidade de membros do programa, bem como uma "taxa de permuta", caso nesse ano viessem efectivamente a permutar o respectivo direito.

Na sequência de uma acção de inspecção tributária realizada em Espanha, junto de uma sucursal da RCI naquele país, a Administração Fiscal espanhola considerou que a RCI deveria liquidar o IVA espanhol em relação às taxas de inscrição e de subscrição respeitantes a direitos turísticos cujos imóveis se situassem em Espanha. Quanto às taxas de permuta, a Administração Fiscal espanhola entendeu que deveria ser liquidado IVA espanhol quando o imóvel que fosse colocado à disposição do cliente se situasse em Espanha. Este entendimento veio a ser impugnado pela RCI junto dos tribunais espanhóis, os quais confirmaram o ponto de vista da Administração Fiscal espanhola. Todavia, no momento em que foi proferida a decisão por parte do TJUE, encontrava-se ainda a aguardar a decisão de um último recurso interposto pela RCI perante o Supremo Tribunal daquele Estado membro.

Em consonância com a RCI, a Administração Fiscal do Reino Unido considerava que as taxas de inscrição e as taxas de subscrição se constituíam como operações sujeitas a IVA no Reino Unido, em virtude de o respectivo lugar de tributação dever corresponder ao lugar da sede da RCI, na qualidade de prestadora dos referidos serviços. Quanto à taxa de permuta, a RCI e a Administração Fiscal do Reino Unido haviam acordado no sentido da aplicação do regime especial de tributação das agências de viagens, considerando que o correspondente montante seria objecto de tributação no Reino Unido quando o imóvel colocado à disposição do cliente se situasse no interior da União Europeia (UE), e que não seria sujeito a tributação quando esse imóvel se situasse fora do território da UE. Do ponto de vista da RCI – o qual era acompanhado no essencial pela Administração Fiscal do Reino Unido – as prestações de serviços em causa no processo não apresentavam uma conexão suficiente com um bem imóvel determinado.

No entanto, em função do entendimento da Administração Fiscal espanhola, a RCI passara a submeter ao IVA espanhol as taxas de inscrição, de subscrição e de permuta relativas a imóveis situados em Espanha. Esse procedimento, adoptado pela RCI a partir de 1 de Janeiro de 2004, levara a que aquele sujeito passivo deixasse de liquidar o IVA em vigor no Reino Unido em relação às operações relacionadas com imóveis sitos em Espanha. Discordando desse procedimento, a Administração Fiscal do Reino Unido decidiu proceder à liquidação adicional do IVA relativo ao ano de 2004, a qual era objecto de controvérsia no processo principal.

3. Enquadramento das questões colocadas pelo Tribunal do Reino Unido

Através das questões prejudiciais colocadas ao TJUE, o Tribunal do Reino Unido pretendia, no essencial, saber qual era a regra de localização aplicável aos serviços prestados pela RCI aos aderentes ao programa *RCI Weeks*.

De harmonia com a regra geral prevista no n.º 1 do artigo 9.º da Sexta Directiva, as prestações de serviços eram de considerar efectuadas no local em que o prestador dispõe da respectiva sede ou de um estabelecimento estável a partir do qual os serviços são efectuados. Todavia, tal regra geral comportava várias excepções, entre outras, a aplicável às prestações de serviços relacionadas com um bem imóvel, incluindo as prestações de agentes imobiliários e de peritos, bem como as prestações tendentes a preparar ou coordenar a execução de trabalhos em imóveis, como, por exemplo, as prestações de serviços de arquitectos e de gabinetes técnicos de fiscalização. Esta excepção à regra geral de localização das prestações de serviços determinava a tributação dos serviços conexos com bens imóveis no local onde se situasse o imóvel, conforme previsto na alínea a) do n.º 2 do artigo 9.º da Sexta Directiva.

As prestações de serviços realizadas pela RCI aos aderentes e aos membros do programa *RCI Weeks* respeitavam, em geral, à possibilidade de estadia, por um dado período de tempo anual, em empreendimentos turísticos situados em diversos países, quer no interior da UE, quer fora dela. Em decisão anterior, tomada por via do acórdão de 7 de Setembro de 2006 (processo C-166/05, caso *H. Rudi*, Colect. p. I-7749, n.º 23), em que considerou que a cessão de um direito de pesca fluvial tinha conexão com um bem imóvel, o TJUE sublinhou, para o efeito, que a relação estabelecida entre uma dada prestação de serviços e um imóvel tem de ser uma relação suficientemente directa, não sendo de incluir na alínea a) do n.º 2 do artigo 9.º da Sexta Directiva uma prestação de serviços que apresente uma conexão muito ténue com um bem imóvel. No caso agora sob análise, os direitos que eram objecto de permuta, na sequência dos serviços prestados pela RCI, só poderiam ser exercidos em conexão com bens imóveis e estes constituíam um elemento central e indispensável das prestações de serviços em causa, não parecendo que tivessem com os imóveis uma relação apenas ténue.

Geradora de maiores dúvidas era, porém, a questão de saber se o imóvel relevante, para efeitos de determinar a localização das prestações de serviços, seria o imóvel dado em permuta ou o imóvel recebido em permuta. O imóvel recebido em permuta era aquele em que os destinatários dos serviços da *RCI* iam, efectivamente, beneficiar dos serviços de alojamento turístico a prestar nessa unidade hoteleira ou similar. Por seu lado, o imóvel dado em permuta era aquele que os destinatários dos serviços prestados pela *RCI* inscreviam no programa *RCI Weeks*, para poderem beneficiar da permuta promovida pela *RCI*.

4. Decisão do TJUE

4.1. Na sua decisão, o TJUE considerou que os serviços prestados pela RCI eram de considerar conexos com bens imóveis, e que a conexão relevante era com o imóvel inscrito no programa *RCI Weeks* para efeitos de ser dado em permuta.

O TJUE não adoptou a solução preconizada pela advogada-geral Verica Trstenjak, nas suas conclusões apresentadas a 23 de Abril de 2009, muito próxima, aliás, da defendida pela Administração Fiscal do Reino Unido e pela RCI. A advogada-geral sugeria que a decisão fosse no sentido de considerar que os serviços prestados pela RCI, em contrapartida de uma taxa de inscrição e de taxas de subscrição anuais, seriam abrangidos pela regra geral de localização prevista no n.º 1 do artigo 9.º da Sexta Directiva. Quantos aos serviços prestados pela RCI em contrapartida das taxas de permuta, a advogada-geral opinara que poderiam ser objecto de regra de localização congénere, prevista no segundo período do n.º 2 do artigo 26.º da Sexta Directiva, em resultado da aplicação do regime especial do IVA das agências de viagens, só sendo de aplicar um critério de conexão ligado à localização dos bens imóveis se o tribunal nacional viesse a considerar inaplicável aquele regime especial. Na eventualidade, porém, de ter seguido as soluções privilegiadas pela advogada-geral, conduzindo à localização das operações em causa no lugar da sede da entidade prestadora dos serviços, preterir-se-ia uma tributação tanto quanto possível próxima do local do respectivo consumo, consequência a que o TJUE parece ter sido sensível, como se apreende do afirmado nos n.ºs 39 e 40 do texto decisório.

4.2. Assim, no que concerne à qualificação das prestações de serviços efectuadas pela RCI aos membros do programa *RCI Weeks*, o TJUE enunciou, nos n.ºs 28 a 35 do acórdão, os principais fundamentos que seguem:

a) Se é verdade que o pagamento das taxas de inscrição e das taxas de subscrição anual, por si só, apenas conferia aos clientes da RCI o acesso ao programa de permutas organizado por esta entidade, o facto é que a adesão a esse programa tem como tem como único fito para os clientes a permuta dos respectivos direitos de utilização periódica em alojamentos turísticos, sem a qual o pagamento daquelas taxas não teria qualquer utilidade;

b) Não obsta a este entendimento a circunstância de o pagamento das taxas de inscrição e de subscrição poderem, eventualmente, acabar por não dar lugar a uma efectiva operação de permuta quando o cliente da RCI decida não aceitar as propostas de permuta, já que as taxas representam a contrapartida dos serviços prestados ou a prestar pela RCI que lhe dão acesso a poder vir a beneficiar da permuta do direito de que é titular;

c) Como o TJUE já decidira no acórdão de 21 de Março de 2002 (processo C-174/00, caso *Kennemer Golf*, Colect. p. I-3293, n.º 42), as quotizações anuais dos membros de uma associação são susceptíveis de constituir a contrapartida pelos serviços que esta presta, ainda que tais membros acabem por não utilizar os serviços disponibilizados pela associação;

d) Por seu turno, no que respeita ao pagamento das taxas de permuta, este tem por fito a própria concretização da permuta, surgindo o inerente acesso à bolsa de permutas e às informações a ela relativas como elementos meramente acessórios daquela finalidade.

4.3. Seguidamente, nos n.ºs 36 e 37 do acórdão, em relação à aplicação do critério de conexão dos serviços relacionados com bens imóveis, constante, na altura dos factos, da alínea a) do n.º 2 do artigo 9.º da Sexta Directiva, o TJUE assinalou o seguinte:

a) A aplicação da referida disposição, pressupõe a existência de um nexo suficientemente directo entre a prestação de serviços e o imóvel em causa;

b) Uma vez que um grande número de prestações de serviços estão ligadas, de uma forma ou de outra, a um bem imóvel, não seria adequado incluir no âmbito de aplicação daquela regra específica todas as prestações de serviços que apresentassem uma conexão com um bem imóvel, incluindo os casos em que essa ligação fosse muito ténue;

c) Os direitos objecto de permuta constituem direitos sobre bens imóveis, sendo a respectiva permuta operações directamente conexas com bens imóveis.

4.4. Relativamente a questão de definir se o imóvel relevante para determinar o elemento de conexão seria o imóvel dado em permuta ou o imóvel obtido em permuta por cada um dos membros do programa, o TJUE decidiu que o lugar de tributação dos serviços prestados pela RCI aos seus membros, em contrapartida da taxa de inscrição, da taxa anual de subscrição e da taxa de permuta, deve ser o lugar onde se situe o imóvel dado em permuta. Para tanto, o TJUE, nos n.ºs 38 e 41, evidenciou o seguinte:

a) O titular de um direito de utilização periódica sobre um imóvel, que pretenda permutar o seu direito com um titular de um direito idêntico sobre outro imóvel, não entra em contacto com este, mas com a RCI;

b) O pagamento feito à RCI não é a contrapartida do alojamento num dado empreendimento de férias, mas a contrapartida dos serviços prestados pela RCI que permitem facilitar a permuta do seu direito relativo a um imóvel, pelo que é com esse imóvel que estão relacionados os referidos serviços;

c) Assim, as prestações de serviços efectuadas pela RCI a cada um dos seus membros estão conexas com o imóvel relativamente ao qual esse membro detém os direitos que coloca à disposição do programa *RCI Weeks*.

4.5. Por último, nos casos em que residualmente a RCI contratava com terceiros a prestação, por estes terceiros, de serviços de alojamento em certos empreendimentos turísticos, no sentido de completar a bolsa de alojamentos disponíveis para os membros do programa RCI *Weeks*, o TJUE salientou, no n.º 42 do acórdão, que a RCI só cobrava as taxas em apreço aos seus membros, pelo que não havia qualquer serviço ou qualquer outra operação tributável realizada pela RCI a terceiros.

4.6. Com base na fundamentação exposta, o TJUE, no dispositivo do acórdão, declarou o seguinte:

> «O artigo 9.º, n.º 2, alínea a), da Sexta Directiva [...] deve ser interpretado no sentido de que o lugar das prestações de serviços levadas a cabo por uma associação cuja actividade consiste em organizar a permuta entre os seus membros dos respectivos direitos de utilização periódica de alojamentos de férias em contrapartida das quais esta associação recebe dos seus membros taxas de inscrição, subscrições anuais e taxas de permuta é o lugar onde está situado o imóvel relativamente ao qual o membro em causa é titular do direito de utilização periódica.»

5. Conclusão

A alínea a) do n.º 2 do artigo 9.º da Sexta Directiva, objecto de interpretação no presente processo, deu lugar, a partir de 1 de Janeiro de 2007, ao artigo 45.º da Directiva do IVA, na redacção deste artigo que vigorou entre aquela data e 31 de Dezembro de 2009. Actualmente, a regra relativa ao lugar de tributação das prestações de serviços conexas com bens imóveis consta, em termos que se afiguram materialmente idênticos, do artigo 47.º da Directiva do IVA, na redacção dada pela Directiva 2008/8/CE, do Conselho, de 12 de Fevereiro de 2008, com efeitos desde 1 de Janeiro de 2010. A decisão tomada no presente processo continua, portanto, a ter plena aplicação relativamente a factos tributários ocorridos a partir de 1 de Janeiro de 2010. Aliás, do ponto de vista da clareza da respectiva redacção, o artigo 47.º da Directiva do IVA passou a enunciar expressamente que o lugar da situação do bem imóvel é o critério de conexão relevante para efeitos de localização dos serviços de alojamento no sector hoteleiro e em sectores com funções análogas.

Na actual legislação interna portuguesa, a regra de localização dos serviços relacionados com bens imóveis, prevista no artigo 47.º da Directiva do IVA, decorre da conjugação do disposto na alínea a) do n.º 7 e na alínea a) do n.º 8 do artigo 6.º do Código do IVA, na redacção dada pelo Decreto-Lei n.º 186/2009, de 12 de Agosto. Daí resulta que são consideradas efectuadas em território nacional as prestações de serviços relacionadas com bens imóveis nele situados, ao passo que as relacionadas com bens imóveis localizados fora dele não são consideradas efectuadas em território nacional, independentemente do lugar onde o prestador ou o destinatário dos serviços se encontrem sediados, estabelecidos ou domiciliados.

Entretanto, aguarda-se que a decisão tomada no presente processo possa ser complementada pela que virá a ser tomada, a breve trecho, no processo C-270/09 (caso *MRL*), também submetido ao TJUE por um tribunal do Reino Unido da Grã-Bretanha e Irlanda do Norte. Neste segundo processo, a matéria controvertida já não respeita à localização de serviços relacionados com permutas, mas à definição do Estado membro onde devem ser submetidas a tributação as prestações de serviços de alojamento em empreendimentos turísticos, quando o direito ao alojamento seja obtido através da adesão a clubes de férias que procedem à emissão e à gestão de cartões de pontos para o efeito.

À semelhança do que acabou por se demonstrar na presente decisão relativa à *RCI*, também a interpretação da Administração Fiscal do Reino Unido no caso *MRL* se afigura inadequada e susceptível de prejudicar a receita fiscal dos Estados membros onde predominantemente se situam os empreendimentos turísticos potencialmente abrangidos, como pode suceder com Portugal.

É conveniente, por isso, que os serviços a quem está atribuída a administração do IVA e os incumbidos do controlo do imposto venham estando atentos às consequências da decisão tomada no caso *RCI* e das que resultarem da decisão no caso *MRL*, de modo a que, com base nos elementos reunidos a nível nacional ou em informações obtidas através dos mecanismos intracomunitários de cooperação administrativa, possam ser acauteladas as receitas fiscais que, segundo as regras do sistema comum do IVA, devam afluir ao Estado português.

COMENTÁRIO AO ACÓRDÃO DO TRIBUNAL CONSTITUCIONAL N.º 188/2009, DE 22 DE ABRIL DE 2009 (PROCESSO N.º 505/08)
Plenário – Relator: Conselheiro Carlos Fernandes Cadilha

Nazaré da Costa Cabral

I – Dos fundamentos do pedido de apreciação da constitucionalidade e sumário do Acórdão

1. Neste Acórdão, o Tribunal Constitucional pronuncia-se sobre um pedido, feito pelo Provedor de Justiça, em fiscalização abstracta sucessiva, de declaração de inconstitucionalidade do artigo 101.º do Decreto--Lei n.º 187/2007, de 10 de Maio. O artigo determina o seguinte:

«1 – Nas pensões calculadas nos termos do artigo 34.º, P1 fica limitada a 12 vezes o IAS, sem prejuízo do disposto nos números seguintes.

2 – Sempre que P2 seja superior a P1, não é aplicada qualquer limite a esta parcela.

3 – A limitação referida no n.º 1 também não é aplicável se o valor de P1 e de P2 for superior a 12 vezes o valor do IAS e o P1 for superior a P2, situação em que a pensão é calculada nos termos do artigo 32.º».

Estaria em causa a violação dos princípios da protecção da confiança, da proporcionalidade e da igualdade e, bem assim, a violação do princípio da contributividade, constante no artigo 54.º da Lei de Bases da Segurança Social (Lei n.º 4/2007, de 16 de Janeiro). O Provedor de Justiça fundamentou o pedido nos seguintes termos:

> «– O Decreto-Lei n.º 187/2007, de 10 de Maio, veio estabelecer o regime jurídico de protecção nas eventualidades invalidez e velhice do regime geral da segurança social.
>
> – O diploma prevê, no seu artigo 101.º, n.º 1, um limite superior, correspondente a 12 vezes o Indexante dos Apoios Sociais (IAS), para

uma das parcelas ("P1") da fórmula de cálculo da pensão a atribuir aos beneficiários inscritos até 31 de Dezembro de 2001. Essa fórmula de cálculo consta do artigo 33.º e a parcela que aí se inclui, e que o artigo 101.º limita, é calculada nos termos do artigo 34.º, todos do mesmo Decreto-Lei n.º 187/2007.

– As pessoas mais afectadas por aquele limite imposto, no artigo 101.º, a uma das parcelas da fórmula de cálculo do artigo 33.º, são aquelas que estão mais próximas de receber a pensão, ou seja, as pessoas que iniciem a pensão entre 1 de Julho de 2007 (data de entrada em vigor da lei, nos termos do seu artigo 115.º) e 31 de Dezembro de 2016 (data em que os beneficiários inscritos até 31 de Dezembro de 2001 passarão a estar sujeitos a uma nova fórmula de cálculo).

– As pessoas visadas pela limitação imposta no artigo 101.º, são, na prática, e no que às pensões por velhice diz respeito, aquelas que terão agora uma idade compreendida entre os 56 e os 64 anos, e estarão portanto já próximas do final da sua carreira contributiva.

– Com o limite imposto pelo artigo 101.º, n.º 1, essas pessoas sofrem uma redução assinalável, em muitos casos drástica, das suas pensões face ao valor expectável antes da aprovação das regras neste momento em vigor.

– De entre os casos que foram apresentados na Provedoria, encontra-se um, por exemplo, em que a pensão seria de € 7318,00 e, por efeito da aplicação do limite imposto pelo artigo 101.º, ficará reduzida a € 4986, 56, implicando uma perda correspondente a 46,7 % do valor que seria considerado segundo cálculo anteriormente previsto.

– Note-se que estas alterações se aplicam inclusivamente a beneficiários com 64 anos de idade e 40 anos de carreira contributiva que, à data da entrada em vigor da lei, estavam à beira de poderem solicitar a correspondente pensão.

– A situação é particularmente chocante quando se aplique a limitação do valor das pensões aos membros dos órgãos estatutários das pessoas colectivas, pois estes foram legalmente autorizados (pelo artigos 11.º e 12.º do DL n.º 327/93 de 25 de Setembro, nas redacções e na interpretação dadas pelos DL n.º 103/94, de 20 de Abril, e 571/99, de 24 de Dezembro) a fazer o pagamento das suas contribuições com base no valor real das remunerações quando estas excedessem o limite máximo da base de incidência fixado naquele diploma.

– Quando essas pessoas optaram por descontar um valor superior ao limite máximo da base de incidência, fizeram-no baseadas no pressuposto de que o valor da pensão que iriam futuramente receber teria correspondência nesse acréscimo de descontos autorizados pelo legislador.

– A limitação do valor máximo das pensões poderá ter consequências, ainda, na situação dos beneficiários inscritos até 31 de Dezembro de 2001, mas que apenas iniciem a sua pensão após 31 de Dezembro de 2016, embora seja de reconhecer que, nestes casos, os beneficiários se encontravam, à data da entrada em vigor da solução legal contestada, mais longe da reforma, sendo as respectivas expectativas neste sentido, naturalmente menos exigentes ao nível da tutela jurídica.

– O regime estabelecido no artigo 101.º viola os princípios constitucionais da confiança, da proporcionalidade e da igualdade, o primeiro podendo ser extraído do conceito de Estado de Direito democrático a que alude o artigo 2.º da Constituição da República Portuguesa, o segundo decorrendo explicitamente, a propósito dos direitos liberdades e garantias, do artigo 18.º, n.º 2, do texto constitucional, o último estando estabelecido, de forma genérica, no artigo 13.º da Lei Fundamental.

– Contraria, também, os princípios da contributividade e do respeito pelos direitos adquiridos e em formação consignados na Lei de Bases da Segurança Social.

– Na verdade, decorre do artigo 54.º da Lei de Bases da Segurança Social actualmente em vigor, a Lei n.º 4/2007, de 16 de Janeiro, que o sistema previdencial deve ter por base uma relação sinalagmática directa entre a obrigação legal de contribuir e o direito às prestações.

– E o artigo 58.º da mesma lei apenas permite a limitação dos valores das pensões pela limitação prévia dos valores das contribuições.

– A relação sinalagmática entre a pensão e a contribuição é objectivamente comprometida pela nova lei, em especial, no caso dos membros dos órgãos de pessoas colectivas que descontaram para além do limite máximo da base de incidência, sem que a lei preveja a devolução dos montantes pagos.

– O regime viola ainda o princípio da tutela da confiança, tendo em consideração que os beneficiários que são atingidos pela limitação do valor das suas pensões já não poderão reorientar a sua estratégia de planeamento das respectivas pensões.

– As excepções previstas no artigo 101.º, n.º 2 e 3, dificilmente terão repercussão no que respeita aos beneficiários mais perto da reforma (isto é, aos inscritos até 31 de Dezembro de 2001 que iniciem pensão até 31 de Dezembro de 2016) pois o peso da parcela da fórmula de cálculo que está sujeita ao limite do artigo 101.º é decisivo para o cálculo da pensão podendo mesmo corresponder, para uma carreira contributiva de 40 anos, à proporção de 39/40, no caso das pessoas que se reformem logo em 2008.

– Do preceituado no artigo 101.º, incluindo as suas excepções, conclui-se que foi objectivo do legislador penalizar as situações dos beneficiários que obtiverem remunerações mais elevadas nos últimos anos da carreira contributiva.

– Contudo, na medida em que o regime instituído no artigo 101.º, n.º 1, tenha por objectivo atingir apenas as pessoas que terão manipulado o futuro valor da pensão, viola o princípio da proporcionalidade, pois não atinge apenas essas pessoas mas também todas as outras, incluindo os trabalhadores por conta de outrem cujos descontos em nada dependem da sua vontade.

– A medida estabelecida pelas normas do artigo 101.º, do Decreto-Lei n.º 187/2007, visa uma "maior moralização do sistema" (cf. preâmbulo do diploma), mas a verdade é que abrange, de forma arbitrária, pensionistas que, beneficiando de remunerações mais elevadas nos últimos anos da carreira contributiva não tiveram qualquer intervenção na fixação desses montantes.

– Há, além disso, violação do princípio da igualdade, consagrado no artigo 13.º da Lei Fundamental, pois o limite do valor das pensões apenas se aplica a uma categoria bem determinada de destinatários (os inscritos até 31 de Dezembro de 2001 e, entre estes, de forma mais gravosa atendendo ao nível da expectativas criadas, para os que iniciem a pensão até 31 de Dezembro de 2016).

2. Estes argumentos foram no entanto rejeitados pelo Tribunal Constitucional (que decidiu não declarar nem a inconstitucionalidade, nem a ilegalidade do artigo *sub judice)*, em termos que a seguir se reproduzem:

Relativamente ao **princípio da confiança**, o Tribunal considerou que: «Não pode dizer-se, em todo este condicionalismo, que a mutação da ordem jurídica tenha afectado de forma inadmissível as expectativas das pessoas abrangidas por esse novo regime de transição e que essa tenha sido uma alteração legislativa com que, razoavelmente, os destinatários não poderiam contar. E não pode deixar de reconhecer-se que a limitação do montante da pensão, entendida no quadro mais geral da reforma do sistema de segurança social, se encontra justificada pela necessidade de salvaguardar interesses constitucionalmente protegidos que devem considerar-se prevalecentes, como o princípio da justiça intergeracional e o princípio da sustentabilidade.»

Quanto à alegada violação do **princípio da proporcionalidade**, o Tribunal defendeu que: «Objectivamente o regime precedente propiciava a obtenção de pensões mais elevadas através do aproveitamento, para efeito do cálculo do montante da pensão, do período contributivo mais favorável da fase final da actividade profissional. A nova lei intentou uma alteração estruturante do sistema de segurança social, com base em razões de justiça social e de sustentabilidade financeira, visando assegurar que a pensão reproduza com maior fidelidade as remunerações auferidas ao longo da vida profissional. O regime legal não foi pois estabelecido em vista de exigências pragmáticas de combate a situações de aproveitamento de deficiências legais para obtenção de benefícios injustificados, mas é antes a decorrência de um critério de cálculo do montante de pensões que se entende socialmente mais justo e que pretende responder, nesse plano, às modificações resultantes das alterações demográficas e económicas que têm reflexo no sistema de segurança social. Não pode dizer-se, neste contexto, que a fixação de um limite superior da pensão, abrangendo indistintamente quem tenha ou não manipulado o cálculo da pensão, deixe de contribuir para esse desígnio legislativo, nada permitindo concluir no sentido da invocada violação do princípio constitucional da proporcionalidade.»

Já no que diz respeito ao desrespeito pelo **princípio da igualdade**, entendeu o Tribunal Constitucional que Assente, por outro lado, que o legislador dispõe de liberdade de conformação para modificar o sistema legal, designadamente em matéria de direitos sociais, e estabelecer aí diferenciações de regime (fora das situações limite em que se encontre condicionado pelo princípio da *proibição do retrocesso social*), a única questão que pode colocar-se, no estrito plano da igualdade é a possível violação da proibição do arbítrio. É patente, porém, que a delimitação do campo subjectivo de aplicação da fórmula proporcional do cálculo do montante das pensões, bem como do limite superior do valor da pensão, apenas por referência aos beneficiários inscritos até 31 de Dezembro de 2001 não é, de nenhum modo, uma medida arbitrária. Por outro lado, através da segmentação dos períodos de transição, aplicando cálculos com diferentes modulações para os que iniciem a pensão até 31 de Dezembro de 2016 ou após essa data, o legislador mais não pretendeu, em ordem ao objectivo traçado, do que assegurar que a parcela da pensão que deverá ser calculada segundo as novas regras (P2) venha a assumir proporcionalmente um maior peso relativo na média ponderada das duas fórmulas de cálculo. Como logo se entrevê, não faz qualquer sentido pretender que a limitação do montante da pensão (que integra o regime transitório aplicável aos inscritos até 31 de Dezembro de 2001) devesse ser genericamente prevista para todos os beneficiários. Por um lado, a aplicação de um factor correctivo do limite da pensão só tem cabimento em relação àqueles que, por se encontrarem abrangidos pelo regime de transição, beneficiam ainda da aplicação parcial do regime de cálculo, mais favorável, do Decreto-Lei n.º 329/93, e que propiciava (...), a obtenção de pensões muito elevadas.»

Finalmente, quanto à invocada violação do **princípio da contributividade**, o Tribunal começa por recordar que: «A referência legal a uma *relação sinalagmática directa* entre a obrigação legal de contribuir e o direito às prestações parece pressupor um princípio contratualista de correspectividade entre os direitos e obrigações que integram a relação jurídica de segurança social. Mas diversos outros indicadores apontam no sentido de que o legislador pretendeu apenas referir-se à necessária interdependência entre o direito às prestações e a obrigação de contribuir, o que não significa que exista uma directa correlação entre a contribuição paga e o valor da pensão a atribuir.» E acrescenta: «O sinalagma a que se alude no artigo 54º da Lei de Bases não pretende significar, por conseguinte, a existência de um vínculo de correlatividade entre o montante da pensão e o valor das remunerações sobre que incidiram as contribuições; antes revela um nexo de dependência recíproca que se estabelece entre duas obrigações: a *obrigação contributiva*, que recai sobre os beneficiários e entidades empregadoras, e a *obrigação prestacional*, que incumbe ao Estado, através das instituições de segurança social. Nestes termos, o *princípio da contributividade*, tal como se encontra formulado no artigo 54º da Lei n.º 4/2007, pretende caracterizar essencialmente a ideia de autofinanciamento do sistema previdencial, distinguindo essa modalidade de protecção social, daquelas outras que assentam em regimes não contributivos.» Para concluir: «Visando o legislador, como se deixou esclarecido, acelerar a transição para a nova fórmula de cálculo, a desconsideração de parte das contribuições efectuadas sobre as remunerações mais elevadas de um determinado período da actividade profissional, por efeito da imposição de um valor máximo ao montante da pensão, constitui uma (outra) medida legislativa de concretização do princípio da contributividade tal como é hoje entendido. No ponto em que, em relação a esse universo de beneficiários, atenua a disparidade do sistema, por via da introdução de um factor correctivo, e possibilita uma aproximação ao regime geral.»

II – Anotação

Os argumentos jurídicos de fundo, ao abrigo dos quais analisaremos a posição do Tribunal Constitucional sobre o disposto no artigo 101.º do Decreto-Lei n.º 187/2007, são, por um lado, o da eventual violação do princípio da confiança e, por outro, o da eventual violação do princípio da contributividade.

a) O artigo 101.º do Decreto-Lei n.º 187/2007 e a eventual violação do princípio da confiança

1. O princípio da confiança mantém, como assinala Frada (2001), uma relação dúplice com o Direito. Assim, se é certo que «cabe a qualquer ordem jurídica a missão indeclinável de garantir a confiança dos sujeitos, porque ela constitui um pressuposto fundamental de qualquer coexistência ou cooperação pacíficas, isto é, da paz jurídica» (p. 13), também não é menos verdade que a crescente *juridificação* nas sociedades tende a conduzir à «substituição do processo informal de coordenação dos comportamentos através da confiança pela institucionalização de regras jurídicas "formais"» (p. 12).

Assim sucede, por exemplo, no Direito Civil (*maxime* no Direito das Obrigações), seja no domínio contratual, seja no campo da responsabilidade extracontratual. Como refere Araújo (2007), «um dos objectivos da disciplina contratual é incutir em ambas as partes, ou ao menos, numa delas, a parte *credora*, a confiança de que o devedor cumprirá – uma confiança que aumenta o valor do cumprimento para o próprio credor, incentivando-o a investir *por conta* do cumprimento, a fazer a sua parte da colaboração contratual de modo a incrementar os ganhos que advirão para ele, ou para ambas as partes, dessa colaboração» (p. 773). A confiança aparece, por outro lado – menciona o mesmo autor – associada à primazia do extracontratual: «a tutela da "*reliance*" atrai a responsabilidade extracontratual para dentro dos domínios do contrato» (p. 781). E aparece a relevar assim no momento pré-contratual, antes da contratualização, a partir de uma representação intermédia que as partes fazem do contrato a celebrar, induzida por tomadas de posição de parte a parte (*idem*, p. 782).

2. Nas relações que o Estado entabula com os cidadãos, a dimensão da confiança está presente. *A relação de cidadania é, deste ponto de vista, uma relação de confiança*. Mas já lá iremos. O problema coloca-se a montante: acerca da fundamentação e legitimidade em si mesma do Estado. Nos Tratados Clássicos de Filosofia Política, procura-se, com efeito, desde logo, retirar a existência e a legitimação do Estado, a partir desse *topoi* da confiança. Em Hillman (2003, pp. 585-587), por exemplo, são referidas as principais correntes do pensamento que associam a confiança à necessidade do Estado (ou à falta dela). A confiança surge aqui, então, associada ao confronto entre a perspectiva hobbesiana e lockeana, a saber, o confronto entre a necessidade de uma ordem imposta (o *Leviathan*) e a suficiência do respeito pela liberdade individual. E a questão decisiva – num pano de fundo inicial de *anarquia* – é a de saber se os indivíduos são capazes de *cooperar voluntariamente* (e se podem estabelecer um *compromisso credível para cooperar*), resolvendo assim os problemas suscitados pela anarquia, existência de bens colectivos, exterioridades, justiça social... (nisto acreditava Locke), ou não são capazes de o fazer (era o que pensava Hobbes). Para Hillman, o entendimento lockeano é o que melhor deve servir a estruturação da sociedade: nesta perspectiva liberal, *a confiança e a cooperação substituem o Estado*. O autor justifica-o, com nos ensinamentos da teoria dos jogos e fundamentalmente da parábola do *dilema do prisioneiro* (e do equilíbrio de Nash). Nos seguintes termos. Em primeiro lugar, é possível alcançar a cooperação voluntária no dilema do prisioneiro, se as pessoas forem capazes de assumir um compromisso credível para cooperar. Nestes termos, uma promessa de cooperar pode ser tornada credível, introduzindo um benefício adicional ou um custo (por exemplo uma penalidade) que torne a cooperação, inevitavelmente, a melhor escolha pessoal. Em segundo lugar, a existência de incentivos para interacções repetidas. A repetição é a melhor forma de inferir, a partir de acções passadas, comportamentos futuros. Finalmente, a definição de um comportamento de jogo-tipo baseado na reciprocidade. Ora, num conjunto alargado de populações anónimas, as *normas sociais* assumem especial importância como *base de cooperação e de confiança* entre as pessoas. Na verdade, a cooperação tem lugar quando o comportamento de cada um é guiado por normas sociais que reflictam os valores pessoais de *auto-estima* – e estes valores são, ao contrário do que sustentava Hobbes, os da *benevolência ("benevolence") e de rejeição de oportunismo* (pela velha máxima, "*não faças aos outros o que não gostas que te façam a ti*"). A existência de tais normas sociais é suficiente para garantir a sustentação da *confiança* de cada um relativamente às acções a adoptar pelos outros. Poder-se-á mesmo afirmar que tais normas substituem a reputação pessoal de cada um, como base fundamental da cooperação entre todos. Pelo que, em suma, uma sociedade baseada numa norma de social de confiança (aqui referida como "*trust*") e de merecimento de confiança ("*trustworthiness*") "viverá" melhor do que uma sociedade baseada na desconfiança e no oportunismo. Uma sociedade de pessoas merecedoras de confiança beneficiará dos resultados obtidos com as acções de cooperação voluntária e *benevolente*. Diversamente, uma sociedade fundada em normas sociais de desconfiança e de oportunismo viverá num *meio* de cinismo e de suspeição mútua, com desvantagens sociais que a todos tocam. Assim sendo, conclui Hillman pela afirmação de que, se Locke estiver certo, *a confiança substitui o Estado e a necessidade dele*.

A perspectiva mais recente, trazidas para Política a parir da Economia, mormente com a Teoria da Escolha Pública, fez desviar o assento tónico herdado do contratualismo constitucional e da fundamentação ("metafísica") do Estado, para o âmbito das relações de poder quotidianas entabuladas entre o Estado ("*government")* e os seus cidadãos. Já não se trata da alternativa Estado *ou* confiança, antes a ideia da confiança *no* Estado. Comparando com as anteriores aplicações, está em causa a relação de confiança entre os eleitores e um determinado Governo em particular e, no limite, a relação de confiança entre os cidadãos e o Estado (assim, por exemplo, Slemrod, (2003), pp. 51 ss.). Temas como a *reputação* do governo e da *credibilidade* das políticas foram extensamente analisados, não apenas no quadro da política monetária (com destaque para o modelo de Barro e Gordon em 1983), mas também para interpretar as respostas dos diversos actores (*maxime* os agentes económicos) a todos os tipos de políticas governativas. Nestes casos, é do interesse de cada indivíduo avaliar se os compromissos feitos pelo(s) governos(s) são ou não credível(is). E isto remete, necessariamente, para a segunda dimensão do problema – apurar em que medida a confiança gerada num determinado governo em particular (ou num conjunto de governos) contribui para o comportamento "oportunista" de "*free-rider*" que – não obstante a crença lockeana – ocorre nas sociedades em geral. Alguns autores, como Levi (1999), têm manifestado a opinião de que o *merecimento de confiança*, por parte de um certo Governo, *acompanhado da percepção de que os outros estão a fazer a sua parte*, pode induzir as pessoas a darem o seu "consentimento contingencial" desde logo à tributação, cooperando assim com o Governo e com o Estado, mesmo que o seu interesse monetário de curto prazo fizesse da atitude "*free-riding*" a sua melhor opção. Como esclarece ainda a mesma autora (citada por Slemrod), «the willingness to pay taxes *quasi-voluntaraly* or to give one´s contingent consent to conscription often rests on the existence of the state´s capacity and *demonstrated readiness* to secure the compliance of the otherwise noncompliant» *(ibidem,* p. 55) (itálico nosso). Nesta linha, o próprio Slemrod vem definir o *merececimento da confiança* por parte do Governo, como o conjunto das acções que possam induzir as pessoas a pôr de parte o seu comportamento oportunista e a tornarem-se "*contingent compliers*". E define, por sua vez, a *confiança* como a crença em que o Governo leve a cabo, de facto, um determinado tipo de acções.

3. O campo do exercício das relações de cidadania, a exigir a tutela da confiança, é justamente o das relações com o Estado, seja com o Estado-Poder Político, seja com o Estado-Administração, e a essa tutela de confiança o Direito Público não fica imune: acolhe-as e concede-lhes o sentido jurídico. É *característica* fundamental do Estado de Direito Democrático o respeito e a garantia de efectivação dos direitos e liberdades fundamentais. A Constituição da República Portuguesa concretiza isto mesmo no seu artigo 2º. Como referem Canotilho e Moreira

(2007), comentando o artigo, o princípio do Estado de Direito «mais do que constitutivo de preceitos jurídicos, é sobretudo conglobador e integrador de um amplo conjunto de regras e princípios dispersos pelo texto constitucional, que densificam a ideia de sujeição do poder a princípios e regras jurídicas, garantindo aos cidadãos liberdade, igualdade e segurança». Ele visa sobretudo preservar aquilo que «constitui o cerne do Estado de direito democrático, a saber, a protecção dos cidadãos contra a prepotência, o arbítrio e a injustiça (especialmente por parte do Estado)» (pp. 205 e 206). Ora, uma das suas concretizações – ainda que apenas implícita neste princípio – é justamente a tutela da confiança, a qual, por sua vez, ainda se desdobra em diversas aplicações e constitui a outra face do *princípio da segurança jurídica*.

Uma das mais importantes aplicações deste princípio consiste – e porque ela nos importa especialmente – na proibição de leis retroactivas. Isto mesmo apresenta especial relevância em certos ramos do Direito Público, com destaque para o Direito Penal e para o Direito Fiscal. No Direito Fiscal, e até à revisão constitucional de 1997 (altura em que a Constituição proibiu expressamente a retroactividade fiscal – cf. n.º 3 do artigo 103.º), coube sobretudo à jurisprudência do Tribunal Constitucional a tarefa de identificar os critérios materiais de determinação dos limites da retroactividade, surgindo como principal critério a medida da lesão do princípio da confiança (tal como referia Sanches, 2002, p. 89). Ora, acrescentava ainda o autor, «a lesão deste princípio que a retroactividade sempre implica e que só outro interesse superior pode justificar deve ser sempre considerada como um recurso excepcional...» (p. 89)[1]. Foi com base neste quadro intelectual, que se desenvolveu – com acolhimento na jurisprudência constitucional – a teoria dos "dois graus" de retroactividade, forte e fraca (esta última, por sua vez, identificada pelo termo de *retrospectividade* ou *retroactividade inautêntica*). Haverá pois retroactividade autêntica ou própria, sempre que se aplique a lei nova a factos anteriores à entrada em vigor da lei nova e retroactividade inautêntica quando a norma jurídica, conquanto pretenda ter efeitos para o futuro, incide sobre situações ou relações jurídicas já existentes (neste sentido, Canotilho, 2001, pp. 261-262). E acrescenta este mesmo autor afirmando

[1] Sobre esta questão, veja-se ainda Sá Gomes (1993).

que, nos casos de retroactividade inautêntica, a segurança jurídica, na sua dimensão subjectiva – a tutela da confiança – apresenta menor intensidade normativa, surgindo sob as "vestes" de mera expectativa. A grande dificuldade está pois em verificar, caso a caso, se essas expectativas (legítimas?) foram ou não defraudadas e, sendo-o, se o foram de modo aceitável ou inaceitável – o Tribunal Constitucional usou, em diversos momentos, a ideia de "arbitrariedade" ou "excessiva onerosidade" como pedra de toque.

Note-se ainda que o sentido desta distinção (entre retroactividade própria e retrospectividade) tem tanto mais relevância quanto, no Direito Fiscal, existem quer factos tributários de natureza *instantânea* (o pressuposto gerador do imposto pode paralisar-se no tempo, facilitando a verificação da retroactividade), quer factos tributários *de formação sucessiva* (v.g. IRS), aqueles em que o pressuposto gerador do imposto *vai acontecendo* ao longo de um dado exercício fiscal. Quanto a estes, regula, de forma cautelosa, a Lei Geral Tributária[2], determinando no n.º 2 do seu artigo 12.º que «se o factor tributário for de formação sucessiva, a lei nova só se aplica ao período decorrido a partir da sua entrada em vigor».

Tendo em conta o que ficou dito, o Tribunal Constitucional considerava, já no Acórdão n.º 287/90, de 30 de Outubro (Proc. n.º 309/88) ocorrer uma situação de arbitrariedade ou excessiva onerosidade, para efeito da tutela do princípio da segurança jurídica na vertente material da confiança, sempre que se verificassem os seguintes pressupostos:

a) A inadmissível afectação de expectativas em sentido desfavorável, por virtude de uma mutação da ordem jurídica com que, razoavelmente, os destinatários das normas dela constantes não possam contar; e ainda

b) E que tal não fosse ditado pela necessidade de salvaguardar direitos ou interesses constitucionalmente protegidos que devam considerar-se prevalecentes (deve recorrer-se, aqui, ao princípio da proporcionalidade, explicitamente consagrado, a propósito dos direitos, liberdades e garantias, no n.º 2 do artigo 18.º da Constituição).

---

[2] Aprovada pelo decreto-Lei n.º 398/98, de 17 de Dezembro, com alterações.

Por seu turno, no Acórdão recente n.º 128/2009, de 12 de Março (Proc n.º 772/2007)[3], considerou-se que, uma vez expressa no texto da Constituição a proibição da retroactividade em matéria fiscal, esta proibição deve ser vista já não numa dimensão subjectiva (dependendo, em concreto, do *contexto* dos sujeitos da relação tributária resultante da aplicação da lei), mas antes numa dimensão objectiva. Agora, à proibição expressa da retroactividade da lei fiscal não pode deixar de estar ínsita uma garantia forte de objectividade e auto-vinculação do Estado pelo Direito. Quer isto dizer que, actualmente, e consagrado que está o princípio geral de irretroactividade da lei fiscal, a mera natureza retroactiva de uma lei fiscal desvantajosa para os particulares é sancionada, de forma *automática*, pela Constituição, qualquer que tenha sido, *em concreto,* a conduta da administração fiscal ou do particular tributado. Por outras palavras, o juízo de inconstitucionalidade decorre apenas da mera análise dos *dados normativos*, não dependendo, em nenhum momento, da averiguação de quaisquer *elementos circunstanciais* que resultem da condição, *em concreto,* de uma *certa relação jurídico -tributária*.

Ainda assim, a discussão em torno da admissibilidade da retroactividade, à luz do princípio da confiança, não deixou de ser útil; bem pelo contrário, acrescenta-se no Acórdão citado (aqui secundando Nabais, 2005, p. 149) que, «ao contrário do que sucede com a aplicação do princípio contido no n.º 3 do artigo 103.º da Constituição, a «mobilização» do princípio da confiança em matéria tributária obriga a um juízo que não prescinde de ponderações: saber se a *norma* é ou não inconstitucional (por violação da protecção da confiança) obriga a que se tenha em conta, e se pondere, tanto o *contexto* da administração tributária quanto o *contexto* do particular tributado». Isso implica na óptica do Tribunal sujeitar a norma em preço aos seguintes quatro requisitos ou "testes". Dito de outro modo, para que haja lugar à tutela jurídico-constitucional da confiança é necessário que: *i)* o Estado (mormente o legislador) tenha encetado comportamentos capazes de gerar nos privados «expectativas» de continuidade; *ii)* devem tais expectativas ser legítimas, justificadas e

[3] Cujos argumentos voltaram a ser usados no Acórdão n.º 85/2010, de 3 de Março (Proc. n.º 653/2009). Ainda sobre estas questões, *vide* também Acórdão n.º 494/2009, de 29 de Setembro (Proc n.º 595/06).

fundadas em boas razões; *iii)* devem os privados ter feito planos de vida tendo em conta a perspectiva de continuidade do «comportamento» estadual; *iv)* é ainda necessário que não ocorram razões de interesse público que justifiquem, em ponderação, a não continuidade do comportamento que gerou a situação de expectativa. Os quatro testes aqui mencionados concretizam a ideia de que o Estado, nas suas relações com os cidadãos, deve *usar* da boa fé e deve ser pessoa de bem: não deve deliberadamente sugerir de forma *muito convincente* a adopção futura de comportamentos que depois, ao fim e ao cabo, vem a defraudar.

4. Se é certo que no campo do Direito Fiscal, a teoria dois graus de retroactividade continua a fornecer auxílio precioso na determinação dos limites da retroactividade (à luz da tutela da confiança), noutros ramos do Direito Público os limites da retroactividade são testados a partir de outros critérios operativos. Ainda assim, a fronteira da retroactividade admissível e inadmissível descortina-se mal; logo também aqui, apenas de forma casuística pode ser verificado se a mesma foi transposta (cabendo, de novo, à jurisprudência essa verificação). Uma das teorias mais antigas (com relevância no Direito da Segurança Social) é a *teoria dos direitos adquiridos*. E, neste plano, a grande e difícil distinção consiste em separar os direitos adquiridos das "meras" expectativas. A expectativa, relembra Telles (2001), «não é ainda um direito subjectivo adquirido. Essa expectativa, *em princípio, não goza de protecção jurídica*; é uma simples *esperança*, uma atitude anímica ou psicológica *desprovida de tutela legal*, consistente apenas (como a palavra diz) em *esperar* vir a ser titular de certo direito» (p. 280).

Nas sucessivas Leis de Bases da Segurança Social, deu-se a circunstância de se ter empregue o termo "direitos adquiridos *e em formação*" (é o que sucede com a epígrafe do artigo 100.º da actual Lei). Curiosamente, depois, a redacção do preceito não coincide inteiramente com a epígrafe (tal como já sucedia com a Lei de Bases anterior – n.º 1 do artigo 121.º[4]). O artigo 100.º dispõe apenas «o desenvolvimento e a regulamentação da presente lei não prejudicam os direitos adquiridos,

[4] Veja-se, a propósito, o comentário a este número feito por Neves (2003, pp. 279-280).

os prazos de garantia vencidos aos abrigo de legislação anterior, nem os quantitativos de pensões que resultem de remunerações registadas na vigência daquela legislação». Ou seja, o legislador aparenta querer mais do que aquilo que realmente quer: na verdade, quer salvaguardar direitos adquiridos, prazos vencidos, remunerações registadas...

Seja como for, a expressão "direitos em formação" é equívoca, pois remete para direitos que (ainda) o não são (estamos, também aqui, a falar de meras expectativas). Por outro lado, com tal expressão, o legislador terá sido sensível à ideia – importada inadvertidamente do Direito Fiscal – dos "factos (prestacionais) de formação contínua".

O artigo cuja constitucionalidade se encontra aqui em apreço – recorde-se o artigo 101.º do Decreto-Lei n.º 187/2007 – traz uma questão que não é inédita. Ela tem sido recorrente nas alterações verificadas sobretudo a partir da década de noventa e sempre que estejam em causa prestações diferidas ou seja prestações de formação longa no tempo (particularmente com a aprovação do "pacote" legislativo de 1993[5])[6]. A questão já não se coloca (pelo menos nestes termos) no que diz respeito às alterações aos regimes das prestações imediatas (v.g. desemprego,

---

[5] E particularmente do Decreto-Lei n.º 329/93, de 25 de Setembro, o qual introduziu importantes alterações no regime de acesso e cálculo às pensões de velhice, tidas por desfavoráveis do ponto de vista dos beneficiários: por um lado, o aumento do prazo de garantia de 120 meses para 15 anos; por outro lado, o aumento da idade legal de acesso à pensão (para as mulheres), dos 62 para os 65 anos de idade.

[6] Questões similares foram colocadas num outro Acórdão ainda mais recente, o Acórdão 3/2010, de 6 de Janeiro (Proc. n.º 176/2009), desta feita sobre as alterações às regras de cálculo da pensão de aposentação dos funcionários públicos. Sumário: Não declara a inconstitucionalidade das normas constantes dos seguintes preceitos: artigo 53.º, do Estatuto da Aposentação, na redacção dada pelo artigo 1.º, n.º 1, da Lei n.º 1/2004, de 15 de Janeiro; artigo 1.º, n.º 3, da Lei n.º 1/2004, de 15 de Janeiro; artigo 3.º, da Lei n.º 60/2005, de 29 de Dezembro, na redacção dada pelo artigo 5.º, da Lei n.º 11/2008, de 20 de Fevereiro; artigo 5.º, da Lei n.º 60/2005, de 29 de Dezembro, na redacção dada pelo artigo 1.º, da Lei n.º 52/2007, de 31 de Agosto; artigo 5.º, n.º 1, 2 e 6, da Lei n.º 52/2007, de 31 de Agosto; artigo 6.º, n.º 6 , da Lei n.º 52/2007, de 31 de Agosto; artigo 7.º, n.º 2, da Lei n.º 52/2007, de 31 de Agosto; artigo 37.º-A, do Estatuto da Aposentação, na redacção dada pelo artigo 4.º, da Lei n.º 11/2008, de 20 de Fevereiro; artigo 6.º, da Lei n.º 11/2008, de 20 de Fevereiro; artigo 7.º, da Lei n.º 11/2008, de 20 de Fevereiro.

doença), justamente por se tratarem de prestações de formação de curto prazo, de formação (praticamente) imediata.

O artigo agora em causa insere-se pois nesta já antiga questão: no quadro de processos de reforma do sistema de pensões, procura-se, tendo presentes um conjunto de constrangimentos e vicissitudes, condicionar e em certos casos limitar, seja o acesso à pensão, seja as regras do cálculo respectivo. Nestes casos, o legislador tem procurado garantir, porque estamos perante factos de formação contínua, que o sentido das alterações apenas valha para futuro. Existem duas técnicas fundamentais que a legislação de segurança social tem usado (no plano da legística formal, podem traduzir-se em disposições finais e/ou transitórias), a saber:

a) Em primeiro lugar, *mecanismos de transição para a adopção plena das novas regras*, que poderão ser mais ou menos alongados no tempo, consoante o legislador pretenda tornar menos ou mais rápido o efeito da alteração. Foi isso que sucedeu com a já mencionada alteração à idade de acesso à pensão, pelas mulheres, em 1993, prevendo o artigo 103.º do Decreto-Lei n.º 329/93 que a transição da idade dos 62 para os 65 anos de idade, se faria de forma gradual, ou seja, ela seria estabelecida «em 1994 em 62 anos e 6 meses, acrescentando-se posteriormente, por cada ano civil, o período de 6 meses à idade fixada para o ano anterior» (n.º 2). No caso, como bem se vê, tratou-se de uma transição brusca, algo violenta até, pois se tratava de tornar célere o efeito (financeiro) dessa alteração.

b) Em segundo lugar, através de *cláusulas de proporcionalidade* no cálculo da prestação: à parcela da remuneração obtida durante a vigência da lei antiga, são aplicáveis as regras antigas de determinação da referência e de cálculo da prestação; à parcela da remuneração obtida após a nova lei, serão as suas regras aplicáveis. Estas cláusulas ou fórmulas de proporcionalidade estão contidas no Decreto-Lei n.º 187/2007, seguindo, aliás, a solução aplicada pelo Decreto-Lei n.º 35/2002, de 19 de Fevereiro, que aprovou as novas regras de determinação da remuneração de referência para acesso à pensão de velhice, contidas no Decreto-Lei n.º 35/2002, de 19 de Fevereiro. Com uma diferença, significativa até: aplicou esta regra de proporcionalidade a todas as situações que eram abrangidas pela lei antiga (no caso, o Decreto-Lei n.º 329/93), deixando a cair a possibilidade dada pelo Decreto-Lei n.º 35/2002, de opção pela regra de determinação da remuneração de referência que fosse mais favorável ao beneficiário (que incluía ver a sua pensão calculada apenas segundo as regras antigas).

A situação complica-se quando – por se tratar, note-se, de relações jurídico-prestacionais em curso – o legislador avança para lá dos "trâmites" da proporcionalidade: na verdade, aqui, a lei nova "captura" parcialmente factos passados ainda que não concluídos: de novo (se quisermos transpor o conceito fiscal de retrospectividade) o legislador atinge essas situações, considerando que elas não perfazem verdadeiros direitos adquiridos, antes meras expectativas. Valem aqui as considerações atrás expendidas a propósito da lei fiscal, nomeadamente que essas alterações passem pelo crivo dos dois pressupostos *supra* (cuja utilidade aceitamos). Recorde-se:

a) A inadmissível afectação de expectativas em sentido desfavorável, por virtude de uma mutação da ordem jurídica com que, razoavelmente, os destinatários das normas dela constantes não possam contar; e ainda
b) E que tal não fosse ditado pela necessidade de salvaguardar direitos ou interesses constitucionalmente protegidos que devam considerar-se prevalecentes (deve recorrer-se, aqui, ao princípio da proporcionalidade, explicitamente consagrado, a propósito dos direitos, liberdades e garantias, no n.º 2 do artigo 18.º da Constituição).

O artigo 101.º do Decreto-Lei n.º 187/2007 coloca pois, claramente, questões relevantes no plano da tutela da confiança. Importa pois submeter o significado dessas alterações ao crivo dos dois pressupostos. Quanto ao primeiro, dever-se-á perguntar se o tecto máximo ao valor da parcela de pensões de montante elevado, que haja sido calculada segundo as regras antigas (e sempre que estas prevaleçam no cálculo), pode ser considerado arbitrário ou desproporcional. Quanto ao segundo, dever-se-á perguntar se não existirão direitos ou interesses constitucionalmente prevalecentes que devam justificar essa limitação. Afigura-se-nos aliás que a resposta que se der à segunda questão ajuda a clarificar o sentido da resposta à primeira.

Começando pois pela resposta à segunda questão, diremos antes de mais que as alterações introduzidas no novo regime das pensões se inserem claramente no âmbito de uma estratégia de reforma da segurança social que procura, através de alterações aos parâmetros fundamentais do sistema, sem alterar a sua fisionomia basilar (assente, no princípio do *pay-as-you-go*), garantir o equilíbrio financeiro futuro do sistema previdencial e, bem assim, a própria sustentabilidade de longo prazo das finanças públicas portuguesas. O impacto das alterações paramétricas levadas a cabo no domínio das pensões[7], sendo embora difícil de quantificar, tem sido considerado positivo, desde logo pelas instituições comunitárias e organizações internacionais (*maxime* a OCDE). Tudo indica que a não adopção destas alterações significaria, a breve trecho, uma situação deficitária do sistema previdencial – obrigado, assim, a financiar-se através, ou de reservas acumuladas no Fundo de Estabilização Financeira da Segurança Social, ou por transferências do Orçamento do Estado. A dureza das medidas, contrariando as expectativas quanto à aplicação de certo e determinado tipo de regras de cálculo, parece desculpabilizada pelo argumento da eminência da ruptura financeira do sistema. Se tais medidas, sendo duras, forem eficazes, permitindo eliminar os riscos de défice ou, tão simplesmente, adiar por algum tempo a sua ocorrência, elas serão pois justificadas. O interesse público subjacente, que é ademais muito amplo, será superior às perdas no valor da pensão que estes limites prestacionais poderão implicar, para uma franja aliás residual da população – os beneficiários com pensões de valor superior a 12 IAS e nos casos aí previstos. Esse objectivo, de garantir a sustentabilidade da segurança social e das finanças públicas em geral, é aliás hoje visto como verdadeiro desígnio nacional, aqui em Portugal como noutros países desenvolvidos. O legislador concretiza pois esse superior interesse

[7] Além das novas regras de determinação da remuneração de referência, assinalamos a introdução também do factor de sustentabilidade no cálculo da pensão estatutária.

nacional; algo tolhido pelas contingências da economia e das finanças, dificilmente pode ser apodado de arbitrário ou desproporcional.

O campo das expectativas, em suma, e para recordar as palavras de Canotilho tem uma menor *intensidade normativa*. A consumação destas, no quadro de *contextos sociais e económicos mutáveis*, confronta-se permanentemente com os *limites do possível e do viável*.

A questão é aliás tanto mais perturbadora, quanto se questiona já hoje a garantia de consumação dos direitos (*maxime* dos direitos sociais). Na verdade, aquele argumento da "sustentabilidade", associado a outros, como a "situação económica", a "conjuntura", a "disciplina orçamental", aparece como argumento de peso e de força, a sugerir em diversos sectores que não apenas a segurança social, a redução dos direitos, a ideia de que nada é já hoje adquirido e a expansão do campo das expectativas, comprimindo o significado do direito. Parametrizam-se os direitos prestativos, à luz destas exigências das finanças públicas, e o Direito Orçamental contemporâneo, através dos seus novos instrumentos jurídicos (programação macroeconómica e financeira e, em geral, as *new fiscal rules*), tende a prevalecer sobre direitos criadores ou potenciadores de despesa. A hierarquia das vinculações jurídicas externas dos Orçamentos altera-se também.

b) O artigo 101.º do Decreto-Lei n.º 187/2007 e a eventual violação do princípio da contributividade

5. O segundo tipo de argumentos dirigido ao artigo 101.º do Decreto-Lei n.º 187/2007 prende-se com a invocada violação do princípio da contributividade, princípio previsto no artigo 54.º da Lei de Bases da Segurança Social, nos termos do qual «o sistema previdencial deve ser fundamentalmente autofinanciado, tendo por base uma relação sinalagmática directa entre a obrigação legal de contribuir e o direito às prestações». Estaria em causa fundamentalmente a segunda parte do preceito. Antes de mais, afigura-se-nos que este artigo da Lei da Bases constitui simultaneamente uma imprecisão semântica e um anacronismo. A evolução verificada no sistema contributivo e no sistema previdencial da segurança social ditou um conjunto muito significativo de quebras a essa perspectiva sinalagmática, bilateral, que o previdencialismo nos deixou. Não nos compete aqui analisá-las em detalhe (o que faremos noutra sede, noutro momento). Curiosamente, as últimas alterações ao regime de pensões (concretamente com a aprovação do Decreto-Lei n.º 35/2002, cujas regras foram agora enxertadas no Decreto-Lei n.º 187/2007), ditaram um sério afrouxamento nessa perspectiva sinalagmática pura e dura, designadamente com a concretização do princípio da *diferenciação positiva das taxas de substituição a favor dos beneficiários com mais baixas remunerações* (cf. n.º 3 do artigo 63.º da Lei de Bases). Na verdade, por força das novas regras de cálculo das pensões introduzidas em 2002, o valor da pensão corresponde ao produto da remuneração de referência pela taxa de formação, sendo que a taxa de formação é agora variável (entre 2,0% e 2,3% ao ano), não apenas em razão da dimensão da carreira contributiva (ela será tanto mais elevada quanto maior aquela for), mas também em função do valor da própria remuneração de referência. Assim, potencialmente, um beneficiário de mais baixos recursos poderá almejar ter uma taxa de formação máxima se tiver uma carreira longa, algo de que um beneficiário abonado não poderá gozar, ainda que longa seja a sua carreira. Em consequência, a taxa de substituição das pensões de beneficiários de baixos rendimentos pode atingir 100% do valor da remuneração referência (e até, no limite, ultrapassar tal valor[8]), ao passo que para as remunerações mais elevadas, a taxa de substituição não ultrapassará os 80%.

Ou seja e em suma, o mecanismo da diferenciação positiva das taxas de substituição das pensões quer, afinal, significar a ideia – completamente anómala no contexto tradicional da contributividade – de que devem financiar mais o sistema previdencial os que mais podem e beneficiar mais dele os que menos podem.

Diversamente e ao contrário do que se alega no pedido, a corrosão ao princípio da contributividade resulta no artigo *sub judice* bem menos evidente. Aqui, o legislador teve a preocupação de garantir que tal limite superior (fixado em 12 vezes o valor do IAS) só será aplicável às pensões ou à parcela das pensões que seja calculada segundo as regras antigas de cálculo, *maxime* segundo a regra de determinação da remuneração de referência, de acordo com a média das dez melhores remunerações

[8] Por força da incidência fiscal subsequente.

dos últimos quinze anos de vida contributiva. Pelo contrário, todas ou pensões ou parcelas destas que sejam calculadas de acordo com as novas regras (remuneração de referência determinada pela média das remunerações de *toda* a carreira contributiva), não conhecerão qualquer limite superior. Por que razão discriminar negativamente a parcela antiga (P1), em relação à parcela nova (P2)? Dá-se a circunstância do legislador, implicitamente, assumir que a verdadeira eficácia contributiva está nas novas regras, não nas antigas. Na verdade, uma das razões históricas fundamentais que levaram à substituição das antigas regras de determinação da remuneração de referência (dos 10 melhores dos últimos 15 anos de carreira), constantes do Decreto-Lei n.º 329/93, esteve justamente na distorção que elas implicavam, precisamente na concretização do princípio da contributividade. Há uns anos atrás quando se perspectivava e aconselhava já a mudança destas regras e aludindo às distorções por elas provocadas, dissemos o seguinte: «Como na verdade e no que toca especialmente ao cálculo das pensões de reforma por velhice, não relevam as remunerações auferidas ao longo de toda a carreira contributiva, o Sistema torna-se assim mais facilmente permeável à dita *manipulação estratégica* por parte, designadamente, dos contribuintes mais bem informados (Cabral, 2001, p. 81). Por seu turno, acrescentámos: «... em ordem até à prossecução da justiça social, a consideração de toda a carreira contributiva permitirá evitar que beneficiem mais do Sistema os que, durante menos tempo e se calhar com menos, para ele contribuíram, já que o valor das pensões espelhará com maior fidelidade, afinal, o esforço contributivo de toda uma vida» (*idem*, p. 81).

Sendo assim, invocando a história deste preceito, cujos antecedentes remontam à Lei de Bases da Segurança Social de 2000 (Lei n.º 17/2000, de 8 de Agosto), encontra-se uma possível justificação para a opção legislativa em apreço, de limitar a parcela de prestação calculada ao abrigo das antigas regras, que traduziram uma leitura legítima do princípio da contributividade, contudo enviesada.

Bibliografia

ARAÚJO, Fernando (2007), *Teoria Económica do Contrato,* Almedina, Coimbra.

CABRAL, Nazaré da Costa (2001), "A Nova Lei de Bases do Sistema de Solidariedade e Segurança Social", in *Estudos de Homenagem a Cunha Rodrigues,* Vol. II, Coimbra Editora, p. 71 ss..

CANOTILHO, José Joaquim Gomes (2001), *Direito Constitucional e Teoria da Constituição.* 5.ª ed, Almedina, Coimbra.

CANOTILHO, J.J. Gomes e Vital Moreira (2007), *Constituição da República Portuguesa Anotada – Artigos 1.º a 107.º,* Coimbra Editora.

FRADA, Manuel A. Carneiro da (2001), *Teoria da Confiança e Responsabilidade Civil,* Faculdade de Direito de Lisboa, Teses.

GOMES, Nuno Sá (1993), *Estudos sobre a segurança jurídica na tributação e as garantias dos contribuintes,* Cadernos de Ciência e Técnica Fiscal, 169, Lisboa.

HILLMAN, Arye L. (2003), *Public Finance and Public Policy – Responsabilities and Limitations of Government,* Cambridge University Press.

NABAIS, José Casalta (2005), *Direito Fiscal*, 3.ª ed., Almedina, Coimbra.

NEVES, Ilídio das (2003), *Lei de Bases da Segurança Social, Comentada e Anotada,* Coimbra Editora.

SANCHES, J.L. Saldanha (2002), *Manual de Direito Fiscal*, 2.ª ed., Coimbra Editora.

SLEMROD, Joel (2003), *Trust in Public Finance,* in *Public Finance and Public Policy in the New Century,* ed. Sijbren Cnossen e Hans-Werner Sinn, The MIT Press, Cambridge, Massachusetts.

TELLES, Inocêncio Galvão (2001), *Introdução ao Estudo do Direito,* Vol I, 11.ª ed. (reimpressão), Coimbra Editora.

CONCORRÊNCIA DA DIFERENÇA NEGATIVA ENTRE AS MAIS-VALIAS E AS MENOS-VALIAS REALIZADAS MEDIANTE A TRANSMISSÃO ONEROSA DE PARTES DE CAPITAL EM METADE DO SEU VALOR

COMENTÁRIO AO ACÓRDÃO N.º 85/2010 DO TRIBUNAL CONSTITUCIONAL (1.ª SECÇÃO) DE 03/03/2010 – PROCESSO N.º 653/09 (REL: CONSELHEIRO GIL GALVÃO)

Nuno de Oliveira Garcia/Andreia Gabriel Pereira

Sumário

Não julga inconstitucional a norma contida no n.º 3 do artigo 42.º do Código do IRC,[1] a qual estabelece que a diferença negativa entre as mais-valias e as menos-valias realizadas mediante a transmissão onerosa de partes de capital concorre para a formação do lucro tributável em apenas metade do seu valor.

ANOTAÇÃO

Como é sabido, determinados princípios jurídico-constitucionais limitam, formal e materialmente, o sistema de tributação nacional, sendo por isso inegável que a Constituição Fiscal Portuguesa enforma o direito dos impostos.

Tais princípios tiveram a sua origem na necessidade de protecção e tutela do contribuinte face ao poder tributário. Numa primeira fase, trajando uma veste marcadamente formal, com a consagração do princípio da legalidade; numa fase posterior, trajando uma veste material perante

[1] Corresponde actualmente ao artigo 45.º, n.º 3 do Código do IRC.

a constatação da insuficiência do referido princípio perante a evolução social, política e económica sofrida ao longo do tempo. Dúvidas não restam pois que tais princípios consubstanciam presentemente verdadeiros critérios materiais de justiça, que têm de ser considerados não só pelo criador das normas fiscais, como também pelos seus aplicadores.

Não foram, portanto, raras as vezes em que o Tribunal Constitucional foi chamado a pronunciar-se sobre a compatibilidade para com os princípios constitucionais em matéria fiscal de normas fiscais que concretizam o sistema tributário nacional. O acórdão que nos propomos ora comentar constitui um exemplo dessa realidade.

O presente acórdão teve origem em recurso de constitucionalidade, mediante o qual pretendia a entidade recorrente ver declarada a inconstitucionalidade da norma ínsita no artigo 42.º, n.º 3, do Código do IRC, com fundamento na violação (i) do princípio da não aplicação retroactiva da Lei Fiscal, (ii) do princípio da segurança jurídica e (iii) do princípio da tributação das pessoas colectivas com base no seu rendimento real. A norma em questão resulta da alteração introduzida pela Lei n.º 32-B/2002, de 30 de Dezembro, a qual determinou que a diferença negativa entre as mais-valias e as menos-valias realizadas mediante a transmissão onerosa de partes de capital concorreria para a formação do lucro tributável em apenas metade do seu valor quando, ao invés, no regime anterior tal diferença concorria, em princípio, na totalidade.

O Tribunal Constitucional veio negar provimento a tal recurso, considerando que a norma prevista no artigo 42.º, n.º 3, do Código do IRC não viola, na interpretação apresentada pela recorrente, as disposições e princípios constitucionais por esta invocados.

1. Em primeiro lugar, o Tribunal Constitucional analisa a existência de uma suposta violação do princípio constitucional consagrado expressamente no actual n.º 3 do artigo 103.º da Constituição da República Portuguesa, que determina a censura de normas fiscais desfavoráveis que assumam natureza retroactiva. Sobre este princípio, o Tribunal Constitucional invoca a sua anterior jurisprudência sobre o tema, segundo a qual, após a Revisão Constitucional de 1997, a Constituição da República Portuguesa passou a consagrar expressamente o princípio geral da irretroactividade da Lei Fiscal. Tal consagração determina que a mera natureza retroactiva de determinada Lei Fiscal, na medida em que seja desvantajosa para os contribuintes, implica a sua inconstitucionalidade, estando embora aqui em causa apenas a inconstitucionalidade própria ou autêntica, *i.e.*, a aplicação da lei nova a factos tributários anteriores à entrada em vigor da mesma.

Assim, com base na jurisprudência por si subscrita em anteriores arestos, e aplicando-a ao caso concreto, o Tribunal Constitucional vem discordar da recorrente, referindo que no apuramento de menos-valias o facto gerador da obrigação de imposto é a alienação dos bens, a qual ocorreu, *in casu*, já sob a vigência da nova lei, ou seja, durante o exercício de 2003. Consequentemente, torna-se indiferente para o Tribunal Constitucional que a aquisição tenha sucedido ao abrigo da lei anterior, assumindo este aresto que a formação de menos-valias não constitui um verdadeiro facto complexo formado pela compra de certos bens, no caso *sub judice*, partes de capital, e pela venda dos mesmos.

Embora não possamos deixar de seguir e concordar, em termos gerais, com a posição do Tribunal Constitucional quanto à determinação do facto tributário relevante para a decisão sobre a lei aplicável no caso *sub judice*, não olvidamos, contudo, que este não tem sido ao longo do tempo um critério absoluto ao qual se tenha automaticamente recorrido, por exemplo no momento da feitura de diplomas fiscais. A este propósito, note-se a circunstância do diploma que aprovou o Código do IRC prever,[2] a título de regime transitório, que os ganhos ou perdas realizados com a transmissão de acções ou partes sociais cuja aquisição tenha ocorrido antes da entrada em vigor do Código não concorrem para a formação do lucro tributário.[3] Sucede que, perante a ausência de regras especiais de direito transitório na Lei n.º 32-B/2002, de 30 de Dezembro, o Tribunal Constitucional entendeu *in casu* não atribuir relevância ao regime em vigor no momento da aquisição das partes sociais.

Naturalmente, da mera existência de regimes transitórios não se permite retirar uma regra geral de relevância do momento da aquisição

[2] *Cfr*. artigo 18.º do Decreto-Lei n.º 442-B/88, de 30 de Novembro.

[3] No âmbito do IRS também se previu um regime transitório semelhante, segundo o qual as mais-valias que não estivessem sujeitas ao antigo Imposto sobre as Mais-valias só seriam tributadas se a aquisição dos bens que lhes deram origem fosse efectuada depois da entrada em vigor destes códigos Assim, *v*. artigo 5.º do Decreto-Lei n.º 442--A/88, de 30 de Novembro.

de bens para efeitos de se eleger o regime aplicável às mais ou menos-valias. Com efeito, é necessário atentar que na Reforma Fiscal de 1988 encontrávamo-nos perante uma mudança radical que determinou a reforma geral do sistema de tributação sobre o rendimento, implicando, por isso, o estabelecimento de um regime transitório especial que visou salvaguardar situações consideradas como merecedoras de tutela jurídica reforçada, situação diversa daquela que se encontra no caso em presença.

Como tal, conquanto nos pareça que, na generalidade das situações de apuramento de mais ou menos-valias, o momento da concretização do facto tributário não deverá ser acriticamente remetido para a data da aquisição dos bens transmitidos, a verdade é que esta questão está ainda longe de ser totalmente pacífica.

O mais recente exemplo da relevância da matéria em causa é alteração ao regime da tributação das mais-valias mobiliárias no âmbito da tributação das pessoas singulares, introduzida pela Lei n.º 15/2010, de 26 de Julho, que determina o fim da isenção das mais-valias apuradas mediante a alienação de acções detidas há mais de 12 meses. Não obstante a referida Lei entrar em vigor um dia após ao da sua publicação, o Governo anunciou já que a tributação dessas mais-valias ocorrerá independentemente do momento da aquisição das partes sociais, com excepção do regime transitório previsto no artigo 5.º do Decreto que aprovou o Código do IRS, assim como anunciou também que tal regime deverá ser aplicável ao resultado das mais-valias apuradas ao longo de todo o ano de 2010.[4] Isto porque a concepção adoptada pelo Governo é a de que, no que toca à tributação das mais-valias, o momento relevante será o final do período de tributação em que se apura o saldo entre as mais e menos-valias obtidas, dado que é precisamente este saldo que irá ser essencial para a determinação da matéria colectável.

Como se constata, várias são as nuances no que concerne o princípio da não retroactividade dos impostos e a determinação do respectivo

---

[4] Solução inversa poderia, aliás, implicar a alteração dos modelos de declaração em vigor – Anexo G à Modelo 3 IRS – posto que estes, actualmente, apesar de preverem a inscrição do mês e do ano referente a cada alienação não prevêem expressamente a possibilidade de se inscrever diferentes regimes de tributação (*i.e.*, isenção e sujeição) consoante o momento da aquisição e da alienação das partes sociais.

alcance, as quais vão continuar a suscitar dúvidas e levar à intervenção do Tribunal Constitucional.

2. Em segundo lugar, o Tribunal Constitucional examina a conformidade da alteração, e aplicação *in casu,* da norma ínsita no artigo 42.º, n.º 3, do Código do IRC com o princípio da confiança e da segurança jurídica. O aresto invoca uma vez mais jurisprudência anterior sobre ambos os princípios, desta feita relativamente à necessidade de verificação de dois requisitos; a saber, (i) a afectação de legítimas expectativas; e, (ii) que a mesma não seja determinada pela necessidade de salvaguardar direitos ou interesses constitucionais que devam considerar-se prevalecentes.

Ora, se não se pretende negar que, novamente, parece ser este o correcto teste a efectuar, e que o mesmo conduz à conclusão de que *in casu* não existiam efectivamente legítimas expectativas por parte da recorrente – note-se que no momento do apuramento da mais-valia não pode a recorrente invocar a existência de qualquer expectativa posto que, nessa data, a norma em crise encontrava-se plenamente em vigor – a verdade é que não nos parece ser possível subscrever todas as premissas invocadas pelo Tribunal Constitucional para atingir esta mesma conclusão.

Com efeito, salvo melhor opinião, não nos afigura ser correcto afirmar, como o faz o Tribunal Constitucional, que foi o Estado, através da Administração fiscal, que «permitiu» (cit.) que durante certo período (referindo-se ao regime anterior ao n.º 3 do artigo 42.º, introduzido pela Lei n.º 32-B/2002, de 30 de Dezembro) as menos-valias fossem relevadas fiscalmente na sua totalidade.

Ao invés, entendemos que o raciocínio deve ser o inverso. Na verdade, como é sabido, possibilidade de dedução da totalidade de uma menos-valia tem como fundamento a exigência de que o imposto sobre o rendimento incida sobre a real força económica do contribuinte, funcionando tal força como pressuposto e limite da tributação. Exigência esta que decorre de um dos mais importantes princípios que enforma a tributação nacional das pessoas colectivas (*maxime*, sociedades), *i.e.*, o princípio da tributação pelo rendimento real.[5]

---

[5] Assim, *v*. artigo 104.º, n.º 2 da Constituição da República Portuguesa.

Nessa medida, e por estarem as duas matérias interligados, analisaremos conjunta e concomitantemente o exame feito pelo Tribunal Constitucional relativamente a eventual violação do princípio da confiança e segurança jurídica e a suposta violação do princípio da tributação pelo rendimento real também invocada pela recorrente.

O direito que assiste às sociedades de serem tributadas com base no seu lucro real encontra consagração constitucional expressa no artigo 104.º, n.º 2, da Constituição da República Portuguesa. Este direito implica não só que o conceito de rendimento incluído na base de tributação deva ser o mais abrangente possível (e não restrito, por exemplo, a certo tipo de fontes), mas também que o rendimento tido em conta deva ser o rendimento líquido, *i.e.*, subtraídas que sejam, nomeadamente, as despesas necessárias à sua própria obtenção, apurando-se assim o rendimento que se encontra disponível para o pagamento de impostos.

Concretizando, tal direito implica que as empresas devam ser tributadas segundo a respectiva contabilidade – ou pelo menos que lhes seja dada essa opção –, a qual melhor reflectirá a sua real situação económica. E se assim é, então não é o Estado, através da Administração fiscal, que permite que o contribuinte deduza determinada componente negativa (seja ela custo, encargo, ou, neste caso, menos-valia) na sua totalidade, posto que esta é uma possibilidade que lhe assiste com base no seu direito de ser tributado de acordo com o seu rendimento real.

Com efeito, em princípio, todos os custos, encargos ou perdas sofridos ou suportados pelo contribuinte deverão ser essenciais para apurar o rendimento que se encontra disponível para o pagamento de impostos. Contudo, naturalmente, pode o legislador fiscal optar por limitar a dedução de alguns destes custos, encargos ou perdas, não sem que tais limitações devam ser validamente justificadas.

Assim, a Lei Fiscal introduz, por um lado, alterações na forma de determinação do lucro tributável relativamente às regras comerciais aplicáveis e, por outro lado, estabelece restrições às decisões contabilísticas no âmbito da transformação do balanço comercial em balanço fiscal. Ora, dúvidas não existem que essas restrições são efectivas limitações ao princípio da tributação pelo lucro real, limitações que serão lícitas na exacta medida em que não ofendam o núcleo essencial do princípio constitucional em causa e se encontrem fundamentadas noutro direito ou princípio da mesma ordem.

Pois bem, ao invés do que resulta do aresto em análise, a alteração do artigo 42.º, n.º 3, do Código do IRC em causa resulta precisamente de uma opção do legislador que entendeu limitar a relevância fiscal de certas menos-valias em 50%, e não da eliminação de um eventual benefício da dedução das menos-valias resultantes da alienação de partes sociais pela totalidade, que, como resulta do que foi acima exposto, nunca foi um benefício mas sim o regime geral.

A outro tempo, ainda que o rendimento real seja um conceito normativo e contabilisticamente modelado, como afirma o Tribunal Constitucional, uma menos-valia é uma menos-valia e não deixa pura e simplesmente de existir em virtude das correcções fiscais introduzidas, podendo tão-somente a sua relevância fiscal ser, na prática, limitada.

Por outras palavras, o regime da dedução de apenas 50% da diferença negativa entre as mais-valias e as menos-valias realizadas mediante a transmissão de partes sociais constitui, antes do mais, uma restrição do direito constitucional das empresas serem tributadas de acordo com o seu rendimento real, e não uma diminuição do escopo de um benefício atribuído pelo Estado às empresas como parece entender o Tribunal Constitucional.

Perante esta realidade, e ainda que não se defenda a existência *in casu* de uma legítima expectativa da recorrente carecida de tutela jurídica, sempre se dirá que esta, a existir, não implicaria qualquer «proibição de retrocesso» (cit.) em matéria de deduções fiscais, como invoca o Tribunal Constitucional.

Mas, vejamos então, o que conduziu à decisão do legislador fiscal de limitar a dedução das menos-valias. O normativo disposto no n.º 3 do artigo 42.º do Código do IRC insere-se num conjunto de obstáculos legais ao reconhecimento fiscal de menos-valias. Obstáculos esses criados perante a constatação de que a realização de menos-valias constituía uma das áreas em que, com mais facilidade, podiam ser efectuadas operações com o único objectivo de criar custos fiscais, ao que acresceu o facto de a Administração fiscal portuguesa ter dificuldade em diferenciar as operações com propósito económico das que visavam apenas atingir resultados fiscais.

Não cabendo aqui tecer largas considerações sobre a natureza desta norma, ou sobre as consequências e termos da sua aplicação, indesmentível é o seu fito anti-abuso. Ora, se assim é, não parece que estejam subjacentes à mesma norma razões de interesse público relacionadas com a obtenção de uma mais justa e equilibrada repartição de encargos fiscais entre as diversas espécies de contribuintes, como invoca o presente aresto.

Perante esta realidade, é legítimo questionarmo-nos em que medida o disposto no n.º 3 do artigo 42.º do Código de IRC contribui para uma mais justa repartição dos encargos fiscais (?), e porque é que tal objectivo implicaria que as pessoas colectivas, sujeitas a IRC, devessem ser penalizadas no que concerne à relevância fiscal das menos-valias por estas apuradas?

3. Por fim, se, como verificámos acima, subjacente à possibilidade de dedução de menos-valias não pode deixar de se encontrar o direito das empresas a serem tributadas com base no seu lucro real, então é este princípio que poderá estar em causa aquando da limitação da relevância fiscal destas menos-valias em 50%.

Sobre este ponto pretende o Tribunal Constitucional encontrar resposta na letra da Constituição da República Portuguesa, que estabelece que as empresas têm o direito a ser tributadas *fundamentalmente* de acordo com o seu lucro real, invocando, assim, tal *fundamentalmente* como justificação para as restrições que a este direito fossem impostas.

Ora, se não é possível negar que a Lei Fiscal estabelece, de facto, restrições ao princípio da tributação pelo lucro real, verdade é também que não podemos negar aquilo que elas representam, ou seja, efectivas limitações a um direito constitucionalmente consagrado, cujos limites e fronteira devem ser controlados. Com efeito, tais restrições, como procurámos *supra* expor, devem ser fundamentadas e legitimadas pela necessidade de realização de outros interesses ou direitos. Por isso, a nosso ver, a expressão *fundamentalmente* não pode constituir justificação para tudo, sob pena de, no limite, se restringir integralmente o conteúdo essencial do referido princípio constitucional.

Se, efectivamente, à determinação contabilística do rendimento introduz a Lei Fiscal certas correcções, implicando até, como refere José Xavier de Basto citado pelo acórdão, a inclusão de «alguma 'normalização' no apuramento da matéria colectável» (cit.) –, fá-lo, todavia, não arbitrariamente, mas visando a concretização de determinados objectivos, considerados como essenciais à realização, como afirmámos acima, de outros interesses ou direitos. Nas palavras da já citada doutrina: «[t]

rata-se de normalizações destinadas a uniformizar os procedimentos e a prevenir evasões» (cit.).

Acresce que, as limitações ao direito da tributação pelo lucro real, mesmo que legalmente previstas e devidamente fundamentadas, ainda que por razões de operacionalidade e praticabilidade sempre terão que ser aplicadas e interpretadas no respeito pelo princípio constitucional da proporcionalidade – *cfr.* artigo 18.º, n.º 2 da Constituição da República Portuguesa.

Recorrendo, se nos é permitido, às palavras deste ilustre Tribunal para ilustrar o nosso entendimento, diríamos que são as puras restrições ao princípio da tributação pelo lucro real, se impostas ao sabor de decisões legislativas infundadas, desadequadas, desnecessárias ou desproporcionais, que podem conduzir «em linha recta à distorção, na prática do princípio da capacidade contributiva» (cit.).

Caberia, pois, *in casu* uma análise aprofundada dos reais fundamentos subjacentes à inegável restrição ao princípio da tributação segundo o rendimento real, imposta pelo n.º 3 do artigo 42.º do Código do IRC, ajuizando da sua bondade, validade e proporcionalidade, não obstante subscrevemos, em termos gerais, mais esta decisão do Tribunal Constitucional.

CENTRAIS DE COMPRAS

COMENTÁRIO AO ACÓRDÃO N.º 171/2009 – 1.ª SECÇÃO

Nuno Cunha Rodrigues

1. O presente acórdão tem por objecto a fiscalização prévia, pelo Tribunal de Contas de um "Protocolo de articulação entre centrais de compras" celebrado entre a Administração Central do Sistema de Saúde, IP (ACSS) e o Agrupamento Complementar de Empresas Somos Compras, ACE.

Estão em causa os n.ºs 4 e 5 do Despacho n.º 18628/200923 e a cláusula 2ª, n.º 3, do protocolo, nos termos dos quais todos os estabelecimentos e serviços do Serviço Nacional de Saúde, independentemente da sua natureza jurídica, terão *obrigatoriamente* de efectuar as suas aquisições através do Sistema Comum de Compras, para as categorias de bens e serviços para os quais exista ou venha a existir um contrato público de aprovisionamento celebrado pela ACSS ou pela Somos Compras (SCC).

De acordo com o Tribunal de Contas, a obrigação prevista nos referidos instrumentos carece de fundamento legal, já que extravasa o disposto no artigo 10.º, n.º 2, do Decreto-Lei n.º 200/2008, de 9 de Outubro – que estabelece o regime jurídico aplicável à constituição, estrutura orgânica e funcionamento das centrais de compras. Esta disposição prevê que possam ser tornadas obrigatórias para os serviços e estabelecimentos do SNS as *aquisições a efectuar ao abrigo dos contratos públicos de aprovisionamento celebrados pela ACSS*.

No entendimento do Tribunal de Contas, não pode tornar-se obrigatório, a pretexto de uma suposta "*articulação entre as actividades das centrais de compras*" – através da celebração do protocolo - aquilo que o legislador não quis que fosse.

Considera ainda o Tribunal de Contas que a obrigatoriedade da utilização do SCC para todos os estabelecimentos e serviços integrados no Serviço Nacional de Saúde, *independentemente da sua natureza jurídica,* estabelecida no n.º 5 do Despacho n.º 18628/2009 e no n.º 3 da cláusula 2ª do protocolo é ilegal por violar a autonomia decisória das entidades inseridas no sector empresarial do Estado tendo, como tal, sido recusado o visto de harmonia com a alínea a) do n.º 3 do artigo 44.º da Lei n.º 98/97, de 26 de Agosto.

2. O acórdão em análise reveste-se de importância fundamental no contexto da aplicação do Código dos Contratos Públicos.

Efectivamente, após a aprovação do Código e na decorrência das directivas sobre mercados públicos de 2004 (directiva-sectores especiais – 2004/17/CE – e directiva-clássica – 2004/18/CE), as centrais de compras ganharam um papel reforçado enquanto instrumento ao serviço do Estado, uma vez que, tendo em conta as economias de escala que proporcionam, permitem uma significativa poupança na despesa pública.

No entanto, para se maximizar a poupança é necessário garantir a adesão de todos os intervenientes à central de compras por forma a assegurar que estas sejam optimizadas.

Daí que tenha sido criado o sistema nacional de compras públicas, aprovado pelo Decreto-Lei n.º 37/2007, de 19 de Fevereiro. Este sistema assenta em dois núcleos orgânicos: a Agência Nacional de Compras Públicas, E.P.E. e as unidades ministeriais de compras.

De harmonia com o artigo 7.º do Decreto-Lei n.º 200/2008, de 9 de Outubro, as centrais de compras do Estado são as definidas no Decreto-Lei n.º 37/2007, de 19 de Fevereiro.

No caso específico das centrais de compras do sistema de saúde, o artigo 10.º, n.º 1 do Decreto-Lei n.º 200/2008 determina que estas são constituídas pela ACSS e a Somos Compras.

De acordo com o n.º 2 do mesmo artigo, as aquisições a efectuar pela ACSS podem ser tornadas obrigatórias, por despacho do membro do Governo responsável pela área da saúde, para todos os serviços e estabelecimentos do Serviço Nacional de Saúde.

3. A primeira questão que se coloca é de determinar se as entidades adjudicantes podem constituir centrais de compras.

O artigo 5.º do Decreto-Lei n.º 200/2008 estipula que o acto constitutivo das centrais de compras pelas entidades adjudicantes deve respeitar a *forma* e a publicidade exigíveis pela lei aplicável e que sejam adequadas à natureza jurídica da respectiva entidade gestora.

Como refere Mário Esteves de Oliveira, citado a propósito neste acórdão, quando se fala no elemento *forma* do acto administrativo, não se tem em mente apenas o modo por que se manifesta a vontade do seu autor, mas também o modo ou o processo através do qual essa vontade se forma, o que integra as formalidades que preparam uma decisão administrativa e se inserem no respectivo procedimento prévio.

Sendo assim, a constituição de centrais de compras deve respeitar os requisitos de procedimentação prévia inerentes à natureza jurídica do acto e da entidade gestora.

Daqui resulta que *quando se pretenda atribuir a função de central de compras a um operador económico privado, há que aplicar, à sua selecção, as normas que regem a contratação pública.*

Por três razões: porque essa atribuição envolve uma aquisição de serviços; porque essa aquisição é feita a uma entidade "gestora" de natureza privada; e porque a lei aplicável às aquisições de serviços a entidades privadas por organismos de direito público é a lei da contratação pública que impõe procedimentos de selecção dos co-contratantes.

Este procedimento é estabelecido, de forma muito clara, no n.º 4 do artigo 6.ºdo Decreto-Lei n.º 200/2008, para a entrega da gestão de actividades de centrais de compras a *"terceiros"*, e deve ser aplicado à selecção da própria entidade gestora, salvo quando a natureza dessa entidade não o exigir.

Tal exigência, entende o Tribunal de Contas, é um requisito de forma previsto no referido artigo 5.º e é, além do mais, imposta pelos princípios constitucionais da igualdade, imparcialidade e concorrência, tal como plasmados nos artigos 266.º, n.º 2, e 81.º, alínea f), da Constituição da República Portuguesa (CRP), e nos artigos 4.º, n.º 1, e 12.º do Tratado da Comunidade Europeia (TCE).[1]

---

[1] O acórdão justifica este entendimento porque "existe um universo abstracto de entidades aptas a desenvolver a actividade de central de compras, porque os valores e as condições envolvidas constituem um negócio potencial-

No que respeita ao Estado, o diploma que vimos referindo estabelece que, para além das centrais de compras definidas no Decreto-Lei n.º 37/2007, de 19 de Fevereiro, (*Agência Nacional de Compras Públicas (ANCP)* e *Unidades Ministeriais de Compras (UMC)*) e das referidas no artigo 10.º (*ACSS* e *Somos Compras*[2]), o Estado só pode criar outras centrais de compras em casos excepcionais e, nos termos do artigo 7.º, n.º 1 do Decreto-Lei n.º 200/2008, de 9 de Outubro, mediante:

– Proposta da Comissão Interministerial de Compras;
– Autorização prévia do Membro do Governo responsável pela área das Finanças e do Membro do Governo responsável pelo respectivo Sector;
– Estudo prévio sobre a necessidade, viabilidade económico-financeira e vantagens da criação da central de compras e sobre a sua conformidade com o regime legal aplicável.

4. Neste aresto, está em causa o artigo 10.º do Decreto-Lei n.º 200/2008. Esta disposição suscita, desde logo, problemas quanto à sua conformação com o quadro jurídico-constitucional e jurídico-comunitário acima referido, ao eleger directamente o ACE *Somos Compras* como central de compras do sistema de saúde.

Na verdade, como se refere no acórdão que vimos acompanhando, estamos face a um Agrupamento Complementar de Empresas, regido pelo Código das Sociedades Comerciais, com uma natureza privada, em

mente interessante tanto para empresas nacionais como para empresas situadas noutro Estado-Membro, porque não se pode favorecer uma dessas entidades em detrimento de todas as outras e porque o respeito por aqueles princípios pressupõe que se dê oportunidade aos vários operadores económicos de manifestar o seu interesse na contratação, através da publicidade adequada."

[2] Este sistema agrega as duas centrais de compras criadas pelo artigo 10.º do Decreto-Lei n.º 200/2008, sendo composto pelos meios tecnológicos, humanos e logísticos de ambas. No sistema definem-se para a *ACSS* apenas funções de coordenação e supervisão e para o *Somos Compras* todas as responsabilidades operacionais, incluindo o desenvolvimento dos procedimentos de aquisição, a adjudicação e a eventual contratação.

que a maioria da participação pertence ao SUCH, que é também uma pessoa colectiva de direito privado.[3]

Para o Tribunal de Contas, a designação pela lei da *Somos Compras* como central de compras sem a realização de um procedimento concursal prévio consubstancia um tratamento diferenciado a seu favor, favorecendo um operador económico relativamente a outras entidades potencialmente interessadas em exercer a função de central de compras e ofende os acima referidos princípios constitucionais e comunitários da igualdade, imparcialidade e concorrência.

Não obstante, pode suceder que tal designação seja perfeitamente legal.

Basta, para tal, demonstrar que estamos dentro do perímetro da chamada contratação *in-house* para que a designação pela lei da *Somos Compras* seja perfeitamente legal (cfr. artigo 5.º, n.º 2, alínea b) do CCP), independentemente da natureza jurídica privada ou pública desta.

5. De acordo com o entendimento do Tribunal de Contas o protocolo é um verdadeiro instrumento de instituição da Central de Compras do SNS.

Ao abrigo de uma habilitação legal que apenas previa a celebração de protocolo para *articular as actividades* da *ACSS* e do *Somos Compras* (o n.º 3 do artigo 10.º do Decreto-Lei n.º 200/2008, acima transcrito), pretende verdadeiramente criar-se uma *nova central de compras*.

De facto, assinala o Tribunal de Contas, o SCC tem como objectivos exactamente as actividades que, nos termos dos artigos 10.º, n.º 1, da

---

[3] O acórdão assinala que, na sua configuração inicial, fazia parte do ACE uma empresa privada, a SGG - Serviços Gerais de Gestão, SA, do universo Deloitte, com direito a um Administrador Executivo.

Não obstante esta empresa ter cedido, entretanto, a sua posição ao SUCH, nada nos estatutos impede que o ACE venha a ser participado por outras empresas privadas.

Já não se compreende que o Tribunal de Contas sublinhe que a realização de lucro faz parte do objecto social do ACE para a caracterizar como entidade privada. É que, em nosso entender, o escopo lucrativo é inerente a uma actuação empresarial (de natureza pública ou privada) sendo considerado de harmonia com o interesse público subjacente nos casos em que as empresas são detidas pelo Estado.

Directiva 2004/18/CE, 261.º, n.º 1, do CCP e 2.º, n.º 1, do Decreto-Lei n.º 200/2008, competem às *centrais de compras:* desenvolvimento de procedimentos de aquisição, adjudicação de propostas em representação das entidades adjudicantes, compra efectiva de bens e serviços em representação das entidades adjudicantes e contratação e gestão de contratos públicos de aprovisionamento.

Como conclui o acórdão do Tribunal de Contas, a instituição do *Sistema Comum de Compras para o Serviço Nacional de Saúde,* consubstanciando a criação de uma nova central de compras, extravasa o âmbito do disposto no n.º 3 do artigo 10.º do Decreto-Lei n.º 200/2008 e carece de fundamento legal, violando o princípio da legalidade consagrado no artigo 3.º do Código do Procedimento Administrativo e no artigo 266.º, n.º 2, da Constituição.[4]

A obrigatoriedade da utilização do SCC para todos os estabelecimentos e serviços integrados no Serviço Nacional de Saúde, *independentemente da sua natureza jurídica,* estabelecida no n.º 5 do Despacho n.º 18628/2009 e no n.º 3 da cláusula 2ª do protocolo é ainda ilegal por violar frontalmente o disposto no artigo 10.º, n.º 2, do Decreto-Lei n.º 200/2008 bem como a autonomia decisória das entidades inseridas no sector empresarial do Estado (SEE).[5]

---

[4] Configurando-se assim uma nulidade nos termos do artigo 133.º, n.º 1, do Código do Procedimento Administrativo.

[5] Este entendimento do Tribunal de Contas decorre de se saber que o Serviço Nacional de Saúde integra várias entidades públicas empresariais (EPEs), nomeadamente hospitais, que se inserem no sector empresarial do Estado e às quais se aplica o regime jurídico do sector empresarial do Estado (RJSEE) constante do Decreto-Lei n.º 558/99, na redacção do Decreto-Lei n.º 300/2007, de 23 de Agosto.

Para o Tribunal de Contas, o estabelecimento de uma obrigatoriedade como a que vimos referindo para as entidades públicas empresariais do SNS traduz-se numa decisão de gestão inexistindo norma legal expressa que a autorize ou que a integre ou permita no âmbito dos poderes de superintendência do Estado.

Por outro lado, acrescenta o Tribunal, essa decisão não se enquadra, nem formal nem substancialmente, nos poderes de orientação previstos no artigo 11.º do RJSEE (que contemplam orientações e recomendações, mas não ordens nem decisões de gestão) ou nos poderes de tutela definidos no artigo 29.º do mesmo diploma.

Neste ponto, algumas dúvidas persistem, na medida em que se pode considerar o SEE como um grupo de empresas permitindo, nessa medida, a intervenção do Estado na autonomia decisória das empresas.

Por outro lado, o regime jurídico do SEE faculta a possibilidade de serem emitidas orientações gerais as quais podem determinar a obrigatoriedade de aquisição de bens e serviços a centrais de compras.

6. Compreende-se a posição do Tribunal de Contas à luz do artigo 10.º do Decreto-Lei n.º 200/2008, de 9 de Outubro.

Julgamos, em todo o caso, que seria prudente proceder a uma alteração legislativa, permitindo alargar a obrigatoriedade de aquisição de bens e serviços a outras centrais de compras como a *Somos Compras* sob pena de se perderem as vantagens inerentes à criação de centrais de compras para a eficiência da despesa pública.

MANIFESTAÇÕES DE FORTUNA E AFASTAMENTO PARCIAL DA PRESUNÇÃO DE RENDIMENTO

COMENTÁRIO AO ACÓRDÃO DO STA DE 19 DE MAIO – PROCESSO N.º 0734/09

João Sérgio Ribeiro

1 – Em termos sintéticos, o acórdão objecto de análise tem os seguintes contornos:

- A recorrente adquiriu um imóvel de valor superior a € 250.000, tendo declarado rendimentos inferiores em 50% relativamente ao rendimento padrão, fixado pelo legislador em 20% do valor de aquisição, nos termos da tabela constante do n.º 4 do art.º 89.º-A da LGT. Como consequência, foram considerados como verificados os pressupostos legais para proceder à avaliação indirecta do seu rendimento tributável.
- Entendeu-se que, no momento da fixação presuntiva do rendimento sujeito a tributação (em sede de IRS) deveria relevar a justificação, ainda que parcial, da proveniência desse acréscimo patrimonial, dado o facto de as normas em causa dizerem respeito à incidência objectiva do imposto.
- Na base dessa orientação estiveram essencialmente a proibição constitucional das presunções *iure et de iure* e a sua sua estreita relação com o princípio da capacidade contributiva, bem como a invocação de normas como o artigo 73.º da Lei Geral Tributária que determina que «as presunções consagradas nas normas de incidência tributária admitem sempre prova em contrário». Foram igualmente convocados outros princípios jurídico-constitucionais, como o princípio da igualdade, a tributação dos rendimentos reais e o princípio do Estado de Direito Democrático.

- Sustentou-se, de acordo com o enquadramento avançado, que embora a justificação parcial não afastasse a aplicação do método previsto no artigo 89.º-A da LGT, não podia deixar de ser considerada na quantificação do rendimento tributável a ser determinado nos termos desse método. Entendeu-se, assim, que o rendimento tributável da recorrente deveria ser igual a 20% do valor de aquisição, deduzido do montante do empréstimo bancário que se demonstrou ter sido efectuado para a aquisição do imóvel.
- Conclui-se que, não tendo a administração tributária feito a dedução relativa ao empréstimo bancário na avaliação do rendimento tributável da recorrente, teria havido um manifesto excesso na quantificação.

2. No acórdão confrontam-se duas posições, como pode ser constatado através da leitura do voto de vencido. Não obstante considerarmos a decisão tomada pela maioria como correcta, e digna de louvor, julgamos igualmente decorrer do voto subscrito pelos vencidos asserções importantes que é imperativo considerar.

Subscrevemos em grande medida a argumentação avançada pela relatora do acórdão, com destaque para necessidade de afastar as presunções absolutas em matéria de incidência, como é claramente a determinação da matéria tributável. Com efeito, a determinação desta enquanto expressão quantitativa do facto tributário – através da consideração dos preceitos que definem a realidade a medir (rendimento), da unidade de medida (valor monetário), e dos próprios critérios jurídicos a que deve obedecer a medição – concorre indubitavelmente para a delimitação da incidência do imposto.

Entre os argumentos dignos de nota e aplauso, destacamos igualmente a necessidade de permitir a justificação parcial do rendimento inferido das manifestações de fortuna para assim assegurar o respeito pelo princípio da igualdade. A este propósito é contraposta a situação de dois contribuintes, no âmbito da aplicação do mecanismo das manifestações de fortuna, tendo um deles justificado parte do rendimento obtido, sem que o outro tenha apresentado qualquer justificação. De forma elucidativa, exemplificou-se que, caso não fosse dada relevância à justificação parcial, os sujeitos passivos seriam tratados exactamente da mesma forma, em desrespeito flagrante pelo princípio da igualdade.

Para além da válida invocação de princípios importantes, julgamos ser ainda imprescindível demarcar, como nos parece que fizeram correctamente os subscritores do voto de vencido, as manifestações de fortuna da avaliação indirecta propriamente dita.

Sem querer estar a repetir uma discussão que já tivemos a oportunidade de desenvolver detalhadamente[1], gostaríamos de realçar que apesar dos grandes pontos de contacto entre as manifestações de fortuna e a avaliação indirecta, e de no nosso direito haver um cruzamento entre eles, são, na verdade, mecanismos distintos, com autonomia e características próprias. As manifestações têm, no nosso entender, uma carácter residual dado que, para se qualificar um determinado rendimento como acréscimo patrimonial não justificado, é imperativo desconhecer-se a natureza da fonte desse rendimento. Assim sendo, sempre que a fonte do rendimento é identificada, deixamos de estar no âmbito das manifestações de fortuna. Podemos ainda estar no domínio da avaliação indirecta propriamente dita, se estiver em causa um rendimento de determinada categoria do IRS cuja declaração tenha sido defraudada, mas não no domínio das manifestações de fortuna, que, repita-se, pressupõem o desconhecimento da fonte do rendimento.

Ora, esta natureza residual reforça a necessidade de permitir a ilisão, ainda que parcial, da presunção de um determinado rendimento à luz do mecanismo das manifestações de fortuna. Como nos parece claro, se o sujeito passivo demonstra, ainda que parcialmente, a origem do rendimento que lhe é imputado, não mais se pode, face ao recorte residual do mecanismo em causa, sustentar a sua aplicação, pelo menos no que respeita a essa parcela, uma vez que a fonte do rendimento passa a ser conhecida.

Entendemos que essa ilisão da presunção em que assenta o mecanismo das manifestações de fortuna pode decorrer quer da acção do sujeito passivo, demonstrando a origem do rendimento, quer através da acção da própria administração em sede de avaliação indirecta, por ocasião da aplicação dos elementos constantes do art. 90.º da LGT. Aliás,

---

[1] Cfr. João Sérgio Ribeiro, *Tributação Presuntiva do Rendimento: Um Contributo para Reequacionar os Métodos Indirectos de Determinação da Matéria Tributável*, Almedina, Coimbra, 2010, pp. 283 e ss.

é por isso mesmo que à luz do artigo 89.º A, n.º 4, quando através da avaliação indirecta se determina um rendimento superior ao que decorre da aplicação do mecanismo das manifestações de fortuna, aquele deve prevalecer sobre este. Isso explica-se pelo facto de, por ser possível aplicar a avaliação indirecta e os elementos do artigo 90.º, se conhecer a origem do rendimento, caindo, por consequência, os requisitos de aplicação das manifestações de fortuna que implicam necessariamente, como já, com um certa insistência, se salientou, o desconhecimento da fonte do rendimento.

Este posicionamento pressupõe, como é óbvio, que, sem prejuízo da interligação que existe de facto entre manifestações de fortuna e avaliação indirecta, se encarem os dois mecanismos como independentes.

Relativamente à interligação desses mecanismos umas breves palavras[2]. Sempre que se verifiquem os requisitos das manifestações de fortuna, tal como resulta do artigo 87.º, alínea d), da LGT impõe-se a determinação da matéria tributável com base nos meios indirectos do artigo 90.º, isto é, recorre-se à avaliação indirecta propriamente dita. Contudo, ao mesmo tempo, suscita-se também a aplicação do mecanismo do artigo 89.º A da LGT. Digamos que a verificação dos requisitos das manifestações de fortuna acciona simultaneamente dois mecanismos distintos de determinação da matéria tributável – o da avaliação indirecta propriamente dita, e o das manifestações de fortuna. A verificação deste último mecanismo dá azo simultaneamente à aplicação da avaliação indirecta propriamente dita e das manifestações de fortuna enquanto mecanismo autónomo, sendo por isso mesmo que é possível, nos termos do artigo 89.º A, n.º 4, que através da avaliação indirecta se chegue a um valor diferente daquele que resulta do mecanismo das manifestações de fortuna. Isto porque são métodos que correm paralelamente e gozam de relativa autonomia. Se as manifestações de fortuna fossem apenas uma expressão da avaliação indirecta, como por vezes se sugere, não faria sentido que se determinasse a matéria tributável de acordo, simultaneamente, com os elementos do artigo 90.º da LGT (instrumentos por excelência da avaliação indirecta) e com a tabela do artigo 89.º -A, n.º 4, da LGT.

---

[2] Para mais desenvolvimentos, ver João Sérgio RIBEIRO, *Tributação Presuntiva, op. cit.*, pp. 311 e ss.

3. Independentemente de corroborarmos os argumentos da relatora, não deixamos de mostrar sensibilidade face às inquietações que transparecem do voto de vencido, pelo que desejamos dar-lhes uma especial atenção.

Antes de nos debruçarmos sobre esses pontos gostaríamos de louvar a forma assertiva como, muito correctamente, se demarca, no voto de vencido, a avaliação indirecta do mecanismo das manifestações de fortuna, o que espelha, de certa forma, parte do que acabámos de sumariamente explanar.

Lidando agora com os principais argumentos dos vencidos, vejamos como são sustentados e as considerações que suscitam.

Advoga-se que, para ilidir a presunção legal de rendimento padrão, uma presunção *iuris tantum,* e tendo em conta a necessidade de combater a evasão fiscal, a única solução razoável é que o contribuinte prove meios ou rendimento igual, no mínimo, ao valor de aquisição das manifestações de fortuna, tendo em conta que uma solução diversa não tem na letra da lei um mínimo de correspondência verbal.

A solução propugnada pelos vencidos é de facto a que provavelmente acautelaria melhor a evasão fiscal, contudo, não foi aquela que foi acolhida pelo nosso sistema. De facto existem ordens jurídicas, como a italiana e a francesa, onde o valor de rendimento presumido coincide com o valor das próprias manifestações de fortuna. No nosso, sistema, porém, independentemente de ser ou não aquele que melhor lida com a evasão fiscal, e de eventualmente o rendimento padrão fixado a partir das manifestações de fortuna ser demasiado baixo, não foi esse o caminho seguido, correspondendo o rendimento presumido, tão-só, ao rendimento padrão[3]. Isto é, o rendimento que se imputa ao sujeito passivo, por se presumir que foi por ele obtido, é apenas parte do valor das manifestações de fortuna e não o valor integral daquelas. Sendo assim, no momento em que se ilide a presunção, e se afasta o rendimento que dela resulta, a tónica, deve, segundo nos parece, ser posta no facto presumido e não no facto base da presunção, sob pena de se confundir dentro desta figura entre facto base, um dado adquirido, e o que desse facto se infere. Não

[3] A solução por nós adoptada justifica-se em parte pelo facto de este mecanismo ser cumulável com outros, como a avaliação indirecta propriamente dita.

deixaria de ser um pouco bizarro que para ilidir uma presunção se tivesse de provar consideravelmente mais do que é presumido.

Para além da estranheza que suscita a orientação de que divergimos, não podemos deixar salientar que, tendo havido uma opção no sentido de considerar como rendimento presumido unicamente uma parcela do valor das manifestações de fortuna, eventualmente por questões de natureza técnica, não se alcança que essas razões não continuem presentes quando está em causa o afastamento da presunção. Especialmente devido ao impacto negativo que tem sobre o princípio da igualdade. Concretizando, os 20% do valor do imóvel, que no caso em questão correspondiam a € 75 000, são o rendimento que no entender do legislador é necessário, para, no ano fiscal em causa, permitir a compra do imóvel. Ora se um determinado sujeito passivo declarar rendimentos nesse valor, não lhe será aplicado o mecanismo das manifestações de fortuna, por se entender que um rendimento dessa natureza permite sustentar a manifestação de fortuna evidenciada. Contrariamente, quando exactamente a mesma quantia empregue na aquisição do prédio urbano não for rendimento tributável, por provir de uma doação ou de qualquer outra fonte não susceptível de ser reconduzida ao rendimento tributável em sede de IRS, só por isso deixa de estar justificada a manifestação de fortuna, exigindo-se, nesse caso, em flagrante violação do princípio da igualdade, a comprovação, por parte desse sujeito, da disponibilidade de um montante 5 vezes superior. Não parece que um entendimento que sustente uma situação de tão flagrante desigualdade entre sujeitos passivos possa ser defensável.

Reconhecemos, tal como resulta do voto de vencido, que a lei, concretamente o artigo 89.º-A, n.º 3 da LGT, não é muito clara a esse respeito e que pode, eventualmente, de acordo com uma interpretação estritamente literal, apontar para a exigência da necessidade de que seja a feita a prova do valor total de aquisição. Defendemos, todavia, que a leitura do preceito tem de ser outra, sob pena de serem postos em causa princípios estruturantes do Direito Fiscal.

Sustentamos, que a referência feita à fonte das manifestações de fortuna se deve entender não como tendo em vista esses indícios de uma forma estrita, mas os rendimentos que com base neles são resumidos. Para além dos méritos apontados a esta leitura em termos de cumprimento com os princípios estruturantes do Direito Fiscal, quadra bem com a sistemática da legislação fiscal. Primeiro, porque o artigo 87.º, alínea d), da LGT, norma que tem alguma simetria com o artigo a nos referimos, faz corresponder a justificação necessária para o afastamento da tributação com base nas manifestações de fortuna aos próprios rendimentos padrão e não aos valores das manifestações de fortuna. Além disso, também o artigo 9 do CIRS quando se refere aos acréscimos patrimoniais não justificados, como o são as manifestações de fortuna, tem em vista não aqueles, mas, como nos parece óbvio, os rendimentos que deles se inferem. Parece-nos extremamente provável que tenha sido esta a intenção do legislador quando configurou o artigo 89.ºA, n.º 3, da LGT.

Afirma-se, por outro lado, que de acordo com a lei o valor padrão não pode ser baixado, podendo apenas ser fixado num montante superior. Avança-se a esse propósito a ideia de que só poderia haver o abaixamento de valor do rendimento padrão se a determinação da matéria tributável tivesse sido feita através da avaliação indirecta, dada a natureza distinta dos dois mecanismos.

Relativamente a este argumento, julgamos que o afastamento de um determinado rendimento presumido não obedece a nenhuma orientação pré-definida, isto é, o rendimento presumido tanto pode ser afastado em situações em que é superior ao montante presumido, como em situações em que é inferior. O questionar do nexo de probabilidade entre o facto base e o facto presumido pode, com efeito, ter várias consequências. Consideramos que o argumento no sentido de que o rendimento pode ser fixado num valor superior é, na verdade, importante para reforçar a natureza relativa da presunção que está na base do mecanismo das manifestações de fortuna, sendo de louvar. Porém, é igualmente possível inferir daí que, como é natural em presunções dessa natureza, também poderá ser fixado um valor de natureza inferior àquele que foi inicialmente presumido. Finalmente, no que toca à afirmação da ideia de que só na avaliação indirecta é que pode ser fixado um rendimento inferior ao presumido, esquece-se, na nossa opinião, que a natureza presuntiva não é um exclusivo da avaliação indirecta e que apesar das diferenças claras e especificidades de cada um dos mecanismos, a natureza da presunção *iuris tantum* em que ambas as figuras assentam permite sempre a prova em contrário, independentemente do sentido em que varie o rendimento que por essa via se venha a substituir ao rendimento presumido.

Independentemente das pontuais discordâncias, com a posição expressa através do voto de vencido, concordamos que na ponderação dos princípios e valores em causa, a questão da evasão fiscal não pode ser encarada de ânimo leve. Sensíveis a esses argumentos, defendemos, independentemente de estarmos absolutamente convencidos de que o acórdão foi no melhor sentido, que as prestações pagas ao banco na sequência da obtenção de crédito devem merecer uma atenção especial no âmbito de aplicação das manifestações de fortuna, combatendo, assim, de forma mais eficiente, comportamentos evasivos. Sugerimos que, na determinação do valor de aquisição das manifestações de fortuna, para além da consideração de outras despesas em que se tenha incorrido, nomeadamente impostos pagos a esse propósito, e outros custos, como despesas com registos de propriedade, escrituras públicas, entre outras[4], seja também considerado, no ano fiscal a que se reporta o mecanismo das manifestações de fortuna, o montante pago, durante esse ano, em prestações ao banco pelo crédito concedido.

4. Em síntese, o acórdão comentado vem, de forma inovadora, estabelecer um entendimento diferente das manifestações de fortuna, mais fiel quer à natureza jurídica do próprio mecanismo quer em relação aos princípios jurídico-constitucionais de Direito Fiscal. Congratulamo-nos não só pela argumentação clara e bem sustentada, mas também pelas importantes contribuições trazidas pelo acórdão no seu todo – sem esquecer obviamente o voto de vencido – para o tão necessário debate destas questões.

[4] Cfr. João Sérgio Ribeiro, *Tributação Presuntiva, op. cit.*, pp. 309 e ss.

SÍNTESE DOS PRINCIPAIS ACÓRDÃOS DO TRIBUNAL DE JUSTIÇA DA UNIÃO EUROPEIA DO TRIMESTRE

IMPOSTO SOBRE O VALOR ACRESCENTANDO

Acórdão de 15 de Julho de 2010, Processo C-368/09, Caso Pannon Gép Centrum

«Sexta Directiva IVA – Directiva 2006/112/CE– Direito à dedução do imposto pago a montante – Regulamentação nacional que sanciona uma referência incorrecta na factura com a perda do direito à dedução»

Os artigos 167.°, 178.°, alínea a), 220.°, n.° 1, e 226.° da Directiva 2006/112/CE do Conselho, de 28 de Novembro de 2006, devem ser interpretados no sentido de que se opõem a uma legislação ou a uma prática nacional por força da qual as autoridades nacionais recusam a um sujeito passivo o direito de deduzir do montante do IVA de que é devedor o montante do imposto devido ou pago pelos serviços que lhe foram prestados, pelo facto de a factura inicial, na sua posse no momento da dedução, mencionar uma data errada de conclusão da prestação de serviços e de não existir uma numeração contínua da factura rectificada ulteriormente e da nota de crédito que anulava a factura inicial, se os pressupostos materiais se encontram preenchidos e, antes da adopção da decisão da autoridade visada, o sujeito passivo lhe tiver fornecido uma factura rectificada, que indique a data exacta em que a referida prestação foi concluída, mesmo que não exista uma numeração contínua desta factura e da nota de crédito que anula a factura inicial.

Acórdão de 15 de Julho de 2010, Processo C-582/08, Caso Comissão/Reino Unido

«Incumprimento de Estado – Imposto sobre o valor acrescentado – Directiva 2006/112/CE – Artigos 169.° a 171.° – Décima Terceira Directiva 86/560/CEE – Artigo 2.° – Reembolso – Sujeito passivo não estabelecido na União – Operações de seguro – Operações financeiras»

Esteve em causa o facto de Comissão entender que o artigo 2.°, n.° 1, da Décima Terceira Directiva não podia ser interpretado no sentido de excluir o reembolso do IVA que incidiu sobre os bens ou os serviços utilizados para efeitos das operações de seguro e das operações financeiras a que se refere o artigo 17.°, n.° 3, alínea c), da Sexta Directiva, cujo conteúdo foi reproduzido no artigo 169.°, alínea c), da Directiva IVA, tendo o Reino Unido manifestou opinião contrária, sustentando que a sua legislação era conforme com a legislação da União.

O Tribunal concluiu que, dada a redacção clara e precisa de uma disposição como o artigo 2.°, n.° 1, da Décima Terceira Directiva, não é possível fazer uma interpretação destinada a corrigir esta disposição e, ao mesmo tempo, a ampliar as obrigações que por força dela incumbem aos Estados membros, pelo que a acção da Comissão deve ser julgada improcedente.

Acórdão de 17 de Junho de 2010, Processo C-492/08, Caso Comissão/França

«Incumprimento de Estado – Directiva 2006/112/CE – Imposto sobre o valor acrescentado – Taxa reduzida – Artigos 96.ª e 98.ª, n.ª 2 – Anexo III, ponto 15 – Apoio judiciário – Prestações de advogados – Compensação integral ou parcial por parte do Estado»

Ao aplicar uma taxa reduzida de imposto sobre o valor acrescentado às prestações realizadas pelos advogados, os advogados junto do Conseil d'État e da Cour de cassation e os «avoués», pelos quais estes são total ou parcialmente compensados pelo Estado, no âmbito do apoio judiciário, a República Francesa não cumpriu as obrigações que lhe incumbem por força dos artigos 96.º e 98.º, n.º 2, da Directiva 2006/112/CE do Conselho, de 28 de Novembro de 2006.

Acórdão de 10 de Junho de 2010, Processo C-262/08, Caso CopyGene

«Sexta Directiva IVA – Isenções – Artigo 13.°, A, n.° 1, alínea b) – Hospitalização e assistência médica – Operações estreitamente conexas – Estabelecimentos devidamente reconhecidos da mesma natureza que os estabelecimentos hospitalares e os centros de assistência médica e de diagnóstico – Banco privado de células estaminais – Serviços de colheita, transporte, análise e armazenamento de sangue do cordão umbilical dos recém-nascidos – Eventual aplicação autóloga ou alogénica das células estaminais»

O conceito de operações «estreitamente conexas» com «a hospitalização e [com] a assistência médica» na acepção do artigo 13.°, A, n.° 1, alínea b), da Sexta Directiva, deve ser interpretado no sentido de que não abrange actividades como as que estão em causa no processo principal, que consistem na colheita, transporte, análise de sangue do cordão umbilical e armazenamento das células estaminais contidas nesse sangue, quando a assistência médica prestada em meio hospitalar, com a qual estas actividades só eventualmente são conexas, não existe, não está em curso nem está sequer planificada.

Quando as prestações dos bancos de células estaminais como as que estão em causa no processo principal são efectuadas por pessoal de saúde autorizado, sendo certo que esses bancos de células estaminais, apesar de serem autorizados pelas autoridades sanitárias competentes de um Estado membro, no âmbito da Directiva 2004/23/CE do Parlamento Europeu e do Conselho, de 31 de Março de 2004, relativa ao estabelecimento de normas de qualidade e segurança em relação à dádiva, colheita, análise, processamento, preservação, armazenamento e distribuição de tecidos e células de origem humana, a manipular tecidos e células de origem humana, não recebem apoio do regime público de segurança social e que a remuneração que lhes é paga não está coberta por esse regime, o artigo 13.°, A, n.° 1, alínea b), da Sexta Directiva 77/388 não se opõe a que as autoridades nacionais considerem que um sujeito passivo como a CopyGene A/S não é «outro estabelecimento da mesma natureza [que os estabelecimentos hospitalares, centros de assistência médica e de diagnóstico] devidamente reconhecido» na acepção do artigo 13.°, A, n.° 1, alínea b), da Sexta Directiva. Contudo, esta disposição tão-pouco pode ser interpretada no sentido de que exige, enquanto tal, que as autoridades competentes recusem equiparar um banco privado de células estaminais a um estabelecimento «devidamente reconhecido» para efeitos da isenção em causa. Cabe ao órgão jurisdicional de reenvio, na medida do necessário, verificar se a recusa do reconhecimento para efeitos da isenção prevista no artigo 13.°, A, n.° 1, alínea b), da Sexta Directiva respeita o direito da União e, em especial, o princípio da neutralidade fiscal.

Acórdão de 10 de Junho de 2010, Processo C-86/09, Caso Future Health Technologies

«Imposto sobre o valor acrescentado – Directiva 2006/112/CE – Isenções – Artigo 132.°, n.° 1, alíneas b) e c) – Hospitalização e assistência médica, bem como operações com elas estreitamente conexas – Prestações de serviços de assistência efectuadas no âmbito do exercício de profissões médicas e paramédicas – Colheita, análise e processamento de sangue do cordão umbilical – Conservação das células estaminais – Eventual utilização terapêutica futura – Operações constituídas por um conjunto de elementos e de actos»

Quando as actividades que consistem no envio de um *kit* para colheita de sangue do cordão umbilical dos recém-nascidos, na análise e processamento desse sangue e, se for caso disso, na conservação das células estaminais contidas nesse sangue com vista a uma eventual utilização terapêutica futura visam unicamente assegurar um recurso que esteja disponível com vista a um tratamento médico na hipótese incerta de este vir a ser necessário, mas não diagnosticar, tratar ou curar doenças ou anomalias de saúde, tais actividades, quer sejam consideradas no seu todo ou isoladamente, não são abrangidas pelo conceito de «hospitalização e [de] assistência médica» constante do artigo 132.°, n.° 1, alínea b), da Directiva 2006/112/CE do Conselho, de 28 de Novembro de 2006, nem pelo de «prestações de serviços de assistência» pessoal constante do artigo 132.°, n.° 1, alínea c), desta directiva. Só assim não seria, no que diz respeito à análise do sangue do cordão umbilical, se esta análise tivesse efectivamente por objectivo estabelecer um diagnóstico médico, facto que cabe, se tal for necessário, ao órgão jurisdicional de reenvio verificar.

O conceito de operações «estreitamente relacionadas» com a «hospitalização e [com] a assistência médica» na acepção do artigo 132.°, n.° 1, alínea b), da Directiva 2006/112 deve ser interpretado no sentido de que não abrange actividades como as que estão em causa no processo principal, que consistem no envio de um *kit* para colheita de sangue do cordão umbilical dos recém-nascidos, na análise e processamento desse sangue e, se for caso disso, na conservação das células estaminais contidas nesse sangue com vista a uma eventual utilização terapêutica futura à qual essas actividades só eventualmente estão ligadas e que não existe, não está em curso nem está sequer planificada.

Acórdão de 10 de Junho de 2010, Processo C-58/09, Caso Leo-Libera

«Pedido de decisão prejudicial – Imposto sobre o valor acrescentado – Directiva 2006/112/CE – Artigo 135.°, n.° 1, alínea i) – Isenção das apostas, lotarias e outros jogos de azar ou a dinheiro – Condições e limites – Poder de determinação dos Estados-Membros»

O artigo 135.°, n.° 1, alínea i), da Directiva 2006/112/CE do Conselho, de 28 de Novembro de 2006, deve ser interpretado no sentido de que o exercício da faculdade de que os Estados membros dispõem de fixar as condições e os limites da isenção de imposto sobre o valor acrescentado, prevista nessa disposição, lhes permite isentar desse imposto apenas determinados jogos de azar ou a dinheiro.

Acórdão de 3 de Junho de 2010, Processo C-237/09, Caso De Fruytier

"Sexta Directiva IVA – Artigo 13.°, A, n.° 1, alínea d) – Isenções em benefício de actividades de interesse geral – Entregas de órgãos, de sangue e de leite humanos – Actividade de transporte, a título independente, de órgãos e de produtos biológicos de origem humana destinados a hos-

pitais e laboratórios – Conceito de 'entrega de bens' e de 'prestação de serviços' – Critérios de distinção"

O artigo 13.°, A, n.° 1, alínea d), da Sexta Directiva, que isenta de imposto sobre o valor acrescentado "as entregas de órgãos, sangue e leite humanos", deve ser interpretado no sentido de que não é aplicável a uma actividade de transporte, efectuada a título independente, de órgãos e de produtos biológicos de origem humana, por conta de hospitais e de laboratórios.

Acórdão de 20 de Maio de 2010, Processo C-228/09, Caso Comissão/Polónia

"Incumprimento de Estado – IVA – Directiva 2006/112/CE – Artigos78.º, 79.º, 83.ºe 86.º – Valor tributável – Venda de um veículo – Inclusão no valor tributável de um imposto aplicável aos veículos não registados"

A acção foi julgada improcedente, tendo a Comissão sido condenada nas despesas.

Acórdão de 6 de Maio de 2010, Processo C-311/09, Caso Comissão/Polónia

"Incumprimento de Estado – Fiscalidade – IVA – Transporte internacional de passageiros – Aplicação de uma taxa de imposto fixa às transportadoras estabelecidas fora do território nacional e que não permite a dedução da taxa aplicada na fase anterior"

A República da Polónia, ao cobrar o imposto sobre o valor acrescentado de acordo com as modalidades definidas no capítulo 13, n.º 35, pontos 1 e 3 a 5 do despacho do Ministro das Finanças, de 27 de Abril de 2004, relativo à execução de certas disposições da lei relativa ao imposto sobre os produtos e serviços, não cumpriu as obrigações que lhe incumbem por força dos artigos 73.º, 168.º e 273.º da Directiva 2006/112/CE do Conselho, de 28 de Novembro de 2006.

Acórdão de 6 de Maio de 2010, Processo C-94/09, Caso Comissão/França

"Incumprimento de Estado – Violação dos artigos 96.º a 99.º, n.º 1, da Directiva 2006/112/CE do Conselho, de 28 de Novembro de 2006 – Actividades das agências funerárias – Obrigação de aplicar uma taxa de tributação única à prestação complexa indivisível prestada por essas agências – Proibição de aplicação de taxas reduzidas diferentes de IVA"

A acção foi julgada improcedente, tendo a Comissão sido condenada nas despesas.

CLOTILDE CELORICO PALMA

Acórdão de 20 de Maio de 2010, Processo C-56/09, Caso Zanotti

O ordenamento fiscal italiano admite a dedução em 19% do valor das despesas com propinas suportadas em cursos ministrados quer por escolas italianas, quer por escolas estrangeiras. Neste último caso, tais despesas ficarão restritas ao valor a pagar por um curso similar ministrado por uma instituição de ensino italiana – foi o que sucedeu com as propinas suportadas pelo Senhor Zanotti num curso em Leiden.

O Tribunal declarou o regime italiano compatível com o Direito Europeu, uma vez que não impede a dedução, mas apenas a reduz ao valor que se suportaria numa escola pública italiana próxima da residência do sujeito.

Acórdão de 20 de Maio de 2010, Processo C-352/08, Caso Zwijnenburg

A empresa holandesa Zwijnenburg realizou uma operação de transformação societária em regime de neutralidade fiscal, estabelecido em conformidade com a Directiva Fusões-Cisões.

Determinou-se que a estrutura negocial adoptada permitia elidir o imposto sobre transmissão de direitos (*belastingen van rechtsverkeer*) sem acarretar quaisquer efeitos em sede de impostos sobre o rendimento. Em conformidade, a Administração Holandesa pretendia considerar como abusiva a utilização da estrutura, v.g., negando a neutralidade fiscal que sustenta a estrutura.

Para o Tribunal, apenas ficam sujeitos à norma anti-abuso constante do artigo 11.º/n.º 1/alínea a) da Directiva as operações que envolvam directamente a elisão dos impostos contemplados pela própria Directiva e já não quaisquer outros que escapem ao seu escopo. Em conformidade, não podem ser negados os benefícios do regime instituído pela Directiva de modo a compensar as vantagens elisivas obtidas em sede de outros impostos.

Acórdão de 17 de Junho de 2010, Processo C-105/08, Caso Comissão/Portugal

Segundo a lei nacional, a tributação dos juros auferidos por sociedades não residentes (20%) é nominalmente inferior à suportada pelas sociedades residentes (25%). Todavia, por assentar sobre os rendimentos brutos, e não sobre os rendimentos líquidos, aquela tributação revela-se potencialmente mais onerosa do que a tributação que impende sobre os sujeitos passivos residentes.

O Tribunal considerou que a Comissão não logrou a demonstração cabal, como lhe competia, da desconformidade do regime português com o ordenamento europeu, em particular por não atestar cabalmente o tratamento desvantajoso concedido às sociedades não residentes. Por isso, teve ganho de causa a República Portuguesa.

Acórdão de 3 de Junho de 2010, Processo C-487/08, Caso Comissão/Espanha

A legislação espanhola elimina a dupla tributação económica sobre os lucros distribuídos por sociedades residentes em Espanha, exigindo a detenção das participações sociais durante um ano e com um volume não inferior a 5% do capital social para sócios residentes. Este requisito passa a 10% (era superior, antes de 2009) se o sócio for uma sociedade não residente.

O Tribunal considerou que a situação de residentes e não residentes é comparável, por se encontrarem ambos sujeitos a tributação pelos dividendos auferidos. Em conformidade, declarou a diferença de tratamento discriminatória e contrária à livre circulação de capitais.

GUSTAVO LOPES COURINHA

SÍNTESE DE ACÓRDÃOS DO TRIBUNAL CONSTITUCIONAL DO TRIMESTRE

Acórdão n.º 216/2010

Não julga inconstitucional, por violação dos artigos 12.º, n.º 2 , 13.º, 20.º, 32.º, n.º 1 da Constituição, a norma do artigo 7.º n.º 3 da Lei n.º 34/2004 de 29 de Julho, com a redacção dada pela Lei n.º 47/2007 de 28 de Agosto;

Acórdão n.º 251/2010

Não aprecia a constitucionalidade da norma dos artigos 2.º, n.º 2, 11.º, n.º 3 e 13.º-A e 16.º do Código do Imposto Municipal da Sisa e do Imposto sobre Sucessões e Doações (CIMSISD), quando interpretada no sentido da sujeição a imposto de sisa do contrato promessa com tradição conjugado com a sua irrelevância para efeitos de caducidade da isenção de sisa, que considera inconstitucional por violação do disposto nos artigos 13.º, 103.º e 104.º, n.º 3, da Constituição da República Portuguesa.

Acórdão n.º 268/2010

Aprecia a inconstitucionalidade orgânica do § 7.º da Portaria n.º 234/97, de 4 de Abril, e do artigo 3.º, n.º 2, alínea e), do Código dos Impostos Especiais de Consumo (CIEC), aprovado pelo Decreto-Lei n.º 566/99, de 22 de Dezembro (na redacção anterior às alterações introduzidas pelo artigo 69.º da Lei n.º 53-A/2006, de 29 de Dezembro, ao artigo 74.º deste Código) na parte em que inclui entre os sujeitos passivos desse imposto as pessoas que, em situação irregular, vendam produtos a ele sujeitos.

Entretanto, em situação idêntica à dos presentes autos, o Plenário do Tribunal Constitucional através do acórdão n.º 176/2010, disponível em www.tribunalconstitucional.pt, decidiu julgar organicamente inconstitucionais essas referidas disposições, por violação dos artigos 103.º, n.º 2, e 165.º, n.º 1, alínea i), da Constituição.

Acórdão n.º 301/2010

Não julga inconstitucional a norma do artigo 5.º, n.º 5 do Decreto-Lei n.º 124/96 de 10 de Agosto (regime prestacional de regularização das dívidas fiscais).

Acórdão n.º 306/2010

Não julga inconstitucional, por violação do princípio da igualdade tributária, a norma do artigo 74.º, n.º 1, do Código do Imposto sobre o Rendimento das Pessoas Singulares (CIRS), na redacção dada pela Lei n.º 85/2001, de 4 de Agosto (*tributação de rendimentos no ano do seu recebimento mas reportados a anos anteriores*).

(Nota: Todos os Acórdãos encontram-se disponíveis em http://www.tribunalconstitucional.pt)

GUILHERME W. D'OLIVEIRA MARTINS E MAFALDA COELHO MOREIRA

SÍNTESE DOS PRINCIPAIS ACÓRDÃOS DO SUPREMO TRIBUNAL ADMINISTRATIVO DO TRIMESTRE

IMPOSTO /FIGURAS AFINS

Acórdão do STA (2.ª) de 02-06-2010. Processo n.º 033/10

O tributo liquidado pela Câmara Municipal de Lisboa pela emissão de licença para instalação e permanência de lona publicitária em prédio particular não tem a natureza de taxa, devendo ser qualificado como um imposto. Porque a criação de impostos é da exclusiva competência legislativa da Assembleia da República, salvo autorização ao Governo, são organicamente inconstitucionais as normas do Regulamento de Publicidade do Município de Lisboa que criaram essa receita fiscal autárquica

IMPOSTO SOBRE O RENDIMENTO

IRS

Acórdão do STA (2.ª) de 02-06-2010. Processo n.º 0998/09

À luz do disposto no artigo 5.º do Dec. Lei n.º 442-A/88, de 30 de Novembro, não são tributados em sede de IRS os ganhos obtidos com a transmissão onerosa de prédio urbano adquirido como rústico antes da entrada em vigor do Código do IRS e que ainda conservava essa natureza no momento da entrada em vigor deste Código, pese embora tenha adquirido, posteriormente, a natureza de urbano (terreno para construção) e sido alienado como tal.

IRC

Acórdão do STA (2.ª) de 09-06-2010. Processo n.º 0618/09

A nulidade de acórdão por excesso de pronúncia acontece sempre que o tribunal se pronuncia sobre questões de que não podia tomar conhecimento. É o que acontece quando o tribunal conheceu de um fundamento que confere validade ao acto de tributação, o qual não chegou a ser colocado à sua apreciação. Uma vez verificada a nulidade da sentença, por excesso de pronúncia, o STA deverá suprir a nulidade declarando em que sentido a decisão se deve considerar modificada, conhecendo dos outros fundamentos do recurso, de harmonia com o disposto no artigo 731.º do CPC.

Nos termos do disposto nos arts. 75.º, n.ºs 7 e 8, na redacção do Decreto-Lei n.º 366/98 de 23/11 e 14.º, na redacção da Lei n.º 30-G/00 de 29/12, ambos do CIRC, o impugnante não está dispensado da apresentação de prova de que ocorrem aos requisitos que consentem uma retenção na fonte de IRC, relativo aos exercícios de 2000 e 2001, a taxas inferiores à taxa regra estabelecida no art. 69.º do mesmo diploma legal, na redacção de então. Quando tal prova não seja efectuada, até ao pagamento do imposto respectivo, o substituto tributário que não tenha efectuado a retenção fica desobrigado da entrega do imposto que deveria ter sido deduzido desde que comprove a verificação dos pressupostos para a dispensa total ou parcial de retenção. É o que resulta do regime fixado no n.º 4 do seu art. 48.º da Lei n.º 67-A/2007, de aplicação retroactiva.

E sendo de aplicação retroactiva, o mesmo há-de ser aplicado à retenção na fonte do IRC em causa, uma vez que constitui um reconhecimento explícito de que era ilegal a imputação de responsabilidade ao substituto tributário quando se comprova a verificação dos pressupostos para a dispensa total ou parcial de retenção (no caso, a prova da residência do beneficiário dos rendimentos), mesmo que a comprovação viesse a ser feita apenas depois do momento em que a retenção deveria ser efectuada.

Em situações em que foi efectuada uma liquidação em momento que já se sabe que não se verifica o facto tributário que lhe está subjacente, está-se perante um acto ilegal, à face dos princípios da justiça, da proporcionalidade e da igualdade na repartição de encargos públicos, cuja observância é imposta à Administração Tributária pelo art. 55.º da

LGT e que são corolário dos princípios da justiça, da necessidade e da igualdade, genericamente enunciados nos arts. 13.º e 18.º, n.º 2 da CRP e ínsitos no princípio do Estado de Direito Democrático. Sendo assim, deverá entender-se que o erro de que enferma a liquidação impugnada é imputável aos serviços, para efeitos no disposto no art. 43.º, n.º 1 da LGT, pelo que são devidos juros indemnizatórios.

Acórdão do STA (2.ª) de 30-06-2010. Processo n.º 059/10

Nos termos das disposições combinadas dos arts. 15.º, n.º1, 17.º e 46.º do CIRC, na redacção anterior ao Decreto-Lei n.º 198/2001 de 3 de Julho, na definição da matéria colectável do IRC, devem ser deduzidos, ao lucro tributável do exercício, os prejuízos fiscais até à sua concorrência, só então sendo possível deduzir, por força do valor remanescente, se o houver, os benefícios fiscais existentes.

Acórdão do STA (2.ª) de 07-07-2010. Processo n.º 0204/10

Os cheques auto são títulos ou meios de pagamento de combustível ou de outros produtos disponibilizados pelos mesmos fornecedores. Só no momento da aquisição do combustível ou desses outros produtos – seja através da entrega dos cheque auto ou da utilização de outro meio de pagamento – é que se concretiza o custo ou encargo, o qual deve ser comprovado com a factura/recibo emitido pela gasolineira/fornecedor. Deixando esses meios de pagamento de estar na posse da Impugnante, devem os correspondentes encargos ser considerados como despesas não documentadas e/ou confidenciais, sendo, como tal, tributadas autonomamente nos termos do disposto no art. 4.º do Decreto-Lei n.º 192/90 de 9 de Junho.

IMPOSTO SOBRE A DESPESA

IVA

Acórdão do STA (2.ª) de 02-06-2010. Processo n.º 0256/10

Os sujeitos passivos de IVA têm direito a deduzir o IVA por si suportado e incidente sobre as operações tributáveis efectuadas a montante, designadamente o imposto pago pelas aquisições de bens ou serviços, nos termos do artigo 19.º, n.º 1, alínea c) do CIVA. Em regra, a dedução deve ser efectuada na declaração do período posterior àquele em que se tiver verificado a recepção das facturas ou documentos equivalentes (n.º 2 do artigo 22.º do CIVA).

Todavia, nos casos em que a obrigação de liquidação e pagamento do imposto compete ao adquirente dos bens e serviços e os correspondentes montantes não tenham sido incluídos na declaração periódica, originando a respectiva liquidação e dedução ou o tenham sido fora do prazo legalmente estabelecido, a liquidação e a dedução são aceites sem quaisquer consequências desde que o sujeito passivo entregue a declaração de substituição, sem prejuízo da penalidade que ao caso couber (n.º 15 do artigo 71.º do CIVA, na redacção em vigor à data dos factos). O sujeito passivo não está impedido de apresentar a declaração de substituição em momento posterior a uma primitiva liquidação, devendo aquela ser considerada para efeitos de determinação do imposto devido, embora sem prejuízo da penalidade que ao caso couber.

Acórdão do STA (2.ª) de 23-06-2010. Processo n.º 0107/10

As decisões do Conselho Técnico Aduaneiro, nos termos do disposto nos arts. 6.º e 22.º, al. b) do decreto-lei n.º 281/91 de 9/8, são válidas até que sejam anuladas por decisão, transitada em julgado, proferida em recurso contencioso (hoje acção administrativa especial). Embora preparatórios do acto final de liquidação, enquanto actos destacáveis, porque lesivos, essas decisões são susceptíveis de impugnação contenciosa autónoma e própria, sob pena de, à míngua desta, se firmarem na ordem jurídica como caso resolvido ou decidido.

Todavia, a falta de dedução de recurso contencioso dessas decisões não preclude o direito de impugnação judicial do acto de liquidação com fundamento em vícios próprios e autónomos, que nada tenham a ver com o conteúdo ou objecto das mesmas, que estiveram na origem desse mesmo acto, como sejam a falta de audiência prévia e a falta de fundamentação. Com efeito, as disposições legais supra referidas, respeitam apenas à impugnação contenciosa dessas decisões. É o conteúdo ou objecto desses actos e não mais do que isso, cuja impugnabilidade directa a lei autoriza ou impõe, já por ser ele o resultado final do procedimento da liquidação e importar que a questão se esgote no campo administrativo antes de ser colocada nos tribunais.

IEC

Acórdão do STA (2.ª) de 02-06-2010. Processo n.º 0240/10

Os impostos especiais de consumo, entre os quais se inclui o imposto sobre o álcool e as bebidas alcoólicas, são impostos indirectos, nascidos de operações internas, encontrando-se o respectivo regime jurídico estabelecido no CIEC, aprovado pelo DL 566/99, de 22 de Dezembro. Embora a cobrança e administração destes impostos seja da competência das alfândegas, e o seu regime deva muito ao direito aduaneiro, os impostos especiais de consumo são impostos de natureza não aduaneira, a que não é, pois, aplicável a legislação aduaneira, designada e concretamente o DL 281/91, de 9/8, que criou o Conselho Técnico Aduaneiro, órgão especializado do contencioso aduaneiro, e regulou o procedimento de contestação técnica junto daquele órgão.

Todavia, como expressamente dispõe o n.º 2 do artigo 4.º do CIEC, sempre que seja relevante para a determinação da incidência objectiva dos impostos especiais de consumo (que para o caso do imposto sobre o álcool e as bebidas alcoólicas se mostra regulada no artigo 48.º do CIEC) são de aplicar os critérios estabelecidos para a classificação de mercadorias na Nomenclatura Combinada estabelecida pelo regulamento (CEE) n.º 2658/87, de 23/7/87, e respectivas actualizações e as regras gerais para a interpretação desta nomenclatura, as notas das secções e capítulos da mesma, as notas explicativas do Sistema Harmonizado de Designação e Codificação de Mercadorias do Conselho de Cooperação Aduaneira, os critérios de classificação adoptados pelo dito Conselho e as notas explicativas da Nomenclatura Europeia.

A determinação da natureza ou definição do produto para que se possa aferir se o mesmo está ou não incluído na previsão do artigo 48.º do CIEC não constitui, porém, contestação de carácter técnico relativa a classificação pautal que deva ser decidida pelo CTA, podendo e devendo tal questão ser suscitada na impugnação judicial do acto de liquidação.

IMPOSTOS SOBRE O PATRIMÓNIO

IMI

Acórdão do STA (2.ª) de 02-06-2010. Processo n.º 027/10

Adquirindo o concessionário ou subconcessionário o estatuto de proprietário das construções que edificou no exercício do direito de uso privativo do terreno do domínio público, as quais são objecto de descrição autónoma tanto no registo predial como na matriz predial, como prédios urbanos, é ele sujeito passivo de IMI, nos termos do n.º 1 do art. 8.º do Código do IMI.

IMPOSTO DE SELO

Acórdão do STA (2.ª) de 09-06-2010. Processo n.º 0242/10

Não correspondendo à realidade o documentado numa escritura de justificação notarial de usucapião, a liquidação efectuada pela Administração Tributária em face dos termos dessa escritura está ferida de ilegalidade decorrente de posterior constatação de erro nos seus pressupostos de facto. O acto de usucapião de imóvel usucapido constitui o objecto de incidência de tributação em imposto de selo e não também a aquisição de benfeitorias realizadas pelo usucapiente no mesmo imóvel.

Acórdão do STA (2.ª) de 07-14-2010. Processo n.º 01073/09

Apesar de a aquisição por usucapião não se consubstanciar em qualquer transmissão gratuita ou onerosa, como decorrência do seu carácter originário e não derivado (dado não lhe subjazer qualquer fonte contratual), o legislador entendeu, a partir da entrada em vigor do CIS, que tal aquisição por usucapião passaria a ser tributada, incluindo-a nas respectivas regras de incidência objectiva (n.º 1 do art. 1° conjugado com o segmento final da al. a) do n.º 3 do mesmo preceito, do CIS). Nos termos da al. r) do art. 5° do CIS o momento do nascimento da obrigação de imposto ocorre na data da respectiva escritura de justificação.

INFRACÇÕES TRIBUTÁRIAS

Acórdão do STA (2.ª) de 07/07/2010. Processo n.º 0356/10

À face do preceituado no art. 63.º, n.º 1, do Regime Geral das Infracções Tributárias, não constitui nulidade insuprível da decisão administrativa de aplicação de coima por contra-ordenação tributária a não consideração de elementos invocados na defesa pelo arguido. Designadamente, no que concerne à fundamentação, apenas se exige que a decisão de aplicação de coima contenha a descrição sumária dos factos e indicação das normas violadas e punitivas e a indicação dos elementos que contribuíram para a fixação das coimas e sanções acessórias, não se impondo, assim, que sejam indicadas as razões por que se não atendeu aos elementos apresentados na defesa. A falta de consideração dos elementos invocados na defesa apenas poderá ter relevância como vício da decisão de aplicação de coima se essa falta afectar a correcção da decisão, designadamente se se verificar uma situação em que, se esses elementos tivessem sido considerados, deveria ter sido aplicada uma coima diferente da que foi aplicada ou deveria ter sido decidida a sua dispensa. No que concerne à possibilidade de dispensa de coima, ao abrigo do disposto nos arts. 32.º e 33.º do RGIT, a exigência cumulativa de que esteja regularizada a falta cometida e que a prática da infracção não ocasione prejuízo efectivo à receita tributária conduz à conclusão de que, para ocorrer dispensa, não basta a regularização da falta, sendo necessário que se esteja perante uma situação em que não chegou a produzir-se prejuízo, antes de ocorrer a regularização. Em processo de contra-ordenação tributária, o Tribunal de recurso pode alterar a decisão do tribunal recorrido sem qualquer vinculação aos seus termos e ao seu sentido (art. 75.º do Regime Geral das Contra-ordenações, subsidiariamente aplicável, podendo, inclusivamente, apreciar oficiosamente se ocorrem nulidades da sentença recorrida.

PROCEDIMENTO E PROCESSO TRIBUTÁRIO

Acórdão do STA (2.ª) de 02-06-2010. Processo n.º 0196/10

Cumulando-se na petição inicial de impugnação várias causas de pedir e pedidos a que correspondem diversas formas de processo, e não sendo viável a convolação ao abrigo dos arts. 98.º, n.º 4 do CPPT e 97.º, n.º 3 da LGT, a petição deve ser liminarmente indeferida, pois não cabe ao juiz substituir-se ao interessado na escolha de uma das formas processuais adequadas, já que é este que deve escolher o meio de defesa que julgue mais conveniente.

Acórdão do STA (2.ª) de 02-06-2010. Processo n.º 0118/10

A acção para reconhecimento de direito ou interesse legítimo em matéria tributária, prevista no art. 145.º do CPPT, tem carácter de complementaridade em relação aos outros meios contenciosos. Não se pode afastar a possibilidade de uso da acção em casos em que para obter algum ou alguns dos efeitos pretendidos pelo interessado, se com a acção for possível obter uma mais efectiva tutela do direito ou interesse em causa, designadamente um efeito jurídico que não possa ser obtido por outros meios ou uma mais rápida ou duradoura satisfação os seus direitos ou interesses.

Designadamente, é possível o uso da acção para reconhecimento de um direito ou interesse legítimo em matéria tributária quando, apesar de existir um acto da administração tributária impugnável, o interessado pretender uma decisão judicial que vincule a administração tributária não só relativamente a esse determinado acto já praticado, mas também no futuro, relativamente a situações idênticas que se venham a gerar entre o interessado e a administração tributária que tenham subjacentes os mesmos pressupostos fácticos e jurídicos.

O processo de impugnação judicial não pode ter por objecto a definição futura das relações jurídicas semelhantes que se venham a estabelecer entre a administração tributária e os contribuintes e, por isso, se o contribuinte se encontra numa situação de facto em que se geram sucessivas relações semelhantes com a administração tributária, o meio adequado não só para definir o seu conteúdo quanto ao passado (actos já praticados) mas também quanto ao futuro é a acção para reconhecimento de um direito ou interesse legítimo, pois só esta tem potencialidade para esta definição futura.

Esta adequação processual da acção para reconhecimento de um direito ou interesse legítimo em matéria tributária não implica que os pedidos formulados tenham viabilidade de procedência, nem significa que o interessado possa ganhar direitos de impugnação que já tenham caducado, mas as questões de saber se esses pedidos devem ou não proceder têm a ver com o mérito da acção e não com a forma de processo adequado para os apreciar, que não pode deixar de ser a acção para reconhecimento de um direito ou interesse legítimo em matéria tributária.

Acórdão do STA (2.ª) de 02-06-2010. Processo n.º 026/10

Se depois da apresentação da contestação num processo de impugnação judicial foram juntos ao processo documentos e obtidas informações com potencial relevo probatório, que podem ser relevantes a decisão final, impõe-se que se conceda às partes a possibilidade de alegarem sobre esta matéria, nos termos do art. 120.º do CPPT, não só sobre a relevância factual que podem ter os factos apurados, mas também sobre as ilações jurídicas que daí se podem retirar.

O facto de cada uma das partes ter tido oportunidade de se pronunciar sobre os documentos apresentados pela parte contrária, não dispensa as alegações, designadamente porque, enquanto o prazo legal para as partes se pronunciarem sobre documentos apresentados pela parte contrária é o prazo geral de 10 dias [art. 153.º, n.º 1, do CPC, aplicável por força do disposto no art. 2.º, alínea e), do CPPT], o prazo para alegações é fixado pelo juiz, podendo estender-se até 30 dias, nos termos daquele art. 120.º. A omissão de notificação para alegações constitui irregularidade que pode influir na decisão da causa, pelo que constitui nulidade, à face do preceituado no art. 201.º, n.º 1, do CPC.

Acórdão do STA (2.ª) de 09-06-2010. Processo n.º 0345/10

A garantia prestada em execução fiscal nos termos do art. 183.º-A do Código de Procedimento e de Processo Tributário – não caducada à data de 1 de Janeiro de 2007, início de vigência da Lei n.º 53-A/2006 de 29 de Dezembro, revogatória daquele artigo 183.º-A –, só poderá ser levantada oficiosamente ou a requerimento de quem a haja prestado, logo que no processo que a determinou tenha transitado em julgado decisão favorável ao garantido ou haja pagamento da dívida, nos termos do n.º 2 do artigo 183.º do Código de Procedimento e de Processo Tributário.

Acórdão do STA (Pleno da Secção do CT) de 16-06-2010. Processo n.º 046/10

Em vista da concretização do princípio do inquisitório e da descoberta da verdade material – art. 13, n.º 1 e 113 do CPPT –, incumbe ao juiz a direcção do processo e a realização de todas as diligências que, num critério objectivo, considere úteis ao apuramento da verdade. Controvertida, na lide impugnatória, a indispensabilidade dos custos, nos termos do art. 23 do CIRC, não se pode considerar dispensável a inquirição das testemunhas arroladas em vista da demonstração do aludido requisito.

Acórdão do STA (2.ª) de 16-06-2010. Processo n.º 0205/10

A obrigação de indemnizar o contribuinte, por força do n.º 1 do artigo 43.º da Lei Geral Tributária, implica um «erro» da Administração Fiscal, de que, em termos de causalidade juridicamente adequada, resulte um «pagamento indevido da prestação tributária». Do ponto de vista jurídico, só do «erro» respeitante aos pressupostos do acto da respectiva liquidação de imposto é que poderá resultar um «pagamento indevido da prestação tributária». E, assim, só na base de um «erro» tal poderá fundamentar-se o direito de juros indemnizatórios ao abrigo do n.º 1 do artigo 43.º da Lei Geral Tributária.

Acórdão do STA (2.ª) de 23-06-2010. Processo n.º 01032/09

A questão da impugnabilidade do acto tributário que constitui o objecto da impugnação judicial é de conhecimento oficioso do tribunal, em qualquer altura da instância. Por força do princípio da impugnação unitária, plasmado no artigo 54.º do CPPT, só é possível, em princípio, impugnar o acto final do procedimento tributário, dado que só esse acto atinge ou lesa, imediatamente, a esfera jurídica do contribuinte, sendo que no contencioso tributário o critério da impugnabilidade dos actos é o da sua lesividade objectiva, imediata, actual e não meramente potencial.

Os actos interlocutórios do procedimento não são, em princípio, imediatamente lesivos, razão por que a sua ilegalidade só pode ser suscitada aquando da eventual impugnação deduzida contra o acto final lesivo, a menos que se trate de actos interlocutórios cujo escrutínio judicial imediato e autónomo se encontre expressamente previsto na lei (são os chamados «actos destacáveis», que na falta de imediata impugnação se fixam na ordem jurídica, ficando precludido o direito ou a faculdade processual de posteriormente discutir a sua legalidade) ou de actos que, embora inseridos no procedimento tributário e anteriores à decisão final, sejam imediatamente lesivos, abrindo-se então a possibilidade da sua impugnação imediata, sem prejuízo de a sua ilegalidade poder, ainda, ser suscitada na impugnação que venha a ser deduzida contra o acto final.

O acto praticado pela Direcção Geral de Impostos que determina a correcção da declaração de IRS submetida via internet, substituindo o anexo B pelo anexo C, representa a prática de um acto imediatamente lesivo, por conter, ainda que de forma implícita, a decisão de mudar o regime de tributação declarado e de dar sem efeito, nos termos da Portaria n.º 159/2003, de 18.12, a declaração apresentada, e por tal provocar efeitos jurídicos negativos imediatos na esfera jurídica do contribuinte. O período mínimo de permanência no regime simplificado de tributação é de três anos, prorrogável por iguais períodos, excepto se o sujeito passivo comunicar a alteração do regime pelo qual se encontra abrangido (n.º 5 do artigo 28.º do CIRS). E em face do n.º 6 do artigo 28.º do CIRS, a aplicação desse regime só cessa se algum dos limites a que se refere o n.º 2 tiver sido ultrapassado em dois períodos de tributação consecutivos ou num único exercício em montante superior a 25% desses limites, caso em que a tributação pelo regime de contabilidade organizada se fará, então, a partir do período de tributação seguinte ao da verificação de qualquer desses factos.

Acórdão do STA (2.ª) de 30-06-2010. Processo n.º 0364/10

A redução do prazo de caducidade do direito à liquidação para três anos, prevista no n.º 2 do artigo 45.º da Lei Geral Tributária, sucede, designadamente, nos casos em que ocorrer «erro evidenciado na declaração do sujeito passivo». É claro que não ocorre «erro evidenciado na declaração do sujeito passivo», quando o contribuinte faz uma declaração de reinvestimento de mais-valias, à qual não dá inteiro cumprimento.

Tendo o contribuinte feito constar na sua declaração de rendimentos, relativa ao ano de 2003, a venda de um prédio e a intenção de reinvestir a totalidade da mais-valia obtida – nos termos da alínea a) do n.º 5 do artigo 10.º do CIRS (na redacção, aqui aplicável, anterior ao Decreto-Lei 361/2007, de 2 de Novembro) –, a liquidação adicional de IRS, operada, por falta de reinvestimento, nos dois anos seguintes, não carece de audição prévia do contribuinte declarante, por, nos termos dos n.ºs 1, alínea a), e 2 do artigo 60.º da Lei Geral Tributária, «a liquidação se efectuar com base na declaração do contribuinte».

Acórdão do STA (2.ª) de 07-07-2010. Processo n.º 0342/10

A oposição à execução fiscal tem por fundamentos apenas aqueles susceptíveis de serem integrados em alguma das previsões das várias alíneas do n.º 1 do artigo 204.º do Código de Procedimento e de Processo Tributário. A falsidade do título executivo constitui fundamento de oposição à execução fiscal apenas quando possa influir nos termos da execução – nos termos da alínea c) do n.º 1 do artigo 204.º do Código de Procedimento e de Processo Tributário. A falsidade do título executivo traduz-se na falta de correspondência da atestação nele firmada em relação ao acto que esse título se destina a certificar. E, assim, a alegação de que, "violando o título executivo o pacto de jurisdição firmado voluntariamente pelas partes, é falso o título executivo", manifestamente, não integra o conceito de falsidade do título executivo. A petição inicial de oposição à execução fiscal deve ser alvo de rejeição liminar, no caso de «não ter sido alegado algum dos fundamentos admitidos no n.º 1 do artigo 204.º», e, ou, de «ser manifesta a improcedência» – nos termos das alíneas b) e c) do n.º 1 do citado artigo 209.º do Código de Procedimento e de Processo Tributário.

ANA LEAL E NUNO OLIVEIRA GARCIA

SÍNTESE DOS PRINCIPAIS ACÓRDÃOS DO TRIBUNAL DE CONTAS DO TRIMESTRE

1.ª SECÇÃO (FISCALIZAÇÃO PRÉVIA)

Acórdão n.º 19/2010 – 25.Mai – 1ª S/SS
Prestação de serviços de saúde. Inadequação do procedimento prévio. Recurso a modalidades de emprego público. Recusa de visto.

1. Os contratos devem ser analisados e qualificados não apenas com base na sua denominação mas também em função das circunstâncias em que se enquadram e dos objectivos que visam realizar.

2. Os contratos em análise não se destinam à prestação de serviços médicos aos destinatários, configurando-se como contratos de aquisição de serviços de fornecimento de pessoal médico.

3. Conjugando a qualificação comunitária com o objecto substancial dos contratos em apreciação, verifica-se não estar em causa a aquisição de serviços de saúde mencionados no Anexo II B da Directiva n.º 2004/18/CE, pelo que não estão os mesmos abrangidos pela excepção consagrada na al. f) do n.º 4 do artigo 5.º do CCP.

4. Por outro lado, atento o seu objecto, os presentes contratos não se enquadram em nenhuma das formas de prestação de serviços admitidas às entidades do Serviço Nacional de Saúde, tal como previsto no artigo 35.º da Lei n.º 12-A/2008, 27 de Fevereiro.

5. Além do mais, resulta do regime consagrado nesta mesma Lei que as actividades de natureza permanente, como é o caso, das entidades da administração directa e indirecta do Estado devem, em regra, ser desenvolvidas por titulares de relações jurídicas de emprego público.

6. Não tendo o contrato sido precedido do procedimento concursal legalmente exigível, resulta do disposto no artigo 20.º, n.º 1, al. b) do CCP que o mesmo não podia ter sido celebrado.

7. Por determinação expressa do artigo 36.º, n.º 1, da Lei n.º 12-A/2008, os contratos de prestação de serviços celebrados com violação dos requisitos previstos no artigo 35.º, n.º 2, são nulos.

8. A nulidade é fundamento de recusa de visto, como estabelece a alínea a) do n.º 3 do artigo 44.º da Lei n.º 98/97, de 26 de Agosto.

Acórdão N.º 20/2010 – 01.Jun. – 1ª S/SS
Contrato de prestação de serviços. Alteração do contrato. A necessidade de visto prévio. Concurso público. Recusa de visto

1. A modificabilidade dos contratos públicos durante a sua vigência não depende apenas da existência de razões de interesse público e do respeito pelo objecto do contrato e pelo equilíbrio financeiro do mesmo.

2. Depende, também, em obediência aos princípios constitucionais e legais da concorrência, igualdade e transparência, da não alteração de outras condições importantes desses contratos e da não alteração dos pressupostos que estiveram na base do procedimento competitivo através do qual foi feita a escolha da proposta adjudicada.

3. A modificação do prazo contratual corresponde, no caso, a uma alteração substancial de um dos termos essenciais do contrato, em resultado de uma relevante alteração dos pressupostos técnicos do procedimento, que não foi expressamente autorizada nas condições do procedimento ou do contrato, e que não é neutra relativamente aos interesses em jogo.

4. Na prática, a modificação contratual em apreciação consubstancia a adjudicação de um novo contrato, que deveria ter sido precedida da realização de concurso público, com publicitação no JOUE.

5. A ausência de concurso implica a falta de um elemento essencial da adjudicação, o que determina a respectiva nulidade, nos termos do artigo 133.º, n.º 1, do CPA. Esta nulidade transmitiu-se ao instrumento contratual outorgado, por força do disposto no artigo 185.º, n.º 1, do mesmo Código.

6. A nulidade é fundamento de recusa de visto, como estabelece a alínea a) do n.º 3 do artigo 44.º da Lei n.º 98/97, de 26 de Agosto.

Acórdão N.º 21/2010 – 07.Jun. – 1ª S/SS
Contrato de empreitada. Especificações técnicas. Exigibilidade e verificação das habilitações. Incumprimento de recomendações. Recusa de visto

1. Atenta a factualidade descrita, revela-se evidente a violação do disposto no artigo 49.º, nºs 12 e 13, do CPP, porquanto o mapa de quantidades patenteado no concurso obriga os potenciais concorrentes a fornecer material de marcas indicadas pelo dono da obra.

2. Por outro lado, ao exigir no programa do concurso e para a execução da empreitada a classificação de empreiteiro geral de obras ou construtor geral de edifícios de construção tradicional de 7ª classe e diversas subcategorias correspondentes ao valor dos trabalhos especializados e que a si respeitam, a entidade adjudicante infringiu o disposto no n.º 1 do artigo 31.º do Decreto-Lei n.º 12/2004, de 9 de Janeiro.

3. As infracções referidas constituem circunstâncias com aptidão para afectar, negativamente, a concorrência e, assim, propiciar a alteração do resultado financeiro do contrato.

4. Acresce que a entidade adjudicante em causa foi já objecto de recomendações do Tribunal atinentes ao cumprimento dos preceitos legais aqui violados.

5. O insistente incumprimento das citadas recomendações, aliado à possibilidade da alteração do resultado financeiro do contrato em razão das ilegalidades apontadas, impede o Tribunal de fazer uso da faculdade prevista no artigo 44.º, n.º 4, da Lei n.º 98/97, de 26 de Agosto (visto com recomendações), recusando-se, assim, o visto ao contrato em apreço.

Acórdão N.º 22/2010 – 08.Jun. – 1ª S/SS
Contrato de empréstimo. Limites qualitativos ao endividamento autárquico. Recusa de visto

1. A contracção de empréstimos de médio e longo prazo pelos municípios tem de observar o disposto no artigo 38.º, n.º 4, da LFL, que só pode ser interpretado no sentido de que tais operações apenas podem ser realizadas para proceder ao pagamento de investimentos concretos, identificados no contrato que estejam ou venham a ser realizados.

2. No caso dos autos, os investimentos a cujo financiamento se destina o empréstimo encontram-se integralmente executados e foram pagos desde 20 de Fevereiro de 2009 a 30 de Dezembro de 2009.

3. Não há, portanto, necessidade de financiamento, por parte do Município, para satisfazer os encargos emergentes de contrato relativo ao mencionado empréstimo.

4. A violação de normas financeiras constitui fundamento de recusa de visto nos termos da al. b) do n.º 3 do artigo 44.º da Lei n.º 98/97, de 26 de Agosto.

3.ª SECÇÃO (JULGAMENTO DE RESPONSABILIDADES FINANCEIRA)

Acórdão N.º 3/2010 – 04.Abr. – 3.ª S/PL (RO n.º 7/2009-SRA)
Responsabilidade financeira sancionatória. Autorização de despesas sem cabimento orçamental. Recomendação do Tribunal. Dispensa da pena. Redução da pena.

1. A assunção e autorização de despesas sem a necessária cabimentação orçamental integra a prática de uma infracção financeira sancionatória por violação do disposto no art.º 18.º, n.º 2, da Lei n.º 79/98, de 24 de Novembro, com referência ao art.º 65.º da Lei n.º 98/97.

2. No caso em apreço, os demandados sabiam que a assunção e autorização de despesas sem cabimento orçamental eram proibidas por lei e ainda que tal conduta integrava a prática de informação financeira. Agiram, no entanto, no sentido de suprirem o subfinanciamento da unidade de saúde e norteados pela preocupação de assegurar a normalidade da prestação de cuidados de saúde.

3. O Centro de Saúde da Calheta já havia sido objecto de uma recomendação do Tribunal de Contas tendente à não assunção de encargos sem cobertura orçamental.

4. Dos elementos da prova produzida resulta que não se verificou, no caso concreto, erro sobre a ilicitude; não se demonstrou que o incumprimento das regras de realização de despesas públicas constituísse o meio adequado para suprir algum perigo actual ou ameaçador de bens juridicamente protegidos; mais resulta que não se verificou qualquer

situação de direito de necessidade ou de estudo de necessidade; e não ficou também provado o alegado conflito de deveres.

5. Além de o facto ser ilícito, é seguro que os demandados agiram com culpa, ou seja, o seu comportamento legitima inquestionável censura, sendo certo também que já anteriormente tinha havido recomendações do Tribunal a alertar para esta situação.

No entanto, tendo os demandados agido estribados na necessidade de suprirem o subfinanciamento da Unidade de Saúde e norteados pela preocupação de assegurar a normalidade da prestação de cuidados de saúde, é admissível concluir que agiram com negligência consciente (art.º 15.º, al. a), do Código Penal).

6. O instituto da dispensa da pena justifica-se em casos de bagatelas infraccionais, sendo que o montante das despesas pagas sem cabimento (€ 1.832.345,78) não pode, em circunstância alguma, ser considerada uma bagatela infraccional (cfr. al. a) do n.º 1 do art.º 74.º do Código Penal).

7. No caso concreto, justifica-se, porém, a redução das penas aplicadas em 1.ª instância, tendo em atenção a ausência de antecedente; que parte substancial da despesa não foi gerada por acção directa dos demandados; que as despesas foram necessárias ao normal e adequado funcionamento do Centro de Saúde; que no ano em causa o valor das verbas orçamentadas foi substancialmente inferior ao proposto pelos Demandados; que a Presidente do então Instituto de Gestão financeira de Saúde divulgou pelas Unidades da Região uma Circular onde, apesar de reconhecer a ilicitude, adianta que os Centros de Saúde assegurarão a prestação dos cuidados de saúde necessários, ainda que sem suficiência orçamental; e ainda que os Demandados foram impulsionados pela necessidade de suprirem o subfinanciamento do Centro de Saúde e norteados pela preocupação de assegurar normalidade da prestação dos cuidados de saúde.

ALEXANDRA PESSANHA E NUNO CUNHA RODRIGUES

RECENSÕES

IVA – A Localização das Prestações de Serviços após 1 de Janeiro de 2010

RUI LAIRES

Serviço Editorial Ciência e Técnica Fiscal, 2010

O Dr. Rui Laires dispensa apresentações, sendo um nome conhecido da nossa Fiscalidade, em particular do Imposto sobre o Valor Acrescentado. Neste domínio tem desenvolvido uma obra notável, aliando um saber prático, alicerçado numa vasta experiência na Administração Fiscal, com um aprofundamento teórico das matérias, tendo o mérito de abordar a vertente da jurisprudência europeia, aspecto tão relevante neste imposto.

Em 2008, presenteou-nos com a sua obra A Incidência e os Critérios de Territorialidade do IVA, abordando, sobretudo, as regras vigentes até 31 de Dezembro de 2009, mas desvendando já o véu quanto às alterações nas regras de localização das prestações de serviços que, na sua globalidade, entraram em vigor em 1 de Janeiro de 2010.

Confesso que, na altura, fiquei a pensar que, infelizmente, a parte da obra relativa à localização das prestações de serviços teria uma vigência curta e que bom seria se pudéssemos contar com o seu saber relativamente às novas regras. Foi, pois, com grande satisfação que vi o Centro de Estudos Fiscais publicar a sua nova obra intitulada IVA – A Localização das Prestações de Serviços após 1 de Janeiro de 2010, publicada sob o n.º 208 dos Cadernos de Ciência e Técnica Fiscal.

O IVA é um imposto pouco tratado entre nós, revestindo especial complexidade e uma lógica distinta dos demais tributos que compõem o nosso sistema fiscal, dada a sua matriz europeia. É um imposto que requer um estudo cuidadoso e aprofundado, sendo extremamente relevante atender à jurisprudência europeia. De entre as matérias mais complexas neste imposto encontramos, precisamente, as regras relativas à localização das prestações de serviços, normas estas que, com o denominado Pacote IVA, foram objecto de relevantes alterações a partir de 1 de Janeiro de 2010, sendo que ainda serão introduzidas novas alterações em 1 de Janeiro de 2011, de 2013 e de 2015. A complexidade desta matéria anda a par com a sua relevância. Trata-se de uma matéria extraordinariamente relevante, com importantes consequências práticas. Desde logo, para sabermos localizar devidamente uma operação para efeitos de IVA é necessário procedermos previamente à sua correcta qualificação. Sendo uma prestação de serviços, interessa apurar de que tipo de prestação de serviços se trata face à terminologia, entre nós, empregue no célebre artigo 6.º do Código do IVA. Não é por mero acaso que esta disposição é usualmente indicada como a mais complexa norma do IVA.

Com as alterações introduzidas nas regras de localização das prestações de serviços, o artigo 6.º passou, a partir de 1 de Janeiro de 2010, a ser mais simples. Desde logo, porque deixa de ser estruturado numa regra geral, excepções à regra geral e excepções às excepções à regra geral, para passar a ter duas regras gerais e excepções às regras gerais. Este facto reflectiu-se numa diminuição substancial do artigo, que deixou de contar com 23 números para passar a contemplar "apenas" 12 números. Mas, na realidade, embora mais simples, o artigo 6.º do CIVA não deixou de ser labiríntico.

E é para nos orientar neste complexo labirinto que nos surge a obra do Dr. Rui Laires, fazendo a ligação entre as normas do Direito Europeu e as regras internas, referenciando a mais relevante jurisprudência europeia e recorrendo a inúmeros exemplos práticos.

No Capítulo I o autor tem o cuidado de nos contextualizar no âmbito do Pacote IVA, para, seguidamente, examinar com especial minúcia cada tipo de serviço contemplado no artigo 6.º do CIVA. Para o efeito, no Capítulo II trata dos serviços prestados a sujeitos passivos, tratando, nomeadamente, dos conceitos relevantes para a aplicação das regras, como o de prestação de serviços, de sujeito passivo, de sede da actividade económica, de estabelecimento estável e de domicílio, tendo o cuidado de nos indicar qual a posição adoptada pelo Comité do IVA e de abordar os aspectos práticos fundamentais relacionados com as novas regras, tais como os relativos ao novo modelo de declaração periódica, a declaração recapitulativa.

No Capítulo III cuida dos serviços prestados a não sujeitos passivos, adoptando idêntica sistemática. As futuras alterações nas regras de localização das prestações de serviços, a entrar em vigor, a partir de 1 de Janeiro de 2011, de 1 de Janeiro de 2013 e de 1 de Janeiro de 2015, são igualmente tratadas de forma bastante clara no Capítulo IV da obra.

Um dos aspectos relevantes das regras de localização das operações entre nós reside no facto de em Portugal termos taxas de IVA distintas no Continente e nas Ilhas, facto este que suscita muitas dúvidas práticas esclarecidas pelo autor no Capítulo V. Finalmente, a obra é encerrada com chave de ouro, de forma extremamente pedagógica e de grande interesse prático, no Capítulo VI, com recurso a diversos exemplos de aplicação das novas regras.

O Dr. Rui Laires possui o precioso dom de saber conciliar os aspectos teóricos dos estudiosos deste complexo mas fascinante tributo do nosso sistema fiscal com os aspectos práticos dos seus aplicadores e, nesta obra, demonstrando-o com especial mister. Mais uma vez, temos a agradecer ao autor o facto de nos ter presenteado com o seu Valor Acrescentado.

Clotilde Celorico Palma

Tributação Presuntiva do Rendimento: Um Contributo para Reequacionar os Métodos Indirectos de Determinação da Matéria Tributável

JOÃO SÉRGIO RIBEIRO

Almedina, Coimbra, 2010

1. A obra recenseada corresponde à dissertação apresentada por João Sérgio Ribeiro a provas de doutoramento na Faculdade de Direito da Universidade Nova de Lisboa. Ao longo de três partes, o autor procura refundar o conceito de métodos indirectos de determinação da matéria tributável, não só através da afirmação da tese de que esses mecanismos têm na sua base a figura da presunção enquanto técnica normativa, mas também empreendendo uma nova delimitação e articulação entre eles. Rompe, a esse propósito, com o sincretismo dominante que os reconduz a todos, sem cuidar de os distinguir convenientemente, à avaliação indirecta. O percurso argumentativo empreendido apoia-se numa ousada e profunda análise crítica que associa a problematização de certos conceitos de Direito Fiscal, e da dogmática que se lhes encontra associada, a um testar dessas conclusões num plano mais empírico, fazendo, para isso, a imprescindível ligação à aplicação prática do direito positivo. A esse nível, é digno de destaque não só a preocupação do autor em resolver problemas concretos, avançando propostas a nível da construção e aplicação do direito positivo, mas também a incursão detalhada que faz em alguns sistemas jurídicos estrangeiros, o que contribui significativamente para o aprofundamento do tratamento do tema.

2. Na primeira parte, ao longo de três capítulos, explanados os conceitos considerados fundamentais para o desenvolvimento da obra.

No primeiro capítulo é explicada e justificada a fórmula *tributação presuntiva* que serve de título principal à dissertação. O autor aplica essa designação às situações em que o rendimento é determinado na totalidade ou numa parte substancial (por exemplo uma categoria) com base em presunções. Presunções essas que são encaradas não estritamente como um *terminus technicus* de natureza processual e probatória, mas como uma técnica normativa dirigida à fixação do próprio facto tributário na sua dimensão quantitativa, assumindo desse modo um carácter essencialmente substantivo. O capítulo primeiro corresponde de certa maneira a uma síntese da obra, uma vez que ao ser justificada e delimitada essa expressão, se avançam os temas e o modo como serão desenvolvidos.

O segundo capítulo desenvolve o conceito de rendimento fazendo uma útil resenha acerca da evolução do conceito e identificando alguns dos aspectos mais importantes acerca da sua utilização no domínio fiscal. Para além da importância deste capítulo para a dinâmica da obra, é de realçar o facto de trabalhar um conceito que é normalmente dado como adquirido e, consequentemente, insuficientemente tratado nas obras de referência de Direito Fiscal.

O terceiro capítulo na perspectiva de munir o autor de instrumentos argumentativos para a condução da tese propugnada, resgata, a propósito da delimitação do conceito de facto tributário e matéria tributária, contribuições clássicas de autores como Sainz de Bujanda e Alberto Xavier, adaptando-as à sua linha de raciocínio e aos problemas concretos em análise, chegando a conclusões e clarificações interessantes, sob o ponto de vista do entendimento de algumas das características essenciais do Direito Fiscal. Destacamos a ligação do facto tributário à previsão da norma tributária e ao conceito de incidência; a natureza complexa do facto tributário e consequente natureza fragmentária das suas normas; a identificação da matéria tributável com a vertente normativa do facto tributário, e não como algo exterior a esse facto; entre outras asserções relevantes.

3. Na segunda parte, na sequência da delimitação de conceitos essenciais, o autor desenvolve em cinco capítulos, o tema dos métodos indirectos de determinação da matéria tributável, entrando nos detalhes da problematização de cada um desses métodos.

No capítulo primeiro, dá nota da evolução histórica da aplicação dos métodos indirectos, recuando até à França pós-revolucionária, para lançar luz sobre as motivações que estiveram na base dessa forma de determinação da matéria tributável.

No capítulo segundo, refere-se àquela que é considerada o principal método indirecto – a avaliação indirecta –, demarcando-o dos demais através da análise das suas características essenciais.

No capítulo terceiro, empreende uma importante clarificação do mecanismo das manifestações de fortuna, avançando argumentos sólidos no sentido da demarcação desta figura do conceito de avaliação indirecta. Sendo de realçar, a este respeito, o facto de concluir que o mecanismo das manifestações de fortuna tem um carácter residual e que só pode ser utilizado quando se desconhece a fonte dos rendimentos, o que não acontecerá na avaliação indirecta propriamente dita. A demarcação desta figura e a articulação que dela é feita com a avaliação indirecta constitui uma abordagem inovadora digna de nota.

No capítulo quarto é analisado o conceito de avaliação objectiva que, a propósito da consideração de uma das suas expressões mais recorrentes – o regime simplificado –, é distinguido, através do estudo da sua natureza jurídica, quer da avaliação directa propriamente dita quer das manifestações de fortuna.

No capítulo quinto abordam-se figuras que, apesar de parecerem à primeira vista expressões de uma tributação presuntiva, ou seja, como concretizações de métodos indirectos de determinação da matéria tributável, revelam, após uma análise mais detida, estar fora desse âmbito. O autor refere-se nesse contexto: aos preços de transferência; à subcapitalização; à imputação de lucros de sociedades não residentes sujeitas a um regime privilegiado; aos impostos de saída ou de emigração; ao pagamento especial por conta e às tributações autónomas. O exercício relativo à natureza jurídica dessas figuras, para além da demarcação face à natureza presuntiva, configura igualmente uma introdução válida relativamente ao recorte de cada uma dessas figuras.

4. Na terceira parte, ao longo de três capítulos, o tema da tributação presuntiva é tratado no contexto internacional, numa perspectiva de *lege ferenda*.

No primeiro capítulo é circunscrito o plano da análise, sendo feita uma breve referência ao conceito de grupo de sociedade e ao conceito de estabelecimento estável, por ser no contexto dessas noções que, internacionalmente, se põem os problemas de aplicação de métodos indirectos de determinação da matéria tributável.

No segundo capítulo são abordadas algumas formas de tributação presuntiva no referido plano internacional, sendo feita uma referência concreta a tributação de base consolidada antecipando de certa forma um dos desenvolvimentos mais importantes verificados nos últimos tempos a propósito das linhas a seguir pela Comissão Europeia a nível da tributação das sociedades.

No terceiro capítulo é feito um exercício análogo a propósito, no contexto da OCDE, da utilização da Convenção Modelo sobre a Tributação do Rendimento e do Património.

5. A obra que recenseamos representa um contributo importante para o tratamento daquilo a que normalmente se chamam métodos indirectos da matéria tributável, vindo a preencher um vazio que existia na doutrina nacional, que salvo algumas pontuais reflexões sobre a matéria, ainda não tinha, até à data, feito uma reflexão de fundo, com um carácter tão completo e abrangente. Antevemos, por conseguinte, um adensar da discussão acerca dos temas aqui explorados e um inevitável impacto nas decisões dos tribunais, como aliás já se começa a verificar.

Rui Morais

Direito Fiscal – 4.ª edição

MANUEL PIRES e RITA CALÇADA PIRES

Almedina, 2010

A 4.ª edição da obra *Direito Fiscal* de Manuel Pires e Rita Calçada Pires concentra, com actualizações (especialmente úteis em tempos de mudança, como os actuais), os Apontamentos que o primeiro autor disponibilizara em 1978/9, pela primeira vez, aos seus alunos da Faculdade de Direito de Lisboa. Três décadas depois, porém, a obra adquiriu uma dimensão e unidade maiores e distintas da sua versão originária, que agora se impõe realçar.

O *Direito Fiscal* encontra-se dividido em duas partes, de dimensões essencialmente equivalentes – em ambos os casos, superiores a trezentas páginas – e com uma preocupação pedagógica evidente de transmitir, simultaneamente, os aspectos comuns a todos os impostos que compõem o sistema fiscal nacional e a regulação especial que incide sobre cada um dos principais impostos do sistema.

Na Parte Geral, o leitor encontra três capítulos.

O primeiro capítulo introduz o leitor aos impostos, noções gerais, distinções e modalidades, assim como às particularidades do Direito Fiscal enquanto ramo autónomo do Direito.

No segundo capítulo é tratada a matéria da norma fiscal. Na estrutura adoptada pelos autores, tal abrange quer a problemática das fontes e princípios de Direito Fiscal, quer a actividade hermenêutica fiscal, quer mesmo a aplicação no tempo e no espaço da lei fiscal. Encontram-se, neste capítulo, algumas das principais particularidades no pensamento dos autores, como se pode constatar pela extensa reflexão sobre a matéria da evasão fiscal (elisão fiscal, noutras terminologias), as questões da densificação do princípio da legalidade ou sobre a aplicação da lei no espaço – matéria esta onde os autores possuem uma reconhecida e vasta experiência.

O terceiro e último capítulo da Parte Geral reporta-se à teoria geral da relação jurídica fiscal (ou das "situações jurídicas", como os autores parecem preferir). O leitor encontrará, aqui, um tratamento dogmático da matéria dos sujeitos da relação ("situações jurídicas activas e passivas"), do objecto da mesma (a "obrigação de imposto"), dos "deveres auxiliares" das partes e da "dinâmica do imposto" (incluindo, procedimento, modificações da obrigação e garantias do crédito de imposto). É neste capítulo que se podem destacar algumas referências particulares e menos comuns noutros manuais mais recentes, como sejam as teorias da constituição da obrigação fiscal ou a investigação aos conceito e regime da omnipresente substituição em sede fiscal.

Na Parte Especial, a divisão faz-se em cinco partes, sendo o primeiro capítulo de cariz geral e introdutório, correspondendo os três seguintes aos três principais impostos (IRS, IRC e IVA) e ficando o último reservado à tributação do património (IMI, IMT e ISelo).

Nesta parte, é característica dominante o detalhe da análise em cada imposto – com destaque para os três grandes impostos do sistema português – em termos não muito frequentes para uma obra de índole geral, como esta. Na verdade, o tratamento de cada um destes impostos ocupa mais de 100 páginas desta obra, o que denota uma nítida pretensão de profundidade analítica e autonomização do estudo dos mesmos.

Aspectos como o da incidência objectiva dos impostos – tão importante no IRS – ou a quantificação da matéria colectável – crucial em sede de IRC, mas também de IRS e IVA –, tão frequentemente cheios de minudências técnicas, são extensamente tratados pelos autores, com base no actual regime fiscal. Basta exemplificar, para ilustrar o que vemos dizendo, com a análise desenvolvida do regime das amortizações e depreciações decorrente do Decreto-Regulamentar n.º 25/2009, de 14 de Setembro.

É, por fim, de salientar, porque raro numa obra genérica, o tratamento dogmático dos impostos do património, nas suas componentes estática e dinâmica, e abrangendo o IMT, o IMI e o Imposto do Selo.

Em resumo, estamos diante uma obra ampla, actual e útil a qualquer estudante e prático do Direito Fiscal, que permite uma visão compreensiva quer dos aspectos gerais do sistema, quer das singularidades que se encontram nos vários impostos que o compõem.

Gustavo Lopes Courinha

El futuro del sistema de pensiones – Crisis financiera y Estado de bienestar

ROBIN BLACKBURN

Ediciones Akal, 2010

Robin Blackburn (n. 1940) é um historiador e sociólogo britânico assumidamente próximo do socialismo marxista, tendo sido editor, entre 1981-99, da *New Left Review*, periódico de que se mantém colaborador. São especialmente reconhecidos os seus trabalhos de investigação histórica em torno do surgimento e desenvolvimento dos principais impérios coloniais e sua associação às novas formas de escravatura. Na sua obra de referência, *The Making of New World Slavery: from the Baroque to the Modern, 1492-1800* (1997), o autor defende que as novas trocas comerciais, iniciadas no século XV por Portugal, bem como com o desenvolvimento dos mercados de consumo, foram as forças determinantes do incremento da escravatura de plantação, primeiro em África, depois na América Central e do Sul. Nos últimos anos, tem leccionado na Essex University e foi distinguido como Professor Convidado de Estudos Históricos, pela *The New School* em Nova Iorque.

O texto que agora é editado em castelhano corresponde, com algumas adaptações, ao original inglês intitulado *Age Shock. How Finance Is Failing Us* (2006). Robin Blackburn desenvolve nesta obra um tema ao qual se tem dedicado mais nos últimos anos: a questão da preservação do Estado Social, tal como o conhecemos deste o fim da II Guerra Mundial, e a identificação das medidas de reforma dos sistemas de protecção social que garantam a preservação, não apenas das suas condições de sustentabilidade, como também a sua matriz solidarista. O livro foi redigido no rescaldo das crises financeiras de 2002-2003, as quais não só permitiram evidenciar as falhas de governo das sociedades e ausência de controlo da acção dos responsáveis financeiros, como permitiram também assinalar as lacunas e insuficiências de regulação e de supervisão relativamente à gestão de fundos de investimento. O modo opaco, não controlado e pouco diligente como estes fundos foram geridos permite falar, na expressão de Blackburn, na existência de um "tenebroso capitalismo cinzento". Ora, o "mercado" dos fundos de pensões insere-se justamente nesta zona cinzenta, de existência de activos volumosos, nos quais os direitos de propriedade não se encontram claramente definidos e que permite que os patrocinadores corporativos ou os gestores de fundos exerçam (ou se abstenham de exercer) o poder de representação dos verdadeiros proprietários (os trabalhadores que para lá descontam). Além disso, acrescenta o autor, trata-se este de processo em virtude do qual o "salário diferido" dos trabalhadores é desviado para as quotizações de pensão e entregue a directores financeiros que, por sua vez, a transferem para novos e exóticos cenários, que em nada se assemelham com a garantia de protecção vital dos trabalhadores: alguns trabalhadores vêem as suas poupanças convertidas em centros comerciais ou projectos imobiliários, outras vêem-nas associadas a *hedge funds* – trata-se, assim, segundo Blackburn, de uma nova forma de alienação dos trabalhadores, fenómeno que, com Marx, se tornou na essência do capitalismo. De notar ainda que o autor actualiza, no Apêndice que apresenta nesta edição, estas mesmas considerações à luz da mais recente crise das hipotecas *subprime* (2007-2008).

O livro em causa parte desta ideia fundamental – a dos perigos de se fazer depender a protecção na velhice dos "caprichos" das áreas mais cinzentas do capitalismo actual – para criticar, convictamente, as propostas de reforma da segurança social que se seguiram sobretudo ao famoso Relatório do Banco Mundial (1994), *Averting the Old Age Crisis – Policies do Protect the Old and Promote Growth,* e que apontavam claramente para o desenvolvimento de "mercado" privado dos planos e fundos de pensões, como nova forma de composição do bem-estar. Tal como critica todas as medidas mais subtis de desmantelamento do Estado de bem-estar, de entre elas a via da "privatização implícita" da segurança social – política que, recorda o autor, foi tão habilidosamente seguida pela Senhora Thatcher, a partir de finais da década de setenta passada. Na verdade, esta privatização implícita pode assumir diversas configurações, embora de um modo geral conduza à degradação da protecção social, *maxime* a uma diminuição acentuada do valor das pensões. Uma das formas, adoptada justamente no Reino Unido, mas também em outros países, consiste em desindexar as pensões dos salários, para efeitos da sua actualização, indexando-as, por seu turno, aos preços. O autor assume convictamente a defesa do Estado Social ou, melhor dizendo, a defesa do Estado Providência e do seu legado solidário – valoriza as experiências de reforma, seguidas por alguns países, nas quais tem sido possível, sem alteração da sua estrutura e da sua essência, garantir condições de sustentabilidade para futuro. De entre as medidas de reequilíbrio financeiro, sugere Blackburn a diversificação das fontes de financiamento, pela afectação de novos impostos ao financiamento da protecção social: uma delas, em evidência, consiste na criação de um imposto sobre acções, nos termos do qual, as empresas que empreguem mais de 10 trabalhadores ou cuja facturação ultrapasse os 10 milhões de dólares emitam novas acções para uma rede de fundos, calculando-se a imposição como proporção do benefício societário ou do valor para o accionista. Ainda no quadro das propostas de reforma do sistema, o autor desenvolve a proposta de criação de uma *pensão global*. Na verdade, quer a globalização, quer o carácter global e abrangente do envelhecimento demográfico, quer ainda a necessidade de reforço do combate à pobreza a nível mundial, constituem, segundo o autor, bons argumentos em favor desta pensão, cujo financiamento e gestão se fariam de igual modo à escala mundial, concretizando-se, finalmente, a taxa Tobin.

O texto em apreço constitui pois um contributo importante para compreensão dos problemas associados à opção pela privatização da Segurança Social, trazendo à evidência, com toda a oportunidade, as recentes crises financeiras. Ajuda, nesta medida, a reflectir sobre soluções que, num pano de fundo intimidatório e à luz de um certo consenso teórico, nos são apresentadas como as boas soluções. Juntamente com os escritos e as intervenções orais de autores como Jean-Paul Fitoussi, Ricardo Petrella, Paul Pierson, etc., esta obra assinala, sem reservas, essa divisória muito clara entre as águas (doce e salgada) do pensamento.

Nazaré da Costa Cabral

Introduction au droit fiscal général et à la théorie de l'impôt, 10.ª edição

MICHEL BOUVIER

L.G.D.J., Paris, 2010

O manual que recenseamos - *Introduction au droit fiscal général et à la théorie de l'impôt* – vai na 10.ª edição, o que demonstra um sucesso que assenta, em nosso entender, em duas circunstâncias essenciais.

Primo, o prestígio e notável curriculum do autor – Michel Bouvier –, Professor Catedrático na Universidade de Paris-I, Panthéon-Sorbonne, autor de numerosos estudos e obras de referência, em particular no domínio das finanças públicas e do direito fiscal do qual, felizmente, a Revista de Finanças Públicas e Direito Fiscal já teve oportunidade de beneficiar.

Secundo, porque, como o próprio reconhece, trata-se de uma obra introdutória ao direito fiscal geral e à teoria do imposto que, como tal, inicia o leitor relativamente aos principais mecanismos e procedimentos que estruturam o conteúdo deste ramo do direito e, por outro lado, o familiariza com os diversos campos de análise que requerem a compreensão do fenómeno fiscal.

O livro começa por uma análise clássica do direito fiscal, explicando nomeadamente a natureza do imposto, as suas diferentes classificações e os grandes princípios do direito fiscal (cfr. pp. 23-70). Passa, depois, à análise dos diferentes tipos de impostos em vigor em França os quais são, em grande parte, semelhantes a impostos vigentes em Portugal sem prejuízo de um ou outro ser particularmente interessante pela novidade e discussão que (podem) representar no universo fiscal Português. Referimo-nos, em particular, ao imposto de solidariedade sobre as fortunas ("impôt de solidarité sur la fortune"), descrito nas páginas 101 e 102 que já se tentou replicar em Portugal.

Depois de exaustiva descrição dos meios de controle e contencioso fiscal (cfr. pp. 121-164), o livro parte para uma segunda parte menos ortodoxa ou clássica, abordando a chamada *dinâmica fiscal* e a relação entre a fiscalidade e a sociedade.

É uma análise que se revela, de alguma forma, inovadora nos manuais de direito fiscal. Trata, entre outros assuntos, da questão da legitimidade do poder fiscal (cfr. pp. 167-179), a contestação do poder fiscal – descrevendo, de forma curiosa, algumas revoltas fiscais históricas em França mas também nos EUA (cfr. pp. 193-194); o problema da globalização da fiscalidade – e a concomitante perda de soberania fiscal.

A segunda parte termina com os capítulos terceiro e quarto. Versa sobre doutrinas e ideologias fiscais que giram em torno de debates modernos respeitantes à simplificação fiscal – que vão desde utopias fiscais relacionadas com a noção de imposto único até à ideia de uma sociedade sem impostos – e termina com um proposta de reforma fiscal assente na justiça e igualdade fiscal em que a globalização poderá dar lugar a um espaço fiscal transnacional homogéneo e estável no seio do qual um mesmo imposto seria aceite e cobrado de acordo com procedimentos idênticos (cfr. p. 306).

Esta derradeira ideia poderá parecer utópica mas, se pensarmos na taxa Tobin – como refere Michel Bouvier – provavelmente a sua concretização não estaria tão longe se houvesse vontade política para tanto.

Estamos, em síntese, perante um manual de direito fiscal em sentido clássico e, por outro lado, face a uma estimulante obra de reflexão sobre o direito fiscal moderno, sendo a leitura de aconselhar porquanto, quando projectada sobre o direito fiscal Português, permitirá concluir pela universalidade do direito fiscal e de grande parte das suas regras e princípios. Por outro lado, dados os temas e debates propostos, rasgará novos horizontes à roda do direito fiscal que podem e devem ser aproveitados em Portugal.

Nuno Cunha Rodrigues

Direito Financeiro e Tributário

KIYOSHI HARADA

Atlas, 2008

"Onde falha o Direito financeiro, o Direito tributário surge com redobrado vigor"

A vinda a lume da 18.ª edição da obra *Direito Financeiro e Tributário* do Advogado, especialista em Direito Tributário, em Ciência das Finanças e também Professor de Direito Administrativo, Tributário e Financeiro em diversas instituições de ensino superior no Brasil é um manifesto caso de sucesso. O autor, que editou já cerca de 20 obras jurídicas publicadas pelas diferentes Editoras, foi Procurador-Chefe da Consultoria Jurídica do Município de São Paulo e é Membro da Academia Paulista de Letras Jurídicas.

A obra, porém, destaca-se ainda pelo facto de abordar num só acervo matérias que são normalmente objecto de tratamento separado embora se compreendam dentro do mesmo saber comum. De facto, como o próprio autor reconhece, apesar de o Direito Financeiro ser bem mais vasto do que o Direito Tributário, a verdade é que do ponto de vista da produção científica, a matéria financeira ressente-se de obras e publicações especializadas, ao passo que abundam as obras, monografias, colectâneas e ensaios de direito tributário.

A mais evidente razão para tanto está em que o fenómeno tributário, por dizer respeito à amputação da riqueza produzida, se torna mais perceptível para a comunidade em geral, ao passo que o fenómeno financeiro público, por estar, em princípio, mais voltado para os agentes públicos, limita o universo dos directamente afectados. Embora isto não seja realmente assim, a verdade é que os cidadãos em geral obtêm uma percepção menos aguda do fenómeno financeiro público não tributário. O interesse dogmático deste, porém, não é em nada inferior ao daquele, até porque, onde falha o Direito financeiro, o Direito tributário surge com redobrado vigor.

A obra do Professor Harada merece uma referência expressa não apenas pela frequência praticamente anual das sucessivas edições deste livro desde o ano de 1995, em que a primeira delas foi dada à estampa, mas pelo seu conteúdo expresso. De facto, a obra acha-se dividida em duas partes onde, a nosso ver, se concilia de forma harmoniosa o espaço dedicado ao Direito financeiro propriamente dito e ao Direito Tributário. Segundo se pode ver, o autor trata os assuntos com uma densidade adequada mas não excessiva e sem omissões relevantes para uma compreensão geral do fenómeno financeiro público.

No primeiro deles o autor desenvolve os conceitos basilares da actividade financeira, relativos ao Direito financeiro, às despesas públicas, às receitas públicas e ao Orçamento, caracterizando em relação a cada um deles os aspectos mais significativos. No capítulo dedicado ao orçamento, merece destaque a diferenciação entre os elementos jurídico, económico e político deste instrumento financeiro, assim como a clara enunciação das principais regras orçamentais, não esquecendo a da responsabilização pela gestão dos recursos financeiros públicos.

Autónomo é o tratamento dado ao papel, atribuições e competências do Tribunal de Contas da União e aos tipos de controlo orçamental, bem como ao crédito público e suas classificações, abordando o autor o tratamento dogmático que lhe é dispensado pela Constituição Federal Brasileira. Pela nossa parte, achamos preferível adoptar a noção de *dívida pública*, desde logo pelo facto de esta noção se revelar mais clara, evitando a confusão com as situações em que o próprio Estado concede empréstimos públicos e em que ocupa na relação jurídica a posição de credor, a expressão tem maior actualidade e é objecto de mais utilização internacional, evitando dificuldades interpretativas e de compreensão. Todavia, a exposição é, neste respeito, clara e precisa.

O tratamento dado ao direito tributário, constante de uma parte II onde o autor aborda, sucessivamente, um conjunto de noções teorias básicas, desde as fontes do direito tributário, passando depois em revista o sistema tributário brasileiro e as espécies de tributos, com destaque, além dos impostos e das taxas, para a contribuição de melhoria, os empréstimos compulsórios e as contribuições sociais. Para além dos princípios gerai e outros mais específicos da realidade tributária, é dado relevo à obrigação tributária, com natural destaque para o facto gerador, para a responsabilidade tributária e para o crédito tributário.

Uma parte de índole processual e garantística é dedicada pelo Prof. Harada ao procedimento administrativo e ao processo tributário, bem como às infracções tributárias.

Não se trata, como facilmente se antolha da sua consulta, de um manual de estudo extenso e carregado de detalhes excessivos, susceptíveis de o tornar demasiado denso e de difícil penetração. Antes porém, indo ao encontro das necessidades académicas do nosso tempo, o autor não sobrecarrega de informação cada um dos temas, deixando para posteriores ciclos de estudo o seu aprofundamento.

Por outro lado, aspectos há que, desejadamente, mereceriam maior destaque e, quiçá, adicional profundidade, tais como a dimensão fundacional dos modelos financeiros, a evolução do pensamento financeiro, as finanças, doutrinas e sistemas económicos e sociais a até o ambiente e o espaço da decisão financeira.

Porém, o carácter didáctico e escolar da obra obriga a temperar os dois interesses de modo a tornar o conhecimento exposto atractivo e coerente. É o que a obra revela em cada uma das suas partes componentes onde o nível de profundeza se evidencia, a nosso ver, homogéneo e adequado aos fins de largo espectro em vista, adequando-o ao ensino do direito financeiro, no âmbito dos estudos de administração de empresas, ciências contábeis e, até certo ponto, a economia.

João Catarino

Uma Introdução à Ciência das Finanças, 16.ª edição

ALIOMAR BALEEIRO.
Actualização por Dejalma de Campos

Editora Forense, 2008

Foi lançada, no passado ano de 2008, mais uma edição da obra consagrada de Aliomar Baleeiro, Professor Emérito das Universidades do Rio de Janeiro e Federal da Brasília. A primeira edição da obra remonta a 1955; a actualização desta mais recente ficou a cargo de Dejalma de Campos, Professor Adjunto de Direito Tributário e Processual Tributário da Faculdade de Direito da Universidade Mackensie de São Paulo.

A estrutura da obra mantém as linhas clássicas das monografias de Direito Financeiro e desdobra-se em quatro partes. Na Parte I – Noções Gerais, além da delimitação conceitual da Ciência das Finanças e do Direito Financeiro perante outras áreas científicas e perante outros ramos de Direito Público, *maxime* o Direito Tributário, assumem especial interesse os capítulos relativos à metodologia e leis usadas nos estudos económicos e financeiros, ao papel da política financeira/orçamental nos planos da conjuntura e da estrutura económica, para o que alguns contributos da teoria macroeconómica, ainda que nem sempre de forma exaustiva, são trazidos à colação.

Na Parte II – Despesa pública, depois de uma caracterização breve do conceito de despesa pública e, bem assim, dos factores *wagnerianos* indutores do seu crescimento ao longo das últimas décadas (de que são apresentados alguns dados estatísticos para a realidade brasileira), o autor trata de classificar as diferentes formas de despesa pública. Assume evidência, na relação estabelecida entre a despesa e a política conjuntural, o papel das chamadas "despesas compensatórias de conjuntura", merecedoras de tratamento autónomo num capítulo desta Parte. Por fim, é explicada a evolução da técnica da despesa pública, identificando-se, abreviadamente, as diferentes técnicas, tendo presente, desde logo, a influência das experiências britânica e norte-americana.

A Parte III – Receita Pública, é a parte mais extensa; só ela ocupa mais de metade da obra. Nesta Parte, identificamos três momentos: *i)* um primeiro relativo à teorização em torno da receita pública – teorias explicativas, tipos e modalidades de receitas públicas; *ii)* um segundo momento sobre a tributação (parte geral) – técnica da tributação, sistemas tributários, tipos de tributos (taxas, impostos, tributos parafiscais); *iii)* um terceiro momento sobre a tributação (parte especial) – caracterização do sistema fiscal brasileiro e identificação dos seus principais impostos, federais e outros.

Na Parte IV – O Orçamento, o autor começa por ser referir à evolução da instituição orçamental ao longo da história. Depois, são tratados, em dois capítulos distintos, os aspectos políticos do Orçamento e o aspecto económico, tratando-se, aqui, da relação do orçamento com a conjuntura, enquadrando assim a figura "keynesiana" dos orçamentos cíclicos. Neste momento, é também aflorada a relação do orçamento com o plano e as implicações orçamentais deste, mormente através das leis de programa.

Na Parte V – Crédito Público, é tratada antes de mais a evolução da dívida pública no Brasil, seguindo-se a identificação dos aspectos económicos e do quadro jurídico regulador do crédito público no Brasil. Pela sua relevância histórica nos países da América Latina, merece especial evidência o capítulo autónomo sobre o crédito externo: aqui são tratados temas tão diversos como o papel de financiador do Banco Internacional de Reconstrução e Desenvolvimento, como o regime fiscal da dívida externa, como ainda a questão do repatriamento de capitais.

Em suma, pode dizer-se que a obra em apreço constitui um instrumento útil de consulta e de aprendizagem, mormente por parte dos estudantes universitários nas áreas da Ciência das Finanças, do Direito Financeiro e do Direito Tributário, permitindo o enquadramento teórico de base nesta matéria, mas também acesso a alguma informação estatística. No livro, fica muito evidente a preocupação de cruzar a dimensão económica com o quadro jurídico, a propósito de cada um dos temas tratados. Neste aspecto, o texto é revelador e exprime bem o carácter transversal e poliédrico da Ciências das Finanças/Direito Financeiro.

Nazaré da Costa Cabral

Impostos Federais, Estaduais e Municipais, 5ª edição

LEANDRO PAULSEN e JOSÉ EDUARDO SOARES DE MELO

Livraria do Advogado, Porto Alegre, 2010

Os autores do livro que recenseamos têm uma formação eminentemente prática conjugada com uma formação académica de alto nível. Leandro Paulsen é Juiz Federal da 2ª Vara Federal Tributária de Porto Alegre e Doutorando pela Universidade de Salamanca e reúne uma formação académica multidisciplinar, na medida em que estudou Filosofia, Economia e Direito. Por outro lado, José Eduardo Soares de Melo é advogado e consultor tributário em São Paulo e Doutor na Pontifícia Universidade Católica de São Paulo (PUCSP), onde também dá aulas.

Esta formação/experiência eminentemente empírica transparece, estamos em crer, no presente livro na medida em que este assume uma faceta bastante prática, ideal para qualquer profissional e aluno que deseje ou necessite pesquisar uma das temáticas abordadas de modo directo e imediato.

Neste sentido destacamos que a primeira referência feita a propósito de cada imposto é à legislação que se encontra em vigor e que os autores abordarão e problematizarão.

Além disto, há uma preocupação constante em delimitar os conceitos legais indeterminados, através de uma análise hermenêutica – Escola que parece ser seguida pelos autores – que recorre a significações económicas, sociais e jurídicas. Os autores procuram, igualmente, explicitar o âmbito de aplicação de um determinado conceito através da exemplificação de situações que podem ou não caber num determinado conceito, remetendo, para isso, com frequência, para elementos jurisprudenciais e doutrinais relevantes para o seu objectivo de delimitação e esclarecimento dos problemas levantados pela lei.

Neste sentido, dado o cariz prático da obra, os autores prescindem de grandes esclarecimentos metodológicos e dogmáticos, que estão pressupostos, referindo-os, porém, sempre que deles derive uma consequência prática relevante para a interpretação da letra da lei.

Assim sendo, estamos perante um livro que pode assumir um grande relevo para profissionais e alunos, na medida em que permite, através de uma consulta directa, compreender o funcionamento básico dos impostos que aqui são tratados.

Uma breve referência aos impostos abordados pelos autores.

Os autores optaram por estudar e analisar tipos de impostos que muitas vezes são negligenciados pela literatura jurídica. Esta opção permite ao leitor compreender a verdadeira extensão que cada um dos impostos pode assumir na economia de um país, no caso o Brasil, já que os tributos analisados têm especial relação com as trocas comerciais internas e externas. Concomitantemente, permite-nos compreender os vários níveis de autonomia do Estado brasileiro em matéria tributária, mediante a análise de impostos de âmbito Federal, Estadual e Municipal.

João Miguel Ascenso

PUBLICAÇÕES RECENTES

- Isabel Marques da Silva, **Regime Geral das Infracções Tributárias N.º 5 da Colecção Cadernos IDEFF,** Oeiras 2010, Almedina
- AAVV**, A Economia Sem Muros**, José Castro Caldas, Vítor Neves (org.), 2010, Almedina, Colecção CES, Série Conhecimento e Instituições
- José Casalta Nabais, **Por um Estado Fiscal Suportável – Estudos de Direito Fiscal III**, 2010, Almedina
- Joaquim Fernando Ricardo, **Direito Tributário** 2010 (10ª Edição), Vida Económica
- Helder Martins Leitão, **Meios de Defesa do Contribuinte**, 2010, Almeida & Leitão
- Gloria Teixeira, **Aos 10 Anos de Investigação do CIJE – Estudos Jurídico-Económicos**, 2010, Almedina
- Manuel Pires/Rita Calçada Pires, **Direito Fiscal,** 2010, Almedina
- Helder Martins Leitão, **Lei Geral Tributária – Anotada e Comentada, 2010**, Almeida & Leitão
- Helder Martins Leitão, **Como Reagir à Fixação da Matéria Tributável por Métodos Indirectos**, 2010, Almeida & Leitão
- Sofia Gouveia Pereira, **O Reembolso das Prestações Suplementares**, 2010, Principia
- Manuel Poirier Braz, **Sociedades offshore e paraísos fiscais**, Petrony, Lisboa, 2010
- Sanmartín Mariñas, Jesús**, Tributación de las operaciones vinculadas y su documentación. Ejemplos prácticos,** Madrid 2010, Grupo Editorial Quantor
- AAVV**, Derecho comunitario y procedimiento tributario,** Barcelona 2010, Atelier Dir. Fernando Ferández Marín, Coord. Ángel Fornieles Gil

- Gómez Fernández-Aguado, Pilar e Partal Ureña, Antonio, **Gestión y control del riesgo de crédito en la banca,** Madrid 2010, Delta Ediciones
- Martínez Álvarez, José Antonio e Calvo González, José Luis, **Banca y mercados financieros,** Valencia 2010, Librería Tirant lo Blanch
- Martín Delgado, José María, **Derecho financiero y Derechos Fundamentales,** Málaga 2010, Universidad de Málaga. Servicio de Publicaciones
- Ferrer Riquelme, Javier **Experiencias internacionales sobre microfinanzas manual del microcrédito,** Castellón de La Plana 2010, Universitat Jaume I
- Doernberg, Richard L. **International taxation in a nutshell,** St. Paul (MN) 2009, West Group
- Conrad, Bud, **Profiting from the world's economic crisis finding investment opportunities by tracking global market trends,** Chichester 2010, John Wiley & Sons
- McCrary, Stuart A., **Mastering corporate finance essentials the critical quantitative methods and tools in finance,** Chichester 2010, John Willey & Sons
- Salvatore, Dominick, **International economics trade and finance,** Chichester 2010, Wiley-Blackwell
- Holloway, John, **Crack capitalism,** London 2010, Pluto Press
- Maass, Alan, **The case for socialism,** Chicago 2010, Haymarket Books
- Yunus, Muhammad, **Building social business the new kind of capitalism that serves humanity's most pressing needs,** New York 2010, Public Affairs
- Michael D. Scott, **Role of Tax Preferences in Financial Infrastructure**, 2010, Nova Science Pub Inc
- Mark Bovens, **The real world of EU accountability what deficit?,** Oxford 2010, Oxford University Press

- Curtis J.Milhaupt e Katharina Pistor, **Law and Capitalism what corporate crises reveal about legal systems and economic development around the world,** Chicago 2010, University of Chicago Press
- John Cassidy, **How Markets Fail: The Logic of Economic Calamities**, 2009, Farrar, Straus and Giroux
- Henry Kaufman e Niall Ferguson, **The Road to Financial Reformation: Warnings, Consequences, Reforms,** 2009, Wiley
- Henry M. Paulson, **On the Brink: Inside the Race to Stop the Collapse of the Global Financial System,** 2010, Business Plus
- Picciotto Loredana, **Sistemi di pianificazione e controllo e dinamiche di apprendimento in una prospettiva di sviluppo integrale delle aziende**, Giuffre, Milano, 2010
- Santesso Erasmo, **Lezioni di economia aziendal**, Giuffre, Milano, 2010
- Pica Federico, **Il piccolo dizionario di federalismo fiscale**, Giappichelli, Torino, 2010
- Bisio Luca/Nicolai Marco, **Patto di stabilità e federalismo fiscale. Regole per il 2010 e proposte per il futuro**, Maggioli Editore, Santarcangelo di Romagna, 2010
- F. Amatucci, **Il nuovo sistema fiscale degli enti locali**, Giappichelli, Torino, 2010
- Ralf Birnbaum, **Die Begünstigung unternehmerischen Vermögens durch das Erbschaftsteuerreformgesetz**, Nomos, Frankfurt-am-Main, 2010
- Eva Oertel, **Die mehrwertsteuerrechtliche Behandlung des Cross-Border-Leasing im EU-Binnenmarkt**, Nomos, Frankfurt-am-Main, 2010
- Sandro Urban, **Die Einkünfteerzielungsabsicht in der Systematik des Einkommensteuergesetzes**, Nomos, Frankfurt-am-Main, 2010

Marta Caldas

Miguel Brito Bastos

NA WEB

Por **Mónica Velosa Ferreira**

SITE DO TRIBUNAL DE CONTAS
http://www.tcontas.pt/

É sob o desígnio *Ajudar o Estado e a sociedade a gastar melhor* que sugerimos nesta o edição de Outono uma visita ao *site* do Tribunal de Contas. Órgão supremo de fiscalização da legalidade das despesas públicas e de julgamento das contas, tal como definido pelo artigo 214.º da CRP, esta instituição exerce hoje um controlo financeiro efectivo que compreende a análise da economicidade e eficiência da utilização dos dinheiros públicos e abrange tanto as entidades do sector público administrativo e do sector público empresarial como qualquer outra entidade – independentemente da sua natureza – que seja beneficiária de dinheiros públicos.

Apesar de contar já com 160 anos de existência o Tribunal de Contas apenas foi consagrado como um verdadeiro Tribunal, garantindo-se a sua independência, com a Constituição de 1976, tendo as suas competências sido especialmente reforçadas com a aprovação da Lei n.º 98/97, de 26 de Agosto (LOPTC).

Num momento em que especialmente se questiona a utilização dos dinheiros públicos é importante sublinhar o papel fundamental deste como órgão de soberania a quem compete exercer o controlo da actividade financeira do Estado.

O Tribunal de Contas dispõe hoje de mecanismos de controlo dos dinheiros públicos mais complexos e exigentes que permitem assegurar a regularidade e legalidade da afectação dos recursos públicos e que contribuem para e defesa do Estado de direito Democrático. Em especial, nos termos do disposto no artigo 1.º da LOPTC, compete-lhe fiscalizar a legalidade e regularidade das receitas e das despesas públicas, apreciar a boa gestão financeira e efectivar das responsabilidades financeiras.

Numa altura em que se fala da ineficiência do sistema judiciário, o Tribunal de Contas constitui um exemplo do bom funcionamento das instituições da justiça constituindo um exemplo claro de transparência e eficiência na administração da justiça.

O controlo da utilização dos dinheiros públicos é efectuado através de 3 secções especializadas. À 1.ª secção do Tribunal de Contas cabe o controlo financeiro prévio o qual é exercido mediante a concessão ou recusa de *visto* aos actos e contratos. A 2.ª secção está encarregue do chamado controlo sucessivo exercido depois de terminado o exercício ou a gerência e elaboradas as contas anuais. Uma das principais modalidade do controlo sucessivo consiste na apreciação da execução do Orçamento do Estado. A competência de fiscalização sucessiva exerce-se, ainda, através da realização de auditorias sobre a legalidade e boa gestão financeira, da verificação externa de contas das entidades do Sector Público e da verificação interna de contas das entidades do Sector Público Administrativo.

À 3.ª secção, compete, por sua vez, a efectivação de responsabilidades financeiras – sancionatória ou reintegratória – instauradas com base nos relatórios das acções de controlo do Tribunal realizadas pelas 1.º e 2.ª secções ou dos órgãos de controlo interno e pelas entidades com legitimidade para o requerimento de acções nesta matéria quando evidenciem factos constitutivos de responsabilidade financeira. Particularmente relevante nesta matéria é a alteração à LOPTC introduzida pela Lei n.º 48/2006, de 29 de Agosto, que veio permitir às 1.ª e 2.ª Secções (e as Secções Regionais) aplicar multas processuais (artigo 66.º da LOPTC). Por outro lado, e relativamente às infracções previstas no artigo 65.º (responsabilidade financeira sancionatória) passou a ser possível a estas Secções relevar a responsabilidade por infracção financeira apenas passível de multa sempre que a falta só possa ser imputada a título negligente e tiver sido a primeira vez que o Tribunal ou órgão tenha censurado o seu autor pela sua prática.

O *site* do Tribunal de Contas traduz bem a dimensão e actividade deste órgão de soberania, constituindo uma fonte importante de informação. Em termos gráficos está simples e funcional permitindo ao visitante – incluindo àquele menos familiarizado com a terminologia financeira – rapidamente encontrar a informação que procura.

Na página inicial de entrada do *site* encontramos, do lado esquerdo do ecrã, o menu principal a partir do qual é possível encontrar um *link* para a quase totalidade da informação disponibilizada que se encontra agrupada nas seguintes secções: *A Instituição, Juízes Conselheiros, Ministério Público, Plano Estratégico, Actos do Tribunal, Plano de Prevenção de Riscos, Manuais e Publicações, Recursos Humanos, Relações Externas, Arquivo e Biblioteca, Exposição Virtual e Concursos.*

Cada uma destas secções dispõe de subsecções. Assim, e a título exemplificativo, na consulta da secção *Instituição* é possível consultar a informação institucional e legislação orgânica, na secção *Juízes Conselheiros e Ministério Público* encontramos o currículo e fotografia dos Juízes Conselheiros que compõem o Tribunal de Contas bem como o currículo de fotografia dos Procuradores-Gerais adjuntos.

A secção *Actos do Tribunal* é a mais completa e rica em informação compreendendo todos os actos produzidos pelo Tribunal de que falamos anteriormente. A partir desta página podem ser consultados os pareceres sobre a Conta Geral do Estado (desde 1997), os pareceres sobre a Conta da Assembleia da República (desde 1999), os pareceres sobre as Contas das Regiões Autónomas (desde 2002), os pareceres sobre as Contas das Assembleias Legislativas das Regiões Autónomas (Madeira desde 2001 e Açores desde 2003), os pareceres sobre a Conta da Segurança Social (2003 e 2004), os relatórios de Auditoria produzidos no âmbito do exercício da fiscalização concomitante (desde 1999), os relatórios de Verificação Externa de Contas (desde 2004), os relatórios de acompanhamento de execução orçamental (desde 2004), os relatórios de Verificação Interna de Contas (desde 2003), relatórios de Acompanhamento (sobretudo PIDDAC e Sistema Nacional de Saúde, produzidos pela 2.ª secção), Deliberações variadas produzidas pela 2.ª secção, Acórdãos e Sentenças (desde 2002), relatórios anuais de actividades (desde 1999), Regulamentos internos de funcionamento das secções, Instruções variadas e Resoluções adoptadas em plenário.

A subsecção *Acórdãos e Sentenças* assume particular importância na medida em que pode ser consultada toda jurisprudência do Tribunal de Contas produzida pela 1.ª e 3.ª secção desde 2002. Esta consulta pode ser efectuada a partir da pesquisa por campos (tipo de documento, número, ano, secção ou enquadramento temático), da pesquisa livre, ou percorrendo as listagens integrais de acórdãos organizadas por tema ou ano. A possibilidade de pesquisa na base de dados da jurisprudência é extremamente útil permitindo um acesso rápido à informação pretendida.

Do menu principal cabe ainda destacar a secção *Exposição Virtual – Contas com História*. Apresentada na forma de fichas temáticas esta exposição virtual interactiva rica em imagens mostra o percurso das sucessivas instituições de controlo financeiro ao longo da História de Portugal.

Na página de entrada do *site* mas do lado direito surgem outras duas caixa ou menus: Notícias Institucionais e vários *links* para os últimos relatórios de auditoria aprovados pela 1.ª Secção e pela 2.ª Secção bem como *links* para os acórdão da 3.ª Secção do Tribunal de Contas. Em destaque aparecem, ainda, os relatórios de auditoria mais recentes aprovados pelas Secções Regionais dos Açores e da Madeira.

Por fim, assinala-se no *site*, na página de entrada, o relatório de actividades e contas de 2009 do Tribunal de Contas. Deste relatório resulta que foram proferidos pela 1.ª Secção 174 Acórdãos e aprovados 22 relatórios de auditoria de fiscalização concomitante tendo sido aplicadas multas processuais no montante de 13.099 Euros, e sido pagas, em fase anterior à de julgamento, as multas previstas no artigo 65.º no montante de 92.600 Euros. No âmbito da 2.ª Secção foram adoptadas, nomeadamente, 6 resoluções, 53 relatórios de auditoria, 11 relatórios relativos ao acompanhamento da execução orçamental e 8 relatórios de verificação interna de contas. Foram aplicadas multas pela 2.ª Secção nos termos do artigo 65.º da LOPTC, no montante de 22.518 Euros e foram ainda pagas, em fase anterior à de julgamento, multas no montante de 60.432 Euros. A 3.ª Secção, por sua vez, proferiu 10 Acórdãos e 7 Sentenças.

Este elenco ilustra bem a importância e eficiência do Tribunal de Contas no controlo dos dinheiros públicos e mostra como esta Instituição efectivamente ajuda o Estado e a sociedade a gastar melhor. Vale a pena, por isso, a visita.

CRÓNICA DE ACTUALIDADE

PONTO DE SITUAÇÃO DOS TRABALHOS NA UNIÃO EUROPEIA E NA OCDE – PRINCIPAIS INICIATIVAS ENTRE ABRIL E JUNHO DE 2010

Manuel Faustino, Clotilde Celorico Palma e A. Brigas Afonso

1. FISCALIDADE DIRECTA

1.1. A Comissão accionou a Bélgica, a Finlândia e a França perante o Tribunal de Justiça e dirigiu um parecer fundamentado à Espanha (IP/10/513, de 05-05-2010).

A Comissão accionou a Bélgica, a Finlândia e a França perante o TJCE, em virtude de estes Estados membros não terem dado sequência aos pedidos formais que lhes foram endereçados para que modificassem algumas das suas disposições fiscais:

a) Relativamente à Bélgica, porque as suas disposições fiscais internas permitem a não tributação de juros pagos por bancos nacionais, mas não permitem o mesmo tratamento quando os juros são pagos por bancos estrangeiros. Assim, os residentes belgas são submetidos a um tratamento fiscal diferente, consoante os juros das suas poupanças lhes sejam pagos por um banco nacional ou por um Banco Estrangeiro;

b) No que se refere à Finlândia, está em causa um tratamento considerado discriminatório de que são alvo os fundos de pensões estrangeiros;

c) Quanto à França a questão submetida a juízo diz respeito a IVA e à obrigatoriedade, imposta pela lei francesa, de um vendedor não residente em França, dever aqui identificar-se e designar um representante, designado por «répondant fiscal», encarregado de declarar e pagar o IVA em seu nome. A Comissão considera que esta norma é incompatível com a Directiva IVA, de acordo com a qual os sujeitos passivos estabelecidos no União Europeia e em alguns países terceiros não podem ser obrigados a designar um representante fiscal para fins de IVA noutro Estado membro.

O parecer fundamentado dirigido à Espanha tem por objecto o tratamento discriminatório que, na óptica da Comissão, é aplicado aos não residentes em sede de imposto sobre as sucessões e doações e aos seus activos detidos no estrangeiro.

1.2. Ajudas de Estados: a Comissão autoriza as atenuações fiscais em favor das sociedades civis finlandesas de investimento imobiliário (SCPI) (IP/10/559, de 12-05-2010).

A Comissão autorizou, no quadro das regras da EU relativas às ajudas de Estado, a constituição de «sociedades civis de investimento imobiliário» (SCPI) que serão isentas de imposto sobre as sociedades, a fim de fomentar o investimento em habitações para arrendamento a preços razoáveis. Estas sociedades ficam sujeitas ao regime de transparência fiscal, sendo todos os seus lucros tributados ao nível dos sócios, o que levou a Comissão a considerar que a isenção de imposto concedida à sociedade se não subsumia no conceito de «ajuda de Estado».

1.3. Fiscalidade directa: a Comissão deduz acções junto do Tribunal de Justiça contra a Áustria, Alemanha e Portugal por disposições fiscais discriminatórias (IP/10/662, de 03-06-2010)

A Comissão Europeia intentou hoje acções contra a Áustria, a Alemanha e Portugal junto do Tribunal de Justiça Europeu, devido a disposições fiscais discriminatórias, por incumprimento dos pareceres fundamentados emitidos pela Comissão:

a) A Comissão considera que a exigência da legislação austríaca de que os fundos de investimento estrangeiros, os fundos de bens imobiliários e as instituições de crédito nomeiem um representante fiscal se traduz num tratamento discriminatório. Do mesmo modo, entende a Comissão que a proibição de nomear instituições de crédito estrangeiras e revisores oficiais de contas públicas como representantes fiscais de investidores em fundos de investimento ou fundos de bens imobiliários é discriminatória e incompatível com o princípio da livre prestação de serviços;

b) Na Alemanha, os dividendos pagos por empresas nacionais às Pensionskassen (Caixas de Pensões) são tributados a uma taxa reduzida de imposto sujeito a retenção na fonte, ou então a Pensionskasse pode beneficiar de um reembolso parcial da retenção na fonte liquidada. Contudo, instituições similares estabelecidas noutros Estados da UE e no Espaço Económico Europeu não têm direito a beneficiar dessa taxa reduzida ou de um reembolso parcial.

No caso de outra categoria de instituições de pensões alemãs, os Pensionsfonds (fundos de pensões), os dividendos recebidos são tidos em conta no procedimento anual de cálculo do imposto e tributados, numa base líquida, à taxa geral do imposto sobre pessoas colectivas, de 15 %. No entanto, os dividendos pagos a partir da Alemanha a instituições estrangeiras similares estão sujeitos a um imposto final sujeito a retenção na fonte de 25% sobre o montante bruto dos dividendos, sem a possibilidade de deduzir quaisquer custos.

Uma distinção semelhante é estabelecida entre os juros pagos às Pensionskassen e aos Pensionsfonds, por um lado, e a uma instituição de pensões estrangeira, por outro;

c) A legislação fiscal portuguesa pode, em certos casos, impor uma tributação mais elevada dos dividendos pagos a empresas estrangeiras (dividendos saídos) do que dos dividendos pagos a empresas nacionais (dividendos nacionais). Enquanto a legislação prevê uma percentagem nula ou muito reduzida para a tributação dos dividendos nacionais, impõe aos dividendos saídos uma retenção na fonte de imposto cuja taxa pode ir até 20%. A Comissão considera que estas disposições restringem os movimentos de capitais e a liberdade de estabelecimento.

1.4. Fiscalidade directa: a Comissão pediu formalmente à Bélgica para modificar algumas normas fiscais discriminatórias (IP/10/663, de 03-06-2010)

A Comissão europeia enviou à Bélgica dois pareceres fundamentados relativamente a alguns aspectos discriminatórios do seu regime fiscal aplicável aos dividendos à entrada e às sociedades de investimento estrangeiras. O primeiro parecer fundamentado respeita a disposições legislativas belgas relativas a alguns dividendos provenientes do exterior, recebidos por pessoas singulares, uma vez que, em conformidade com a estrutura accionista da entidade que distribui os dividendos, tais dividendos podem ser sujeitos a uma taxa de tributação de 15% ou de 25%. O segundo parecer respeita a disposições legislativas discriminatórias sobre sociedades de investimentos estrangeiras. As sociedades belgas não pagam imposto sobre juros e dividendos provenientes da Bélgica, recuperando todo o imposto que lhes tenha sido retido na fonte. Ao contrário, as sociedades de investimento estrangeiras sofrem uma retenção na fonte de 15% ou 25% sobre, respectivamente, juros e dividendos, e não podem pedir o seu reembolso.

1.5. Luta contra a fraude fiscal e as práticas fiscais prejudiciais: o Comissário Šemeta saúda a conclusão de dois acordos importantes no seio do Conselho Ecofin (IP/10/710, de 08-06-2010)

O Comissário Šemeta felicitou-se pelo acordo conseguido entre os ministros das finanças da EU relativamente a uma proposta que permitirá lutar com maior eficácia contra a evasão e a fraude fiscais. A proposta de revisão de revisão do regulamento relativo à cooperação administrativa em matéria de IVA define um conjunto de medidas tendo em vista o desenvolvimento e o reforço da troca de informação e a cooperação entre as autoridades fiscais. No mesmo Conselho ECOFIN foi adoptado um projecto de conclusões sobre um Relatório elaborado pelo Grupo «Código de Conduta no domínio da fiscalidade das empresas», apelando à Comissão para que, nomeadamente, inicie discussões com a Suíça e o Liechtenstein visando encorajá-los a aplicar os princípios do código de conduta.

1.6. Fiscalidade directa: a Comissão pediu ao Reino Unido para modificar o seu regime de tributação aplicável aos marinheiros (IP/10/792, de 24-06-2010)

A Comissão pediu formalmente ao Reino Unido para modificar as disposições do seu regime de tributação do rendimento que permitem aos marinheiros residentes no seu território beneficiarem de uma dedução fiscal específica, mas que não se aplica aos marinheiros não residentes. A Comissão considera que estas disposições são discriminatórias e constituem uma restrição à livre circulação de pessoas, o que coloca o Reino Unido numa posição de violação das obrigações que lhe incumbem em virtude da legislação da EU.

1.7. Fiscalidade directa: a Comissão pede ao Luxemburgo para modificar algumas disposições fiscais discriminatórias em matéria de direitos de sucessão (IP/10/794, de 24-06-2010)

A Comissão pediu formalmente ao Luxemburgo para alterar a sua legislação referente aos direitos de sucessão. Esta legislação prevê condições suplementares para os herdeiros não residentes e, designadamente, o bloqueamento integral dos seus valores hereditários, até que forneçam uma «garantia suplementar», a qual não é exigida aos herdeiros residentes.
A Comissão considera que esta exigência é desproporcionada, mesmo injustificada e que é contrária às disposições do Tratado sobre o Funcionamento da EU relativamente à liberdade de circulação de capitais (artigo 63.º).

1.8. Consulta pública sobre as convenções preventivas da dupla tributação no mercado interno

A Comissão abriu oficialmente uma consulta pública sobre as abordagens possíveis para eliminar os obstáculos em matérias de direitos de sucessão transfronteiras no seio da EU.
O período de consulta decorre entre 25 de Junho e 22 de Setembro, podendo todos os esclarecimentos ser obtidos em ec.europe.eu/taxation_customs/common/consultations/tax/2010_06_inheritance, ou através do e-mail: TAXUD-D2-Consultations@ec.europe.eu

1.9. Evolução da Fiscalidade na União Europeia – Taxation Trends in the European Union 2010

A edição de 2010 «Taxation Trends in the European Union», publicada pelo Eurostat e pela Direcção-Geral Fiscalidade e União Europeia, evidencia que a carga fiscal, na EU/27, em 2008, baixou para 39,3% do PIB, contra 39,7% em 2007 e 40,6% em 2000. Portugal aparece cotado com uma carga fiscal de 36,7%, maior que em 2000, ano em que foi de 34,3%. Evidencia ainda o Relatório que a taxa de tributação implícita sobre o trabalho mais elevada se verifica na Itália, sobre o consumo na Dinamarca e sobre o capital no Reino Unido.

1.10. Colecção Taxation Papers

A Colecção Taxation Papers da União Europeia foi aumentada com mais um volume. Trata-se do n.º 22, subordinado ao tema Company Car Taxion, Subsidies, Welfare and Environemnt e é da autoria de Copenhagen Economycs.

1.11. OCDE – A concessão dos benefícios dos tratados aos rendimentos dos veículos de investimento colectivo

O Comité dos Assuntos Fiscais da OCDE adoptou em 23 de Abril o Relatório apresentado sobre a concessão dos benefícios dos tratados aos rendimentos dos veículos de investimento colectivo.

As principais conclusões e recomendações incluídas no relatório são semelhantes às do relatório do ICG (Grupo Informal de Consulta), com algumas modificações que refletem as diferentes perspectivas das autoridades fiscais dos países da OCDE. Como o relatório do ICG, o relatório inclui uma análise das questões sobre diversos aspectos técnicos, como se um fundo qualifica como uma "pessoa", como "residente de um Estado Contratante" e é "beneficiário efectivo" do rendimento que recebe no quadro de convenções fiscaisl, que, como o modelo de convenção fiscal da OCDE, não incluem disposições específicas sobre OIC (a grande maioria dos tratados em vigor). O relatório também inclui propostas de alterações aos comentários do Modelo de Convenção Fiscal da OCDE, formulados à luz das conclusões da comissão sobre estas questões.

Mesmo que o tratamento fiscal dos fundos de investimento fique mais claro na sequência das alterações aos comentários, é evidente que algumas formas de OIC existentes em alguns países não satisfazem os requisitosque lhes permitam reivindicar os benefícios dos tratados no seu próprio nome. O tratamento fiscal desses fundos no âmbito dos acordos existentes e os que serão concluídos no futuro também é abordado no relatório.

No que diz respeito aos acordos existentes, a conclusão incluída no relatório é que, se um fundo não pode reivindicar os benefícios de uma convenção em seu próprio nome, os investidores desses OIC devem, em princípio, ser capazes de reivindicar esses benefícios. Várias posições são apresentados no relatório quanto à questão de saber se esse direito deve ser restrita a investidores que são residentes no Estado em que o fundo tenha sido constituído, ou, pelo contrário, deve igualmente ser dada aos residentes de países terceiros que têm direito aos benefícios dos acordos celebrados por estes Estados. Seja qual for a resposta a esta questão, vários obstáculos administrativos podem impedir que os investidores façam solicitações individuais. A conclusão é, portanto, que os Estados devem adoptar procedimentos que permitam aos OIC reivindicar esses benefícios em nome de seus investidores.

Quanto aos acordos futuros, o relatório apoia a recomendação feita pelo GCI de que os Comentários ao artigo 1 º do Modelo de Convenção Fiscal devem ser alterados para incluir uma série de disposições alternativas para que os Estados possam considerar a sua inclusão nas suas futuras convenções. Ao incluir uma ou mais destas disposições nos seus acordos bilaterais, os Estados oferecem maior segurança fiscal aos fundos de investimento, investidores e intermediários. A abordagem destas disposições é tratar os OIC como um residente de um Estado Contratante como beneficiário efectivo dos rendimentos que recebe, pelo menos na medida em que os investidores tenham o direito de reivindicar benefícios concedido pelo Estado de origem, em vez de adoptar uma abordagem de total transparência. Uma vez que diferentes posições foram expressas sobre a questão de saber se os residentes de países terceiros têm direito aos benefícios de acordos celebrados pelos Estados-Membros devem ser tomadas em consideração para determinar em que medida os benefícios de uma convenção deve ser concedidos em relação aos rendimentos de um OIC, as alterações aos Comentários incluem disposições que tratam de formas alternativas os investidores de Estados terceiros que são elegíveis para os fruírem os benefícios dos acordos celebrados por estes Estados. Os comentários incluem igualmente uma disposição alternativa baseada numa abordagem de total transparência em que o fundo irá reivindicar os benefícios da Convenção em nome dos investidores, em vez de os reinvindicar seu próprio nome. Tal abordagem, adaptados a casos em que os investidores, como os os dos fundos de pensão, têm direito a uma taxa reduzida ou mesmo zero de imposto retido na fonte, se tivessem investido directamente, ao invés do investimento através do OIC em valores mobiliários subjacentes.

OCDE – Promover a transparência e a informação para fins fiscais

A OCDE divulgou em 23 de Junho mais um Relatório sobre a promoção da transparência e a troca e o acesso a informação com finalidades exclusivamente fiscais, como forma de combate à fraude e à evasão fiscais. E cita em abono dos seus esforços o incentivo do G20, recebido em Abril de 2010:

> "Nós também acolhemos favoravelmente o relatório do Fórum Global da transparência e troca de Informação fiscais, o lançamento do processo de revisão, bem como o desenvolvimento de um mecanismo multilateral para o intercâmbio de informações que serão abertas a todos os países".

2. IMPOSTO SOBRE O VALOR ACRESCENTADO

2.1. Conselho aprova a Directiva IVA sobre a facturação

Foi aprovada a 13 de Julho a Directiva 2010/45/EU do Conselho, que altera a Directiva 2006/112/CE (Directiva IVA), no que se refere à facturação, que, entre outros aspectos vem eliminar os obstáculos existentes quanto à transmissão e arquivamento das facturas electrónicas.

2.2. Comissão apresenta um documento actualizado sobre as taxas do IVA em vigor

A Comissão apresentou um documento actualizado com as taxas do IVA em vigor nos diversos Estados membros em 1 de Julho de 2010 (taxud.c.1 (2010) 477911).

2.3. Comissão inicia processos por infracção contra a Polónia e Portugal (Comunicado de imprensa IP/07/1003 Bruxelas, 3 de Julho de 2007 IVA)

A Comissão Europeia solicitou formalmente à Polónia e a Portugal que alterassem as legislações respectivas no que respeita à inclusão do mon-

tante do imposto nacional de matrícula automóvel no valor tributável para efeitos de IVA na transmissão de veículos automóveis.

2.4. Comissão Europeia solicita a Portugal que altere o seu regime forfetário para produtores agrícolas (Comunicado de imprensa IP/09/1015, de 25 de Junho de 2009)

A Comissão Europeia solicitou formalmente a Portugal que altere a sua legislação, dado considerar que não aplica um regime forfetário para produtores agrícolas compatível com os objectivos estabelecidos na Directiva IVA. Assim, os agricultores que optem pelo regime em causa podem sofrer desvantagens financeiras.

2.5. Comissão apresenta proposta de Directiva sobre as taxas normais do IVA

A Comissão apresentou a 24 de Junho de 2010 uma proposta de Directiva sobre as taxas normais do IVA (COM (2010) 331 final), nos termos da qual se permite que a taxa normal do imposto de 1 de Janeiro de 2011 e até 31 de Dezembro de 2015 não possa ser inferior a 15%.

2.6. Comissão leva França a Tribunal por incumprimento das regras relativas à taxa super reduzida do IVA (Comunicado de imprensa IP/10/793, de 24 de Junho de 2010)

A Comissão decidiu levar França a Tribunal por incumprimento das regras relativas à taxa super reduzida do IVA nas primeiras representações de espectáculos.

2.7. Comissão leva sete Estados membros a Tribunal por incumprimento das regras relativas aos grupos de IVA (Comunicado de imprensa IP/10/795, de 24 de Junho de 2010)

A Comissão decidiu avançar com processos de infracção contra a Dinamarca, Finlândia, Irlanda, Países Baixos, República Checa, Reino Unido e Suécia, por não respeitarem a legislação europeia no tocante aos grupos de IVA.

2.8. Comissão solicita à Áustria, Irlanda, Países Baixos e Polónia, que alterem as suas regras relativas à aplicação de taxas preferenciais de IVA (Comunicado de imprensa IP/10/796, de 24 de Junho de 2010)

A Comissão decidiu solicitar à Áustria, Irlanda, Países Baixos e Polónia, que alterem as suas regras relativas à aplicação de taxas preferenciais de IVA a certos sectores de actividade.

2.9. Comissão solicita à Bélgica que altere as suas regras relativas à aplicação de taxas reduzidas de IVA a operações imobiliárias (Comunicado de imprensa IP/10/661, de 3 de Junho de 2010)

A Comissão decidiu solicitar à Bélgica que altere as suas regras relativas à aplicação de taxas reduzidas de IVA a determinadas operações imobiliárias.

2.10. Comissão leva França a Tribunal por incumprimento das regras de IVA (Comunicado de imprensa IP/10/513, de 5 de Maio de 2010)

A Comissão decidiu levar a França a Tribunal por incumprimento das regras de IVA relativas ao sistema de autoliquidação do imposto no caso do prestador ou vendedor não se encontrarem estabelecidos no interior do país.

3. IMPOSTOS ESPECIAIS DE CONSUMO HARMONIZADOS, IMPOSTO SOBRE VEÍCULOS E UNIÃO ADUANEIRA

3.1. Impostos especiais de consumo (IEC) – Taxas aplicáveis a partir de1.7.2010.

A Comissão Europeia divulgou, em 21.7.2010, no sítio http://ec.europa.eu, as taxas aplicáveis, a partir de 1 de Julho de 2010, em todos os Estados-Membros da União Europeia, aos produtos sujeitos a IEC (álcool e bebidas alcoólicas, tabacos manufacturados e produtos petrolíferos e energéticos).

3.2. Impostos especiais de consumo (IEC) – Estudo sobre as bebidas alcoólicas.

A Comissão Europeia divulgou, em 28.6.2010, no sítio http://ec.europa.eu, um estudo sobre as taxas mínimas do imposto especial sobre as bebidas alcoólicas. De entre as propostas apresentadas sobressai a subida de 44% de todas as taxas mínimas, em conformidade com a inflação verificada desde Janeiro 1992, a redefinição das categorias de bebidas alcoólicas em função do teor alcoólico e a introdução de uma taxa mínima para o vinho, idêntica à taxa mínima da cerveja.

3.3. União Aduaneira – UE e Japão assinam acordo.

A Comissão Europeia e as Alfândegas Japonesas assinaram, em 24.6.2010, um acordo que prevê o reconhecimento mútuo dos "Operadores Económicos Autorizados" (AEO). Este acordo vai facilitar o comércio entre os dois parceiros comerciais, tendo em conta que vai permitir a supressão de diversas formalidades aduaneiras.

3.4. Fiscalidade Automóvel – Tributação dos veículos usados na Grécia.

A Comissão Europeia decidiu, em 5.5.2010, prosseguir o procedimento de infracção contra a Grécia porque, apesar das alterações legislativas efectuadas, no seguimento da primeira notificação da Comissão, esta considera que continua a verificar-se uma descriminação dos veículos usados adquiridos noutro Estado-Membro (IP/10/514).

3.5. OCDE – Impostos ambientais

A OCDE publicou, em 26.4.2010, um estudo que analisa o impacto, no Japão, dos impostos ambientais e da regulamentação dos níveis máximos de emissões de óxidos de enxofre na introdução de inovações tecnológicas. A versão completa do estudo consta do documento COM/ENV/EOC/CTPA(2009)38/FINAL.

3.6. União Aduaneira – Acordo Comercial Anti-Contrafacção.

Nos dias 12 a 16 de Abril de 2010, realizou-se em Wellington, Nova Zelândia, a 8.ª Ronda das Partes Contratantes do Acordo Comercial Anti-Contrafacção. Os principais temas em debate centraram-se nas infracções em larga escala contra os direitos de propriedade intelectual, tendo sido reafirmada a vontade de se concluir o Acordo com a maior brevidade possível (IP/10/437).

CURSOS DE PÓS-GRADUAÇÕES DO IDEFF
ANO LECTIVO 2010-2011

Miguel Moura e Silva

Muito embora a actividade científica, editorial e pedagógica do IDEFF se reparta por múltiplas manifestações, entre estas tem assumido posição de especial relevo o ensino ao nível de pós-graduação, tendente à especialização e actualização de conhecimentos nas várias vertentes do Direito Económico, Financeiro e Fiscal.

No ano lectivo 2010-2011, o IDEFF propõe-se ir para lá da simples continuidade nas áreas onde já conquistou um lugar de referência, sendo de destacar o lançamento de uma nova pós-graduação, em associação com outra entidade de referência no seio da Faculdade de Direito da Universidade de Lisboa, o Instituto Europeu, dando continuidade a uma colaboração que se espera venha a ser intensificada com esta e outras iniciativas em preparação.

Seguidamente daremos conta, de forma sintética, dos conteúdos essenciais das várias pós-graduações oferecidas pelo IDEFF no próximo ano lectivo. Como é de lei num dos domínios abrangidos pelas pós-graduações do IDEFF, esta breve caracterização é feita sem prejuízo da consulta dos respectivos programas, disponíveis na página Web do IDEFF (www.ideff.pt).

Pós-graduação de especialização "O Direito da União Europeia em acção – A jurisprudência do Tribunal de Justiça da União Europeia (em associação com o Instituto Europeu)

Sendo o Instituto Europeu uma instituição pioneira no campo da leccionação de cursos pós-graduados em Estudos Europeus, os últimos anos têm vindo a revelar a necessidade de repensar o seu formato. Com efeito, é necessário adequar os conteúdos e métodos lectivos às transformações vividas no ensino do Direito da União Europeia, destacando-se a sua generalização como matéria obrigatória nos cursos de Direito, bem como à mutação das antigas Comunidades Europeias para a actual União Europeia. Esta visão concretiza-se agora num novo curso, que tem como mote o papel da jurisprudência do Tribunal de Justiça no desenvolvimento do ordenamento jurídico da União Europeia. Não se pretende, todavia, uma mera aprendizagem dos *grands arrêts* daquela instituição judicial mas sim o desenvolvimento de uma capacidade de análise que permita conhecer o porquê das soluções pretorianas como também permitir o acompanhamento da evolução futura, antecipando tendências e identificando eventuais rupturas, particularmente face à concentração do regime jurídico primário operada pelo Tratado de Lisboa. A leccionação deste curso, baseado no modelo de *Law in Action*, é complementada pela possibilidade de os auditores terem uma semana de trabalho no próprio Tribunal de Justiça, no Luxemburgo, assegurando o contacto directo com o funcionamento daquela instituição.

Assim, sob a coordenação do Prof. Doutor Eduardo Paz Ferreira, serão leccionados os seguintes módulos, procurando reflectir as principais áreas onde assume especial relevo a jurisprudência do Tribunal de Justiça: Princípios fundamentais; Direito Institucional; Harmonização de Legislações; Liberdades de Circulação; Ambiente e Consumidores (1.º Semestre); Política Social, Fiscalidade Directa; Fiscalidade Indirecta; Concorrência; Mercados Públicos; Propriedade Intelectual e Industrial (2.º Semestre).

2.º Curso de Pós-graduação de especialização em Mercados Financeiros

Com o objectivo de preparar especialistas qualificados na área financeira, realizar-se-á, em 2010-2011, o segundo curso de pós-graduação em mercados financeiros, sob a coordenação do Prof. Doutor Eduardo Paz Ferreira e com os seguintes módulos: Sistema Financeiro Português e Europeu; Produtos e Instrumentos Financeiros; Mercado Financeiro e Basileia II; Supervisão Bancária e Financeira (1.º Semestre); Fiscalidade dos Mercados e dos Produtos Financeiros; Auditoria e Ilícitos; *Compliance* (2.º Semestre). No âmbito deste curso, realizar-se-ão ainda Seminários de Temas de Gestão Bancária: Resposta à Crise; Moeda e Crédito; Derivados.

8.º Curso de Pós-graduação de especialização em Direito da Concorrência e da Regulação

Sob a coordenação do Prof. Doutor Luís Morais, o IDEFF organiza a oitava edição deste curso, que pretende proporcionar uma formação especializada nos domínios tecnicamente complexos do Direito da Concorrência e da Regulação, estruturada nos seguintes módulos: Direito da Concorrência I; Regulação das Comunicações Electrónicas; Instituições e Instrumentos Jurídicos da Regulação; Intervenção Pública e Concorrência (1.º Semestre); Direito da Concorrência II; Direito da Concorrência e Regulação do Sector Financeiro; Regulação dos Transportes; Regulação do Sector Energético; Direito Contra-ordenacional da Concorrência (2.º Semestre). O curso integra ainda seminários sobre Teoria Económica da Concorrência; Teoria Económica da Regulação; Procedimento e Contencioso Administrativo da Concorrência; Direito Processual Comunitário da Concorrência.

8.º Curso de Pós-graduação de especialização em Direito Fiscal

Coordenado pelo Prof. Doutor Carlos Lobo, o curso procura oferecer aos interessados uma compreensão horizontal e completa do sistema fiscal português, integrando os seguintes módulos: IRC; IRS; Direito Contabilístico; IVA; Taxas e Tributos Parafiscais (1.º Semestre); Direito Fiscal Internacional; Impostos Especiais de Consumo; Impostos sobre o Património; Procedimento e Processo Tributário; Infracções Tributárias; Benefícios Ficais; Planeamento Fiscal (2.º Semestre).

2.º Curso de Pós-graduação avançada em Direito Fiscal – O Novo Sistema de Organização Contabilístico e o Código de IRC

No seguimento do sucesso da 1.ª edição (ano 2009/2010), o IDEFF apresenta a 2.ª edição deste Curso, coordenado pela Prof. Doutora Ana Paula Dourado, que pretende explicar em termos integrados as normas contabilísticas e de relato financeiro, o regime aplicável às empresas, o regime especial da actividade bancária e da actividade seguradora e, ainda, a adaptação do Código do IRC às normas internacionais de contabilidade e ao sistema nacional de contabilidade, bem como a mudanças profundas que tal implicou. O curso reparte-se por quatro módulos: Normalização contabilística para as empresas em geral; Normalização contabilística da actividade bancária; Normalização contabilística da actividade seguradora; Adaptação do código do IRC às NICs e ao SNC.

Curso de Pós-graduação de aperfeiçoamento em Finanças Públicas: Financiamento da Educação

No âmbito das Finanças Públicas, o IDEFF propõe este ano um Curso de Pós-Graduação de aperfeiçoamento dedicado ao tema Financiamento da Educação, sob a coordenação da Prof. Doutora Nazaré da Costa Cabral. O curso é composto por seis módulos, com os seguintes temas: Financiamento da Educação – Enquadramento Jurídico-Constitucional; Aspectos Particulares do Financiamento nos Ensinos Básico e Secundário; Aspectos Particulares do Financiamento do Ensino Superior; A Acção Social Escolar e o Papel das IPSS em Matéria Educativa; A Educação e a Descentralização de Competências e Atribuições; A Educação e a Globalização.

TERESA GIL SUBDIRECTORA GERAL PARA A ÁREA DA GESTÃO TRIBUTÁRIA – IR E DAS RELAÇÕES INTERNACIONAIS

Clotilde Celorico Palma

No passado mês de Março, tomou posse como Subdirectora Geral para a Área da Gestão Tributária – IR e das Relações Internacionais, a Dra. Teresa Maria Pereira Gil, com quem tive o grato prazer de trabalhar. A Dra. Teresa Gil é licenciada em Organização e Gestão de Empresas pelo Instituto de Ciências do Trabalho e da Empresa (ISCTE), tendo uma vasta e diversificada experiência no mundo da fiscalidade, quer na Administração Pública quer em consultoras, tendo exercido funções em vários Gabinetes ministeriais.

Na DGCI tem a categoria profissional de Técnica economista de 1.ª classe, encontrando-se a exercer funções, à data da sua tomada de posse como Subdirectora, como Directora de Serviços das Relações Internacionais. Foi igualmente Directora de Serviços de Planeamento e Sistemas de Informação da DGCI, Assessora no Gabinete do Director-Geral dos Impostos Dr Paulo Macedo, Assessora do Secretário de Estado dos Assuntos Fiscais Dr. Ricardo Sá Fernandes, Assessora do Ministro das Finanças Dr. Pina Moura e Assessora do Secretário de Estado dos Assuntos Fiscais Dr. Rogério Manuel Fernandes Ferreira, tendo ainda exercido funções técnicas na Direcção de Serviços do IRC e na Direcção de Serviços de Controlo do Serviço de Administração do IVA da DGCI. Foi também "Senior Manager" do Departamento Fiscal da KPMG.

A Dra. Teresa Gil é conhecida pela sua competência, dinamismo e espírito prático, associados a uma simpatia constante, passando a liderar uma área onde predominam chefias igualmente jovens, dinâmicas, competentes, pragmáticas e bem dispostas, com as quais tive também o prazer de trabalhar, muito se esperando desta equipa.

CONFERÊNCIAS IDEFF – ANO LECTIVO 2010/2011

Nuno Cunha Rodrigues

O IDEFF tem em preparação um conjunto de conferências, a realizar durante o ano lectivo de 2010/2011, cujas datas e programas específicos serão divulgados oportunamente.

Destacamos as seguintes conferências face ao particular significado destas:

1. Conferência sobre as relações Portugal/ União Europeia – Estados Unidos da América / Lançamento do livro que reúne as intervenções da conferência organizada pelo IDEFF sobre as relações entre Portugal/União Europeia – Estados Unidos da América em Junho de 2008;
2. Liberdade, igualdade, fraternidade: actualidade da mensagem republicana;
3. O endividamento interno do Estado e o relatório Rocard – Juppé
4. Congresso de Direito Fiscal, em, colaboração com a Almedina
5. Conferência subordinada ao tema "Onde pára o poder orçamental?"
6. "E depois de 2010?" - Conferência sobre as perspectivas económicas e financeiras
7. Tributação das actividades ilícitas
8. Conferência sobre Arbitragem e mecanismos alternativos de resolução de litígios no domínio da concorrência e da defesa dos consumidores – Dos mecanismos de acção colectiva ('*collective redress*') no domínio do direito da economia em geral
9. Gestão de dinheiros públicos e prevenção de riscos de corrupção
10. A gestão do património imobiliário público: avaliação da reforma de 2007
11. GREIT Summer course

12. Workshop: Perspectivas do *private enforcement* de direito da concorrência – Massimo Motta (Instituto Universitário Europeu)
13. Workshop: Os novos regimes de isenção por categoria no direito europeu da concorrência - Alan Riley (The City Law School-City University London)
14. Reforma da regulação das comunicações electrónicas e concorrência no sector
15. Reforma da regulação financeira na UE e problemas de concorrência no sector
16. Conferência IDEFF/OTOC

O «NOVO» CÓDIGO DOS IMPOSTOS ESPECIAIS DE CONSUMO

Carlos Batista da Costa

O Decreto-Lei n.º 73/2010, de 2010, de 21 de Junho, aprovou o Código dos Impostos Especiais de Consumo, doravante apenas designado por novo CIEC, cuja entrada em vigor ocorreu no dia 21 de Julho de 2010. O novo Código não representa, em si mesmo, a materialização de um corte radical e definitivo com a experiência adquirida na constância da aplicação prática do CIEC desde 1 de Fevereiro de 2000 (Decreto-Lei n.º 566/99, de 22/12).

Estamos perante uma alteração normativa de pendor marcadamente evolutivo, acolhendo inúmeros traços inovadores sem romper definitivamente com o paradigma consolidado no passado recente e cuja causa mais próxima residirá na necessidade da promoção da transposição da Directiva n.º 2008/118/CE, do Conselho, de 16 de Dezembro de 2008 (isto é, revogando a anterior Directiva n.º 92/12/CEE, do Conselho, de 25 de Fevereiro de 1992, relativa ao regime geral, à detenção, à circulação e aos controlos dos produtos sujeitos a impostos especiais de consumo) que se encontra em vigor desde 15 de Janeiro de 2009, ainda que apenas produzindo efeitos desde 1 de Abril de 2010.

Esta Directiva define claramente nos seus considerandos iniciais o caminho da cada vez maior simplificação administrativa, da clarificação conceptual de algumas realidades normativas e, de igual modo, a consagração do enquadramento jurídico do sistema informatizado de controlo da circulação intracomunitária dos produtos sujeitos a IEC, em regime de suspensão do imposto (comummente designada pela sigla inglesa, EMCS – *Excise Movement and Control System*) como novo paradigma de relacionamento entre operadores e autoridades aduaneiras. Em Portugal, mais concretamente, no dia 1 de Abril de 2010 entrou em funcionamento o novo sistema de declarações electrónicas para os operadores da área dos impostos especiais sobre o consumo denominado sistema SIC-EU, que não é mais do que a vertente nacional do sistema comunitário EMCS.

No âmbito da implementação plena do EMCS, o Regulamento (CE) n.º 684/2009 da Comissão, de 24 de Julho de 2009, procedeu à aplicação da Directiva n.º 2008/118/CE, do Conselho, de 16 de Dezembro de 2008, no que respeita aos processos informatizados para a circulação de produtos sujeitos a impostos especiais de consumo em regime de suspensão do imposto, ou seja, traçando uma identificação mais pormenorizada das características subjacentes ao sistema informático que deverá servir de suporte aos movimentos e controlos, tais como, a estrutura e o teor das mensagens trocadas através do sistema informatizado a utilizar nessa circulação, as regras e os procedimentos a serem seguidos no intercâmbio das mensagens no âmbito do projecto de documento electrónico a apresentar pelo expedidor às autoridades competentes do Estado-Membro e à estrutura dos documentos em suporte papel que poderão alternativamente serem utilizados pelo expedidor em caso de indisponibilidade do sistema informático no Estado-Membro de expedição.

Este novo sistema de circulação postula uma simplificação de procedimentos, *maxime*, uma desmaterialização da interacção entre a Administração Aduaneira e os operadores nacionais, possibilitando a fiabilização das operações de circulação já que os dados dos operadores são validados antes da partida dos produtos sujeitos a impostos especiais de consumo. Mais ainda, permite assegurar a libertação expedita das garantias dos operadores, mercê do facto de que a prova de que os produtos chegaram ao destino é efectuada no sistema de forma célere e segura e, de igual modo, viabilizar a monitorização em tempo real da informação relativa aos movimentos e aos controlos realizados.

Pese embora o facto de perdurar, em certa medida, um evidente paralelismo entre o anterior e o actual CIEC quanto à sua estrutura globalmente considerada, cumpre sublinhar que foram consagradas soluções substantivas e formais, diria melhor, verdadeiras inovações (e não apenas meros retoques ou aperfeiçoamentos circunstanciais fruto de um labor legislativo que se impunha por força da mera transposição da Directiva horizontal acima mencionada) que individualizam este novo CIEC, como sejam a definição de uma nova sistematização (ainda que mantendo a divisão clássica entre uma parte geral dedicada às disposições aplicáveis a todos os impostos especiais de consumo e uma parte especial que versa, em capítulos autonomizados, cada um deles alvo de tratamento individualizado), a introdução de novas figuras estatutárias, a consagração de um novo sistema de circulação e de novas simplificações procedimentais, a par de novas metodologias de controlo que são potenciadoras de uma co-responsabilização acrescida, quer dos operadores, quer das autoridades aduaneiras competentes.

Para além das características genéricas acima enunciadas, atender-se-á de seguida, ainda que não exaustivamente, às principais alterações e inovações introduzidas no âmbito do novo CIEC:

- A introdução do princípio da equivalência, enquanto princípio legitimador destes impostos;
- A clarificação das situações de exigibilidade do imposto, da determinação do sujeito passivo e do momento da introdução no consumo;
- A adopção de novas figuras estatutárias, nomeadamente, o destinatário registado (*pessoa singular ou colectiva autorizada pela autoridade aduaneira, no exercício da sua profissão, a receber, não podendo deter nem expedir, produtos sujeitos a IEC que circulem em regime de suspensão de imposto*), o destinatário registado temporário (*pessoa singular ou colectiva autorizada pela autoridade aduaneira a receber ocasionalmente produtos sujeitos a IEC em regime de suspensão do imposto, limitando-se essa autorização a um único expedidor, a uma quantidade específica de produtos e a um período de tempo determinado*) e o expedidor registado (*pessoa singular ou colectiva autorizada pela autoridade aduaneira, no exercício da sua profissão, a expedir produtos sujeitos a IEC em regime de suspensão do imposto exclusivamente do local da sua importação e na sequência da introdução em livre prática*).
- A simplificação dos procedimentos de introdução no consumo, permitindo que a declaração de introdução no consumo (DIC) seja processada até ao final do dia útil seguinte àquele em que ocorreram as introduções no consumo;
- A aplicação de novas regras de reembolso, prevendo-se regras gerais aplicáveis a todas as situações de reembolso, o reembolso por inutilização e perda irremediável, bem como o alargamento do prazo de reembolso no caso de devolução de produtos por razões de natureza comercial;

- A fixação de novas regras para a circulação dos produtos sujeitos a IEC, distinguindo claramente a circulação em regime de suspensão da circulação com imposto pago, bem como maior precisão nas regras relativas às provas alternativas para o apuramento do regime de circulação;
- A clarificação das causas e limites das perdas dos produtos sujeitos a IEC, nomeadamente por causa inerente à própria natureza dos produtos, devido a caso fortuito ou de força maior, bem como das situações em que as perdas são sujeitas a tributação;
- A introdução de novas regras em matéria de garantias, permitindo maior flexibilidade e ponderação na fixação, o seu ajuste e a correspondente alteração;
- O aperfeiçoamento do regime das pequenas destilarias, a revisão das isenções e desnaturações do álcool e o melhoramento do regime da armazenagem de produtos vitivinícolas;
- A simplificação das regras de comercialização em concomitância com a clarificação das regras de detenção no respeitante ao tabaco manufacturado;
- A maior clareza, actualização da linguagem jurídica e das referências legais na Parte Especial respeitante aos três impostos especiais de consumo harmonizados comunitariamente (mais especificamente, o álcool e as bebidas alcoólicas, os produtos petrolíferos e energéticos e o tabaco manufacturado).

Em suma, consumada a transição para o novo CIEC, há que saber aguardar pelo seu necessário amadurecimento apenas possível pelo decurso do tempo da sua aplicação prática, sendo certo que a presente codificação representa, desde já, um avanço significativo face ao anterior CIEC.